王承略　劉心明　主編

二十五史藝文經籍志考補萃編續刊

第十一卷

《宋史·藝文志》史部著錄暨未收宋代著述考

（第三冊）

劉兆祐　著

清華大學出版社　北京

八、儀注類

漢制拾遺一卷　宋不著撰人　佚

此書《宋史·藝文志》儀注類著録。

按：此書唐以前書目未見著録，殆宋時人所編，故收之。

又按：宋王應麟嘗因《漢書》《續漢書》諸志於當日制度，多詳於大端，而略於細目，乃採摭諸家經注及《説文》諸書所載，鉤稽排纂，以補其遺，爲《漢制考》四卷，[①]頗足以考證。

吉凶五服儀一卷　宋李隨撰　佚

隨，史無傳。《胡宿文恭集》卷一五載《李隨可虞部員外郎制》，卷二一載《供備庫副使李隨贈供備軍使制》。《歐陽修文忠公集》卷七九載《太子中舍李隨磨勘改官制》等，可藉以考見其歷官。

此書《宋史·藝文志》儀注類著録。

按：今檢《宋會要輯稿》第七册《樂》一之二云："仁宗景祐元年（1034）八月二十三日，判太常寺燕肅等言：本寺編鍾磬年歲深遠，累經采飾，用銅綠膠墨塗染填黳字號及有破璺合無聲韻者。今雖將元定律準及鍾磬三料堪充祗應，欲乞選差臣僚與判寺官員，集本局通知音律者，將律準同共考擊按試，定奪聲韻，所有鍾磬聲損璺損不堪者，欲乞送造作添修抽換。詔宋祁與内殿崇班李隨同本寺按試。"又云："景祐三年（1036）六月九日，馮元等上言：奉詔修撰《樂書》，望時降書名。詔以《景祐廣樂記》爲名。七月十三日，馮元等上《景祐

---

① 《漢制考》四卷，今傳本猶多，常見者有《四庫全書》本、《津逮秘書》本、《學津討源》本等，《玉海》亦附載之。

廣樂記》八十一卷，因草篇叙國朝制作云：（景祐）元年（1034）秋九月，太常燕肅建言金石不調，願以周世王朴律準更加考按，有詔許之。又令李照、宋祁及中人李隨共領其事。"是李氏知禮樂者也。

又按：宋代吉凶之禮及五服儀制，《宋史·禮志》載之甚詳。

曲臺奏議集不著卷数　宋陳致雍撰　佚

致雍，晋江人，初仕閩爲太常卿，入南唐，以通禮及第，除博士，開寶中除秘書監致仕。撰有《閩王審知傳》《朱梁南郊儀注》《朱梁祭地祇陰陽儀注》《五禮儀鏡》《寢祀儀》《州縣祭祀儀》《晋安海物異名記》等。事迹具《全唐文》卷八七三小傳。

此書《宋史·藝文志》儀注類著録。

按：致雍雖生於唐，以及仕宋朝，故收録之。

又按：曲臺者，漢時行射禮之所，漢后蒼撰《曲臺記》九篇。唐王彦威爲太常，撰《曲臺新禮》三十卷，故太常稱《曲臺》。唐以來，太常掌禮儀祭祀。致雍嘗官太常，又通古今禮制，此編殆當時論禮儀之奏議也。[①]　此書難已不傳，《全唐文》卷八七三至卷八七五猶載致雍文多篇，其中論禮儀祭祀之奏議不少，精練詳明，或即此書之孑遺也。兹録其篇目於左：

《舉故楚武王行册不合儀事奏》《駁御史指揮習儀著冕服奏》《序諸衛府折衝官例奏雅樂奏》《太廟柱壞奏》《上音律奏》《劾中書不許旌表吉州孝子瞿處圭等疏》《定皇太妃居弟喪儀狀》《奏蕃國使朝見儀狀》《議廢淫祀狀》《奏制冠狀》《議御史戴豸冠狀》《奏排龍墀班狀》《奏皇太弟不合立班狀》《奏金吾班位狀》《奏舉翰林學士不合常朝預班序並知貢日不攝祭狀》《奏繳扇制度狀》《祖宗配郊位儀》《衛匡適男入學議》《大儺議》

---

① 説見《文獻通考·官制考》。

《㩗牙祭議》《奏郊丘從祀五方帝獻官不合拜議》《正大姑小姑山神像議》《乞宣所司製造繡袍橐鞬議》《駁郊祀五人帝不合用匏爵議》《臨軒册封楚王不合執鎮圭議》《定虞祭議》《婚禮婿見外舅姑儀議》《喪冠議》《博士高遠奏改顔子祝文議》《再改正顔子兖國公祝文議》《定皇太弟服魯國太妃喪儀議》《改正太廟遷祔神主議》《請公除預祭議》《廟像無婦人配座議》《牒太廟置令釐革請御署齋官不合拜禮議》《太廟設甒鉶議》《邊鎮節度使諡議》《文臣諡議二首》《國子監官諡議》《勳臣諡議》《高士諡議》《東宫官諡議》《吏部官諡議》《諫官諡議》《鎮海軍遙授衢州刺史李萬安諡議》《和州刺史馬洪諡議》《汀州團練使余廷英太尉諡議》《刑部尚書嚴紹諡議》《工部尚書刁紹諡議》《龍衛軍副統軍史公銖諡議》《知饒州刺史林廷浩諡議》《天德軍使程成諡議》《劍州刺使高隋諡議》《司農卿元凛諡議》《小殿直諸指揮廂虞侯劉匡範諡議》《泰州刺史陶敬宣諡議》《太尉李金全諡議》《故歙州刺史太尉楊海諡議》《司空游簡言相公諡議》《濠州團練觀察使郭全議諡議》《前蘄州刺史李賓諡議》《左街使侯仁遇諡議》《寧國軍節度使陳謙諡議》《龍衛軍左廂諸指揮都軍頭故歐陽權諡議》《光山王延政諡議》《蔣彦威諡議》《左宣威軍使張于諡議》《駁奏議周進卿諡議》《洪府神武軍左右親從兩指揮都虞侯故孫漢遇諡議》《孫晟諡議》《常州防禦使李守義諡議》《鄂州副使前沂州刺使史劉敬文諡議》《德勝軍節度使孫漢威相公諡議》《汀州刺史張延嗣諡議》《故虔州節度使賈匡浩相公諡議》《右千牛衛將軍白福進諡議》《太尉劉崇佑諡議》《軍使孫彦潛打毬馬墜死諡議》《江西節度副使馬希蘊諡議》《海州兵馬監押吳廷英諡議》《右驍衛大將軍致仕故王令莊諡議》《諫議大夫江文蔚諡議》《太弟少傅李匡明諡議》《保義軍節度使鍾承勳諡議》《司空嚴

續謚議》《右千牛衛將軍王再興謚議》《右衛使司空李承祚謚議》《龍衛軍使司空劉崇禧謚議》《太尉王建謚議》《左威衛大將軍瑯琊太尉侍中王府君墓誌銘(並序)》《唐故金華大師正和先生劉君碑銘(並序)》。

南郊行禮圖不著卷數　宋范質、張昭、劉温叟等撰　佚

質,字文素,大名宗城人,十三治尚書,後唐長興四年(933)進士,知制誥,後周時累知樞密院,太祖時加侍中,封魯國公。質性卞急,好面折人。以廉介自持,未嘗受四方饋遺,前後所得禄賜,多給孤遺。闈門之中食不異品,身没家無餘貲。著有《晉朝陷蕃記》《五代通録》《桑維翰傳》《魏公家傳》及文集等。事迹具《宋史》卷二四九、《宋史新編》卷六五、《東都事略》卷一八、《隆平集》卷四、《名臣碑傳琬琰集》下集卷三等書。

昭,本名昭遠,字潛夫,濮州范縣人,以避漢祖諱,止稱昭。歷仕唐、晉、漢、周,宋初拜吏部尚書,封鄭國公,開寶五年(972)卒,年七十九。著有《梁末帝實録》《唐懿祖紀年録》《唐獻祖紀年録》《唐太祖紀年録》《朱梁列傳》《後唐列傳》《名臣事迹》《嘉善集》等。事迹具《宋史》卷三二六、《宋史新編》卷七二、《史質》卷四二、《東都事略》卷三〇、《隆平集》卷一三等書。

温叟,字永齡,河南洛陽人,性重厚方正,動遵禮法,七歲能屬文,善楷隸。後唐清泰中爲左拾遺,未幾召爲右補闕,開運中充翰林學士。契丹入汴,温叟北遷。漢祖南下,授駕部郎中。周初拜左諫議大夫,入宋,官至御史中丞,兼判吏部。開寶四年(971)被疾,太祖知其貧,就賜器幣。數月,卒,年六十三。著有《開寶通禮》,並與張昭、尹拙等同撰《五代漢隱帝實録》及《五代周太祖實録》。事迹具《宋史》卷二六二本傳。

此書《宋史·藝文志》不著録，見《玉海·郊祀》。

按：今檢《宋會要輯稿》第二十四册《禮》二八之一云："乾德元年（963）八月一日，内出御札曰：'王者誕膺駿命，光啓鴻圖，罔不升中於泰壇，昭祀於上帝，著諸令典，是謂彝章。朕自撫中區，行周四載，稼穡既聞於豐稔，邦家屢集於休祺。豈凉德之升聞，感兹多祐，蓋上穹之降鑑，錫我小康，得不祗率前文，躬行大禮，式展奉先之志，虔申報木之誠，用答天庥，且符人欲。朕以今年十一月十六日有事於南郊，宜令所司，各揚其職，務從省約，無至煩勞。諸道州府，不得以進奉爲名，輒有率斂，庶遵儉德，以奉嚴禋，中外臣僚，當體予意。'先是有司言，通禮以冬至日祀圜邱，今歲十一月二十九日冬至，國家初行郊祀，近晦日，乞改用十六日。乃從之而下詔。是後親郊御劄唯裁制變革則備載。二日詔曰：'中原多故，百有餘載，禮樂儀制，不絶如線。方今天下無事，時和年豐，神神報本，資乎備物，執事者所宜，講求遺逸，遵行典故，無或廢墜，以副我寅恭之意。'於是宰臣范質等，相與討尋故事。時官籍散落，舊史皆物故，惟得後唐天成中南郊鹵簿字圖，考以今文，頗爲疏略，其相違戾者，亦多質等參定，新本曰《南郊行禮圖》，質自爲《序》。乙未上之。凡壇壝牲器玉帛醴饌齋戒之制，與祠官定儀以聞。'又《玉海》卷九三"乾德南郊行禮圖"條云：'《范質傳》：乾德初（963）上將有事圜丘，以質爲大禮使。質與鹵簿使張昭、儀仗使劉溫叟，討閲禮閣故事，補其闕漏，別定《南郊行禮圖》上之。上嘉奬，由是禮文始備。質自爲之《序》。禮畢，進封魯國公。《實録》：建隆四年（乾德元年，963）八月乙未，南郊，大禮使宰臣范質上《新定南郊行禮圖》。'又云：宋祁《圜丘賦》：'占國南之七里，得高丘之崛然。自乾寅之初闢，得坤靈之不遷。藹列聖以蒸衎，總萬靈而賓延。晉考卜乎委粟，漢肸飾乎甘泉，曾不得望我之末光絕炎。遡朱鳥以高蟠，檠瑤魁而邪指。休氣回復于其椒，滎泉滋滲乎其阯。攘之辟之，其畜其翳；修之平之，其坎其畷。上三陔而積高，外四門而踈陛。列道糊楨，重營界紫。合蕭薌於欽柴，塞天淵以隮祉。’”

郊祀總儀不著卷數　宋吕公綽撰　佚

公綽，字仲祐，壽州人，夷簡長子。以蔭歷兵部員外郎，史館修撰，復同判太常寺，兼提舉修祭器。天聖中爲館閣對讀，累遷翰林侍讀學士，知審刑院，兼判太常寺，因事降龍圖學士，知徐州，移右司郎中，未拜，至和二年(1055)卒，年五十七。贈左諫議大夫。事迹具《宋史》卷三一○、《宋史新編》卷九七、《東都事略》卷五二、《名臣碑傳琬琰集》中集卷一五、《北宋經撫年表》《宋元學案補遺》等書。

此書《宋史·藝文志》不著錄，見《玉海·郊祀》。

按：《玉海》卷九三“至和郊祀总儀”條云：“至和二年(1055)，判太常吕公綽以歲祠六十一，禘祫二祭，其薦祼興府玉帛彝器菁茅醮醯鍾石歌奏，集爲《郊祀總儀》上之。”

按：《宋會要輯稿》第十五册《禮》十四之二九載，慶曆元年(1041)十月十五日，公綽言郊廟所陳罇疊之數，皆準古而不實以五齊三酒及用明水明酒，有司相承，名爲看器，今欲仍舊用祠祭酒一等，其壇殿上下樽疊，有司不得更設空器，其明水明酒並以井水代之；其正配逐位酌獻飲福，舊用一升者，各增二升；從祀神位並用舊升數，實諸樽疊。配以明水明酒，從之。然則，公綽通禮制者也。

州縣祭祀儀不著卷數　宋陳致雍撰　佚

致雍有《曲臺奏議集》已著錄。

此書《宋史·藝文志》儀注類著錄。

按：致雍有關祭祀之文獻，參閱“曲臺奏議集”條。

封禪雜録不著卷數　　宋王曉撰　　佚

曉，景德中官龍圖閣待制，大中祥符間官太常丞。事迹略具《宋會要輯稿》。

封禪禮儀集不著卷數　　宋劉炳撰

炳，大中祥符間官太常博士。《韓南陽集》卷一六載《太常博士劉炳可屯田員外郎制》；《蘇魏公集》卷五一載《都官員外郎新差通判南安軍劉炳可職方員外郎差遣如故制》，可藉考其歷官。

封禪儀注四卷宋祥符間詳定所撰　　佚

右三書《宋史·藝文志》不著録，並見《玉海·郊祀》。

按：《玉海》卷九八"祥符封禪儀注"條云："太平興國九年（雍熙元年，984）四月甲午，詔有事於泰山。丙申，定封禪儀。六月壬寅，有詔寢罷。大中祥符元年（1008）舊編云二年三月甲戌，兗州父老詣闕上表請東封。壬午，文武百官宰臣王旦等繼請，時天書降左承天門正月乙丑，四月甲午下詔，以今年十月有事於泰山。乙未，以王旦爲大禮使，王欽若爲禮儀使，馮拯爲儀仗使，陳堯叟爲鹵簿使，趙安仁爲橋道頓遞使，建本謂乙未。王欽若、趙安仁爲泰山封禪經度別置使。《實録》：丙申，命五使。丁酉，簿五使及計度制置使印。命翰林學士晁迥、李宗諤、楊億、龍圖閣學士杜鎬、待制陳彭年與太常禮院詳定儀注。丙午，詔於京城擇地依道教建宮，以昭應爲名。辛亥，太子中舍夏侯晟上漢武帝《封禪圖》，績金匱銀匱石碱石距之狀，有注釋。甲寅，命宰臣王旦撰《封祀壇頌》，王欽若撰《社首壇頌》，陳堯叟撰《朝覲壇頌》。五月乙亥，太常丞王曉上《前代封禪雜録》。"又云："丁丑，詳定所言：封禪畢，御朝覲壇諸州所貢方物，陳列如元正之儀。戊寅，太常博士劉炳上《封禪禮儀集》。"又云："辛巳，對王旦等於龍圖閣出《封禪壇圖》示之。丁亥，翰林學士晁迥等上《封祀社首壇樂章》八首。六月壬辰，詳定所上封禪儀注，上覽之,曰:"此儀久廢,非典禮具備,豈爲盡美。"即手札疑互,凡十七事,令與五使參議釐正而行之。壬子,詳定所言:准詔旨取封群之義,易樂章之名,望改酌獻昊天上帝禧安之樂,皇地祇禪安,皇帶飲福祺安。丁巳,詳定所上《封禪儀注》四卷,詔付有司。"

又按:大中祥符年間封禪始末,《宋會要輯稿》第二十一册《禮》二二之三亦載之。

五禮儀鏡六卷　宋陳致雍撰　佚

致雍有《曲臺奏議集》(不著卷數)已著録。

此書《宋史·藝文志》儀注類著録。

按:唐韋彤有《五禮精義》十卷,參以古義,申釋當時之禮,[①]此書殆亦此類也。

郊祀總要一卷宋楊傑撰　佚

傑,字次公,無爲人,自號無爲子。嘉祐四年(1059)進士,元豐中官太常,一時禮樂之事,皆預討論。嘗言大樂七失,與范鎮異議。哲宗即位,議樂,又用范鎮説,傑復攻之,鎮之樂律,卒不用。[②]元祐中爲禮部員外郎,出知潤州,除兩浙提點刑獄。卒年七十。著有《皇族服制圖》《元豐新修大樂記》《無爲集》等。事迹具《宋史》卷四四三、《宋史新編》卷一七〇、《史質》卷四〇、《東都事略》卷一一五等書。

此書《宋史·藝文志》不著録,見《玉海·郊祀》。

檢《玉海》卷九三"熙寧郊祀總要"條云:"熙寧四年(1071),楊傑爲禮官,識諸司所職祠事爲《郊祀總要》一卷。"

又《玉海》卷一〇二"思寧太常祠祭總要"條云:"熙寧四年(1071)冬,詔以諸寺監祠事隸太常,以肅奉神之禮。太常簿

---

① 見《崇文總目》。
② 説見《宋史·樂志》。

楊傑集是書，以諸司所職爲《旁通圖》一卷。上知其綱，下知
其目。序曰：'國朝歲祀天地五方帝、神州宗廟、大明、夜明、
太社、太稷、太一、九宮、臘蜡爲太祀，文宣、武成、風雨師、先
農、先蠶、五龍爲中祀，壽星、靈星、中霤、馬祭、司寒、司中、司
命、司民、司禄爲小祀。凡太常典禮樂，少府共服器，光禄共
酒齊、黍稷、果實、醯醢，將作共明水、明火、太府共香幣，太僕
共牛羊，司農共豕俎'云云。"又云："國朝凡大中小祠，歲一百
七。大祠十七，中祠十一，小祠十四。著禮令用日者五十九，
有時月而無日者四十八。"是此書又題"旁通圖"，或題"熙寧
太常祠祭總要"也。

今檢《無爲集》卷八載《熙寧太常祠祭總要序》，視《玉海》所引
爲詳，曰："國朝歲祫天地五方帝、神州宗廟、大明、夜明、大
社、大稷、太一、九宮、臘褉爲大祀；文宣、武成、風師、雨師、先
農、先蠶、五龍爲中祀；壽星、靈星、中霤，馬祭、司寒、司中、司
命、司民、司禄爲小祀。凡太常典禮樂，少府共服器，光禄共
酒齊、黍稷、果實、醯醢，將作共明水、明火、太府共香幣，太僕
共牛羊，司農共豕俎，有司應命，人或爲之騷然。熙寧四年
(1071)冬，詔以諸寺監祠事隸於太常，所以肅奉神之禮也。
太常初置主簿，傑首被命，至局之日，寺監群吏，各執故習，惘
然不知祭祀之聯事。傑乃集諸司所職爲《旁通圖》一卷以示
之，於是上知其綱，下知其目。大事從其長，小事則專達，郊
廟群祀，涣然易明，有司百執，各揚其職。職事相聯，罔不修
舉，命曰'熙寧太常祠祭總要'云。"

寢祀儀一卷　宋陳致雍撰　佚

致雍有《曲臺奏議集》(不著卷數)已著録。

此書《宋史·藝文志》儀注類著録。

《直齋書録解題》卷六禮注類著録《新定寢祀禮》一卷，陳氏

曰："不知作者，《中興館閣書目》有此書，云前後有序，題"太常博士陳致雍撰集"。今此本亦前後有序，意其是也。致雍，晋江人，及仕本朝。"

按：知此書有二名。又振孫所見，不題撰人，疑非完本。

二十家古今祭禮二卷　　宋朱熹撰　佚

熹，字元晦，婺源人。中紹興十八年（1148）進士，主同安簿。孝宗時，官至兵部郎中。光宗時，官秘閣修撰。寧宗時，焕章閣待制，除宮觀。沈繼祖誣熹十罪，罷祠，卒。韓侂胄死，賜諡曰文。理宗寶慶三年（1227）追封信國公，改徽國公。淳祐元年（1241），詔周、張、二程及熹，從祀孔子廟。朱子品望理學，今古推崇，即文章，亦能奄有韓、曾所長，爲南宋大宗。著《周易本義》《詩集傳》《儀禮經傳通解》《大學中庸章句》《論語孟子集註》《四書或問》《論孟精義》《通鑑綱目及提要》《伊雒淵源録》《名臣言行録》《紹熙州縣釋奠儀圖》《四家禮範》《家禮》《延平問答》《近思録》《楚詞集註》《韓文考異》《晦庵集》等。事迹具《宋史》卷四二九、《宋史新編》卷一六二、《南宋書》卷四四、《皇朝道學名臣言行外録》卷一二、《慶元□禁及南宋館閣續録》等書。

此書《宋史·藝文志》儀注類著録。

《直齋書録解題》卷六禮注類著録《古今家祭禮》二十卷，陳氏曰："朱熹集《通典》《會要》所載，以及唐、本朝諸家祭禮皆在焉。"

按：此書《宋志》云二卷，陳《録》作二十卷者，殆以一家爲一卷也。

政和五禮新儀二四〇卷　　宋鄭居中、白時中、慕容彦逢、强淵明等撰　殘

居中，字達夫，開封人，登進士第，由中書舍人連擢至翰林學

士。大觀初同知樞密院，罷改資政學士。蔡京去後，徽宗頗有悔意，居中微知之，乃爲言以迎合，京再得政，援居中再入樞密，而爲宦官所沮，居中由是惡京。政和中再知樞密院，官累特進，時京總治三省，益變法度，居中每爲帝言，帝亦惡京專，尋拜居中少保太宰。居中存紀綱，守格言，抑僥倖，振淹滯，士翕然望治。加少師，封燕國公，卒，謚文正。著有《崇寧聖政》《聖政録》《政和新修學法》《學制書》等。事迹具《宋史》卷三五一、《宋史新編》卷一二一、《東都事略》一〇二、《宋大臣年表》等書。

時中，字蒙亨，壽春人，登進士第，累官吏都侍郎，坐事降知鄆州，已而復召用。政和六年（1116），拜尚書右丞，中書門下侍郎。宣和六年（1124）加特進大宰，封崇國公，未幾卒。編有《政和新修御試貢士敕令格式》一五九卷。事迹具《宋史》卷三七一、《宋史新編》卷一二二及《宋大臣年表》等書。

彦逢①，字叔遇，一作淑遇，常州宜興人。元祐三年（1088）進士，調主池州銅陵簿，遷知鄂州崇陽縣，復中紹聖二年（1095）弘詞科，改越州州學教授，刊印三史。讎校精審，遂爲善本。受知徽宗，列禁近官侍從者十餘年，一時典册，多出其手。官至刑部尚書。政和七年（1117）卒，年五十二，謚文友。有《摛文堂集》三十卷。事迹具《宋史翼》卷二七、《宋詩紀事補遺》卷二八等書。

淵明，字隱季，一字德季，②錢塘人，浚明弟。舉元豐八年（1085）進士，累官國子司業，與兄浚明及葉夢得爲蔡京死黨，立《元祐黨籍》分三等定罪，逐構成黨禍。淵明以故不次超

---

① 彦逢，清武英殿本《宋史·藝文志》作"明"，世界書局排印《宋史·藝文志》廣編本則作"彦逢"，今正。

② 此據《史質》。

遷,累官禮部尚書,卒謚文憲。事迹具《宋史》卷三五六、《宋史新編》卷一二三、《史質》卷七七、《宋史翼》卷二六、《北宋經撫年表》《宋元學案補遺》卷九六、《宋詩紀事》卷二九等書。

此書《宋史·藝文志》儀注類著録。

《直齋書録解題》卷六禮注類著録《政和五禮新儀》二百四十卷,又有目録五卷,陳氏曰:"議禮局官知樞密院鄭居中,尚書白時中、慕容彦逢,學士强淵明等撰。首卷祐陵御製序文,次九卷御筆指揮,次十卷御製冠禮,餘二百二十卷,局官所修也。"

按:此編修撰時,以知禮者已少,故頗有牴牾者。葉夢得曰:"國朝典禮,初循用唐開元禮,舊書一百五十卷,太祖開寶初,始命劉温叟、盧多遜、扈蒙三人補輯遺逸,通以今事,爲《開寶通禮》二百卷,又《義纂》一百卷,以發明其旨。且依開元禮設科取士。嘉祐初,歐陽文忠公知太常禮院,復請續編,以姚闢。蘇洵掌其事,爲《太常因革禮》一百卷,議者病其太簡。元豐中,蘇子容復議以《開寶通禮》及近歲詳定禮文,分有司、儀注、沿革爲三門,爲《元豐新禮》,不及行,至大觀中始修之,鄭達夫主其事。然時無知禮舊人,書成,頗多牴牾,後亦廢。"[1]朱子亦曰:"唐有開元、顯慶二禮,顯慶已亡,開元襲隋舊爲之。本朝修《開寶禮》,多本開元,而頗加詳備。及政和間修五禮,一時奸邪以私智損益,疏略牴牾,更没理會,又不如《開元禮》。"[2]

《四庫全書總目·史部》政書類著録此書,《提要》曰:"宋議禮局官知樞密院鄭居中等奉敕撰。徽宗御製序交題政和新元三月一日,蓋政和改元之年,錢曾《讀書敏求記》誤以'新元'

---

①　見《石林燕語》卷一

②　説見《朱子語類》卷八四"論考禮綱領"條。

爲'心元'，遂以爲不知何解，謬也。前列《局官隨時酌議科條及逐事御筆指揮》；次列《御製冠禮》，蓋當時頒此十卷爲格式，故以冠諸篇；次爲《目録》六卷；次爲《序例》二十四卷，禮之綱也；次爲《吉禮》一百一十一卷；次爲《賓禮》二十一卷；次爲《軍禮》八卷；次爲《嘉禮》四十二卷；升《婚儀》於《冠儀》前，徽宗所定也；次爲凶禮十四卷，惟官民之制特詳焉。是書頗爲朱子所不取，自中興禮書出，遂格不行，故流傳絶少。今本第七十四卷、第八十八卷至九十卷、第一百八卷至一百十二卷、第一百二十八卷至一百三十七卷、第二百卷，皆有録無書；第七十五卷、九十一卷、九十二卷，亦佚其半，然北宋一代典章，如《開寶禮》《太常因革禮》《禮閣新儀》今俱不傳，《中興禮書》散見《永樂大典》中，亦無完本，惟是書僅存，亦論掌故者所宜參考矣。"

按：《開寶通禮》二〇〇卷，係劉溫叟撰，今已亡佚。《太常因革禮》一〇〇卷歐陽修等撰，今猶有殘本傳世。《禮閣新儀》三〇卷，乃唐韋公肅撰，宋代王皞所撰者名《禮閣新編》六三卷，此並《四庫全書總目提要》之偶疏也。

又按：此書卷數，歷來書目所著録，每有出入。《直齋書録解題》作二百四十卷，另有《目録》五卷；《宋史·藝文志》作二百四十卷，《四庫全書總目》則作二百二十卷，而云含《御製冠禮》十卷、《目録》六卷、《序例》二十四卷、《吉禮》一百一十一卷、《賓禮》二十一卷、《軍禮》八卷、《嘉禮》四十二卷、《凶禮》十四卷，合計不止二百二十卷，當是二百三十六卷。《四庫簡明目録標注》則著録《政和御製冠》十卷，《五禮新儀》二百二十卷，似以《御製冠禮》爲別行者。《簡明目録標注·附録》引王頌蔚云："案《簡明目録》無'政和'以下六字，當是邵（懿辰）增。惟案《目録》，則《御製冠禮》即在二百二十卷內。今既將

《冠禮》十卷別出,而仍云《五禮新儀》二百二十卷,則與《簡明目錄》卷數不符。"按:此書當是《五禮新儀》二百二十卷,另《御製冠禮》十卷、《御製序》一卷、《御筆指揮》九卷,合計正符二百四十卷之數,《目錄》則不在此二百四十卷中,《直齋書錄解題》及《宋志》所載者爲是。

又按:自《中興禮》書出,此書遂格不行,是以傳本日稀,今所見諸本,多殘缺不完,惟《讀書敏求記》卷二上所著錄者,不云有缺,似爲完本。《愛日精廬藏書志》卷一九、《善本書室藏書志》卷一三、《藝風藏書記》卷四及《五十萬卷樓藏書目錄初編》卷八所著錄之舊鈔本,皆非完本。今所藏善本:臺北"故宮博物院"有清文淵閣《四庫全書》本一部,缺卷七四、卷八八至九〇、卷一〇八至一一二、卷一二八至一三七、卷二〇〇。"中央研究院"歷史語言研究所有舊抄本一部,缺卷七十四、卷八十八至九〇、卷一百零八至一百十二、卷一百二十八至一百三十七、卷二百,另卷七十五、九十一、九十二等三卷各缺半卷。

政和五禮撮要一五卷　宋范□編　佚

此書《宋史·藝文志》不著錄,見《直齋書錄解題》卷六禮注類。

陳振孫曰:"紹興中有范其姓者,爲湖北漕,取品官、士庶、冠昏、喪祭爲一編,刻板學宮,不著名。以《武昌志》考之,爲漕者有范正國、范寅秩,不知其誰也。"

政和冠昏喪祭禮一五卷　宋黃灝編　佚

灝,字商伯,一字景夷,號西坡,南康都昌人。幼敏悟強記,肄業荆山僧舍,三年入太學,擢進士第。教授隆興府,知德化縣,以興學校、崇政化爲本。光宗即位,歷太常寺簿。除太府寺丞,出知常州,提舉本路常平。既歸里,幅巾深衣,騎驢匡山間,若素隱者。灝性行端飭,以孝友稱。朱熹守南康,灝執弟子禮。熹没,黨禁方厲,灝單車往赴,徘徊不忍去。著有《西坡集》《叙古千文注》。① 事迹具《宋史》卷四三〇、《宋史新編》卷一六二、《史質》卷九九、《南宋書》卷四四等書。

此書《宋史·藝文志》不著錄,見《直齋書錄解題》卷六禮注類。

陳振孫曰:"紹興中,南康黄灝(商伯)爲禮官,請於政和五禮掇取品官、庶人禮摹印頒之郡縣,從之。其實即前十五卷書也。"

按:《宋史》本傳云:"光宗即位,遷太常寺簿,論今禮教廢闕,請。有司取政和冠昏喪葬儀及司馬光、高閌等書,參訂行之。"是黄氏通禮者也。

四時祭享儀一卷　宋杜衍撰　佚

衍,字世昌,山陰人,篤於學。大中祥符初擢進士甲科,歷知外郡,不以刑威督下,吏民憚其清整。仁宗特召爲御史中丞。奏大臣宜迭召見,賜坐便殿,以盡獻替可否,兼判吏部流内銓,吏不能爲奸。拜樞密使,與富弼、韓琦、范仲淹共事,欲盡革衆弊,修紀綱。衍勁正清約,尤裁抑僥倖,每内降恩,率寢格不行。積詔旨十數,輒納帝前。拜同平章事,小人寖不悅,爲相百日而罷,以太子少師致仕,封祁國公,卒年八十,謚正獻。著有《杜祁公攗稿》。事迹具《宋史》卷三一〇、《宋史新編》卷九六、《東都事略》卷五六、《隆平集》卷五、《名臣碑傳琬琰集》中集卷四、《五朝名臣言行錄》卷七、《皇宋書錄》卷中及《宋大臣年表》等書。

此書《宋史·藝文志》儀注類著錄。

---

① 《叙千古文》一卷,宋胡寅撰。

按：《直齋書録解題》卷六禮注類著録杜氏《四時祭享禮》一卷，陳氏曰：“丞相山陰杜衍(世昌)撰。”

吉凶書儀二卷　宋胡瑗撰　佚

瑗，字翼之，泰州海陵人，祖籍安定，故學者稱爲安定先生。以經術教授吴中。景祐初更定雅樂，詔求知音者，范仲淹薦之，以白衣對崇政殿，與鎮東軍節度推官阮逸同較《鐘律》，授校書郎。以保寧節度推官教授湖州，弟子數百人，置經義、治事二齋，諸生各就其志，以類群居。慶曆中興太學，下湖州取其法，著爲令。後在太學，其徒益衆，禮部所得士，瑗弟子十居四五，隨材高下而修飾之。人遇之，雖不識，皆知爲瑗弟子也。以太常博士致仕歸，嘉祐四年(1059)六月卒，年六十七，謚文昭。著有《周易口義》《洪範口義》《尚書全解》《景祐樂府奏議》《皇祐樂府奏議》《皇祐樂圖》等。[1] 事迹具《宋史》卷四三二、《宋史新編》卷一六四、《史質》卷三八、《東都事略》卷一一三等書。

此書《宋史·藝文志》不著録，見《郡齋讀書志》卷二下儀注類。

晁公武曰：“右皇朝胡瑗(翼之)撰。略依古禮而以今禮書疏儀式附之。”

開寶通禮二〇〇卷　宋劉温叟等撰　佚

温叟有《南郊行禮圖》(不著卷數)已著録。

此書《宋史·藝文志》儀注類著録。

《直齋書録解題》卷六禮注類著録《開寶通禮》二百卷，陳氏曰：“御史中丞洛陽劉温叟(永齡)等撰。開寶四年(971)五月，命温叟及李昉、盧多遜、扈蒙、楊昭儉、賈黄中、和峴、陳

---

① 《皇祐樂圖》三卷，《秘書省續四庫書目》及《郡齋讀書志》題“皇祐樂記”，此據《宋史·藝文志》。

諤,以《開元禮》重加損益,以成此書。"

按:開寶四年(971)五月。命中丞劉温叟,中書舍人李昉,知制誥盧多遜、扈蒙、詹事楊昭儉、補闕賈黄中、司勳郎和峴、中書陳諤,重定《開元禮》,以國朝沿革制度附屬之。温叟卒,又以知制誥張澹參其事。六月丙子,書成上之,凡二百卷,目錄三卷,號曰《開寶通禮》,藏於書府。① 朱熹曰:"《開寶禮》,全體是《開元禮》,但略改動《五禮新儀》。新儀其間有難定者,皆稱御製以決之,如禱山川者,只《開元禮》内有,祖宗時有《開寶通禮科》,學究試默義,須是念得禮熟,方得禮官,用此等人爲之。介甫一切罷去,盡令做大義,故今之禮官,不問是甚人,皆可做。某嘗聞朝廷須留此等專科,如史科亦當有。"②

開寶通禮儀纂一〇〇卷　宋盧多遜等撰　佚

多遜,億子。周顯德初舉進士,官集賢校理,尋加兵部尚書。多遜博涉經史,文辭敏捷,有謀略,發多奇中。太祖好讀書,每取書史館,多遜預戒吏,令自己知,所取書必通夕閲覽。及太祖問書中事,多遜應答無滯,同列皆伏焉。雍熙二年(985)卒於流所,年五十二。有《長定格》《詳定本草》《本草注並目錄》等書。事迹具《宋史》卷二六四、《宋史新編》卷七三、《東都事略》卷三一、《隆平集》卷四、《名臣碑傳琬琰集》下集卷三、《宋大臣年表》及《學士年表》等書。

此書《宋史·藝文志》儀注類著錄。

《文獻通考》卷一八七著錄《開寶通禮纂》一百卷,引《崇文總目》云:"皇朝翰林學士多遜等撰。多遜既定新禮,復因《開元禮義鑑》,增益爲《開寶通禮義纂》一百卷上之,詔與《通禮》並行。"

---

① 説見《玉海》卷六九"開寶通禮"條。

② 説見《朱子語類》卷八四"論後世禮書"條。

按：多遜與温叟等既定《開寶通禮》，開寶六年(973)四月辛丑，上所修《開寶通禮義纂》一百卷，付有司施行。[①]

太常新禮四〇卷　宋賈昌朝撰　佚

昌朝，字子明，真定獲鹿人，天禧初賜同進士，爲崇政殿説書。慶曆中拜同中書門下平章事，英宗時判尚書都省，封魏國公。治平元年(1064)，以侍中守許州，明年(1064)，以疾留京師，廼以左僕射觀文殿大學士判尚書都省，卒，年六十八。著有《群經音辨》《通紀》《慶曆祀儀》《慶曆編敕及總例》《慶曆編敕律學武學敕式》《宋時令集解》、奏議及文集等。事迹具《宋史》卷二八五、《宋史新編》卷八七、《東都事略》卷六五、《隆平集》卷五、《名臣碑傳琬琰集》上集卷六及《宋大臣年表》等書。此書《宋史・藝文志》儀注類著錄、

《直齋書錄解題》卷六禮注類著錄《太常新禮》四十卷，陳氏曰：“提舉編修賈昌朝（子明）等上。景祐四年(1037)同知太常禮院浦城吴育（春卿）言：‘本院所藏禮文故事，未經刊修，請擇官參定。’至慶曆四年(1044)始成。凡通禮所存，悉仍其舊，裒其異者列之爲一百二十篇。編修官孫祖德、李宥、張方平、吕公綽、曾公亮、王洙、孫瑜、余靖、刁約。”

按：《宋史》卷九八、《禮志》卷五一云：“景祐四年(1037)賈昌朝撰《太常新禮》及《祀儀》，止於慶曆三年(1043)。”《玉海》卷六九“景祐太常新禮慶曆祀儀”條云：“景祐四年三月庚子，同知太常禮院吴育言：‘今禮院所藏禮文故事，未經刊修，而類例不一，請擇儒臣與本院官，約古今制度，參定爲一代之法。’從之。至慶曆四年正月辛卯，提舉賈昌朝，編修官孫祖德、李宥、張方平、吕公綽、曾公亮、王洙、孫瑜、余靖、刁約上之，爲

---

① 見《續資治通鑑長編》。

《太常新禮》四十卷,《慶曆祀儀》六十三卷,賜器帛。"①

新禮一卷　宋沿情子撰　佚

沿情子,事迹待考。

此書《宋史·藝文志》儀注類著録。

按:此書《宋志》注云:"不知名。"唐以前書目未見,當是宋
時人。

嘉定續中興禮書不著卷數　宋太常寺編　佚

此書《宋史·藝文志》不著録,見《玉海·禮儀》。

檢《玉海》卷六九"嘉定續中興禮書"條云:"嘉定十一年
(1218)三月丙申,禮部員外郎李琪奏請太常將慶元元年
(1195)以後典禮,編纂成書。"

按:李琪,字夢開,一作孟開,亦字開伯,吳郡人,彌遜孫。慶
元二年(1196)進士,嘉定八年(1215)以承議郎提舉浙東常
平,九年(1216)兼本路提刑,十一年(1218)除禮部郎官。著
有《春秋王霸列國世紀編》三卷。事迹具《宋元學案補遺》卷
三四、《宋詩紀事補遺》卷六四、淳熙《三山志》卷三一等書。

淳熙中興禮書八〇卷　宋淳熙間禮寺編　佚

此書《宋史·藝文志》不著録,見《玉海·禮儀》。

檢《玉海》卷六九"淳熙中興禮書"條云:"嘉泰二年(1202)八
月十七日,禮部尚書費士寅等言:禮寺以孝宗一朝典禮續纂
《中興禮書》八十卷,詔令繳進。"

按:費士寅,字戒父,成都人。淳熙二年(1175)進士,歷官秘
書郎,遷著作郎,除權吏部侍郎,禮吏兩部尚書,嘉泰四年
(1204)以參知政事兼知樞密院事,監修國史。開禧元年
(1205)罷參政,以資政殿學士出知興元府。事迹具《宋大臣

---

① 　此事亦見《玉海》卷一〇二"慶曆熙寧元祐祀儀"條。

年表》《南宋館閣續録》《南宋制撫年表》等書。

大中祥符封禪記五〇卷　宋丁謂、李宗諤等撰　佚

大中祥符祀汾陰記五〇卷　宋丁謂、李宗諤等撰　佚

謂,字謂之,後更字公言,蘇州長洲人。淳化三年(992)登進士甲科。少與孫何友善,同袖文謁王禹偁,禹偁大驚,重之,以爲自唐韓愈、柳宗元後三百年,始有此作,世谓之"孫丁"。累官同中書門下平章事,昭文館大學士,封晉國公。真宗朝營造宮觀,奏祥異之事,多謂與王欽若發之。寇準爲相,尤惡謂,謂媒蘗其過,遂罷準相。仁宗立,知謂前後欺罔,貶崖州司户參軍,踰三年徙雷州,又五年徙道州,明道中授秘書監致仕,居光州卒。著有《景德會計録》《大中祥符奉祀記》《大中祥符迎奉聖像記》《田農敕》《降聖記》《北苑茶録》《天香傳》《虎丘録》《刀筆集》《青衿集》《知命集》《大中祥符祀汾陰祥瑞贊》《丁謂集》《丁謂談録》等。事迹具《宋史》卷二八三本傳。宗諤,字昌武,昉子。七歲能屬文,恥以父任得官,獨由鄉舉第進士,授校書郎。真宗時拜起居舍人,預重修《太祖實録》。景德二年(1005)召爲翰林學士,大中祥符間從封泰山。三年(1010)知審官院,屬祀汾陰后土,命爲經度制置副使,五年(1012)迎真州聖像,副丁謂爲迎奉使,五月以疾卒,年四十九。著有《樂纂》《永熙寶訓》《翰林雜記》《李昉談録》《圖經》《越州圖經》《陽明洞天圖經》等。事迹具《宋史》卷二六五本傳。

右二書《宋史·藝文志》儀注類著録。

《郡齋讀書志》卷八儀注類著録《封禪記》五十卷,晁氏曰:"右皇朝丁謂等撰。大中祥符元年(1008)詔謂與李宗諤、陳彭年,以景德五年(即祥符元年)正月三日,天書降於左承天門鴟吻之上,迄十月,泰山修封事迹儀注詔誥編次成書上之。

御製《序》冠之於首。"

又著録《大中祥符祀汾陰記》五十卷，晁氏曰："右皇朝丁謂撰。大中祥符三年（1010）八月降祀汾陰御札，至明年春禮成，四年（1011）詔謂與陳彭年編次事迹儀注，踰二年書成上之。"

按：大中祥符封禪及祀汾陰后土始末，《宋史》卷一〇四《禮志》第五七"封禪及汾陰后土"條載録甚詳，兹不具録。《玉海》卷五七"大中祥符封禪記祀汾陰記"條云："祥符元年（1008）十二月壬辰，龍圖閣待制陳彭年，請自天書降，至封禪畢。編録藏之秘府，詔李宗諤、丁謂及彭年纂録，謂等就起居院編録，至三年（1010）十月書成，凡五十卷，皆先爲記事，次列儀注御製册祝、樂章、步虛詞、御札、詔敕、德音、表狀、頌、碑銘、記贊，分門載之。庚申，丁謂等上之，帝爲製《序》，祀汾陰禮畢，亦詔謂等撰記，六年（1013）八月丁丑成五十卷。"

汾陰補記三卷　宋陳堯叟撰　佚

堯叟，字唐夫，閬州人，省華長子。端拱二年（989）進士第一，授秘書丞，歷廣南西路轉運使，俗有疾輒禱神，不知醫藥，叟刻方書于州驛，嶺外少林木井泉，堯叟令道傍植木鑿井，置亭舍，民咸便之。累官同平章事，拜右僕射。知河陽，還京師，天禧元年（1017）卒，年五十七，贈侍中，謚文忠。著有《請盟録》。事迹具《宋史》卷二八四、《宋史新編》卷八六、《史質》卷二三及六六、《東都事略》卷四四等書。

此書《宋史·藝文志》不著録，見《玉海·郊祀》。

按：《玉海》卷九四"祥符祀汾陰記"條云："開寶九年（976），詔徙汾陰后土，祠於舊廟稍南。太平興國四年（979），詔重修后土廟。大中祥符三年（1010）六月癸丑，河中府進士薛南等請車駕躬祠后土。七月辛丑，文武百僚繼請。八月丁未朔，詔以來年春有事于汾陰，上曰：‘但冀民獲豐穰，於朕躬固無所憚。戊申，以陳堯叟爲祠汾陰經度制置使，李宗諤副之。一本云：王旦爲大禮使。庚戌，命晁迥、楊億、杜鎬、陳彭年、王曾與禮院詳定祀汾陰儀注。乙卯，詳定所言：‘請如封禪之禮。’……丙寅，作《汾陰禮成詩》賜百官。四月甲辰朔至自汾陰，丁未作《西祀還京歌》。己未，詔雎上后土廟上額爲太寧，大殿周設欄楯。壬戌，增葺宮廟。六年（1013）八月丁丑，參政丁謂上《新修祀汾陰記》五十卷，詔褒之。七年（1014）十一月壬辰，陳堯叟《汾陰補記》三卷。”

御史臺儀制六卷　宋張知白等撰　佚

知白，字用晦，清池人。幼篤學，中進士第，累遷京東轉運使，祥符中拜給事中，參知政事。王欽若爲相，議論多相失，因稱疾辭位，罷爲刑部侍郎翰林侍讀學士。仁宗時爲工部尚書同中書門下平章事。知白在相位，慎名器，無毫髮私，雖顯貴，清約如寒士，卒謚文節。事迹具《宋史》卷一〇、《宋史新編》卷九六、《東都事略》卷五一、《宋大臣年表》及《北宋經撫年表》等書。

此書《宋史·藝文志》儀注類著録。

按：《玉海》卷六九“祥符御史臺儀制”條引《書目》云：“六卷，祥符中參政張知白等詳定。”

天聖鹵簿記一〇卷　宋宋綬撰　佚

綬，字公垂，趙州平棘人。父皋直集賢，父子同在館閣，世以爲榮。綬幼聰警，額有奇骨。博通經史百家，家藏書萬餘卷，親自校讐。四入翰林，仁宗朝參知致事，朝廷大議論，多所裁定。卒謚宣獻。有《宋朝大詔令》《内東門儀制》《歲時雜詠》《常山秘殿集》《託車集》《常山遺札》《唐大詔令》等。事迹具《宋史》卷二九一、《東都事略》卷五七、《名臣碑傳琬琰集》下集卷八、《宋季忠義録》卷九〇、《皇宋書録》卷九及《宋大臣年表》等書。

此書《宋史·藝文志》儀注類著録。

《通志·藝文略·儀注·車服》著録《鹵簿圖記》十卷，云宋綬撰。

《直齋書録解題》卷六禮注類著録《天聖鹵簿圖記》十卷，陳氏曰：“翰林學士常山宋綬（公垂）撰。始太祖朝鹵簿以繡易畫，號繡衣鹵簿，真宗時王欽若爲記二卷，闕於繪事，弗可詳識。綬與馮元、孫奭受詔，質正古義，傅以新制，車騎人物器服之品，皆繪其首者，名同飾異，亦别出焉。天聖六年（1028）十一月上之。其考訂援證，詳洽可稽。”

《玉海》卷八〇“天聖新修鹵簿記景祐鹵簿圖記”條云：“景德二年（1005）郊祀，王欽若上記三卷，頗疏略。天聖六年（1028）十一月癸卯，翰林學士宋綬，上《天聖鹵簿記》十卷，付秘閣。初，綬攝太僕卿，侍玉輅，上問儀物典故，占對辯洽，因命撰記。序云：‘再飭大駕，郊見上帝。’景祐五年（1038）十一月乙巳，禮儀使宋綬上《景祐南郊鹵簿圖記》十卷，詔褒諭。蓋因前書而增飾之，以親政初元冠篇，正古義，傅以新制，圖繪注説，援據精詳。”

按：《景祐南郊鹵簿圖記》，今亦不傳。

大饗明堂記二〇卷　宋文彦博、高若訥等撰　佚

大饗明堂記要二卷　宋文彦博撰　佚

彦博，字寬夫，汾州介休人。仁宗時第進士，累官同中書門下平章事，封潞國公。熙寧中爲王安石所惡，力引去。拜司空，河東節度使，尋以太師致仕。居洛陽，卒，年九十有二，謚忠烈。著有《藥繩》《文潞公集》等。事迹具《宋史》卷三一三《宋史新編》卷九八、《東都事略》卷六七、《名臣碑傳琬琰集》下集卷一三、《三朝名臣言行録》卷三、《元祐黨人傳》卷一及《宋大臣年表》等書。

若訥，字敏之，本并州榆次人，徙家衞州。第進士，累官起居舍人，知諫院，范仲淹坐言事奪職，余靖、尹洙論救，均貶斥，歐陽修移書責若訥，若訥憤，以其書奏，貶修夷陵令。官至參知政事，卒謚文莊。著有文集。事迹具《宋史》卷二八八、《宋史新編》卷八八、《東都事略》卷六三、《隆平集》中集卷六及《宋大臣年表》等書。

右二書《宋史·藝文志》儀注類著録。

《直齋書録解題》卷六禮注類著録《大饗明堂記》二十卷，《紀要》二卷，陳氏曰：“宰相河汾文彦博（寬夫）等撰。國朝開創以來，三歲親郊，未嘗躬行大饗之禮。皇祐二年（1050）二月，詔以季秋擇日有事於明堂，而罷冬至郊祀。直龍圖閣王洙言：‘國家每歲大饗，止於南郊寓祭，不合典禮。古者明堂宗廟路寢同制，今大慶殿即路寢也，九月親祀，當於大慶殿行禮。’詔用其言。禮成，命彦博及次相宋庠參預，高若訥編修爲記。上親製序文。已而彦博以簡牘繁多，别爲紀要，首載聖訓，欲以大慶爲明堂，禮官之議，適與聖意合云。”

《玉海》卷五七“皇祐大饗明堂記”條云：“（皇祐）二年（1050）九月，親祠明堂，制度損益，多由上裁酌。十月，詔宰臣文彦博、宋庠，參政高若訥、史館王洙編修《大饗明堂記》，三年（1051）二月五日丙戌，彦博等上二十卷，目録一卷。彦博言編修起三月戊子降詔，迄季秋辛亥禮成，廣記而備言之。慮簡牘頗多，仰煩聖覽，因纂成《皇祐大饗明堂紀要》二卷以聞。庚寅，内出御製序，衆所請也。令崇文院鏤板以賜近臣。”

按：《宋史》卷一二《仁宗本紀》四云：“皇祐二年（1050）九月丁亥，閲雅樂；己酉望，饗景靈宮。庚戌，饗太廟。辛亥大饗天地於明堂，以太祖、太宗、真宗配，如圜丘，大赦，百官進秩一等。"此二編即紀其事也。

明禋儀注一卷　宋王儀撰　存

儀，皇祐間曾官將作監丞、大理寺丞。《西溪集》卷四載《大理寺張太寧將作監丞王儀可並大理寺丞太常寺大祝王景純可大理評事制》云："勅某等：朝廷制爵禄以待天下之士大夫，其路廣矣，其流衆矣，然既試以職，而質其成，序以陟之，則其法一焉。太寧也由辭科，儀與景純也由世賞，各以廉能而應課，最有司舉三歲之典來上肆，朕並以爲廷尉之屬，或承其長，或平其法，皆曰良選，漸於榮階，尚有不次之賞，以俟爾卓然之效，爾其勉焉，可。"

此書《宋史·藝文志》不著録，《説郛》收之。

按：此記明禋之儀，景靈宮聖祖及太廟一十三寶三上之禮也。

又按：此書以篇幅不多，單行者罕見。臺北"國家圖書館"及臺灣大學所藏清順治四年兩浙督學李際期刊《説郛》卷五十一收之。

太常因革禮一〇〇卷　宋歐陽修等撰　存

修，字永叔，廬陵人，自號醉翁。舉進士甲科，慶曆初召知諫院，改右正言，知制誥。時杜衍、韓琦、范仲淹、富弼相繼罷去，修上疏極諫，出知滁州，徙揚州、潁州，還爲翰林學士。嘉祐間拜參知政事，熙寧初與王安石不合，以太子少師致仕，晚號六一居士。有《新唐書》《新五代史》《毛詩本義》《太常禮院祀儀》《集古録》《歸田録》《洛陽牡丹記》《文忠集》《六一詩話》《六一詞》等。事迹具《宋史》卷三一九、《宋史新編》卷一〇二、《東都事略》卷七二、《名臣碑傳琬琰集》上集卷二四、《三朝名臣言行録》卷二、《皇宋書録》卷中、《宋大臣年表》及《學士年表》等書。

此書《宋史·藝文志》儀注類著録。

《玉海》卷六九"治平太常因革禮"條云："嘉祐六年(1061)七
月己丑,命姚闢、蘇洵同禮官編纂禮書。初,判太常寺歐陽修
言:'太常,典禮所在,而文字散失,請命官纂集,庶以備討論
而傳後世。'時朝廷重置局,上命禮院官。是歲秘閣校理張洞
奏請擇文學該贍者三兩人置局,命判寺一員總領。知制誥張
瓌又奏:'欲謹擇有學術方正大臣,與禮官精議是非,釐正紬
繹,然後成書。'時修爲參政,又命之提舉。治平二年(1065)
九月辛酉,書成,凡百卷。有序一篇,目録一卷。以《開寶通
禮》爲之主,而記其變。其無所沿於《通禮》者,謂之'新禮';
《通禮》所有而建隆以來不復舉者,謂之'廢禮';凡立廟有議
論,謂之'廟議';餘即用《通禮》條目。修與判寺李東之等上
之。賜名曰《太常因革禮》,自建隆訖嘉祐。藏之秘閣。志云:異於舊
者十三四,然繁簡失中,缺亡不補。"

此書《郡齋讀書志》《直齋書録解題》《四庫全書總目》等並未
著録,可知傳本絶少。清嘉慶間,阮元得一鈔本,影寫進呈。
《揅經室外集》卷二載《太常因革禮提要》,曰:宋歐陽修等奉
敕撰。案宋自太祖,始命儒臣約唐之舊爲《開寶通禮》。至仁
宗初年,禮官王皞,復論次太宗、真宗兩朝已行之事,名曰《禮
閣新編》,止于天禧五年(1021)。其後賈昌朝等,復加編定,
名曰《太常新禮》,止于慶曆三年(1043)。嘉祐中,修奉敕重
定此書,至治平中上之于朝,英宗賜名《太常因革禮》,見于修
之《自序》如此。然書後有淳熙十五年(1188)李壁跋,以爲此
老蘇先生奉詔所修。考歐公爲《老泉墓誌》云:'會太常修纂
建隆以來禮書,乃以爲霸州文安縣主簿,使食其禄,與陳州項
城縣令姚闢同修典禮,爲《太常因革禮》一百卷。'則此書雖爲
修所上,其體裁出于蘇洵居多。書中分《總例》二十八卷,《吉
禮》三十三卷,《嘉禮》九卷,《軍禮》三卷,《凶禮》三卷,《廢禮》

一卷,《新禮》二十一卷,《廟議》十二卷。《總例》内子目二十八,《吉禮》子目三十七,《嘉禮》子目十七,《軍禮》子目六,《凶禮》子目二十五,《廢禮》子目九,《新禮》子目三十七,《廟議》子目二十六,計共百卷,八門,一百八十五目。《郡齋讀書志》《直齋書録解題》不載此書,儲藏家亦絕無著録者,兹從舊抄本影寫,失去五十一至六十七凡十七卷,書中亦多闕文,無從訪補。其書所采擇者,自《開寶通禮》《禮閣新編》《太常新禮》三書之外,復有《會要》《實録》《禮院儀注》《禮院例册》《封禪記》《明堂記》《慶曆祀儀》等書,至爲賅備。蓋治平之際,正宋室最盛之時,而又出於名臣名儒之所訂定,汴京四朝典禮,粲然具備,足以資考鏡者固不少矣。”

案:此書今傳諸本,並爲鈔本,刊本則殊罕見。張金吾嘗從蕭山陸氏得一抄本,亦從舊抄本傳録者,缺卷五十一至卷六十七凡十七卷。[1] 丁丙《善本書室藏書志》卷一三著録何夢華藏舊抄本,亦缺五十一至六十七凡十七卷。[2] 今所藏善本:臺北“國家圖書館”有舊抄本兩部,一部一百卷十册,一部存八十三卷,缺卷五十一至卷六十七凡十七卷,卷末有清道光辛丑(二十一年,1841)初秋錢唐羅以智跋;又有一部清山陰杜氏知聖教齋烏絲闌鈔本,存六十九卷,缺卷二十九至卷四十二、卷五十一至卷六十七凡三十一卷,有清同治八年(1869)徐時棟手書題記,係前國立北平圖書館舊藏。“中央研究院”歷史語言研究所有藍格抄本一部,有近人陳毅校跋;又有鈔本一部,存卷二十九至卷五十、卷四十四至卷七十三、卷八十至卷

① 見《爱日精廬藏書志》卷一九。張金吾曰:“伏讀《欽定四庫全書總目》云:‘北宋一代典章,如《開寶禮》《太常因革禮》《禮閣新儀》今俱不傳’云云,則是書之佚久矣。此本傳自蕭山陸氏,蓋從舊抄本傳録者,缺卷五十一至卷六十七凡十七卷。”

② 丁丙原文云:“向缺五十一至六十七凡十二卷。”“十二”當作“十七”。

一百,有朱筆批校。臺北"故宫博物院"有宛委别藏本一部,
即阮文達所進呈者。清光緒中,廣雅書局彙刊《廣雅書局叢
書》,據傳鈔本收録,卷末載廖廷相校識二卷。廖氏據《周禮》
《隋志》《通典》《文獻通考》《歐陽文忠集》《續資治通鑑長編》
《宋史·禮志》及《輿服志》等校勘譌正,共得一千一百餘條,
最有功於是書。廖氏跋云:"《太常因革禮》一百卷,傳鈔本,
前有歐陽文忠公《序》,後有淳熙十五年(1188)李壁跋,述此
書體例條目甚詳,惟失去第五十一至六十七凡十七卷,與阮
文達呈進本同。又卷七十二,天禧元年(1017)上六室尊謚
中,佚大半葉;慶曆四年(1044)上帝后册寶,後半全佚;卷九
十四,前後錯簡,未審較阮本若何。阮氏提要云:'書中亦多
闕文。'此本正同,而四十一至五十卷爲尤甚。今取關涉諸
書,詳加參訂,正譌補缺,十得七八。其卷葉全佚者,阮氏已
云無從訪補矣。是書編集故事,以備稽考,與開元、政和諸禮
書垂爲定制者不同,故纖細並詳,詞繁不殺,其取名因革者以
此。此本從方氏碧琳瑯館借出,其總例輿服、鹵簿兩門,間有
校語,然不明不備,且時混入正文,今概删去,以還舊觀。校
畢,都其譌正者,得千餘條,分爲兩卷,附録於後,並取《孼經
室外集提要》列諸編首,俾讀者有所考焉。光緒甲午(20年,
1894)八月既望,南海廖廷相識。"《叢書集成初編》即據《廣雅
書局叢書》本著録。

元豐續編因革禮不著卷數　宋不撰人　佚

紹聖續編因革禮不著卷數　宋不著撰人　佚

右二書《宋史·藝文志》不著録,見《玉海·禮儀》。
《玉海》卷六九"元豐紹興續編因革禮"條曰:"元豐七年
(1084)六月六日甲戌,尚書禮部言:"歐陽修等因革禮。始於
建隆。迄於嘉祐,爲百卷。嘉祐以後,闕而不録。熙寧以來,

禮文制作,足以垂法萬世,宜下太常委博士接續修纂,以備討
閲。"從之。九月二十三日,詔禮部續編,迄于元祐初。紹聖
三年(1096),禮部尚書林希言:'近年缺而不續。'四月己巳,
詔復編。"

按:林希,字子中,福州人,舉進士,調涇縣主簿,爲館閣校勘,
集贤校理。神宗朝同知太常禮院。紹聖初知成都府,道闕
下,章惇留爲中書舍人,修《神宗實録》,時方推明紹述,盡黜
元祐群臣,希皆密預其議,自司馬光、吕公著、吕大防、劉摯、
蘇軾、蘇轍等數十人之制,皆希爲之,極其醜詆,書以"老奸擅
國"之語,陰斥宣仁,讀者無不憤歎。徽宗立,徙大名,朝廷以
其詞令醜正之罪奪職。知揚州,徙舒州,未幾卒,年六十七。
謚文節。《宋史》卷三四二有傳。

政和續因革禮三〇〇卷目録三卷　宋葛勝仲撰　佚

勝仲,字魯卿,江陰人,徙居丹陽。紹聖四年(1097)進士,累
遷太常卿,及建春宫,兼諭德,採春秋戰國以來歷代太子善惡
成敗之迹,日進數事,詔嘉之,徙太常少卿。除國子祭酒,尋
知湖州,徙鄧州。朱勔媒蘗其短,罷歸。建炎中復知湖州,歲
大飢。發宮廩賑之,民賴以濟。紹興十四年(1114)九月卒,
年七十三,謚文康。著有《太常祠祀儀制格目》四八卷、《標
録》二卷及《丹陽集》二四卷等。事迹具《宋史》卷四四五、《宋
史新編》卷一七一、《史質》卷四一、《南宋書》卷二五等書。

此書《宋史·藝文志》不著録,見《玉海·禮儀》。

《玉海》卷六九"政和續因革禮"條云:"(政和)四年(1114),葛
勝仲爲太常少卿,自建隆至治平初所行典禮,嘗爲書百篇,勝
仲續其書,自治平迄政和四年,部居條目,皆視歐陽修之舊。
總例凡五十三卷,《吉禮》九十四卷,《賓禮》十三卷,《軍禮》四
卷。《嘉禮》三十三卷,《凶禮》七十七卷,《廟議》二十七卷,合

三百卷。目錄三卷，與前書併藏奉常。”又云：“《續因革禮序》曰：‘政和三年（1113）二月，中書舍人蔣猷建言，紹命撰次至二年（1112）終。四年（1114）十月，詔編至四月終，明年（1115）六月書成。”然則，此書之修，蔣猷之請也。

參用古今家祭式不著卷数　宋韓琦撰　佚

琦，字稚圭，相州安陽人，自號贛叟。風骨秀異，弱冠舉進士，名在第二。初授將作監丞，趙元昊反，琦適自蜀歸，論西師形勢甚悉，即命爲陝西安撫使，進樞密直學士，歷官陝西經略安撫招討使，與范仲淹在兵間久，名重一時，人心歸之，朝廷倚以爲重，天下稱韓范。英宗嗣位，拜右僕射，封魏國公。神宗立，拜司徒，兼侍中，卒諡忠獻。著有《仁宗實錄》《諫垣存稿》《閱古堂詩》、文集等。事迹具《宋史》卷三一二、《宋史新編》卷九八、《東都事略》卷六九等書。

此書《宋史·藝文志》儀注類著錄。

《直齋書錄解題》卷六禮注類著錄《韓氏古今家祭式》一卷，陳氏曰：“司徒兼侍中相臺韓琦（稚圭）撰。”

今檢韓琦《韓魏公集》卷一一載《韓氏參用古今家祭式序》，於撰兹編之緣由及内容，叙述綦詳，曰：“自唐末至於五代，兵革相仍，禮樂廢缺，故公卿大夫之家，歲時祠饗，皆因循便俗，不能少近古制。國家運祚隆赫，承平有年，曠絶之典，無所不講。慶曆初元，始詔文武官，並許依舊式，創立家廟，事下禮官裁處，而迄今不聞定議。琦自主祭以來，恪謹時薦，罄極誠愨，而常患夏秋之祭，闕而不備，從俗之事，未有折中。因得祕閣所有：御史鄭正則祠享儀、御史孟詵家祭禮、殿中御史范傳正寝堂時享儀、汝南周元陽祭録、京兆武功尉賈氏惇家薦儀、金吾衛倉曹參軍徐閏家祭儀、檢校散騎常侍孫日用仲享儀，凡七家，研詳累月，粗究大方，於是採前説之可行，酌今俗之難廢者，以人情斷之，成十二篇，名曰《韓氏參用古今家祭式》。昔鄭御史以年六十三，久疾羸頓，遂著《祠享儀》以示後，而琦年之與病，與鄭適同，遂感而爲此，將使子孫奉而行之，非敢傳于外也。若其歲時之享，以新儀從事，雖甚疲老，敢不自立他日朝廷頒下《家祭禮》，自當謹遵定制云。時熙寧庚戌（三年，1070）歲十月十五日，北京望宸閣序。"

訓俗書一卷　宋許洞撰　佚

洞，字淵夫，一字洞天，吳興人。登咸平三年（1000）進士，爲雄武軍推官，免歸。日以酣飲爲事，所居惟植一竹，以表特立之操。後爲烏江縣主簿，卒，年四十二。著有《演玄》《春秋釋幽》《虎鈐兵經》文集等。事迹具《宋史》卷四四一、《宋史新編》卷一六九及《宋人軼事彙編》等書。

此書《宋史·藝文志》儀注類著録。

《直齋書録解題》卷六禮注類著録《訓俗書》一卷，陳氏曰："許洞（洞天）撰，述廟祭冠笄之禮，而拜掃附於末。謝絳（希深）、王舉正皆有序跋。洞，淳化（按：當作咸平）三年（1000）進士，希深之舅也。"

按：謝絳、王舉正二人之文集，今並不傳，故所作序跋，俱不得見之。

南郊式一一○卷　宋王安石等撰　佚

安石，字介甫，號半山，撫州臨川人。少好讀書，一過目終身不忘。其屬文，動筆如飛。擢進士第。嘉祐中歷度支判官。安石議論高奇，果於自用，能以辨博濟其説，上萬言書，以變法爲言。俄直集賢院，知制誥，神宗時爲相，帝深倚之，謀改革政治，興青苗、水利、均輸、保甲、免役、市易、保馬、方田諸法，物議騰沸。時名臣皆被斥，而新法卒無效，罷爲鎮南軍節度使。元豐中復拜左僕射，封荆國公。哲宗立，加司空，卒。
著有《易解》《新經書義》《洪範傳》《新經毛诗義》《舒王诗義外
傳》《三十家毛詩合解義》《新經周禮義》《左氏解》《論語通類》
《字説》《熙寧奏對》《舒王日録》《熙寧詳定編敕》《維摩詰經
注》《建康酬唱詩》《唐百家诗選》《四家詩選》文集等。事迹具
《宋史》卷三二七、《宋史新編》卷一〇六、《東都事略》卷七九、
《名臣碑傳琬琰集》下集卷一四、《三朝名臣言行録》卷六、《皇
宋書録》卷中及《宋詩鈔》等書。

此書《宋史·藝文志》儀注類著録。

按：此書爲安石秉政時奉詔撰御。考《臨川先生文集》卷五六
載《進修南郊勑式表》云："……蓋聞孝以配天爲大，聖以饗帝
爲能，越我百年之休明，因時五代之流弊，前期戒具，人輒爲
之騷然，臨祭視成，事或幾乎率爾，蓋已行之品式，曾莫紀於
官司，故國家講燎禋之上儀，而臣等承撰次之明詔，迨兹彌
歲。僅乃終篇，猶因用於故常，特删除其紛宂……人且昭明
知因陋之爲恥，固將制禮作樂，以復周唐之舊，豈終循誦習，
傳而守秦漢之餘，則斯書也，譬大輅之椎輪，與明堂之營窟，
推本知變，實有考於將來，隨時施宜，亦不爲乎無補。"

又按：宋代神宗朝郊廟禮儀，詳於《文獻通考》卷七一及《宋
史·禮志》等書。

聖朝徽名録一〇卷　宋李德芻撰　佚

德芻，淑子，元豐中爲詳定官制檢討文字。著有《邯鄲再集書
目》《元豐問事録》《官制局紀事》《元豐郡縣志並圖》等書。
《蘇魏公集》卷三三載《大理評事李德芻可光禄寺丞制》，《彭
城集》卷二十載《秘省校書郎李德芻可集賢校理依舊充校書
郎制》，可藉以考見其歷官。

此書《宋史·藝文志》儀注類著録。

《玉海》卷五八"熙寧聖朝徽名録"條引《書目》云："十卷。熙寧中，李德芻類載太祖訖神宗六朝，群臣表上尊號儀制詔册始末。"

按：宋代上尊號儀，具《宋史》卷一一〇《禮志》六三"上尊號儀"條。

謚法四卷　宋蘇洵撰　存

洵，字明允，眉山人，序子。年二十七，始發憤爲學，通六經百家之説，下筆頃刻數千言。至和、嘉祐間，與二子軾、轍同至京師，翰林學士歐陽修上其所著權書衡論二十二篇，士大夫爭傳之。宰相韓琦奏於朝，除秘書省校書郎。治平三年（1066）卒，年五十八。著有《洪範圖論》《皇祐謚録》《蘇氏族譜》《嘉祐集》等。事迹具《宋史》卷四四三、《宋史新編》卷一七〇、《史質》卷三七、《東都事略》卷一一四等書。

此書《宋史·藝文志》在經解類，《中興館閣書目》在史部謚法類，《四庫全書總目》在史部政書類典禮之屬，今從《四庫總目》置於此。

《四庫全書總目提要》曰："自周公《謚法》以後，歷代言謚者有劉熙、來奧、沈約、賀琛、王彦威、蘇冕、扈蒙之書，然皆雜糅附益，不爲典要。至洵奉詔編定六家謚法，乃取《春秋廣謚》及諸家之本，删定考證，以成是書。凡所取一百六十八謚，三百一十條。新改者二十三條，新補者十七條，別有七去八類，於舊文所有者刊削甚多。其間如堯、舜、禹、湯、桀、紂，乃古帝王之名，並非謚號，而沿襲前譌，概行載入，亦不免疏失，然較之諸家義例，要爲嚴整，後鄭樵《通志·謚略》，大都因此書而增補之，且稱其斷然有所去取，善惡有一定之論，實前人所不及，蓋其斟酌損益，審定字義，皆確有根據，故爲禮家所宗。雖其中間收僻字，今或不能盡見諸施行，而歷代相傳之舊典，猶可以備參考焉。"

按：此書卷數，曾鞏所作洵墓誌，《宋中興館閣書目》《宋史·藝文志》等並作三卷，《四庫全書》本作四卷，《提要》以爲殆後人所分析者。

又按：此書今存善本不多。《四庫簡明目錄標注》有明楊志仁刊本。邵章《續錄》有鈔本。今所藏善本，惟臺北"故宫博物院"有清文淵閣《四庫全書》本一部。收入叢刻者，則有《墨海金壺叢書》本、《珠叢別錄》本、《守山閣叢書》本及《叢書集成初編》本。

國朝祀典一卷　宋不著撰人　佚

此書《宋史·藝文志》儀注類著錄。

按：此書唐以前諸公私藏目未見，當是宋人所爲。

廟議一卷　宋趙粹中撰　佚

粹中，字叔達，自密州徙居鄞。孝宗鋭意復北疆，以論兵事，一歲九遷，由秘書郎權起居郎，給事中，後除吏部侍郎。知池州，郡政修舉，民立生祠祀之。著有《史評》五卷。事迹具《南宋館閣錄》卷七及《宋中興東宮官僚題名》等書。

此書《宋史·藝文志》不著錄，見《直齋書錄解題》卷六禮注類。

陳氏曰："吏部侍郎趙粹中撰進。專爲太祖未正東鄉之位，乃衰董弅、王普、趙渙首議，[①]與一時討論本末上之，時淳熙中也。"

郊廟奉祀禮文三〇卷　宋陳襄撰　佚

襄，字述古，福州侯官人。中慶曆進士，神宗時爲侍御史，論《青苗法》不便，請貶斥王安石、吕惠卿以謝天下，安石忌之，

---

① 趙渙，《文獻通考》引作趙漢。

出知陳州，徙杭州，後以侍讀判尚書都省卒，年六十四。著有
《國信語録》《諸州釋奠文宣王儀注》《易義》《中庸義》《古靈
集》等。事迹具《宋史》卷三二一、《宋史新編》卷一〇三、《東
都事略》卷八五、《三朝名臣言行録》卷一四、《蘇祠從祀議》及
《北宋經撫年表》等書。

此書《宋史·藝文志》儀注類著録。

按：《宋史》卷九八《禮志》五一云："元豐元年（1078），始命太
常寺置局，以樞密直學士陳襄等爲詳定官……。"《玉海》卷六
九"元豐郊廟奉祀禮文"條云："元豐元年（1078）正月十二日
戊午，詔判太常寺樞密學士陳襄，同修注黄履、集賢校理李清
臣、王存，詳定《郊廟奉祀禮文》。太常簿楊全、著作佐郎何洵
直、直講孫諤，爲檢討官。先是，手詔講求《郊廟禮文》，令奉
常置局討論歷代沿革，以考得失，故命襄等。二年（1079）正
月六日（丙子），命陸佃兼詳定。三年（1080）正月二十五日，
又命張璪詳定。閏九月二十五日，中書請令檢討官楊全編類
上進，以備乙夜之覽，副在有司，從之。五年（1082）四月壬戌
（十一日），成書三十卷，目録一卷，崇文院校書楊全編類以
進。"又引《書目》云："每篇先叙歷代沿革，次以議奏，以見其
施行與否。"又按：宋代銳意稽古禮文之事，招延群英，折衷同
異。元豐有詳定禮文所，大觀有議禮局，政和有禮制局，累朝
典禮講議最詳。祀禮修於元豐，而成於元祐，至崇寧復有所
增損，其當時存者惟《元豐郊廟禮文》及《政和五禮新儀》
而已。[①]

又按：明《内閣藏書目録》著録此書，是兹編明萬曆年間
猶存。

---

① 語見《宋史》卷九八《禮志》五一。

奉常雜録一卷樂章一卷　宋不著撰人　佚

此書《宋史・藝文志》不著録,見《直齋書録解題》卷六禮
注類。

陳氏曰:"無名氏。雜録禮寺牲牢樂舞祝辭。其樂章則祠祭
見行用者。"

諸州釋奠文宣王儀注一卷　宋陳襄撰　佚

襄有《郊廟奉祀禮文》三〇卷已著録。

此書《宋史・藝文志》儀注類著録。

《宋志》此書注云:"元豐間重修。"

按:《玉海》卷一一三謂《書目》有《元豐頒行諸州釋奠儀注》一
卷,當是一書。

淳熙釋奠制度圖不著卷数　宋不著撰人　佚

此書《宋史・藝文志》不著録,見《玉海・學校》。

《玉海》卷一一三"淳熙釋奠制度圖"條云:"紹興十年(1140)
七月,詔釋奠文宣王,在京爲大祀,州縣爲中祀。淳熙六年
(1179)四月十八日,知常德府李燾,乞頒下釋奠儀注及繪畫
尊爵簠簋制度圖本頒下,從之。七年(1180)二月十七日,禮
官言:'參照祥符間頒下州縣祭器,止有散尊,與新儀不同,乞
除去。兼政和之後,配位從祀神位升降及封爵不同,慮州縣
塑繪不一,乞依國子監大成殿并兩廡從祀位數爵號姓名并尊
器制度。'從之。"

書儀八卷　宋司馬光撰　存

光,字君實,陝州夏縣人。七歲凜然如成人,聞講《左氏春
秋》,愛之,退爲家人講,即了其大旨,自是手不釋書,至不知
寒暑饑渴。寶元初進士甲科,除奉禮郎。歷同知諫院。仁宗
時請定國嗣。神宗時爲御史中丞,以議王安石新法,不合,
去。居洛十五年,絶口不論時事。哲宗初起爲門下侍郎,拜

尚書左僕射，悉去新法之爲民害者，在相位八月，卒，年六十
八，贈太師温國公，諡文正。居涑水鄉，世稱涑水先生。著
《易説》《繫辭説》《中庸大學廣義》《古文孝經指解》《切韻指掌
圖》《切韻類編》《資治通鑑》《通鑑前例》《資治通鑑舉要曆》
《稽古録》《歷年圖》《通鑑節要》《帝統編年紀事珠璣》《歷代累
年》《涑水記聞》《百官公卿表》《官制遺稿》《居家雜説》《家範》
《宗室世表》《潛虚》《文中子傳》《揚子四家集注》《太玄經集
注》《老子道德經注》《游山行記》《投壺新格》《醫問》《詩話》
《三家冠婚喪祭典》《紹聖三公詩》《日録》《文集等。事迹具
《宋史》卷三三六、《宋史新編》卷一一二、《東都事略》卷八七
上、《名臣碑傳琬琰集》上集卷六、《三朝名臣言行録》卷七、
《元祐黨人傳》卷一等書。

此書《宋史·藝文志》儀注類著録。

《直齋書録解題》卷六禮注類著録此書一卷，陳氏曰："司馬光
撰。前一卷爲表章書啓式，餘則冠昏喪祭之禮詳焉。"

《朱子語録》云："胡叔器問四先生禮，晦庵先生曰：二程與橫
渠多是古禮，温公則大概本《儀禮》而參以今之可行者。要
之，温公較穩，其中與古不甚遠，是七分好。大抵古禮不可全
用，如古服古器，今皆難用。温公本諸《儀禮》，最爲適古今之
宜。"馬端臨《文獻通考》引其父馬廷鸞之言曰："温公此書，專
本《儀禮》，其大者莫如婚喪。《婚禮》'婦見舅姑'條下注：若
舅姑已歿，則有三月廟見之禮，此《儀禮》説也。《儀禮》凡單
言廟，皆謂禰廟，非祖廟也。公謂婦入門拜先靈，則三月廟見
之禮可廢。此於禮爲稍略，而朱文公遂以爲惑於陳緘子先配
後祖之説，故以婦入拜祖先爲未然，此禮當考。喪禮卒哭而
祔，亦《儀禮》説也。《儀禮》三虞明日以其班祔，公直用之，此
於禮爲大遽。《檀弓》明言殷練而祔，周卒哭而祔，孔子善殷

而云周已戚,公於注文但略言而不詳述,蓋練而褅,公所不敢故耳。大概温公誠篤之學,嘗答許奉世秀才書云:自幼誦諸經,續注疏,以求聖人之道,直取其合人情物理目前可用者從之。此其大指也。"

按:此書之傳本,《天禄後目》有宋紹熙三年(1192)刊本,清雍正元年(1723)汪亮采曾據以影刊,即《四庫》所據以著録者。[1]《四庫簡明目録標注》謂姚若有宋刊足本,《續録》則謂孫淵如有校宋本,今則宋本已罕見。《續録》又著録明刊本、同治七年(1868)江蘇書局刊本、廣東刊本及日本芳春樓刊本。今所藏善本,惟有臺北"故宫博物院"所藏清文淵閣《四庫全書》本一部。收入叢刻者有《學津討源》本、《端溪叢書三集》本及《叢書集成初編》本。

涑水祭儀一卷　宋司馬光撰　存

光有《書儀》八卷已著録

此書《宋史·藝文志》儀注類著録。

按:此書實爲《書儀》中之一部分,在卷末喪儀中,在宋時或有單行者,故《宋志》重出也。

居家雜儀一卷　宋司馬光撰　存

光有《書儀》八卷已著録。

此書《宋史·藝文志》儀注類已著録。

按:兹編亦爲《書儀》中之一部分,在《婚儀》中,注云:"此章本在昏禮之後。今按此乃家居平日之事,所以正倫理,篤恩爱者,其本皆在於此。必能行此,然後其儀章度數,有可觀焉。不然,則節文雖具,而本實無取,君子所不貴也,故亦列於首篇,使覽者知所先焉。"宋時已有單行者,故《宋志》重出

---

[1]　《四庫全書》本據江蘇巡撫採進本著録,提要云:"此本首尾完具,尚從宋本翻雕。"

也。今《説郛》本則題"涑水家儀"。

祭儀一卷　宋范祖禹撰　佚

祖禹，字淳甫，一字夢得，第進士，從司馬光編修《資治通鑑》，在洛十五年，不事進取。書成，薦除秘書正字。哲宗立，遷給事中。宣仁太后崩，祖禹慮小人乘間害政，諫章累上，不報。時紹述之論已興，有相章惇意，祖禹力沮之，不從，遂請外，又爲論者所誣，連貶昭州別駕而卒，年五十八。著有《詩解》《古文孝經説》《論語説》《仁皇訓典》《唐鑑》《帝學》文集等。事迹具《宋史》卷三三七本傳。

此書《宋史·藝文志》儀注類著録。

按：《直齋書録解題》卷六禮注類著録《范氏家祭禮》一卷，陳氏曰："范祖禹（淳甫）撰。當是一書，惟書名小異耳。

幸太学儀一卷　宋不著撰人　佚

此書《宋史·藝文志》儀注類著録。

《宋志》注云："元祐六年（1091）儀。"

按：《玉海》卷一一三"元祐幸太學"條云："元祐六年（1091）十月十五庚午，朝獻景靈宮，退，幸國子監，詣文宣王殿行釋奠禮，一獻再拜，幸太學，御崇化堂，召宰臣執政官王賜坐，監官侍立，學生坐東西廡，侍講吴安詩執經，祭酒豐稷講無逸終篇，國子監進書籍，凡十七部軸，上命留《論語》《孟子》各一部，遂幸武成王廟，蕭揖酌獻，賜稷三品服，學官賜帛。先是，八月戊子朔，學士范百禄請視學，故有是舉。《書目》有《元祐幸太學儀》一卷。"兹編即記其儀也。

乾淳御教記一卷　宋周密撰　存

密，字公謹，號草窗，又號蕭齋，以流寓吴興弁山，又號弁陽嘯翁、弁陽老人、華不注山人。寶祐中爲義烏令，景定二年（1261）爲臨安府幕屬，咸淳十年（1274）爲豐儲倉所檢察，宋亡不仕，自號四水潛夫，卒於元大德二年(1298)，年六十七。
著有《蠟屐集》《蘋州漁笛谱》(一名《草窗詞》)、《癸辛雜識》
《齊東野語》《武林舊事》《浩然齋視廳鈔》《浩然齋雅談》《雲烟
過眼録》《澄懷録》《草窗韻語》《絶妙好詞》等。事迹具《宋史
翼》卷三四、《宋季忠義録》卷一四、《宋元學案》卷九七、《宋元
學案補遺》卷九七、《宋诗紀事》卷八〇等書。

此書《宋史·藝文志》不著録，見《説郛》。

按：此書序云：“壽皇留意武事，在位凡五大閲，乾道二年(1166)、
四年(1168)、六年(1170)、淳熙四年(1177)、十年(1183)。或幸白石，或幸茅
灘，或幸龍山，一時儀文士馬戈甲旌旗之盛，雖各不同，今撮
其要，以著于此。”於當時御教儀衛次第，記述綦詳。

又按：此書單行者今罕見，今所藏善本：臺北“國家圖書館”
及臺灣大學均有清順治丁亥(四年)兩浙督學李際期刊陶珽
重編《説郛》本，卷第五十三收録此書。

納后儀一卷　宋不著撰人　佚

此書《宋史·藝文志》儀注類著録。

《宋志》注云：“元祐七年(1092)儀。”

按：《玉海》卷七二“景祐皇后册禮”條云：“舊制后妃皆寫告
進入。景祐元年(1034)九月甲辰，立皇后曹氏。二十九日，
命禮院詳定册皇后儀制，乙巳，命宰臣李廸爲册禮使，參政王隨副之。禮
院言：‘皇后玉册如太子制度，用珉簡五十。寶用金，方一寸
五分，高一寸，文曰皇后之寶。盤螭紐，服以褘衣大帶，玉佩
雙綬。’十一月三日己丑，是日冬至。行册禮于文德殿。治平二
年(1065)十一月壬申，祀圜丘大赦，還御文德殿，發寶册上皇
太后，及册皇后。元祐七年(1092)五月十五日，納成納吉告
期三使受制書。十六日，文德殿發册。”此編即其儀制也。

又按：宋代歷朝納后儀節，具《宋史》卷一一一及《宋會要輯

稿》"后禮"條。

家祭儀一卷　宋吕大防、吕大臨等撰　佚

大防，字微仲，進士及第，歷監察御史裏行。元豐初知永興軍，元祐初封汲郡公，拜尚書左僕射，兼門下侍郎，與范純仁同心輔政，後爲章惇等所構。紹聖四年(1097)遂貶舒州團練副使，安置循州，至虔州信豐而病卒，年七十一。著有《杜工部年譜》《韓吏部文公集年譜》等書。事迹具《宋史》卷三四〇、《宋史新編》卷一一四、《東都事略》卷八九、《名臣碑傳琬琰集》下集卷一六、《元祐黨人傳》卷一及《宋大臣年表》等書。

大臨，大防弟，字與叔。初學於張載，載卒，乃東見二程，與謝良佐、游酢、楊時，號"程門四先生"。大臨博極群書，能文章，元祐中爲秘書省正字，范祖禹薦其好學修身如古人，可備勸學，未用而卒。著《易章句》《禮記傳》《論語解》《考古圖》《孟子講義》等。事迹具《宋史》卷三四〇、《宋史新編》卷一一四、《東都事略》卷八九、《皇朝道學名臣言行外録》卷六及《伊雒淵源録》卷八等書。

此書《宋史·藝文志》儀注類著録。

按：《直齋書録解題》卷六禮注類著録《吕氏家祭禮》一卷，陳氏曰："丞相京兆吕大防(微仲)、正字大臨(與叔)撰。"《宋史·吕大防傳》云："與大忠及弟大臨，同居相切磋論道，考禮冠婚喪祭，一本于古，關中言禮學者推吕氏。"知吕氏昆弟深於禮也。

横渠張氏祭儀一卷　宋張載撰　佚

載，字子厚。少孤自立，喜談兵，年二十一，以書謁范仲淹，仲淹勸讀《中庸》，載猶以爲不足，又訪諸釋老。程頤兄弟與論《易》，遂盡棄異學。嘉祐間舉進士，爲雲巖令。熙寧初爲崇政院校書，吕大防薦知太常禮院，以疾歸，卒，謚明。著有《易

説》《詩説》《三家冠婚喪祭禮》《經學理窟》《正蒙書》文集等。事迹具《宋史》卷四二七、《宋史新編》卷一六一、《東都事略》卷一一四、《皇朝道學名臣言行録》卷四及《伊雒淵源録》卷六等書。

此書《宋史·藝文志》儀注類著録。

《直齋書録解題》卷六禮注類著録《横渠張氏祭禮》一卷,陳氏曰:"張戴(子厚)撰。末有吕大鈞(和叔)説數條附焉。"

按:載深於禮,其所制禮,雖不若司馬温公之合古今之宜,然亦有可貴者。朱子嘗曰:"横渠所制禮,多本諸《儀禮》,有杜撰處。"[1]《張子全書》卷八《祭祀》一文,論祭祀之義頗詳。

釋奠祭器圖及諸州軍釋奠儀注一卷　宋不著撰人　佚

此書《宋史·藝文志》儀注類著録。

按:《宋志》注云:"崇寧中頒行。"今檢《宋會要輯稿》第五十六册《崇儒》六云:"徽宗崇寧三年(1104)十一月十六日,宰臣蔡京等言:'伏覩車駕臨幸辟廱。親書手詔面賜國子司業吴綱等,乞下有司模勒刊石,頒賜諸路州學。'從之。"又云:"(崇寧)四年(1105)十月二十三日,中書省檢會應頒降天下御筆手詔摹本已刊石訖,詔並用金填,不得摹打,違者以違制論。"《玉海》卷一一三"崇寧幸太學辟雍"條亦云:"崇寧三年(1104)十一月四日甲戌,幸太學辟雍,先是十月六日定儀注。書手詔賜司業吴綱等。學官遷秩賜章服,兩學授官免舉賜帛。"兹編蓋即當時所定儀注也。

又按:吴綱,字子進,錢塘人,熙寧九年(1076)進士,歷官太常博士,國子司業,官至中書舍人。大觀三年(1109)卒,年五十四。事迹具葛勝仲《丹陽集》卷一二《朝奉大夫吴公墓

---

① 語見《朱子語類》卷八四《論後世禮書》條。

誌銘》。

藍田吕氏祭説一卷　吕大鈞撰　佚

大鈞，字和叔，大防弟。嘉祐進士，授秦州司理監，改知三原
縣，移巴西、侯官、涇陽，以父老皆不赴。父喪，家居數年，會
伐西夏，鄜延轉還使檄爲從事，道卒，年五十二。事迹具《宋
史》卷三四〇、《宋史新編》卷一一四、《皇朝道學名臣言行外
録》卷六及《伊雒淵源録》卷八等書

此書《宋史·藝文志》儀注類著録。

按：《宋史》本傳謂大鈞從張載學，能守其師説，而踐履之。居
父喪，衰麻葬祭一本於禮，後乃行于冠昏膳飲慶弔之間，節文
粲然可觀，關中化之。《直齋書録解題》又著録其所撰《吕氏
鄉約》一卷及《鄉儀》一卷二書，知大鈞深於禮者也。

伊川程氏祭儀一卷　宋程頤撰　存

頤，字正叔，河南人，顥弟。與顥同受學於周敦儒，年十八，游
太學，胡瑗試諸生顔子所好何學，讀頤論，大驚異之，即延見，
處以學職，旋召爲秘書省校書郎。哲宗初，擢崇政殿説書，每
進講，色甚莊。繼以諷諫。出管勾西京國子監。紹聖中削
籍，竄涪州。徽宗即位，移峽州，俄而復官，又奪於崇寧。黨
禁弛，復宣議郎，致仕。大觀元年（1107）卒於家，年七十五。
世稱伊川先生，嘉定十三年（1220）賜謚正。著有《易春秋傳》
《語録》、文集等。事迹具《宋史》卷四二七、《宋史新編》卷一
六一、《史質》卷九七、《東都事略》卷一一四、《名臣碑傳琬琰
集》下集卷二一等書。

此書《宋史·藝文志》儀注類著録。

按：此書今無單刻之本，今附存於《二程全書·伊川文六》。
首爲作主式（用古尺），次曰時祭，次始祖（冬至祭），次先祖
（立春祭），次禰（季秋祭）。

六家謚法不著卷数　宋方會撰　佚

會,字子元,莆田人,嶠從孫。熙寧九年1076)進士。教授建
州,閩士聞風至者幾千人,廩餼不足,部使者上其狀,詔賜田
以贍之,且增秩。知越州,凡五年,爲政平易。充兩浙安撫
使,繕城隍,創樓船,上水戰法。政和中歷太子詹事,累爵文
安郡開國侯。事迹具《莆陽文獻傳》卷一四、《莆陽比事》卷五
等書

此書《宋史·藝文志》不著録,見《福建通志》卷六八著述興
化府。

按:方氏爲熙寧間進士。熙寧以前載謚法之書,有:周公《謚
法》一卷、不著撰人之《春秋謚法》一卷、劉熙《謚法》三卷、沈
約《謚例》十卷、何晏《魏晋謚議》十三卷、賀琛(一作賀瑒)《謚
法》五卷、王彦威《續古今謚法》十四卷、虞世南《君臣謚議》一
卷、蘇洵《謚法》(一作《謚議》)四卷(一作五卷),《隋志》又有
不著撰人之《汝南君謚議》二卷等書。方氏所輯六家爲何書,
已不可考。

十書類編三卷　宋不著撰人　佚

此書《宋史·藝文志》不著録,見《直齋書録解題》卷六禮
注類。

陳氏曰:"不知何人所集。十書者,管氏《弟子職》、曹昭《女
誡》、韓氏《家祭式》、司馬温公《居家雜儀》、呂氏《鄉禮》、范氏
《義莊規》、高氏《送終禮》、高登《修學門庭》、朱氏《重定鄉約》
《社倉約束》也。雖不專爲禮,而禮居多,故附之於此。"

按:此十書除管子《弟子職》、班昭《女誡》、司馬光《居家雜儀》
猶存,餘則已佚而不傳矣。

祥符釋奠祭器圖一卷　宋戚綸撰　佚

綸,字仲言,楚邱人,同文次子,少與兄維以文行知名。太平

興國八年(983)進士,累遷光禄寺丞。真宗即位,命爲秘閣校理,拜右正言、龍圖閣待制。留意吏治,每召見,多所敷啓,恩寵甚盛。樂於薦士,每一奏十數人,皆當時知名士。大中祥符八年(1015),與劉綜並罷學士,後王遵誨奏綸謗訕,坐左遷岳州團練副使,易和州,改保静軍副使,是冬,以疾求歸,改太常少卿分司南京。天禧五年(1021)卒,年六十八。著有《韻略》《論思集》、文集等。事迹具《宋史》卷三〇六、《宋史新編》卷八四、《史質》卷四四、《東都事略》卷四七、《隆平集》卷一三等書。

此書《宋史·藝文志》不著録,見《玉海》卷一一三學校。

按:《玉海》卷一一三"祥符釋奠祭器圖"條云:"祥符二年(1009)正月八日甲子,詔禮院定釋奠禮器頒州縣。三月二十四日甲戌,判院孫奭言:'釋奠舊禮以祭酒司業博士三獻,新禮以三公,近歲止命獻官二具兼攝,請備差太尉太常光禄卿三獻。'詔可。六月九日丙辰,頒諸州釋奠儀祭器圖。"又卷五六"祥符釋奠祭器圖"條云:"二年(1009)正月甲子八日,詔禮院定州縣釋奠禮器數圖,其制頒之見社稷。二十九日,禮院言:'先聖先師每坐酒樽二。籩八,豆八,簠二,簋二,俎三,罍一,洗一,篚一,巾一,燭一,爵四,坫二。從祀各籩二,豆二,簠一,簋一,俎一,燭一,爵一。十二月,龍圖待制戚綸,依少府監所用禮器制度,繪圖一卷,并寫開寶禮外州釋奠儀以獻,請付禮院參詳。'三年(1010)六月丙辰,九日詔曰:"嚴師重道,勸學之令獻;釋奠陳牲,薦誠之彝典。"儒臣上言,慮郡國未詳俎豆之事,乃命龍圖閣待制戚綸,與太常禮院討論,酌簡册之文,著庠序之式,圖繪頒行。其釋奠元聖文宣王廟儀注及祭器圖,令崇文院摹印,下禮院頒諸路。"

宣和重修鹵簿圖記三五卷　宋蔡攸等撰　佚

攸,字居安,京子。崇寧三年(1104)自鴻臚丞賜進士出身,除

秘書郎，以直秘閣集賢殿修纂編修會要。歷進少師，封英國
公，領樞密院，出入宮禁，常侍曲宴，多道市井淫媟謔浪語，以
蠱帝心，又附會道家説，以迎合帝意，與京權勢日相軋，父子
各立門户，遂爲讐敵。内禪之議，攸實成之，靖康初責永州安
置，連徙潯、雷。京死，御史言攸罪不減其父，當竄海島，詔置
萬安軍，尋遣使者隨所至誅之。著有《燕樂》《修定謚法》等。
事迹具《宋史》卷四七二、《宋史新編》卷一八六、《東都事略》
卷一〇一及《宋大臣年表》等書。

此書《宋史·藝文志》儀注類著録。

《玉海》卷八〇《宣和重修鹵簿圖記》條引《書目》云：“三十五
卷。初王欽若三卷，宋綬十卷，宣和別爲一書，益號詳備。三
十三卷，目録二卷。”

《文獻通考》卷一一八“王禮考乘輿車旗鹵簿”條云：“宣和初，
蔡攸等改修《鹵簿圖》，凡人物器服，盡從古制，飾以丹采，三
十有三卷，今列政和所上，而附以宣和沿革之制。”

考《宋史·禮志》云：“三駕之制，詳見於政和禮局所上，迄宣
和而大備。先是政和七年(1117)二月九日，兵部尚書蔣猷
言：‘陛下稽古制禮，大輅之乘，元戎之旗，六引之名與車，導
駕之官與服，革而新之多矣。宜命有司取《天聖圖記》考正。’
詔改修。宣和元年書成，凡人物器服，盡從古制，飾以丹采，
三十有三卷，目録二卷。”

按：《宋史》所載《鹵簿》凡三，至道、政和、紹興皆有之。至道
則國初草創之規，而又參以前代相承之制；紹興偏安杭都，未
遑禮文，蒐輯舊典，多已失墜，其可見者比承平時不能以半；
獨政和所定，則自元豐以來置立詳定禮文所議，禮局考訂精
審，其儀不舛，而其文最詳。政和之制，《文獻通考》具載之。
此書既多沿政和之制，今雖已佚，吾人可據《通考》知當時之

制也。此外，當時筆記小説，頗有載論當時之制度者，如程氏《演繁露》曰："《宣和鹵簿圖》有誕馬，其制用色帛圍裹一方氈，蓋覆馬脊，更不施鞍。此其爲制，必有古傳，非意創矣。然名以爲誕，則其義莫究也。蔡攸輩雖加辯釋，終不協當。按《通典》宋江夏王義恭爲孝武所忌，憂懼，故奏革諸侯國制，但馬不得過二。其字則書爲但，不書爲誕也。但者徒也，徒馬者，有馬無鞍，如人祖裼之祖也。迹其義類，則古謂徒歌曰謡，是其比也。其所謂徒者，但有歌聲，而無鐘鼓以將也。然則謂之但馬，蓋散馬備用而不施鞍韂者也。"

又按：明《内閣藏書目録》卷四著録《宣和鹵簿圖》九册，全，云："畫本，宋天聖間學士宋綬撰集，凡朝廷以至百官儀衞之物，皆圖繪其形，又稽其制之所自，詳爲之説。至宣和間，禮制局詳議官蔡攸等奉旨重修，凡三十五卷，宋紹興三年（1133），安撫許中上進。"知此書明萬曆年間猶存也。宋綬所撰《天聖鹵簿記》十卷，拙著《宋代儀注類史籍考上編》已著録。

紹興續編太常因革禮二七卷　宋趙子畫撰　佚

子畫，字叔問，信安人，德昭五世孫，子砥子。警敏強記，工書翰，登大觀元年（1107）進士。宣和間充《詳定九域圖志》編修官，建炎中試太常少卿，終徽猷閣直學士，知秀州，奉祠歸。紹興十二年（1142）卒，年五十四，著有《崇蘭集》二十卷。事迹具《宋史》卷二四七、《宋史新編》卷六三、《史質》卷一九及卷三六、《南宋書》卷一八、《宋元學案補遺》卷六、《宋诗紀事補遺》卷九二等書。

此書《宋史·藝文志》不著録，見《玉海》卷六九"禮儀"。

按：此書爲趙氏建炎中試太常少卿時所集。《玉海》卷六九"元豐紹興續編因革禮"條云："紹興元年（1131）七月七日。

章敞上歐陽修編纂《太常因革禮》一百卷,詔付太常。是年十一月八日辛丑,太常少卿趙子晝言:'政和、宣和續編因革禮,渡江皆散失。欲自渡江以後,修纂成書,目爲紹興續編太常因革禮。'詔可。其後,_{明年。}太常以總例及吉、凶、嘉、新四禮,凡八十六篇,二十七卷。_{或云三十卷。}始於建炎,至紹興二年(1132),編類粗成,未以進御。九年(1139),太常丞梁仲敏言:'紹聖三年(1096)以後,修纂尚缺,請委官編類。'詔本寺續修,不克成書。"

又按:歐陽修《太常因革禮》一〇〇卷,今猶傳世,拙著《宋代儀注類史籍考上編》已著録。

皇宋大典三卷　宋李文易撰　佚

文易,沇之高祖。

此書《宋史・藝文志》儀注類著録。

《玉海》卷六九"紹興皇宋大典"條云:(紹興)六年(1136)五月辛卯(二十四日),成忠郎李沇以高祖國子博士文易《新編皇宋大典》三卷來上,詔送秘府,沇遷秩。其書以皇朝所定班序圖次禮容儀式,袞冕車輅,旗章册命之制,與夫民兵吏禄祠祭户口之數,凡四十門,釐爲三卷。

按:《宋志》此書原題李沇撰,據《玉海》知係其高祖文易所撰,而沇上之也。

伊洛禮書補亡不著卷數附伊洛遺禮不著卷數　宋陳亮撰　佚

亮,字同甫,婺州永康人。光宗紹熙四年(1193)進士第一,官建康軍節度判官。端平初追謚文毅。亮與朱子善,有志事功,其文章才辨縱横,直是開拓萬古之心胸,推倒一世之智勇也。著有《通鑑綱目》《三國紀年》《龍川集》等。又輯有《歐陽文粹》《蘇門六君子文粹》。事迹具《宋史》卷四三六、《宋史新編》卷一六六、《南宋書》卷三九、《皇朝道學名臣言行外録》卷一六等書。

此書《宋史·藝文志》不著録，見《文獻通考·經籍考》儀注類。

《文獻通考》卷一八八《經籍考》十五著録《伊洛禮書補亡》（不著卷數）、《伊洛遺禮》（不著卷數），云：龍川陳氏序曰："吾友陳君舉爲余言：'薛季宣（士龍）嘗從袁道潔游。道潔及事伊川。自言得《伊洛禮書》，不及授士隆而死，今不知其書在何許？'伊川嘗言修《六典》已及七分，及被召，乃止，今更一二年可成。則信有其書矣，道潔之所藏近是，惜其書之散亡不可見也。因集其遺言中凡參考禮儀而是正其可行與不可行者，以爲《伊洛禮書補亡》，庶幾遺意之未泯，而或者其書尚可訪也。"

又云："又曰：《伊洛遺禮》，其可見者惟婚與喪禮，存其一二，今以附諸補亡之後。夫禮，雖先王之未有，可以義起也，補亡所集，集其義也。苟精其義，則當時之所參定者尚可考，而闕裂不全之制，豈必以是爲尊哉。記曰：禮之所尊，尊其義也。存其義之可見者，以惜其不可見者而已。"

按：今檢《龍川集》卷一四載《伊洛禮書補亡序》，卷十六又有《書伊洛遺禮後》。《文獻通考》所引，即將此二文合爲一，而文字略有不同。①

---

① 《伊洛禮書補亡序》曰："吾友陳傅良（君舉）爲余言：'薛季宣（士隆）嘗從湖襄間所謂袁道潔者游。道潔蓋及事伊川，自言得《伊洛禮書》，欲至蜀以授士隆，士隆往候於蜀，而道潔不來。道潔死，無子，不知其今在何許？'伊川嘗言舊修《六禮》（《通考》作典），已及七分，及被召，乃止，今更一二年可成，則信有其書矣。道潔之所藏近是，惜其書之散亡而不可見也。因集其遺言中凡參考禮儀而是正其可行與不可行者，以'伊洛禮補亡'，庶幾遺意之未泯而或者其書尚可訪也。'書《伊洛遺禮》後云："《伊洛遺禮》，其可見者惟婚與喪祭，僅存其一二，今以附諸補亡之後。夫禮，先王未之有，可以義起也。補亡所集，集其義也。苟精其義，則當時之所參定者尚可考，而缺裂不全之制，豈必以是爲尊哉。記曰：'禮之所尊，尊其義也。'存其可見者以惜其不可見者而已。"

又按：《伊川程氏祭儀》一卷，今猶傳世，拙著《宋代儀注類史籍考上編》著録。

鄉飲酒儀一卷　宋史定之撰　佚

定之，字子應，自號月湖漁老，鄞縣人。浩孫，嘉定間知饒州，廣濬城隍。著有《太極圖論》《易贊》《著説》《饒州志》《鄱陽志》等書。事迹具《宋詩紀事補遺》卷六六、《宋元學案》卷七四等書。

此書《宋史·藝文志》儀注類著録。

按：《周禮》載：“州長春秋會民，則一歲再飲，黨正大蜡正齒位，則一歲一飲；鄉大夫賓賢能，則三歲一飲。”

辨太常禮官議定九章冕服一卷　宋夏休撰　佚

休，會稽人，紹興進士，上書補官，一試吏而止。有《周易講義》《周禮井田譜》《破禮記》《兵法》等書。事迹具《宋元學案補遺別附》卷二。又《止齋文集》卷四〇有《夏休井田譜序》，《攻媿集》卷七〇及《南宋文範均有書周禮井田譜》，並可藉考其事迹。

此《宋史·藝文志》儀注類著録。

按：此書除《宋志》外，當時諸家書目罕見著録。《明内閣藏書目録》卷一著録《辨太常禮官儀定九章冕服》一册，全，云：“宋景定元年（1260）夏休撰進。鈔本。皆考正九章冕服古今制度也。”

今檢《玉海》卷八二有“紹興冕服儀”條，於當時冕服制度論之甚詳。其言曰：“紹興元年（1131），宗祀僅有朝服十三副，祭服六十二副。四年四月增造祭服六十三副。四年（1134）五月，國子丞王普言：‘冕服始於黄帝、堯、舜，而大備於周，故孔子云：服周之冕。王之三公八命，服驚冕八旒，衣裳七章，其章各八。孤卿六命，毳冕六旒，衣裳五章，其章各六。大夫四命，希冕四旒，衣裳三章，其章各四。上士三命，元冕三旒，中士再命，元冕一旒，下士一命，元冕無旒，衣皆無章。裳繡視命數，自三公而下，其繅玉并衡紘紞瑱纊帶佩帶焉中衣，皆有等差。近世冕服制度，沿襲失真，多不如古。夫後方而前圓，後仰而前俛，玄表而朱裏，此冕之制也。今方圓俛仰，幾於無辨，且以焉青裏，而飾以金銀矣。其衣皆玄，其裳皆纁，裳前三幅，而後二幅，此衣裳之制也。今則衣色以青，裳色以緋，且爲六幅而不殊矣。山以章也，今以墮；火以圓也，今以銳；宗彝虎蜼之彝也，乃畫虎蜼之狀而不爲彝；粉米，米而粉之者也，乃今爲二章，而以五色圓花爲藉；佩有衡璜琚瑀衝牙而已，乃加以雙滴而重設二衡；綬以貫佩玉而已，乃別爲錦綬而貫以雙環，以至帶無紐約，芾無肩頭，舃無絇繶，中衣無連裳，訛謬未暇悉舉。祖宗以來，屢嘗講究，以舊服數多，未免因循，今舊服無有存者，欲請因茲改作。’二十五日，禮部看詳，請送奉常修改。從之。”

又按：此書書名，《宋志》“議”誤作“儀”，今正。

紹興太常初定儀注三卷　宋不著撰人　佚

此書《宋史‧藝文志》儀注類著録。

按：《玉海》卷六九“紹興太常初定儀注”條云：“三卷，紹興中太常所定。紹興元年（1131）始作蒼璧黄琮，十年（1140）明堂始備大樂，飲福用金爵；十二年（1142）製常行儀衞；十三年（1143），始復朔日視朝之禮，又行孟饗，備五輅，及建金雞肆赦，祠祭始用牲；十四年（1144），復教坊，建宗學，作渾天儀；十五年（1145）初藉千畝，及行大朝會禮，作新祭器；十六年（1146），始備八寶鑄景鏡，建御書院，太廟祏室及賜講畢御筵；十七年（1147），始命太常行園陵。御史監視及賜新進士聞喜宴；十八年（1148）始繪配享功臣像於景靈宮庭之兩壁；

十九年(1149)始復蜡祭及諸陵薦新；二十七年(1157)，始復
太廟功臣七祀之祭及諸大祀，蓋自息兵後將二十七年，而禮
樂始備。"

又按：此書雖佚，然《玉海》卷六九猶載其目如下：

明堂。元年九月十八日行禮，十年再定儀注。

郊祀大禮。十三年十月十三日定儀，十一月十八日郊。

大禮前朝獻景靈宮。七年八月十七日，定明堂朝獻之儀，十三年十月四日，
定迎奉神御歖謁之儀，十二日定郊祀朝獻之儀。

朝饗太廟十三年十月十二日，定郊祀朝饗之儀。

四孟朝獻。十三年七月十八日己未定儀。

親饗太廟。十二年十二月十四日定儀。

藉田。十六年正月五日定儀，二十二日行禮。

親祠高禖。二年二月二十二日定宮中飲福受胙之儀。十七年二月三日定親祠。

上皇太后冊寶。十年十一月十一日定儀，十二月十二日壬午行禮。

中宮受冊寶。十三年閏四月十三日定儀，十七日行禮。

正旦大朝會儀注。十四年十二月二十三日定儀，十五年正旦行之。

行宮門肆赦儀注。十三年十月十三日定。

天申節紫宸殿上壽儀注。十三年五月七日定。

五祀新儀撮要一五卷　宋范寅賓撰　佚

寅賓，字元觀，淮安人，紹興間進士。紹興四年(1134)除正
字，以左通直郎通判潭州。事迹具《南宋館閣錄》卷八、《宋詩
紀事補遺》卷四八等書。

此書《宋史·藝文志》儀注類著錄。

按：五祀者，禘郊宗祖報之謂也。[①]

鄉飲酒矩範儀制不著卷數　宋林保撰　存

保，字庇民，一曰芘民，慶元府鄞縣人。政和二年(1112)登上

---

① 説詳《文獻通考·郊社考》。

舍第,兩從廣西帥辟,主管機宜文字。時方郡縣蠻境將士率
俘平民冒賞,保覈正之,全活爲多。知興國軍,改提舉兩浙、
廣南市舶,皆不拜。家居十餘年,著《中興龜鑑》上之,高宗賜
書褒答。紹興十九年(1149)卒,年七十一,著有文集三十卷。
事迹具寶慶《四明志》卷八、延祐《四明志》卷四,《宋元四明六
志校勘記》卷九等書。《周文忠公集》卷六八有《敷文閣待制
贈特進林公保神道碑》。

此書《宋史·藝文志》不著録,見《玉海》卷七三禮儀。

寶慶《四明志》卷八本傳云:"(紹興)九年(1139)入爲國子監
丞,遷比部郎,建議正大成殿、武成十位侑坐之禮。自是享武
成王始不廢牲牢,修定明州鄉飲酒禮,奏聞頒行天下。"

考《玉海》卷七三"淳化鄉飲酒儀"條云:"淳化三年(992)正月
七日,詔有司講求鄉飲酒故事,命學士承旨蘇易簡等撰《樂
章》三十四:《鹿鳴》六,《南陔》二,《嘉魚》八,《崇丘》二,《關
雎》十,《鵲巢》六。五月五日,禮院詳定其儀。後不果行。政和
三年(1113)正月,詔州郡鹿鳴宴改爲鄉飲酒。五年(1115)五
月二十六日,定貢士射儀。"

又云:"紹興十三年(1143)四月六日,禮部言:'比部郎林保
奏修定鄉飲酒矩範儀制,請徧下郡國。今取明州已行儀制,
與林保所具規式,參酌修具,鏤版頒行。'奏可。其禮有主、
賓、僎、介、三賓,有肅賓、序賓、祭酒、主獻、賓酬、主人酬介、
介酬衆賓、修爵無算、沃洗揚觶、拜送、拜既及約束九事。十
七年(1147)正月二十七日,國子監請令郡縣於科舉之年行於
庠序。二十六年(1156)四月二十七日,詔行於里社者聽之。"

按:此書今未見單行本,《宋會要輯稿》禮(四六)著録,卷首
云:"高宗紹興十三年(1143)四月六日禮部言:'比部郎中林
保奏請乞將所具修定《鄉飲酒矩範儀制》乞遍下郡國,本部尋

行下明州取索，昨討論已行儀制與林保所具規式，參酌修具如右，望鏤版頒行。'從之。"

鄉飲禮三卷鄉飲禮圖三卷　宋鄭樵撰　佚

樵，字漁仲，莆田人。好著書，不爲文章，自負不下劉向、揚雄，居夾漈山，謝絶人事，學者皆稱夾漈先生。著有《詩傳》《詩辨妄》《系聲樂譜》《春秋地名譜》《石鼓文考》《通志》等數十種。事迹具《宋史》卷四三六、《宋史新編》卷一六六及《南宋書》卷三七等書。

此書《宋史·藝文志》儀注類著録。

《玉海》卷七三引《書目》云："《鄉飲禮》三卷，圖三卷，紹興中鄭樵撰。"

按：鄭樵於《通志·禮略》，嘗考歷代鄉飲之禮，其小叙詳述著此二編之緣由，曰：鄉飲酒者，王道之始也，尚齒尊賢，莫尚乎此，自漢歷唐，未嘗廢也，惟宋家以淳化中講究未備，遂爾因循，近日緣明州舉行其事，朝廷遂下明州會例而頒之天下，未幾而廢，以明州之士不識禮意，不可以行也。何哉？鄉飲禮者，惟儀禮詳明，所以唐太宗但録其一卷頒之。明州之行，不知本《儀禮》，但取《禮記》鄉飲義，不本全經，何以行事？臣爲是作《鄉飲禮》三種書，蓋本《儀禮》於古，而參《開元禮》於今，復取於歷代而損益之。今此篇但記前代所行云。

按：所稱"鄉飲禮三種書"，當是指此二種合《通志》之記前代《鄉飲禮制度》者而計也。

又按：《宋志·經部》禮類復著録鄭樵《鄉飲禮》七卷，蓋即合三書爲一也。

禮書一五〇卷　宋陳祥道撰　存

祥道，字用之，一字祐之，閩清人。治平四年（1067）進士，元祐七年（1092）除館閣校勘，明年（1093）用爲太常博士，賜緋衣，不旬餘而卒，著有《論語全解》《儀禮説》《注解儀禮》《禮例詳解》等。事迹具《宋史》卷四三二、《東都事略》卷一一四、《閩中理學淵源考》卷一〇、《宋元學案》卷九八等書。

此書《宋史·藝文志》在經部禮類，《中興館閣書目》則在儀注類。

《玉海》卷六九"元祐禮書"條云："（元祐）五年（1090）十一月一日壬戌，給事中范祖禹言：'太祖時，聶崇義所撰《三禮圖》，畫於國子監講堂，伏見太常博士陳祥道專意禮學，所進《禮書》一百五十卷，比《崇義圖》尤爲精密，請付太常與《崇義圖》參用。'詔兩制看詳以聞。"

《四庫全書總目提要》曰："……其中多掊擊鄭學，如論廟制，引《周官》《家語》《荀子》《穀梁傳》，謂天子皆七廟，與康成天子五廟之説異。論禘祫謂圜丘自圜丘，禘自禘，力破康成禘即圜丘之説。論禘大於祫，並祭及親廟，攻康成禘小祫大，祭不及親廟之説。辨上帝及五帝引掌次文，闢康成上帝即五帝之説。蓋祥道與陸佃皆王安石客，案祥道爲王安石之徒，見晁公武《讀書志》"祥道論語解"條下。安石説經，既創造新義，務異先儒，故祥道與陸佃，亦皆排斥舊説。佃禮象今不傳，惟神宗時詳定郊廟禮文諸議，今尚載《陶山集》中，大抵多生別解，與祥道駁鄭略同。蓋一時風氣所趨，無庸深詰，然綜其大致，則貫通經傳，縷析條分，前説後圖，考訂詳悉。陳振孫稱其論辨精博，閒以繪畫。唐代諸儒之論，近世聶崇義之圖，或正其失，或補其闕。晁公武，元祐黨家；李鷹，蘇門賓客，皆與王氏之學異趣，公武則稱其書甚精博，鷹亦稱其禮學通博，一時少及。則是書固甚爲當時所重，不以安石之故廢之矣。"

按：此書之版本，《四庫簡明目録標注續録》有兩本宋刊本：一本每葉二十行，行二十字。一本每半葉十三行，行二十一

字，首載建中靖國元年（1101）正月禮部差楷書畫二人鈔詳道
禮書牒，並及陳暘《樂書》；次《詳道進書表》；序中參有《樂書
序》一葉，無前半，蓋當時二書並刻也。今宋本已罕見。《續
錄》又著錄兩本元刊本：一係孫淵如所藏元大字本，缺一册，
孫詒讓曾見之；一係元人據南宋刊本重修而冒爲已有者，吳
小帆所藏。今所藏善本：臺北"國家圖書館"有元至正七年
（1347）福州路儒學刊本一部，三十二册。板匡高 22 公分，寬
16.5 公分。每半葉十三行，行二十一字，小字雙行，行二十四
字至三十七字不等。版心白口，上記每版字數，下記刻工：范
順、伯起、許宗厚、卞玉、吳丑、山、文、上、成、吉、石、希、祐、
仁、用、天、壽、德、牛、六、七、目、王、國、周、君、后、貝、右、志、
士、元、川。書中間有黑口版，蓋經明南雍修補印行。首載虞
集《重刻禮樂書總序》，次至正七年（1347）余載序，序末有校
勘督工人銜名半葉，目錄末有至正七年（1347）林光大後序。
書中鈐有"張印鈞衡"（白文方印）、"石銘收藏"（朱文方印）
"吳興張氏適園收藏圖書"（朱文長方印）、"吳興張鈞衡石銘
氏收藏舊槧名鈔之記"（朱文方印）、"擇是居"（朱文橢圓印）
等印記。[①] 前國立北平圖書館亦藏此元刊本兩部，一部存卷
一至卷十六、卷二十八至卷六十四、卷一百十八至卷一百三
十三，凡存六十九卷，八册；一部存卷六至卷十六、卷二十八
至卷三十六，共存二十卷，二册，今寄藏臺北"故宮博物院"。
臺北"國家圖書館"又有明張溥校刊本，二十四册。臺北"故
宮博物院"則有清文淵閣《四庫全書》本。晚近刊本，則有清
嘉慶九年（1804）郭龍光刊本、清福建刊本、光緒廣東刊本及
光緒二年（1876）菊坡精舍刊本。[②]

---

①　參見《"國立中央圖書館"金元本圖錄》頁四一至四二。
②　並見《四庫简明目錄標注續錄》。

中興禮書二卷　宋禮部太常寺撰　佚

此書《宋史·藝文志》儀注類著録。

《宋志》注云："淳熙中禮部太常寺編。"

《玉海》卷六九"淳熙中興禮書"條云："太常少卿余端禮請編類，書久不上。淳熙七年（1180）七月十一日，禮部郎范仲藝言：'太祖立經陳紀爲萬世規，首命大臣約唐禮書，著爲《通禮》，列聖相承。有禮閣新編、太常新禮、因革禮，五禮分門，各以類舉。自時厥後。繼纂續編。中興以來，久缺不録，望命太常編次，大臣兼領其事，以著一代彌文，考百世損益。'詔趣成書。八年（1181）二月七日，太常簿陳賈奏：'自紹興初載，首行明堂，至今五十餘年，大典禮制作，總爲目者百十四，分門第卷，不知其幾，太常編類，懼難辨集。'詔禮部長貳同刪修。初，紹興間，太常少卿趙子畫爲《續因革禮》三十卷，其後禮官踵爲之，書成，未得進御。十二年（1185）三月二十七日，權禮部侍郎史彌大言：'太上再造，講明典禮，陛下紹統，如內禪慶壽之類，亙古所無，宜宣取以進，略經乙覽，付之有司，俾常遵守，不必備儀衛，施爵賞。'詔禮部太常寺繳進。四月十七日上之，凡三百卷。"

是此書本三百卷，《宋志》作二卷者，蓋其子餘也。

按：《宋會要輯稿·禮部》猶頗引此書，可略窺此書梗概。

南郊式一一〇卷目録一卷　宋沈括等撰　佚

括，字存中，嘉祐進士，編校昭文書籍爲館閣校勘。神宗時，累官太子中允，拜翰林學士。坐事謫均州團練副使，元祐初徙秀州，八年（1093）卒，年六十五。著有《樂論》《樂器圖》《樂經》《熙寧詳定諸色人廚料式》《熙寧新修凡女道式給賜式》《諸救式》《良方》《夢溪筆談》《清庭録》《天下郡縣圖》《長興集》等。事迹具《宋史》卷三三一、《宋史新編》卷一〇九、《東都事略》卷八六、《京口耆舊傳》卷一及《北宋經撫年表》等書。
此書《宋史·藝文志》不著錄,見《長興集》。

《長興集》卷一《進南郊式表》云:"臣某等言:伏奉敕令編修
《南郊式》者,郊丘事重,筆削才難,猥以微能,叨承遴選。中
謝。蓋聞孝以配天爲大,聖以饗帝爲能,越我百年之休明,因
時五代之流弊,前期戒具,人輒爲之騷然臨祭,視成事或幾乎
率爾。蓋已行之品式,曾莫紀於官司,故國家講燎禋之盛儀,
而臣等承撰次之明詔,迨兹彌歲,僅乃終篇。猶因用於故常,
得删除其紛冗。恭惟皇帝陛下,體聖神之質,志文武之功,嘉
興俊髦,靈承穹昊,物方邕茂,以薦信而無愬;人且昭明,知因
陋之爲恥。固將制禮作樂,以復周唐之舊;豈終循誦習傳,而
守秦漢之餘。則斯書也,譬大輅之推輪,與明堂之營窟,推本
知變,實有補於將來,隨時施宜,亦不爲乎無補。臣等編修到
《南郊式》,共一百一十卷,并目錄一卷,謹隨表上進以聞。"

按:考《玉海》卷一〇二"郊祀慶曆熙寧元祐祀儀"條云:"熙
寧七年(1074)七月乙巳,沈括言:'奉詔編修明堂藉田祫享恭
謝式,欲止修明堂、祫享二禮。'從之。"此明堂、祫享二禮,當
在此一百一十卷之中也。

宗祀書三卷　宋鄭叔豹撰　佚

叔豹,福州人,事迹待考。
此書《宋史·藝文志》不著錄,見《玉海》卷九六"郊祀"。
《玉海》卷九六"宗祀書"條云:"(皇祐二年,1050)八月丙寅,福
州草澤鄭叔豹上《宗祀書》三卷,述明堂制度及配享冕服之義。"
按:《福建通志》卷六八著述載《明堂制度冕服儀》二卷,疑爲
一書,書名及卷數略異耳。

歷代明堂事迹一卷　宋不著撰人　佚

此書《宋史·藝文志》儀注類著錄。

《宋志》注云："不知作者。"

按：《玉海》卷九五、九六專論歷代明堂事迹，其小序曰："孔子言宗祀，祀事以之明。孟子言行王政，政事以之明。記言朝諸侯，朝事以之明也。先王之祀，酒曰明水，食曰明粢，服曰明衣，皆神之也。在國之陽，天子居其中行政教，神而明之，故曰明堂。"起神農，迄南宋，可資稽考。

明堂議并圖一卷　宋劉舜臣撰　佚

舜臣，皇祐間官閤門祗候。

此書《宋史·藝文志》不著録，見《玉海》卷九六"郊祀"。

《玉海》（卷九六）"明堂通議"條云：是年（皇祐二年，1050）三月丙辰，一本云三月二十九日。判太常禮儀事宋祁上《明堂通議》二篇。或作六篇，《國史志》：宋祁《通議》二卷。……後閤門祗候劉舜臣上《明堂通議并圖》一卷。

按：《宋會要輯稿》禮二十四之五亦載此事。

明堂圖議不著卷數　宋李覯撰　佚

覯，字泰伯，建昌軍南城人。由薦舉官至太學説書。通五經，生徒常數百人。寫文章，自成一家，天下知名，學者稱盱江先生。嘉祐四年（1059）卒，年五十一。著有《周禮致太平論》《平土書》《禮論》《退居類稿》《皇祐續稿》《盱江集》《外集》等。事迹具《宋史》卷四三二、《宋史新編》卷一六七、《史質》卷三八及《建昌府志》等書。

此書《宋史·藝文志》不著録，見《宋會要輯稿》。

《宋會要輯稿》禮二十四之五云："（皇祐二年，1050）……資政殿學士范仲淹上建昌軍草澤李覯①《明堂圖議》，授試太學助教。"

按：《玉海》卷九六亦載此事，"明堂通議"條云："（皇祐二年，

---

①　覯，《宋會要輯稿》作遘，今正。

1050)范仲淹上建昌軍草澤李泰伯《明堂圖序》。"

今檢《建昌府志》卷一六人物名賢李覯條,録范文正薦狀云:"竭力養親,不復干禄,鄉曲俊異,從而師之。講論六經,辨博明達,釋然見聖人之旨,著書立言,有孟軻、揚雄之風。"又宋魏峙所撰《年譜》云:"皇祐二年庚寅,四十二歲……是年赴范文正公招於杭州,范公再薦於朝。其章曰:'臣去年録進李覯所業十卷,其《明堂圖序》一卷,今朝廷行此大禮,千載一時,斯人學古之心,上契聖作,再録上進,乞加天奬,以勸儒林。'旨授將仕郎太學助教。誥詞云:'學業優,議論正,有立言之體,且履行修正,誠如薦章,特以一命及爾。其益進於道,勿患朝廷之不知也。'"

今檢《玉海》卷九六"李泰伯明堂圖序"條,猶載李氏序,可藉考此書之内容,曰:"《考工記》五室,鄭康成解云:'木室於東北,火室於東南,金室於西南,水室於西北,土室於中央。'聶崇義《三禮圖》接太室四角以四室,蓋用此《盛德記》。蔡伯喈之徒傳之,接四室之角又爲四室,崇義誤以爲秦人明堂圖。案:秦實無明堂,《月令》有居明堂之文,疑爲秦爾。唐注《月令》,但知十三室各在其辰之上,不謀所以建立之處。後魏李謐作《明堂制度論》,謂太室四面各爲一室,則四角闕處各方二筵,二筵之地,乃爲兩便房。臣以爲《月令》之文,最爲明著,取以爲本,而通之周戴。《白虎通》曰:'上圓下方,八窗四闥。上圓法天,下方法地,八窗象八風,四闥法四時,九室法九州,十二坐法十二月,三十六户法三十六雨,七十二牖法七十二風。'斯言合於事理,因亦取之。但《周禮》言基而不及室,《大戴》言室而不及廟,稽《月令》則備矣。然非《白虎通》,無以知窗闥之制。崇義所謂秦人明堂,其制有十二階,似古之遺法。《禮記》外傳曰:'四面各五門。'鄭注《明堂位》云:

'正門謂之應門。'又注《考工記》舉宗廟正寢明堂互言之,以明其同制。又注《玉藻》曰:'天子廟及路寢,皆如明堂制。'切謂不然。今泛取諸書,定明堂制度。九尺之筵,取於《考工記》;九室户牖,協於《盛德記》;九室四廟,本《月令》;八窻四闥,稽《白虎通》;十二階,采《三禮圖》;四面各五門,酌《明堂位》外傳。定制圖。"

儀物志三卷　不著撰人　佚

此書《宋史·藝文志》儀注類著錄。

《宋志》注云:"不知作者。"

考《玉海》六九"嘉祐朝制要覽"條云:"《中興書目》有《皇朝儀物志》三卷,記皇朝見行禮儀及名物制度,訖於神宗朝。"

祀祭儀式一卷　宋不著撰人　佚

此書《宋史·藝文志》儀注類著錄。

《宋志》注云:"不知作者。"

歷代尊師本末二卷　宋黃學行撰　佚

學行,字里待考,嘉定間官全州教授[①]。

此書《宋史·藝文志》不著錄,見《玉海》卷一一三"學校"。

《玉海》卷一一三"乾道釋奠通祀圖"條云:"嘉定六年(1213),全州教授黃學行進《歷代尊師本末》二卷,載《尊崇孔氏祭祀儀注配享從祀沿革升降之因》。"

太常圖一卷　宋不著撰人　佚

此書《宋史·藝文志》儀注類著錄。

《宋志》注云:"不知作者。"

南劍鄉飲酒儀一卷　宋葉克撰　佚

克,生平待考。

---

① 見《全縣志》第四編"秩官"條。

此書《宋史·藝文志》儀注類著録。

上壽拜舞記一卷　宋陳世崇撰　存

世崇,字伯仁,號隨隱,崇仁人,一作臨川人,郁子。隨父入宮禁,充東宮講堂説書,兼兩宮撰述。後任皇城司檢法,賈似道忌之,遂歸,入元不仕。著有《隨隱漫録》,於南宋故事,言之甚詳。至大元年(1308)卒,年六十四。事迹具《宋詩紀事》卷七六、《四庫提要辨證》卷一八。

此書《宋史·藝文志》不著録,見《説郛》卷五十一。

按:此書記紫宸殿上壽三十三拜、三舞蹈之禮。

又按:此書單行者罕見,收入叢刻者,有《説郛》本、《五朝小説》本、《五朝小説》大觀本。

鄉飲規約一卷　宋汪樾撰　佚

樾,生平待考。

此書《宋史·藝文志》儀注類著録。

淳熙編類祭祀儀式一卷　宋齊慶胄等撰　佚

慶胄,淳熙間官禮部侍郎。

此書《宋史·藝文志》儀注類著録。

《玉海》卷一〇二著録《淳熙編類祭祀儀式》一卷,云:"淳熙六年(1179)禮寺編定,從禮部侍郎齊慶胄所請也。又一卷,載州縣釋奠祈報社稷祀風雨雷師制度,六年所頒。"

釋奠通祀圖一卷　宋張維撰　佚

維,字振綱,一字仲欽,福建劍浦人,紹興八年(1138)進士,調汀州推官,秩滿改龍溪縣丞,升知閩縣。乾道三年(1167)擢廣南西路提點刑獄,就除直秘閣知靜江府,兼廣南西路經略安撫司,拊循普洽,奏減經總之額,日取滯訟故牘,便坐閲視,予奪咸得其情。終司農少卿,淳熙八年(1181)卒,年六十九。事迹具《宋史翼》卷二一、《皇宋書録》卷中及《南宋制撫年表》

等書。

此書《宋史·藝文志》儀注類著録。

《玉海》卷一一三著録《乾道釋奠通祀圖》一卷，云："乾道中，張維取《元符政和新舊儀》，各爲之圖。"

公侯守宰士庶通禮三〇卷　宋李塤撰　佚

塤，字季允，燾子，壁弟也。紹熙進士，知常德府，以安静爲治。改知夔州，召爲禮部侍郎，以持論侃直，出知鄂州，復興諸司爭曲直，不相能，罷去。後累遷資政殿學士。嘉熙二年（1236）六月二十三日卒于官，年七十八。著有《續帝學》《皇宋十朝綱要》《趙鼎行狀》《固陵録》《續補漢官儀》《悦齋文集》等。事迹具《宋史翼》卷二五、《慶元黨禁》《南宋館閣續録》《宋中興東宫官僚題名》《南宋制撫年表》等書。

此書《宋史·藝文志》儀注類著録。

《玉海》卷六九"嘉定通禮"條云："（嘉定）六年（1213），秘書少監李塤纂《公侯宰士庶通禮》三十卷，取開寶、政和凡同行者，分别五禮，類爲一編。"

按：塤遷秘書少監在六年（1213）五月，是年正月，除吏部員外郎兼國史院編修官，實録院檢討官。既遷秘書少監，仍兼史職。[①]

釋奠社稷風伯雨師新修祀儀不著卷数　宋不著撰人　佚

此書《宋史·藝文志》不著録，見《玉海》卷一〇二郊祀。

《玉海》卷一〇二"慶曆熙寧元祐祀儀"條云："元豐八年（1085）十二月，頒行《釋奠社稷風伯雨師新修祀儀》。"

熙朝盛典詩二卷　宋趙師羣撰　佚

師羣，字從善，自號無著居士，又號東牆，第淳熙進士。光宗

---

① 見《南宋館閣續録》卷九。

時遷司禮卿,知臨安府,諂事韓侂胄,累官工部侍郎。侂胄將用兵,師奲度侂胄材疏意廣,必召禍,乃持異論。侂胄死,其黨多坐謫,以師奲嘗與侂胄異,除寶謨閣直學士,知鎮江府,罷歸。復詔爲兵部尚書,知臨安府。以擅撻武學士柯子沖,罷免,與祠,卒于家,年七十。事迹具《宋史》卷二四七、《宋史新編》卷六四、《南宋書》及《南宋制撫年表》等書。

此書《宋史·藝文志》儀注類著録。

《玉海》(卷五九)著録《嘉定熙朝盛典诗》二卷,云:"趙師奲撰。嘉定九年(1216),取郊祀明堂大朝會孟饗典禮爲一百四十二诗,紀儀文之盛。"

趙氏祭録二卷　宋趙希蒼撰　佚

希蒼,字漢英,太祖九世孫。嘉定中知湖州,葉適《水心集》卷一一有《湖州勝堂樓記》,可藉考其事迹。

此書《宋史·藝文志》儀注類著録。

释奠儀式一卷　宋朱熹撰　存

熹有《二十家古今祭禮》二卷本文上編已著録。

此書《宋史·藝文志》儀注類著録。

《四庫全書總目》史部政書類二著録此書,題《紹熙州縣釋奠儀圖》一卷,《提要》云:"考《朱子年譜》,紹興二十五年(1155)乙亥,官同安主簿,以縣學釋奠,舊例止以人吏行事,求政和五禮新儀,于縣無之。乃取《周禮》《儀禮》《唐開元禮》《紹興祀令》,更相參考,畫成禮儀、器用、衣服等圖,訓釋辨明,纖微必備,此之奠禮之初稿也。淳熙六年(1179)己亥,差知南康軍,奏請頒降禮書,又請增修禮書,事未施行。紹熙元年(1190)庚戌,改知漳州,復列上釋奠禮儀數事,且移書禮官,乃得頗爲討究。時淳熙所鏤之版已不復存,後乃得于老吏之家,又以議論不一,越再歲,始能定議,而主其事者適徙他官,

遂格不下，此释奠禮之再修也。紹熙五年甲寅（1194），除知
潭州，會前太常博士詹元善還爲太常少卿，始復取往年所被
敕命下之本郡吏文，繁複幾不可讀，且曰屬有大典禮，未遑徧
下諸州。時朱子方召還奏事，又適病目，乃力疾鉤校，删剟猥
雜，定爲四條，以附州案，俾移學官，是爲最後之定稿，即此本
也。書首載淳熙六年（1179）禮部指揮一通，尚書省指揮一
通；次紹熙五年（1194）牒潭州州學備准指揮一通，皆具録原
文；次州縣釋奠文宣王儀，次禮器十九圖。其所行儀節，大抵
採自杜氏《通典》及《五禮新儀》而折衷之。後來二丁行事，雖
儀注少有損益，而所據率本是書，惟所列兩廡從祀位次有吕
祖謙、張栻，則其事在理宗以後。又有咸淳三年（1267）改定
位次之文。檢勘《宋史·禮志》，載咸淳詔書，其先儒名數及
東西次序，與此書一一吻合，與朱子益不相及，蓋後人隨時附
益，又非其原本矣。"

按：此書今本之内容，《提要》論之已詳。其中《州縣釋奠文宣
王儀》，要目有時日、齋戒、陳設、省饌、行事等。禮器圖十九
者，籩一、籩巾二、豆三、俎四、簠五、簋六、犧尊七、象尊八、太
尊九、山尊十、著尊十一、壺尊十二、冪　尊疏布巾十三、洗罍十
四、洗十五、爵祝板坫十七、龍勺篚十八、造禮器尺十九，各繪
圖，著其大小尺寸功用文采等。

又按：此書刊本罕見。明張萱《内閣藏書目録》卷四著録元大
德間潭州路學所刊《釋奠圖》，八册，全，云："内第一至第四册
爲《釋奠服器》，朱熹所定；第五册《釋奠節次》，元學録劉芳
實、彭野編次；第六至第八册爲《侯國通祀儀禮》，宋紹定間吳
郡何元壽采撝朱熹《釋奠儀禮》及陳孔碩《儀禮考正》爲書，元
大德間刻於潭州路學。"《四庫簡明目録標注》亦著録此本。
丁氏《善本書室藏書志》卷一三有鈔本一部，題"紹熙州縣釋

奠儀圖”，一卷。今所藏善本，惟有臺北“故宮博物院”所藏清文淵閣《四庫全書》本一部。收入叢刻者，有《指海叢書》本及《叢書集成初編》本。

四家禮範五卷　宋朱熹編　佚

熹有《二十家古今祭禮》二卷本文上編已著録。

此書《宋史·藝文志》儀注類著録。

按：此乃朱子集司馬光《居家雜儀》、程頤《伊川程氏祭儀》、張載《横渠張氏祭禮》及吕大防《吕氏家祭禮》四書爲一編者也。《直齋書録解題》卷六著録《四家禮範》五卷。陳氏曰：“張拭、朱熹所集司馬、程、張、吕氏諸家，而建安劉珙刻於金陵。”

今檢晦菴先生《朱文公集》卷八三載《跋三家禮範》，云：“嗚呼！禮廢久矣，士大夫幼而未嘗習於身，是以長而無以行於家。長而無以行於家，是以進而無以議於朝廷、施於郡縣，退而無以教於閭里、傳之子孫，而莫或知其職之不修也。長沙郡博士邵君困，得吾亡友敬夫所次《三家禮範》之書，而刻之學宮，蓋欲吾黨之士，相與深考而力行之，以厚彝倫而新陋俗，其意美矣。然程、張之言，猶頗未具，獨司馬氏爲成書，而讀者見其節文度數之詳，有若未易究者，往往未見習行而已有望風退怯之意。又或見其堂室之廣，給使之多，儀物之盛，而竊自病其力之不足，是以其書雖布，而傳者徒爲篋笥之藏，未有能舉而行之者也。殊不知禮書之文雖多，而身親試之，或不過於頃刻；其物雖博，而亦有所謂不若禮不足而敬有餘者，今乃以安於驕佚而逆憚其難，以小不備之故，而反就於大不備，豈不誤哉。故熹嘗欲因司馬氏之書，參考諸家之説，裁訂增損，舉綱張目，以附其後，使覽之者得提其要，以及其詳，而不憚其難；行之者雖貧且賤，亦得以具其大節，略其繁文而不失其本意也，顧以病衰而不能及已。今感邵君之意，輒復書以識焉。嗚呼！後之君子，其尚有以成吾之志也夫。紹熙甲寅（五年，1194）八月己丑朔，新安朱熹書。"

是此書據張栻所編《三家禮範》，復增益《呂氏家禮》而成者也。是以《直齋書録解題》題張栻、朱熹二人同集。

又按：此編今雖不見傳本，然司馬光《居家雜儀》、程頤《伊川程氏祭儀》今猶傳世，張、呂二家之禮則已亡佚。

家禮一卷　宋朱熹撰　存

熹有《二十家古今祭禮》二卷，已著録。

此書《宋史·藝文志》儀注類著録。

按：此編乃文公居母喪，盡哀，自初死以至祥禫，參酌古今之宜，成喪葬祭禮，又推之於冠婚，共成一編者也。

《文獻通考》著録此書不著卷數，引朱子《自序》曰："嘗獨究觀古今之籍，因其大體之不可變者，而少加損益於其間，以爲一家之書。大抵謹名分，崇愛敬，以爲之本。至其施行之際，則又略浮文，務本實，以竊自附於孔子。從先進之遺意，誠得與同志之士，熟講而勉行之。"

又引李氏曰："先生居母祝令人憂，居喪盡禮，蓋自始死以至祥禫，參酌古今，咸盡其度，因成喪葬祭禮。又推之於冠婚，共成一編，命曰《家禮》。既成，爲一童行竊之以逃。先生易簀，其書始出，今行於世。然其間有與先生晚歲之論不合者，故未嘗爲學者道之。"

復引楊（復）氏之言曰："愚按：《家禮》一書，今之士大夫家，冠婚喪祭，多所遵用，然此書始成，輒復失之，先生未嘗再加審訂，則世或未之知也。初，先生所定家鄉邦國王朝禮，專以《儀禮》爲經，及自述《家禮》，則又通之以古今之宜，故冠禮則多取司馬氏，婚禮則參諸司馬氏、程氏，喪禮本之司馬氏，復又以高氏之書爲最善。及論祔遷，則取橫渠。遺命治喪，則以《書儀》疏略，而用《儀禮》。祭禮兼用司馬氏、程氏，而先後所見又有不同。節祠則以韓魏公所行者爲法。若夫明大宗小宗之法，以寓愛禮存羊之意，此又《家禮》之大義所繫。蓋諸書所未暇及，而先生於此尤拳拳也。惜其書既亡，至先生既没而後出，先生不及再修爲一定之成儀，以幸萬世，而反爲未成之闕典。愚嘗與朋友讀而病之，於是竊取先生平日去取折衷之言，有以發明《家禮》之意者，若婚禮親迎用温公，入門以後則從伊川之類是也；有後來議論始定，不必守《家禮》之舊儀者，若祭禮祭始祖初祖而後不祭之類是也；另超然獨得於心，不用疏家穿鑿之説，而默與鄭注本義契合，若深衣之續衽鉤邊是也；有用先儒舊義，與經傳不同，未見於後來之考訂議論者，若喪服辟領婦人不杖之類是也。凡若此者，悉附於逐條之下，以待朋友共相考訂，庶幾粗有以見先生之意云。"

又按：此書當時文公未及審定，是以諸本皆有小異。明張萱《内閣書目》卷八著録此書，云："《文公家禮》附録□册，全。《文公家禮》未及更定，諸本皆有小異，開慶間葉懋臣擇善本訂正梓之。"至於此書之傳本，張金吾《愛日精廬藏書志》卷四著録影寫宋刊本《纂圖集注文公家禮》十卷，張氏曰："門人秦溪楊復附注，後學復軒劉垓孫增注，朱子序。"瞿鏞《鐵琴銅劍樓藏書目録》卷四著録元刊本《文公先生家禮》七卷，瞿氏曰："題門人楊復附注，劉垓孫增注，劉璋補注。凡《通禮》一卷，《冠禮》一卷，《昏禮》一卷，《喪禮》一卷，《祭禮》一卷，凡五卷。首有《家禮圖》一卷，末有《深衣考》一卷。前列朱子《自序》，後有淳祐壬寅(二年，1242)莆田方大琮《後序》。其楊復跋語則冠以'長溪楊氏復曰'六字，則是本已非出楊氏手定矣。"瞿《目》卷四又有舊鈔本《家禮箋補》八卷，瞿氏曰："舊題楊復撰，有嘉定三年(1210)《自序》。據《序》知復於家禮版行之後,更以其獲聞師説而原書未及者爲箋補之。惟覈是書與附注,無一語相同,疑出後人依託。"惟此影寫宋刊本及元刊本,今並不之見。今所藏善本,均係明刊本:臺北"國家圖書館"有明弘治三年(1490)順德知縣吴廷舉刊本兩部,一部八卷,部分經嘉靖己亥(十八年,1539)修補;一部則存首四卷。又有明正德戊寅(十三年,1518)常州重刊本一部;又有明萬曆戊申(三十六年,1608)常州府推官錢時刊本三部。臺北"故宫博物院"有清文淵閣《四庫全書》本一部。

禮範一卷　宋李宗思撰　佚

宗思,字伯諫,建安人,隆興元年(1163)進士。學於朱熹,熹以主敬致知,推驕破吝相勗。著有《尊幼儀訓》。事迹具《宋元學案》卷六九、《宋元學案補遺》卷六九等書。

此書《宋史·藝文志》儀注類著録。

按:此書殆亦《朱子家禮》之類者也。

服制一卷　宋韓挺撰　佚

挺,延安人,世忠孫,紹熙初,官朝請大夫,直秘閣,後知真州。著有《儀真志》七卷。事迹具《宋詩紀事》卷五八。

此書《宋史·藝文志》儀注類著録。

五禮新儀一五卷　宋張叔椿撰　佚

叔椿,字春卿,忠簡公闡叔子,《宋史》無傳。考周必大《平園續稿》卷二一載《龍圖閣學士張公神道碑》,謂子叔椿,朝散大夫江西轉運判官。樓鑰《攻媿集》卷一○四《知復州張公墓誌銘》云:"鑰于公家爲有連,歲在癸未,與公之弟尚書公春卿爲同年進士。"乾隆《温州府志》卷一九:"宋進士隆興癸未(元年,1163)木待問榜張叔椿,永嘉人,吏部尚書鎮江守。"則叔椿,字春卿也。《攻媿集》卷四○載《除權吏部侍郎制》《該覃恩轉官制》,卷四十三載《辭免除權兵部尚書不允詔》《辭免兼侍讀不允詔》；《止齋文集》卷十五載《封永嘉縣開國男食邑三百戶制》，卷十六載《右諫議大夫張叔椿明堂恩贈母妻制》等，並可藉考張氏歷官。

此書《宋史·藝文志》儀注類著録。

送終禮一卷　宋高閌撰　佚

閌，字抑崇，明州鄞縣人。少宗程頤學，宣和末楊時爲祭酒，閌爲諸生，胡安國至京師，訪士於時，以閌爲首稱，由是知名。紹興元年（1131）以上舍選賜進士第，召爲秘書省正字，累官國子司業。除禮部侍郎，被劾出知筠州，不赴卒，謚憲敏，學者稱息齋先生，著有《春秋集傳》。事迹具《宋史》卷四三三、《宋史新編》卷一六四、《南宋書》卷六三及《南宋館閣録》等書。

此書《宋史·藝文志》儀注類著録。

《直齋書録解題》卷六禮注類著録高氏《送終禮》一卷，陳氏曰："禮部侍郎高閌（抑崇）撰。"

釋奠儀禮考正一卷　宋陳孔碩撰　佚

孔碩，字膚仲，侯官人。從張栻、呂祖謙游，淳熙初登進士第，歷秘閣修撰，學者稱北山先生，著有《中庸大學解》《北山集》等。事迹附見《宋史》卷四一九《陳韡傳》。

此書《宋史·藝文志》儀注類著録。

冠婚喪祭禮二卷　宋周端朝撰　佚

端朝，字子靜，去非從子，其學得張栻之傳。嘉定三年（1210）試禮部第一，官終刑部侍郎兼侍講，端平元年（1234）卒，謚忠文。著有《桂陽志》五卷。事迹具《宋史》卷四五五、《宋史新編》卷一四八、《宋史翼》卷一六等書。

此書《宋史·藝文志》儀注類著録。

按：《宋志》注云："集司馬（光）氏、程（頤）氏、呂（大防）

氏禮。"

嘗聞録一卷　宋管鋭撰　佚

鋭，史無傳，事迹待考。編《橫浦集》二卷，見《宋史·藝文志》
總集類。

此書《宋史·藝文志》儀注類著錄。

雍熙親耕儀注不著卷數　宋宋白、賈黃中等撰　佚

饗先農儀注不著卷數　宋紹興間撰　佚

右二編《宋史·藝文志》不著錄，見《玉海》卷一〇一郊祀。

白，字太素，又字素臣，大名人。建隆二年（961）竇儀典貢舉，
擢進士甲科。乾德初，獻文百軸，試拔萃高等，解褐，授著作
佐郎。太宗擢爲左拾遺，權知兗州，歲餘召還。會劉繼元降，
白奏平晋頌，太宗召至行宮褒慰。雍熙中召與李昉等纂《文
苑英華》一千卷。後加禮部侍郎，嘗三掌貢舉，頗致譏議。仕
終吏部尚書，大中祥符三年（1009）卒，年七十七，謚文安，又
謚文憲。著有《廣平集》百卷。事迹具《宋史》卷四三九、《宋
史新編》卷一六九、《東都事略》卷三八、《史質》卷四〇、《隆平
集》卷一三等書。

黃中，字媧民，滄州南皮人，玭子。六歲舉童子科，十五舉進
士。由集賢校理，遷直史館。建隆中，遷左拾遺，歷左補闕。
開寶末，通判定州，判太常禮院。太宗時累官參知政事，當世
文行之士，多所薦引，而未嘗言，人莫之知也。至道二年
（996）卒，年五十六，贈禮部尚書。著有文集三十卷。事迹具
《宋史》卷二六五、《宋史新編》卷七三、《史質》卷三〇、《東都
事略》卷三五、《隆平集》卷六等書。

考《玉海》卷一〇一"紹興觀耕壇"條云："雍熙四年（987）九月
二十七日，詔來年正月親耕。二十八日，命宋白、賈黃中等定
儀注。十月一日，詳定所言：'北齊壇高九尺，廣輪三十六尺，

四陛、三壇、四門。唐制高五尺,周廻四十步,今請壇高九尺,周圍四十步,飾以青。唐祀先農,長安在通化門外十里,洛陽在上東門外七里,今請於朝陽門七里外,十五里內爲壇。'十五日,禮儀使言:'宋齊之制,於先農壇東立觀耕臺,請築臺高五尺,周四十步,四出陛,飾以青。'二十一日,詳定所又言:'先農壇設二壇,樂垂二舞,俱在壇前,請定御耕位在壇城東南外。壇設於大次御耕位觀耕臺樂垂之外。'端拱元年(988)正月十七日,親饗神農氏于壇,以后稷配。淳化元年(990)五月二十三日,禮官言:'端拱親耕壇設兩壇,無周圍步數,請四面各封五十步爲兩壇,壇各五十步。'從之。景德四年(1007)十二月庚戌,判禮院孫奭言:'《六典》《禮閣新儀》,皆言吉亥饗先農。今以正月一日,望改用正月上辛後亥日。'詔禮官議,從其請。明道元年(1032)十二月庚子,詔以來年二月丁未藉田,就端拱壇位耕地,因加修飾。二十五日,以農壇三壇地狹,請自外壇十步,限以青繩。元豐二年(1079)十月,詔於京城東南度地千畝爲藉田,置令一員,徙先農壇於其中,立神倉於東南。以郊社令辛公祐兼藉田令。冬則藏水,凡祠祭取具焉。三年(180)五月九日,王存請以千畝爲藉田,百畝建先農壇兆,神倉齋宮,並耕作廬舍之類,繪圖上之。紹興十五年(1145)十一月十七日,詔以來歲之春,祇被青壇,親載黛耜。十六年(1146)正月五日,定饗先農儀注,二十一日行禮。壇在嘉會門外南四里玉津園之南。袞冕執大圭入正門,宮架奏静安之樂,儲靈錫慶之舞,三成止。皇帝升壇,耕藉使從,登歌奏嘉安之樂。奠鎮圭於繅藉,奠幣奉俎,宮架豐安之樂作。升壇,登歌奏禧安之樂。執爵祭酒,文舞退,武舞進,宮架正安之樂作。皇帝飲福受胙,登歌欽安之樂作。賜行事陪祠官胙,宮架乃奏靜安之樂,一成止。"

廟制罪言二卷　宋吴仁傑撰　佚

郊祀贅説二卷　宋吴仁傑撰　佚

仁傑，字斗南，一字南英，自號蠹隱，其先洛陽人，居崑山，博洽經史，登淳熙進士第。著有《易圖説》《西漢刊誤補遺》《離騷草木疏》等書。事迹具《宋史翼》卷八。

右二編《宋史·藝文志》儀注類著録。

秘閣集二〇卷　宋和峴撰　佚

峴，字晦仁，開封浚儀人，凝子。善音樂，宋太祖時爲太常博士，詔其講求樂理，於是八音和暢，上甚嘉之。歷夔、晋二州通判。太平興國二年（977）知兖州，以輕侮人削籍，後起爲太常丞。復以所著《奉常集》五卷、《秘閣集》二十卷，注釋《武成王廟贊》五卷奏御，上甚嘉之，授主客郎中，判太常寺兼禮儀院事，得暴疾卒，年五十六。事迹具《宋史》卷四三九、《宋史新編》卷一六九等書。

此書《宋史·藝文志》儀注類著録。

按：《宋史·和峴傳》云：“乾德元年（963）十一月甲子，有事於南郊。丁丑冬至，有司復請祀昊天上帝，詔峴議其禮，峴以祭義戒於煩數，請罷之。二年（964），議孝明、孝惠二后神主，祔於别廟，峴以舊禮有二后同廟之文，無各殿異室之説，今二后同祔别廟，亦宜共殿别室。孝明皇后嘗母儀天下，宜居上室，孝惠皇后止以追尊，當居次室，從之。……四年（966）南郊，峴建議望燎位置燧火，又嘗言依舊典，宗廟殿廷設宫縣三十六架……復舉唐故事，宗廟祭科外，別設珍膳，用申孝字之意。”又《宋史·禮志》云：“乾德元年（963），始有事南郊，博士和峴言：‘今月十六日親祀，二十九日冬至祀天，祭不欲數，望停南至之祀。’詔可。”知峴深於禮。兹編或纂其議禮之言歟。

禮閣新編六三卷　宋王皞撰　佚

皞,字熙仲,一字子融。元昊反,請以字爲名。詳符進士,遷太常丞,同知禮院,知河陽,嘗集五代事爲《唐餘録》六〇卷以獻。英宗時,累進兵部侍郎卒。著有文集。事迹具《宋史》卷三一〇本傳。

此書《宋史·藝文志》儀注類著録。

《玉海》卷六九"天聖禮閣新編"條云:"天聖五年(1027)十月辛未,太常博士同知禮院王皞撰《禮閣新編》六十卷。或作五十卷,書盡乾興。初,天禧中同判太常禮院陳寬請編次本院所承詔敕,其後不能就。皞因取國初至乾興所下詔敕,删去重複,凡千八百三十道。類以五禮之目,成書上之,賜五器服。《志》云:大率吏文,無著述之體,而所載本末全具,有司便於檢用。"

按:此書《玉海》云六十卷,《宋志》則作六十三卷,疑溢出之三卷爲目録也。又熙寧十年(1077)七月二十七日丙子,復詔太常禮院續修《禮閣新編》[1]。

大禮式二〇卷　宋黃廉撰　佚

廉,字夷仲,洪州分寧人。嘉祐進士,歷州縣,熙寧初或薦之王安石。神宗詔訪時務,對甚悉,擢監察御史裏行。元祐初爲户部郎中,果拜給事中,卒年五十九。事迹具《宋史》卷三四七、《宋史新編》卷一一七。

此書《宋史·藝文志》儀注類著録。

禮文三〇卷　宋何洵直、蔡確等撰　佚

洵直,史無傳。元豐中嘗與陸佃等撰《大裘議》一卷[2]。《元豐類稿》卷二十載《何洵直太常博士制》,《欒城集》卷二九載《何洵直可勳部郎中制》,可藉考其歷官。

---

① 説見《玉海》卷六九"天聖禮閣新編"條。

② 見《玉海》卷八引《書目》。

確,字持正,泉州晋江人。第進士,調邠州司理參軍,擢監察御史裏行。元豐中拜尚書右僕射,元祐初罷知陳州,再責英州別駕,新州安置,卒於貶所。著有《元豐司農敕令式》。事迹具《宋史》卷四七一、《宋史新編》卷一八六、《東都事略》卷八〇、《名臣碑傳琬琰集》下集卷一八、《宋大臣年表》及《北宋經撫年表》等書。

此書《宋史·藝文志》儀注類著録。

考龐元英《文昌雜録》卷三云:“太常博士何洵直言:‘春秋仲月朝拜諸陵,於太常寺輪官一員,餘並以吏部待次升朝官充攝。’”又一則云:“太常博士何洵直言:‘看詳舊禮,太祀前七日平明,太尉誓百官於尚書省,近制親祠南郊、明堂、太廟,掌誓戒用,左僕射闕,即用右僕射,以刑部尚書一員涖之。今有司攝事太祠,但初獻官即前期七日南嚮讀誓戒文,無臨涖受誓之官。’”兹編蓋即元豐中官太常博士時所奏禮文也。

唐吉凶禮儀禮圖三卷　宋不著撰人　佚

此書《宋史·藝文志》儀注類著録。

按:此書《兩唐志》未著録,故著録於此。

五禮新編五〇卷　宋龐元英撰　佚

元英,字懋賢,丞相籍之子。單州人,官朝散大夫。王士禎《蠶尾集》作文英者,誤也。事迹附見《宋史》卷三一一《龐籍傳》。

此書《宋史·藝文志》儀注類著録。

按:元英於元豐五年(1082)官主客郎中,時各種官制、禮制初行,記一時聞見爲《文昌雜録》六卷。其《跋》文曰:“余自(元豐)壬戌(五年,1082)五月入省,至乙丑(八年,1085)八月罷,每有所聞見,私用編録,歲月寖久,不覺滋多。官在儀曹,粗記故事,今雜爲六卷,名曰‘文昌雜録’,或有謬誤,覽者爲校正焉。"其中多記朝廷典禮。兹編蓋亦當時所撰也。

大觀禮書賓軍等四禮五〇五卷看詳一二卷　宋不著撰人　佚

大觀新編禮書吉禮二三二卷看詳一七卷　宋不著撰人　佚

右二編《宋史·藝文志》儀注類著録。

按：大觀(1107—1110)年間禮文，今猶詳於《宋史·禮志》及《宋會要輯稿》等書中。

太常禮院祀儀二四卷　宋歐陽修撰　佚

修有《太常因革禮》一〇〇卷本文上編已著録。

此書《宋史·藝文志》儀注類著録。

按：嘉祐中，修奉敕修定《太常因革禮》一百卷，此書蓋亦當時所撰。

禮神志一卷　宋和峴撰　佚

峴有《秘閣集》二〇卷已著録。

此書《宋史·藝文志》儀注類著録。

按：《宋史·和峴傳》云："建隆初授太常博士，從祀南郊，贊導乘輿，進退閒雅，太祖謂近侍曰：'此誰氏之子？熟於贊相。'左右以峴門閥對。俄拜刑部員外郎兼博士，仍判太常寺。"兹編蓋纂當時從祀之事也。

大宋崇祀録二〇卷　宋孫奭撰　佚

奭，字宗古，博川博平人。幼與諸生師里中王徹，徹死，有從奭問經者，奭爲解析微旨，衆驚服，於是門人數百皆從奭。九經及第，累官龍圖閣待制。真宗議奉迎天書，奭力諫，又諫祀汾陰，言至切直。仁宗時擇名儒爲講讀，召爲翰林侍讀學士，三遷兵部侍郎，龍圖閣學士，上《無逸圖》。以太子少傅致仕，卒贈左僕射，謚宣。著有《律音義》《律令釋文》《孟子音義》《大韜》(輯)等。事迹具《宋史》卷四三一、《宋史新編》卷一六三、《東都事略》卷四六、《名臣碑傳琬琰集》中集卷四六及《五朝名臣言行録》卷九等書。

此書《宋史·藝文志》儀注類著録。

《玉海》卷五八“景祐崇祀録”條云：“景三年（1036）七月己卯，詔以太子少傅孫奭所撰《大宋崇祀録》二十卷送史館。初，奭領太常，以國朝典禮，倣唐王涇《郊禮録》爲此書，未奏而卒，子殿中丞瑜表上之。”

考宋祁《景文集》卷九六載《崇祀録序》，知《序》乃祁所代撰。於撰述之旨趣，述説甚悉。曰：“臣聞遂古之初，民神不雜，雖有所報，未稱禮文。及夫黄軒之接萬靈，姚虞之類上帝，南正、火正，述乎世官之常，祭義、祭統，表乎諸儒之論，國之大事，粲然著矣。其後馬遷之書封禪，班固之志郊祀，多儀浸講，前載益詳。施及歷朝，更相祖襲，是以歲禱冬賓，祠官之領可求；經入畎數，天子之奉逾廣。蓋有道則監之在德，叔世則狎而不蠲，有唐之衰，五代無象，嘉生湮鬱，祀族僭差，極乎亂階，啓我亨會。於赫太祖，以甚武戡難，擁監觀之睍，饗帝是皇。思文太宗，以明德保邦，謹馨香之治，制神不讀。聖上纂大維烈，重離有光，寶妙道之儉慈，域庶物於仁壽。忠厚躋格，殊尤砰隱，由是東緘瓊礈，除道仙閭。右瘞鼎睢，敲景雲極，帝命攸式，天載寶通，揭盛典以垂榮，亘淳烈而長世。臣比在冗局，頗志舊章。伏念三聖相承，五紀而遠，文物增損，百度之品蓋多；詔符襞積，一王之範當考。且開元之代，既爲通禮，而韋公續譔禮閣新儀，王涇又爲《郊祀録》補備其事。國朝惟有開寶之禮，無它譔述，誠恐官成抗守，年所屢更，青紫失傳，尊俎僭越，願襃王制，嗣祀信書，亟蒙開可，俾加論緝。又詔户部中知制誥臣李維，太常博士直史館臣姜嶼，參相典領，未違卒業，自屬屬邦，繼以二臣兼總它職，畏官之曠，編削淹期，藁札雖存，群條靡立，逮兹閑外，始復講求。於是興建隆之元，據開寶之舊，先列凡例，明常制也。次張題部，俾從類也。篇有引述，原乎大本，取徑要而易知，注有援證，包乎先代，務覼縷而曲暢。至於太僕之牢具，司農之蔬脯，光禄之脯果醪醢，少府之器服圭品，奉常之粢稻，太府之薰幣，將作燧鑑之給，司天日時之告，祝史册信，撰工樂章，壇墠以垓級爲差。撰題以位置相準，因事示法，附義生文，比次有倫，攄撫無間，具實録之體。固靡尚華采，備有司之傳，故自成新制，輒緣崇祀，以冠書名。析而第之，爲二十卷，有以知金玉制定之當，黼冕致美之虞，多物興稽，能事云畢，周禮盡在，無待太史之觀，漢儀可推，當留博士之藏。"①

按：《宋史》本傳云："奭性方重，事親篤孝。……掇五經切於治道者爲《經典徽言》五十卷。又撰《崇祀録》《樂記圖》《五經節解》《五服制度》。嘗奉詔與邢昺、杜鎬校定諸經正義、《莊子》《爾雅謬誤》及《律音義》。初，圜丘無外壝，五郊從祀不設席，冬至攝祀昊天上帝，外極止十七位，而不以星辰從饗，諸臣當謚者或既葬乃請。奭皆援古奏正，逐著於禮。"知奭深於禮也。

慶曆祀儀六三卷　宋賈昌朝等撰　佚

昌朝有《太常新禮》四〇卷本文上編已著録。

此書《宋史・藝文志》儀注類著録。

按：《玉海》卷一〇二"慶熙熙寧元祐祀儀"條云："慶曆四年(1044)正月辛卯，太常禮院上新修《太常新禮》四十卷，《慶曆祀儀》六十三卷，賜提舉官參知政事賈昌朝，編修官龍圖閣直學士孫祖德等器幣有差。初，景祐四年(1037)，同知太常禮院吳育言：'本院所藏禮文故事，未經刊修，請擇官類聚古今

---

① 《玉海》卷一〇二"宋朝崇祀録"條亦引此序，然文字較簡略。

制度各定爲一代之法。'至是始上。"知此書與修者尚有孫祖德等人。今《宋志》題昌朝者,以其所奏御也。

熙寧祀儀三卷　宋陳襄等撰　佚

元祐祀儀三卷　宋不著撰人　佚

襄有《郊廟奉祀禮文》三〇卷本文上編已著録。

右二編《宋史·藝文志》不著録,見《玉海》卷一〇二"郊祀"。

按:《玉海》卷一〇二"慶曆熙寧元祐祀儀"條云:"熙寧十年(1077)正月庚申,太常禮院言:'以慶曆五年(1045)以《後祠祭法革》參酌編修成《祀儀》三卷。一云三本。'詔行之。三月己巳,賜判太常寺陳襄等銀帛。"

又云:元豐元年(1078)復命編修,元祐三年(1088)書成。

欽崇禋祀記三卷　宋仁宗撰　佚

仁宗,名禎,真宗第六子。母李宸妃,章獻太后養爲己子。嗣位時,年僅十三,太后稱制,凡十一年。太后崩,始親政。任富弼以和契丹,任韓琦、范仲淹以拒西夏。恭儉仁恕,慎刑愛民,爲有宋第一仁主。在位四十一年,嘉祐八年(1063)崩,年五十四。廟號仁宗。事迹具《宋史》卷九本紀。

此書《宋史·藝文志》不著録,見《玉海》卷九三"郊祀"。

《玉海》卷九三"景祐崇祀録"條云:"景祐二年(1035)十一月乙未郊,三聖並侑,嘉祐七年(1062)正月,詔南郊,奉太祖定配。"

又云:《仁宗御集》有《欽崇禋祀記》三卷。

又引吕源曰:"三歲之郊,非祖宗制也。太祖在位十七年,四行大禮。乾德中,歷六年方一講。開寶四年(971)南郊之後,更五歲因平江南,祭天地於洛京,伸告謝之敬而已。太宗自雍熙以來,五年乃親耕,又六年,至淳化四年(993),再行郊禋之禮,是十年而一郊也。太宗二十三年,五講郊禮,真宗率三年而一行,仁宗明道元年(1032),恭謝天地于天安殿,又謁太廟,明年又親耕,最爲煩數。自是三歲一郊,遂爲定制。仁宗九見圓丘,一蕆春藉,再祗合宮。嘉祐元年(1056),恭謝大慶殿,四年祫祭,七年明堂,蓋九年不行郊禮。"

按:《宋史·藝文志》別集類有《仁宗御集》一百卷,《目録》三卷,今已不傳。

崇寧祀儀不著卷數　宋席旦撰　佚

旦,字晋仲,河南人,七歲能詩。元豐中舉進士,禮部未奏名,時方求邊功,旦詣闕,書言戰守事,神宗嘉納,令廷試賜第。歷鄭州、河陽教授,敕令所删定官。徽宗朝擢右正言,遷右司諫。累官吏部侍郎、顯謨閣直學士,知成都府,甚有治理,加至述古殿大學士,卒贈大中大夫。事迹具《宋史》卷三四七、《宋史新編》卷一一八、《史質》卷三五等書。

此書《宋史·藝文志》不著録,見《玉海》卷一〇二郊祀。

按:《玉海》卷一〇三"慶曆熙寧元祐祀儀"條云:"崇寧二年(1103)三月六日,太常少卿席旦,請重加討論昭神考制作之盛,以《崇寧祀儀》爲名。從之。"

南郊附式條貫一卷　宋陳繹撰　佚

繹,字和叔,開封人。中進士第,爲館閣校勘,集賢校理,刊定前漢書。英宗臨政淵嘿,繹爲五箴以獻。判刑部獄,多所平反。帝稱其文學,以爲實録檢討官。神宗朝歷秘書監,集賢院學士,知廣州,坐事貶建昌軍,後爲大中大夫,卒年六十八。著有《宰相拜罷圖》《樞府拜罷録》《三省樞密院除目》《東西府記》《熙寧編三司式》《隨酒式》等。事迹具《宋史》卷三二九、《宋史新編》卷一〇八及《北宋經撫年表》等書。

此書《宋史·藝文志》儀注類著録。

按:《宋史》本傳云:"神宗立……帝語輔臣曰:'繹論事不避

權貴，命權開封府……出知滁州。郊祀恩，後知制誥，言者再
論之，得秘書監，集賢院學士。元豐初，知廣州。”神宗親郊
四，①此編所録則熙寧間事也。

南郊式一〇卷　宋向宗儒撰　佚

宗儒，事迹待考。此書《宋史》始見，殆宋時人也。

此書《宋史·藝文志》儀注類著録。

南郊增損式不著卷數　宋黄廉撰　佚

廉有《大禮式》二〇卷本文上編已著録。

此書《宋史·藝文志》不著録，見《玉海》卷九三“郊祀”。

《玉海》卷九三“元豐圜丘三遺南郊增損式”條云：“元豐元年
（1078）十一月二日，詳定禮文所言：‘東漢壇位，天神從祀者
一千五百一十四，故外設重營以爲限。唐因齊、隋制爲三壇，
所以序事祠也，國朝郊祀壇域，率循唐制，儀注具載。圜丘三
壇，每壇二十五步，而有司乃以青繩代内壇，不足以等神位。
請除去青繩，如儀注爲三壇。’從之。三年（1080）正月二十七
日，集賢校理黄廉上編修《南郊增損式》。”

北郊祀典三〇卷　宋陳暘撰　佚

暘，字晋之，福州人。中紹聖制科，授順昌軍節度推官。徽宗
初，進《迓衡集》，以勸導紹述，爲太學博士，兼秘書省正字。
禮部侍郎趙挺之言暘所著《樂書》二十卷，貫穿明備，遷太常
丞，進駕部員外郎，爲講議司參詳禮樂官，進鴻臚太常少卿禮
部侍郎，以顯謨閣待制提舉禮泉觀。嘗坐事奪，已而復之，卒
年六十八。著有《禮記解義》《樂書》《孟子解義》等。事迹具
《宋史》卷三二、《宋史新編》卷一一八、《東都事略》卷一一四
等書。

---

① 見《玉海》卷九三“宋朝親郊”條。

此書《宋史·藝文志》儀注類著録。

按：《宋史》卷一〇〇《禮志》(五三)云：“崇寧初，禮部員外郎陳暘言：‘五行於四時，有帝以之主，必有神以爲之佐。今五行之帝，既從京於南郊第一成，則五行之神，亦當列於北郊第一成。天莫尊於上帝，而五帝次之；地莫尊於大祇，而嶽帝次之。今尚與四鎮海瀆並列，請升之於第一成。’至是議禮局上新儀。”

又《玉海》卷九四“政和祭方澤”條云：“（政和）四年(1114)五月十二日丙戌，親祭地於方澤。六月朔，御製夏祭禮成神應記。七年(1117)五月十四日，宣和二年(1120)五月十八日丁巳，五年(1123)五月二十一日，親祭。陳暘《北郊祀典》三十卷。”

然則，此編蓋纂政和迄宣和年間之北郊儀制也。

明堂通議二卷　宋宋祁撰　存

祁，字子京，與兄庠同時舉進士，禮部奏祁第一，庠第三，章獻太后不欲以弟先兄，乃擢庠第一，而置祁第十，人呼曰二宋，以大小別之。授直史館，再遷太常博士，同知禮儀院。景祐中詔求直言，祁所奏皆切中時病。後出知許州，甫數月，後召爲侍讀學士，史館修撰，祀明堂，遷給事中，兼龍圖閣學士。與歐陽修同修《唐書》，旋出知亳州，自是十餘年間，出入内外，嘗以稿自隨，爲列傳百五十卷。又有《益部方物略記》《宋景文公筆記》《景文集》《景文詩集》《西州猥稿》《宋景文長短句》等。事迹附見《宋史》卷二八四《宋庠傳》。

此書《宋史·藝文志》儀注類著録。

考《玉海》卷九六“明堂通議”條引《實録》云：“（皇祐）二年(1050)三月丙辰，一本云三月二十九日。判太常禮儀事宋祁上《明堂通議》二篇。或作六篇。《國史志》：宋祁《通議》二卷。《序略》曰：‘上稽三代,旁搜漢唐,禮之過者析之,説之謬者正之,以合一王之典。'其書自内出,復有詔進入。"

按:此書《宋志》題《明堂通儀》,儀,當作議,今正。又云宋郊撰,郊即庠之初名,當作祁。

又按:此編今無單行者。宋祁《景文集》卷四十二、四十三及《歷代名臣奏議》猶載此六篇之文。《歷代名臣奏議》云:"初議禮諸奏,皆係皇祐二年(1050)爲侍讀學士時上。"其目爲:《明堂路寢議》《五室議》《規蔡邕明堂議》《上帝五帝議》《配帝議》《雜制議》。

明堂祫饗大禮會式三九三卷　宋不著撰人　佚

此書《宋史·藝文志》儀注類著録。

《宋志》注云:"元豐間。"

考《玉海》卷九六"治平明堂配饗議"云:"元豐三年(1080)七月丁亥,二十六日。詔遠而尊者祖,則祀於圓丘而配天,邇而親者禰,則祀於明堂而配上帝。圓丘祀天,則對越諸神,明堂,則上帝而已。歷代以來,合宮所配既紊於經,至雜以六天之説,朕甚不取。祀英宗於明堂,以配上帝,餘從祀群神悉罷。八月十三日詔禮官詳定儀注,禮文所言配祀宜及五帝,知禮院君錫等五人議六天之説不經見,宜如聖詔,從之。九月辛巳大饗明堂。赦文云:念神莫帝之大,肇親專饗之儀。念人莫親之隆,載陳嚴配之禮。"

此編蓋纂當時禮式也。

天書儀制五卷　宋王欽若撰　佚

欽若,字定國,臨江軍新喻人。擢進士甲科,爲亳州防禦推官,遷秘書省秘書郎,累官司空,門下侍郎,同平章事。欽若智數過人,每朝廷有所興造,委曲遷就以中帝意,又性傾巧,馬知節曾斥其奸狀。仁宗嘗謂輔臣曰:"欽若久在政府,觀其所爲，真奸邪也。"王曾嘗曰："欽若與丁謂、林特、陳彭年、劉承珪，時謂之五鬼奸邪。"著有《天禧大禮記》《彤管懿範》《聖祖事迹》《翊聖真君傳》(編)、《五嶽廣聞記》《列宿萬靈朝真圖》《羅天大醮儀》等。事迹具《宋史》卷二八三、《宋史新編》卷八六、《東都事略》卷四九、《隆平集》卷四、《名臣碑傳琬琰集》下集卷三等書。

此書《宋史·藝文志》儀注類著錄。

按：《宋史·王欽若傳》云："大中祥符初爲封禪經度制置使，兼判兗州爲天書儀衛副使。先是，真宗嘗夢神人言賜天書於泰山，即密諭欽若，欽若因言：'六月甲午，木工董祚，於禮泉亭北，見黃素曳草上，有字不能識，皇城吏王居正見其上有御名，以告欽若。'既得之，具威儀奉導至社首跪授，中使馳奉以進，真宗至含芳園奉迎，出所上天書，再降《祥瑞圖》示百僚。欽若又言，至嶽下兩夢神人願增建廟庭，及至威雄將軍廟，其神像如夢中所見，因請構亭廟中。封禪禮成，遷禮部尚書，命作社首頌，遷戶部尚書，從祀汾陰。復爲天書儀衛副使，遷吏部尚書。明年爲樞密使檢校太傅同中書門下平章事。"此書即纂奉天書之禮儀也。

又《玉海》卷九十八"祥符封禪"條亦載此事始末，曰："大中祥符元年(1008)，_{舊編云二年。}三月甲戌，兗州父老詣闕，上表請東封。壬午，文武百官宰臣王旦等繼請。時天書降左承天門。_{正月乙丑。}四月甲午，下詔以今年十月有事於泰山。乙未，以王旦爲大禮使，王欽若爲禮儀使，馮拯爲儀仗使，陳堯叟爲鹵簿使，趙安仁爲橋道頓遞使，_{建本謂乙未，王欽若、趙安仁爲泰山封禪祥經度制置副使。《實錄》：丙申，命五使。丁酉，鑄五使及計度制置使印。}命翰林學士晁迥、李宗諤、楊億、龍圖閣學士杜鎬、待制陳彭年與太常禮院詳定儀注。丙午，詔於京城擇地，依道教建宮，以昭應

爲名。辛亥，太子中舍夏侯晟上《漢武帝封禪圖》，繢金匱玉
匱石礎石距之狀，有注釋。甲寅，命宰臣王旦撰《封祀壇頌》，
王欽若撰《社首壇頌》，陳堯叟撰《朝覲壇頌》。”

鹵簿記三卷　宋王欽若撰　佚

欽若有《天書儀制》五卷已著録。

此書《宋史·藝文志》儀注類著録。

考《玉海》卷五七著録《景德鹵簿記》三卷，云：“景德二年
（1005）十二月乙巳朔，南郊鹵簿使王欽若上。”

同書卷八十“景德鹵簿記”條云：“（景德）二年（1005）十一月
乙巳朔，是年郊祀鹵簿使王欽若上三卷，詔付史館。欽若《表》云：
“掌西京之鹵簿，獲奉屬車之塵，閲東觀之圖書，幸覩羽陵之簡。”先是，九月二
日丁未，詔欽若閲仗衛中司天監行漏十一神輿。殿中省芳亭
鳳輦等，減製修飾，以舊制太重也。”

按：後漢應劭有《漢官鹵簿圖》，晋有《鹵簿圖》《鹵簿儀》，齊有
《鹵儀》，陳有《鹵簿圖》，①唐有《大駕鹵簿》一卷。②

景祐南郊鹵簿圖記一〇卷　宋宋綬撰　佚

綬有《天聖鹵簿記》一〇卷，本文上編已著録。

此書《宋史·藝文志》不著録，見《玉海》卷八〇車服。

考《玉海》卷八〇“景祐鹵簿記”條云：“景祐五年（1038）即寶元
元年。十一月乙巳，禮儀使資政殿大學士。宋綬上《景祐南郊鹵簿
圖記》十卷，詔褒諭。蓋因前書而增飾之，以親政初元冠篇，質正古義，傳以
新制，圖繪注説，援據精詳。”

又引《圖記序》曰：“黄帝創軒冕之容，列營衛之警，輿駕儀物，
蓋本於此。唐堯彤車，有虞鸞和，夏后之綏，商人之路，周官
有司常巾車之職，虎賁旅賁之從，三五之際，所由來尚矣。秦

---

① 　並見《隋書·經籍志》。
② 　見《新唐書·藝文志》。

並六國,兼屬車九九之數;漢上甘泉,備千乘萬騎之衆。自時厥後,損益可知。藝祖始議郊饗,即諏典文,扞衛既崇,羽儀兼備。初,吏士所服,皆用畫帛,乃命易以厚繒,加之文繡,采綷相錯,焕乎一時。至道中,詔翰林承旨宋白與内侍畫郊丘仗衛,緘在秘府。一本云:圖飾仗衛,真在中秘。景德中,資政殿學士欽若上《鹵簿記》三卷,敕付太史。皇上紹庭正統,粤再郊之明年,命華光侍臣圖寫大簿,臣充儀仗使,督攝容衛,又以太僕奉車承顧問,乃與侍讀馮元、侍講孫奭議曰:'前二圖書,寫形紀事,不相參會,盍象設而又文陳乎?'繇是著爲《圖記》十篇。歲在戊寅(景祐五年,寶元元年,1038),燔祀有期,敕重飾帝車,爰及法物,並加釐正云云。戊寅,景祐五年十一月戊申,享景靈宫;己酉,享太廟,奉慈廟;庚戌,祀圜丘,改元寶元。"

又引《會要》云:"(志同)景祐五年(1038)七月十一日丙午,詔鹵簿儀物未合典制者釐正之。令内侍張永和等領工修飾,既成,八月庚辰,帝親閲於大慶殿門。《實錄》:'八月庚辰,御大慶殿門,閲新作南郊儀仗車輅。'九月,侍講賈昌朝言儀衛三事:一曰南郊鹵簿,車駕出宫詣郊廟日,執毬杖迎至齋宫,唐世以資玩樂,宜徹去。二曰《大駕鹵簿》有羊車前列,本漢晉乘於後宫,遂爲法從,宜改革。三曰《鹵簿儀衛》,五使略行,按閲先後失序,名物差互,請於致齋前詳視。詔禮儀使宋綬與太常禮院同詳定以奏。綬等言:'羊車,按劉熙《釋名》、隋《禮儀志》,漢代已有,自唐至今著禮令,宜仍舊。其鹵簿儀仗,南郊前,五使預閲素隊,使之齊肅。'從之。又去誕馬鞍韉,用纓彎緋紲,旛麾以小篆易隸字,六引朱團扇用雜花,大駕用盤龍,重定戟鈒小戟,重製雉尾扇襭稍殳义。"

熙寧新定祈賽式二卷　宋張諤撰　佚

諤,字直甫,金壇人,登政和五年(1115)進士第,入朝爲度支郎中,累遷京畿轉運副使,徙江東,除右文殿修撰,權知桂州,充廣南西路兵馬都鈐轄。靖康元年(1126)卒。事迹具《京口耆舊傳》卷六、至順《鎮江志》卷一八、《北宋經撫年表》等書。《給諫集》卷二載《張諤除尚書户部郎中制》)。

此書《宋史·藝文志》儀注類著録。

禮記圖一卷　宋不著撰人　佚

此書《宋史·藝文志》不著録,見《宋史·藝文志》補儀注類。

祭服制度一六卷　宋不著撰人　佚

此書唐以前目録未見,疑宋時人所爲。

此書《宋史·藝文志》儀注類著録。

五服年月敕一卷　宋劉筠等撰　佚

筠,字子儀,大名人。舉進士,詔試選人校太清樓書,擢筠第一,爲秘閣校理,預修圖經及《册府元龜》。天聖二年(1024)知貢舉。數以疾告,進尚書禮部侍郎,樞密直學士,知潁州,召還,復知貢舉,進翰林學士,後知廬州,卒。著有《册府應言集》《榮遇集》《山中刀筆集》《肥川集》等。事迹具《宋史》卷三〇五、《宋史新編》卷八四、《東都事略》卷四七、《隆平集》卷一四及《學士年表》等書。

此書《宋史·藝文志》儀注類著録。

按:《宋志》刑法類又有《五服敕》一卷,署劉筠、宋綬等撰,當是一書。檢《宋史·仁宗本紀》云:"天聖五年(1027)十月己丑,頒新定《五服敕》。"

皇族服制圖不著卷數　宋楊傑撰　佚

傑有《郊祀總要》一卷已著録。

此書《宋史·藝文志》不著録,見《無爲集》。

楊傑《無爲集》卷八《皇族服制圖序》云:"議曰:禮院新定皇族五服圖,其失有五:不重太祖、太宗、真宗之服,其失一也;

不分潤王之族，其失二也；不載兄弟之殤，其失三也；不著祖
免之親，其失四也；不明正統旁親之制，其失五也。何謂不重
太祖、太宗、真宗之服？按：《周禮·司服職》云：‘爲天王斬
衰。’《禮記》云：‘天子修男教，父道也。爲天王服斬衰，服父
之義也。’又云：‘喪有四制，變而從宜，取之四時也。有恩有
禮，有節有權，取之人情也。恩者仁也，理者義也，節者禮也，
權者智也。仁義禮智，人道具矣。故爲父斬衰三年，以恩制
者也。爲君亦斬衰三年，以義制者也。’《新圖》以皇帝於仁
宗，因當服斬衰也。於真宗，則齊衰不杖期也。於太宗，則齊
衰五月也。於太祖，則緦麻三月也。若仁宗之服，誠合禮制
矣。若真宗、太宗之齊衰，太祖之緦麻，是以親服而言，而不
以天王之服言也。夫太祖、太宗、真宗，君天下，傳萬世，在皇
帝之爲服斬衰，此所謂以義制者也。親親尊尊，無重於是矣。
《新圖》以齊衰緦麻爲服，是豈達禮經之意哉。故曰不重太
祖、太宗、真宗之服，其失一也。何謂不分潤王之族？按：《五
服敕》云：‘爲人後者，爲其父母齊衰不杖期，爲其兄弟大功九
月。’然則皇帝濮王之服，異於爲潤諸子之服矣。爲濮王諸子
之服，異於爲潤王諸孫之服矣。《新圖》以潤王子孫合而爲
一，無以別其等降，故曰不分潤王之族，其失二也。何謂不載
兄弟之殤？《五服敕》云：‘爲人後者，爲其兄弟之長殤，小功
三月。爲其兄弟之中殤、下殤，緦麻三月。’《開寶通禮》喪葬
令文，皆同其說，蓋出之於《儀禮》矣。而《新圖》略之，故曰不
載兄弟之殤，其失三也。何謂不著祖免之親？按：《禮記大
傳》曰：‘名者，人治之大者也，可無慎乎？四世而緦，服之窮
也；五世袒免，殺同姓也；六世親屬竭矣。’鄭康成云：‘四世
共高祖，五世高祖兄弟，六世以外，親盡無屬名也。’又按律有
八議，一曰議親，釋謂皇帝祖免以上親。刑統云：‘皇帝祖

免。'據禮有高祖兄弟、曾祖從父兄弟、祖再從兄弟、父三從兄弟、身四從兄弟是也。且五世之親旁通而有十一，刑統止著其五，識者猶曰未達，況又全而闕之哉。故曰不著袒免之親，其失四也。何謂不明正統旁親之制？夫正統之服，天下之通服也。旁親之服，大夫則異於士庶矣。天子諸侯，則又異於大夫矣。按《禮記》云：'期之喪達乎大夫，三年之喪達乎天子，父母之喪，無貴賤，一也。'鄭康成云：'期之喪達乎大夫者，謂旁親所降在大功者，其正統之期，天子諸侯猶不降也。大夫所降，天子諸侯絶之不爲服也。'孔穎達曰：'大夫之尊，猶有期喪，謂旁親所降在大功者，得爲期喪，還著大功之服。若天子諸侯旁親之喪，則爲服也。'又《儀禮·喪服》鄭康成注云：'君大夫以尊降。'賈公彦云：'君大夫以尊降者，天子諸侯爲正統之親，后夫人與長子、長子之妻等不降，餘親則絶。天子諸侯絶者大夫降一等。'又漢《白虎通德論》：'天子絶期者何？示同喪於百姓，明不獨親其親也。'又魏田瓊云：'天子不降，其祖父母、曾祖父母，后太子嫡婦，其姑姊妹嫁於二王後者，皆如都人。'此所謂正統旁親之制也。古者分親，所以尊正統也。尊正統所以重宗廟社稷之事也。維聖人親親之心篤於九族，而旁正之異，不可不明也。而《新圖》略之，故曰不明正統旁親之制，其失五也。分別爲圖，分以世次，上下旁行而觀之，親疏輕重之制，其亦庶乎明矣。"

喪服加減一卷　宋不著撰人　佚

此書《宋志》始見，蓋宋時人所爲。

此書《宋史·藝文志》儀注類著録。

《文獻通考》卷一八七著録《喪服加減》一卷，引《崇文總目》云："不著撰人名氏，雜記服制增損，文無倫次。"

正辭録三卷　宋李至撰　佚

至,字言幾,真定人。七歲而孤,鞠於飛龍使李知審家。幼沉靜好學,能屬文。及長,辭華典贍,舉進士,累拜右諫議大夫,參知政事。淳化五年(994)兼判國子監,至上言:"五經書疏已版行,惟二《傳》、二《禮》《孝經》《論語》《爾雅》七經疏未備,豈副仁君垂訓之意? 今直講崔頤正、孫奭、崔偓佺,皆勵精強學,博通經義,望令重加讎校,以備刊刻。"從之。咸平元年(998)以目疾求解政柄,四年(1001)卒,年五十五。著有《皇親故事》文集等。事迹具《宋史》卷二六六、《宋史新編》卷七四、《東都事略》卷三六、《隆平集》卷六、《宋大臣年表》及《學士年表》等書。

此書《宋史·藝文志》儀注類著録。

《玉海》卷一〇二"淳化正辭録"條云:"淳化二年(991)七月戊申,三十日。秘書監李至言:"祭祀祀辭,臨事撰進,辭義淺近,不合典式。"乃取舊一百九首,集唐《郊祀録》祝辭。增撰八十一首,爲《正辭録》三卷上之。取《左氏》祝史正辭之義。一本云:前代舊文,辭體典正,臣依古式修撰,凡百九十三首,內八十四首新製,餘依舊辭,分爲三卷。先是,端拱元年(988)八月二十三日,至謂祝文稱尊號非禮,請告饗宗廟稱嗣皇帝,諸祠稱皇帝。從之。"

按:此書《宋志》題《王辭録》,"王"當作"正"。

考《宋會要輯稿》云:"太宗端拱元年(988)八月二十三日,秘書監李至言:'著作局拱告饗宗廟及諸祠祭祝文稱尊號,唐室以來,惟《開元禮》有之,稽古者以爲非禮。會昌中從禮官議,但稱嗣皇帝臣某,則是祝文久不稱號明矣。且尊號起於近代,請舉舊典告宗饗宗廟稱嗣皇帝臣某,諸祠祭稱皇帝,斯爲得禮。'從之。"

又云:"淳化二年(991)七月三十日,秘書監李至上新撰《正辭録》三卷,凡百九十三首,八十四新制,餘仍舊辭。詔永爲定式。"

合班儀不著卷數　宋不著撰人　佚

此書《宋史·藝文志》不著録，見《玉海》卷六九"禮儀。"

《玉海》卷六九"合班圖"條引《書目》云："合班儀，仁宗朝修定。"

按：《合班儀》者，臣僚於春秋大宴、小宴、賞花、行幸、宴會時上下列位之儀也。

朝會儀注一卷　宋不著撰人　佚

此書《宋史·藝文志》儀注類著録。

《宋志》注云："元豐間。"

考《宋史》卷一一六《禮志》第六十九云："元豐年間（1078），詔龍圖閣直學士史館修撰宋敏求等詳定正殿御殿儀注，敏求遂上《朝會儀》二篇，令式四十篇，詔頒行之。"其制具禮志，此編蓋就敏求之書爲之注也。

大禮前天興殿儀二卷　宋不著撰人　佚

此書《宋史·藝文志》儀注類著録。

《宋志》注云："元豐間。"

按：天興殿在西京大内，爲開寶間所修，[①]奉祀聖祖，[②]此書蓋纂祀聖祖之儀也。

徽號册寶儀注一卷　宋葉均撰　佚

均，字公秉，長洲人，清臣子。嘉祐七年（1062）知洪州。熙寧三年（1070）五月知蘇州，元祐元年（1086）閏二月以太常卿知荊南。事迹略具《北宋經撫年表》。

此書《宋史·藝文志》儀注類著録。

按：宋代册禮之儀，具《宋史·禮志》及《玉海》卷七十二"禮

---

① 見《玉海》卷一五八"開寶修洛陽宮室、西京大内"條。

② 見《玉海》卷一六〇"天興殿"條。

儀·册禮”。

内東門儀制五卷　宋宋綬撰　佚

綬有《天聖鹵簿記》一〇卷已著録。

此書《宋史·藝文志》儀注類著録。

按：内東門爲宋代京城大内門闕之一，[①]此載朝儀之事也。

新定閤門儀制一卷　宋陳彭年等撰　佚

客省事例六卷　宋陳彭年等撰　佚

四方館儀制一卷　宋陳彭年等撰　佚

彭年，字永年，撫州南城人。幼嗜學，著《皇綱論》萬餘言，爲江左名輩所賞。南唐主李煜聞之，召入宫，令幼子仲宣與之游。金陵平，師事徐鉉爲父。雍熙二年(985)進士及第，後附王欽若、丁謂，仕至兵部侍郎。性博聞强記，於朝廷典禮，無不參預，深爲真宗所重。天禧元年(1017)卒，年五十七，謚文僖。著有《唐紀》《大中祥符編敕》(編)、《轉運司編敕》(編)、《廣韻》(重修)、《江南别録》《志異》《宸章集》等。事迹具《宋史》卷二八七、《宋史新編》卷四四、《東都事略》卷八三、《隆平集》卷六及《學士年表》等書。

右三編《宋史·藝文志》不著録，並見《玉海》卷六九“禮儀”。《玉海》卷六九“景德閤門儀制、合班圖”條云：“祥符元年(1008)八月丁未，中書門下言：‘合班儀，門下中書侍郎相承在左右常侍之下，望升在常侍之上，合班次六尚書。’從之。四年(1011)六月庚申，詔右諫議陳彭年與龍圖閣待制張知白、王曉，四方館使白文肇，東上閤門使魏昭亮，同詳定《閤門儀制》。五年(1012)六月丁未，草具進呈，賜食於起居院。《實録》云：‘上儀制，詔付有司。’閏十月庚寅，龍圖閣學士陳彭年等進

---

① 　見《玉海》卷一七〇“宫室門闕下”。

《新定閤門儀制》十卷,《客省事例》六卷,《四方館儀制》一卷。帝曰:'修録詳備。甚有倫理。'特詔獎諭,賜器幣。儀制各付有司遵行,又以別本留中。九年(1016)正月己巳,詔宗正定宗室班圖。"

閤門儀制一二卷　宋李淑等撰　佚

淑有《三朝訓鑑圖》一〇卷已著録。

此書《宋史·藝文志》儀注類著録。

《直齋書録解題》卷六禮注類著録《閤門儀制》一二卷,陳氏曰:"學士李淑等修定,皆朝廷禮式也。"

《玉海》卷七〇"景祐定入閤儀注"條云:"景祐三年(1036)正月丙午,詔知制誥李淑等重修《閤門儀制》。其入閤儀注,頗省去煩文。四年(1037)二月二十七日庚子,詔五月朔行入閤之禮,仍讀時令。"

熙寧閤門儀制十册　宋宋敏求撰　佚

敏求,字次道,趙州平棘人,綬子。賜進士及第。嘗預修《唐書》,治平中爲《仁宗實録》檢討官,同修《起居注》,知制誥,累遷龍圖閣直學士,元豐初卒。敏求家藏書三萬卷,皆略誦習,熟於朝廷典故,士大夫疑議,必就正焉。補唐武宗以下六世《實録》百四十三卷。又著《朝貢録》《春明退朝録》《唐大詔令集》《長安志》等。事迹具《宋史》卷二九一、《宋史新編》卷九〇、《東都事略》卷五七、《名臣碑傳琬琰集》中集卷一六等書。

此書《宋史·藝文志》不著録,見《玉海》卷六九"禮儀"。

《玉海》卷六九"景德閤門儀制、合班圖"條引《志》云:"熙寧二年(1069)四月二十三日,命宋敏求編修《閤門儀制》,取唐宣政殿制,裁定有司請製大黄麾以立仗。帝重其事,以爲寧闕而未備。及政和上大慶、文德、紫宸受朝之儀,而儀衛益盛。"

又同卷"熙寧閤門儀制"條云:"七年(1074)八月癸巳,右諫議集賢學士宋敏求上編修《閤門儀制》十册。"

王后儀範三卷　宋李淑撰　佚

淑有《三朝訓鑑圖》一〇卷已著録。

此書《宋史·藝文志》儀注類著録。

按：宋代《王后儀範》，具《宋史·禮志》。

四方館條例一卷　宋李淑等撰　佚

客省條例七卷　宋李淑等撰　佚

淑有《閤門儀制》一二卷已著録。

此書《宋史·藝文志》不著録，見《玉海》卷六九禮儀。

《玉海》卷六九“景德閤門儀制、合班圖”條云：“景祐三年(1036)正月二十一日丙午，四方館使夏元亨請修定《閤門儀制》，元亨言：“祥符後續降詔敕，或有重複，請復編次。命翰林學士承旨章得象，知制誥李淑同詳定。康定元年(1040)四月，修成《閤門儀制》十二卷，《四方館條例》一卷，《客省條例》七卷。”

又引《長編》云：“寶元二年(1039)二月庚寅，詳定閤門、客省、四方館儀制所上《新編儀制》十三卷。”

按：四方館使，淳化四年(993)始置，列於內職。[1]

閤門儀制一二卷並目録十四卷　宋梁顥等撰　佚

顥，字太素，鄆州須城人，雍熙中進士第一，咸平元年(998)，與楊勵、李若拙、朱台符同知貢舉，累官翰林學士，景德元年(1004)權知開封，六月暴病卒，年九十二，有文集。事迹具《宋史》卷二九六、《宋史新編》卷八三及《東都事略》卷四七等書。

此書《宋史·藝文志》儀注類著録。

《宋史》卷一一八《禮志》第七十一云：“咸平六年(1003)，命翰林學士梁顥等詳定《閤門儀制》成六卷。”

---

[1]　説見《玉海》卷一六五“淳化四方館”條。

《玉海》卷六九"景德閣門儀制"條云："景德元年（1004）二月
壬午，翰林學士梁顥、知制誥李宗諤、通事舍人焦守節等言，
詔詳定《閣門儀制》，令重加刊正，以類分門，共成六卷。《會要》
云：'咸平六年（1003）十一月，於長春殿面奉聖旨：《閣門儀式》，若全依典故，恐難遵
行，且約見行儀式，重加增損，令各分類例。共成六卷，其有合增損詳定處，並貼黃
進呈。'"

按：此書本六卷，《宋志》作十二卷，殆卷分上下，更二卷爲目
録也。

閣門集例并目録不著卷數　宋不著撰人　佚

大臣特恩三〇卷　宋不著撰人　佚

閣門儀制四卷　宋不著撰人　佚

閣門令四卷　宋不著撰人　佚

蜀坤儀令四卷　宋不著撰人　佚

右五編《宋史·藝文志》儀注類著録。

按：前四編，蓋並朝見之儀；《蜀坤儀令》蓋后儀也。

太常祠祀儀制格目四八卷標録二卷　宋葛勝仲撰　佚

勝仲有《政和續因革禮》三〇〇卷《目録》三卷已著録。

此書《宋史·藝文志》不著録，見《玉海》卷六九"禮儀"。

《玉海》卷六九"政和續因革禮"條云："又編纂太常祠祀儀制
格目。每歲大祠凡九十有六，中祠凡二十有九，小祠凡一十
有四，每祠爲一卷。歲再祀或四時祀，或月祀，若祭名界而祀
儀相類，則合一卷，凡四十八卷，標録二卷。"

紹興郊祀儀注不著卷數　宋不著撰人　佚

此書《宋史·藝文志》不著録，見《玉海》卷九三"郊祀"。

《玉海》卷九三"紹興郊祀儀注"條曰："紹興十三年（1143）癸
亥三月丙午，築圜丘，六月九日御札曰：'四涓路寢之筵久曠，
圜壇之禮見祖彌於諸室，合丘澤之一祠。'十月丙戌，十三日。
禮官修郊祀大禮儀注。警戒、致齋、奏告、陳設、車駕詣青城、省牲器、奠國

幣、皇帝行事、升壇、進熟、亞終獻飲福、望燎瘞、還大次、端誠殿、受賀還內。十一月戊午，上服袍履乘輦，朝獻景靈宮。己未，朝饗太廟。上服通天冠，絳紗袍，乘玉輅，齋於青城。庚申，日南至，合祀天地於圜丘，太祖、太宗並配，自天地至從祀諸神，凡七百七十有一，設祭器九千二百有五，鹵簿萬二千二百二十人。初備五輅，以黑繒爲大裘，蓋元祐禮也。赦文云：'度土之陽，迎日之至，建太常而遵玉路，被大裘而執鎮圭，對越天地，並侑祖宗。笵授泰元，繼黃帝之正統；運迎甲子，符藝祖之始郊。_{歲用癸亥，與藝祖初郊合符}。'十二月甲午、乙未，以郊禮畢，恭謝景靈宮。十六年(1146)，赦文云：'粢盛蠲絜，出於耕藉之藏；筍虡周環，冠以景鐘之奏。'十九年(1149)、二十二年(1152)、二十五年(1155)、二十八年(1158)，郊祀凡七。"

皇后册禮儀範八册　宋不著撰人　佚

此書《宋史・藝文志》儀注類著錄。

《宋志》注云："大觀間，卷亡。"

考《宋史》卷一一一《禮》十四"册立皇后儀"條云："大觀四年(1110)，册貴妃鄭氏爲皇后。議禮局重定儀注臨軒册使。皇帝御文德殿，服通天冠，絳紗袍，百官朝服，陳黃麾細仗，依古用宮架，册使出殿門，依近儀不乘輅，權以穆清殿爲受册殿。其日皇后服褘衣，其奉册寶授皇后皆用內侍。受册訖，皇后上表謝皇帝，內外命婦立班稱賀，群臣入殿賀皇帝於內東門，上牋賀皇后，其上禮儀注，乞依進馬條令施行。"兹編蓋即册鄭氏爲皇后之儀注也。

帝系后妃吉禮並目録一一○卷　宋不著撰人　佚

此書《宋史・藝文志》儀注類著錄。

《宋志》注云："重和元年(1118)。"

按：宋代吉禮具《宋史》卷九八至卷一○九。

古今服飾儀一卷　宋樊建撰　佚

建,紹興間人,事迹待考。

此書《宋史·藝文志》不著錄,見《直齋書録解題》卷六禮注類。

陳振孫曰:"題蜀人樊建,紹興癸酉(二十三年,1153)序。"①

中宮儀範一部　宋王巖叟撰　佚

巖叟,字彥霖,大名清平人。幼時語未正,已知文字。年十八,應明經科,省試廷對皆第一。哲宗初爲侍御史,累數十疏論蔡確罪狀,帝嘉其直,遷右丞,未幾擢知樞密院。巖叟居言職五年,正諫無隱,後劉摯爲御史鄭雍所擊,巖叟上疏論救,御史遂指爲黨,罷爲端明殿學士,徙知河陽,數月卒,年五十一。著有《元祐時政記》《繫年録》《韓琦別録》等。事迹具《宋史》卷三四三本傳。

此書《宋史·藝文志》儀注類著録。

《宋志》注云:"卷亡。"

考《宋史》卷一一一《禮志》第六十四"册立皇后儀"條云:"(元祐)七年(1092)四月,太皇太后手書曰:'皇帝年長,中宮未建,歷選諸臣之家,以故侍衛親軍馬軍都虞侯贈太尉孟元孫女爲皇后。'制詔六禮尚書左僕射兼門下侍郎吕大防攝太尉,充奉迎使;同知樞密院事韓忠彥攝司徒副之。尚書左丞蘇頌攝太尉,充發册使;簽書樞密院事王巖叟攝司徒副之。尚書左丞蘇轍攝太尉,充告期使;皇叔祖同知大宗正事宗景攝大宗正卿副之。皇伯祖判大宗正事高密郡王宗晟攝太尉,充納成使,翰林學士范百禄攝宗政卿副之。吏部尚書王存攝太尉,充納吉使;權户部尚書劉奉世攝宗正卿副之。翰林學士

---

① 《文獻通考》儀注類亦載此書,所引陳《録》,訛誤頗多。

梁燾攝太尉,充納采問名使;御史中丞鄭雍攝宗正卿副之。五月甲午,行納采問名禮;丁酉,行納吉納成告期禮;戊戌,帝御文德殿發册及命使奉迎皇后;己亥,百官表賀於東上閤門,次詣内東門賀太皇太后,又上牋賀皇后,上牋賀皇太妃。皇后擇日詣景靈宫,行廟見禮。"

兹編蓋纂迎后之儀注者也。

祭鼎儀範六卷　宋王與之撰　佚

與之,字次點,號東巖,樂清人。著有《周禮訂義》《鼎書》等。事迹具《宋元學案補遺》卷一六。

此書《宋史·藝文志》儀注類著録。

考《宋史》卷一〇四《禮志》第五十七"天書九鼎"條云:"政和三年(1113)十一月五日,恭上神宗、哲宗徽號於太廟。翌日祀昊天上帝於圜丘,太師蔡京奏天神降格,實爲大慶,乞付史館。帝出手詔,播告天下,群臣詣東上閤門,拜表稱賀。御製天真示現記。尋以天神降日爲天應節,即其地建迎真宫。明年夏至,躬祀方丘,又製《神應記》,略云:'羽衛多士,奉輦武夫,與陪祝官,顧瞻中天,有形有像,若人若鬼,持矛執戟,列於空際,見者駭愕。'仍遣使奏告陵廟,詔天下。又用方士魏漢津之説,備百物之象,鑄鼎九,於中太一宫南爲殿奉安之。各周以垣,上施埤堄,墁如方色,外築垣環之,曰九成宫。中央曰帝鼐,其色黃,祭以土,王日爲大祠,幣用黃,樂用宫架。北方曰寳鼎,其色黑,祭以冬至,幣用皂。東北方曰牡鼎,其色青,祭以立春,幣用皂。東方曰蒼鼎,其色碧,祭以春分,幣用青。東南曰岡鼎,其色緑,祭以立夏,幣用緋。南方曰彤鼎,其色紫,祭以夏至,幣用緋。西南曰阜鼎,其色黑,祭以立秋,幣用白。西方曰晶鼎,其色赤,祭以秋分,幣用白。西北曰魁鼎,其色白,祭以立冬,幣用皂。八鼎皆爲中祠,樂用登歌，享用素饌。復於帝鼐之宫，立大角鼎星祠。崇寧四年（1105）八月，奉安九鼎，以蔡京爲定鼎禮儀使。帝幸九成宫酌獻。九月朔，百官稱賀於大慶殿，如大朝會儀。鄭居中言：‘亳州太清宫道士王與之，進《黄帝崇天祀鼎儀訣》，皆本於天元玉册九宫太一，合於漢津所授上帝錫夏禹隱文，同修爲《祭鼎儀範》。修成《鼎書》十七卷，《祭鼎儀範》六卷。’先是詔曰：‘九鼎以奠九州，以禦神奸，其用有法，後失其傳。閲王與之所上祀儀，推鼎之意，施於有用，蓋非今人所能作。去古綿邈，文字雜揉，可擇其當理合經修爲定制，班付有司。’至是書成，並以每歲祀鼎常典付有司行之。”

兹編即纂此項祭鼎之儀注也。

打毬儀一卷　宋張直方撰　佚

直方，事迹待考。

此書《宋史·藝文志》儀注類著録。

按：打毬本軍中戲，宋太宗始令有司詳定其儀，其制具《宋史》卷一二一《禮志》第七十四。

又《玉海》卷一四五“兵制淳熙選德殿觀擊毬”條云：“興國五年（980）三月，有司定儀。戊子，會鞠於大明殿，獲多籌。己丑，製擊毬五七言詩，詔近臣屬和。淳化五年（994）十二月九日，改打毬務爲擊鞠院。嘉祐三年（1058）三月五日乙亥，延和殿；七年（1062）二月十一日己丑，崇政殿觀教騎軍擊毬。淳熙四年（1177）九月九日，命閤門稽太宗朝擊毬其故，參以今事，具儀以進，仍先習儀，既而選定上之。詔並戎服。十三日詔擊毬朋打，御北門，是日，三少使相執政已下，各分朋侍立。二十二日，召群臣入東華門選德殿觀擊毬，上擊過毬門，回馬御殿，皇太子以下稱賀，使相執政，升殿進酒，群臣皆賜酒饌。”

兹編蓋即淳熙間所上也。

打毬儀注一卷　宋李詠撰　佚

詠,史無傳。《宋會要輯稿》選舉二九云:"紹興三年(1133)四月六日,詔外宗正司屬官許依本路轉運等司屬官條法令諸司薦舉,從主管南外敦宗院李詠請也。"

此書《宋史·藝文志》儀注類著錄。

高麗入貢儀式條令三〇卷　宋不著撰人　佚

高麗女貞排辨式一卷　宋不著撰人　佚

上二編《宋史·藝文志》儀注類著錄。

《宋志》注云:"元豐間。"

考《玉海》卷一五四"淳化賜高麗九經"條云:"元豐元年(1078)正月二十五日,遣安燾等使其國。先是王徽屢入貢。二年(1079)六月,錢藻等修《高麗入貢儀式》。八年(1085)十一月十二日,錢勰再看詳,李士京編修。"

按:《高麗入貢儀式》,具《宋史》卷一一九《禮志》第七十二《契丹夏國使副見辭儀高麗附》。

諸藩進貢令式一六卷　宋不著撰人　佚

此書《宋史·藝文志》儀注類著錄。

《宋志》注云:"董氈、鬼章一,闍婆一,占城一,層檀一,大食一,勿巡一,注輦一,羅龍方、張石蕃一,于闐、拂菻一,交州一,龜兹、回鶻一,伊州、西州、沙州一,三佛齊一,丹眉流一,大食陀婆羅一,大俞盧和地一,陀婆羅一,俞盧和地一。"

按:宋代諸國進貢儀制,具《宋史》卷一一九《禮志》第七十二"諸國朝貢"條。據《宋史》所載,當時進貢諸蕃,除《宋史·藝文志》所載外,尚有宜州、黎州諸國、西蕃唃氏、卭部川蠻、溪峒之屬、日本、大理、蒲甘、佛泥、直臘、羅殿、渤況、遯黎等。

書儀一卷　宋鄭洵瑜撰　佚

洵瑜,史無傳。

此書《宋史·藝文志》儀注類著録。

六尚拱奉式二〇〇册　宋高伸撰　佚

伸,政和中官殿中監。劉安上《劉給諫集》卷二有《殿中監高
伸轉官制》。

此書《宋史·藝文志》儀注類著録。

考《宋史》卷一六四《職官志》第一百一十七云：政和元年
(1111),殿中有高伸上《編定六尚供奉式》。

按："六尚"者,六局所尚之事也。宋制,殿中有設監丞各一
人。監掌供奉天子玉食、醫藥、服御、幄帟、輿輦、舍次之政
令,少監爲之貳丞參領之。凡總六局：曰尚食,掌膳羞之事;
曰尚藥,掌和劑診候之事;曰尚醖,掌酒禮之事;曰尚衣,掌
衣服冠冕之事;曰尚舍,掌次舍幄帟之事;曰尚輦,掌輿輦
之事。六尚各有典御二人,奉御六人或四人,監門二人或一
人。又尚食有膳工,尚藥有醫師,尚醖有酒工,尚衣有衣徒,
尚舍有幕士,尚輦有正供等,皆分隸其局。① 兹編即載其儀
制也。

燕射記一卷　宋周密撰　存

密有《乾淳御教記》一卷,已著録。

此書《宋史·藝文志》不著録,見《説郛》。

按：此記淳熙元年(1174)九月,孝宗幸玉津園宴射禮。

此書今未見單行者。臺北"國家圖書館"及臺灣大學並有清
順治三年(1646)李際期宛委山堂刊《説郛》,卷五十三收録
此書。

---

① 參見《宋史》卷一六四"殿中省"條。

觀麥視禾儀注不著卷數　宋不著撰人　佚

此書《宋史·藝文志》不著録,見《玉海》卷七七"禮儀"。

《玉海》卷七七"元豐觀麥視禾儀注"條云:"元豐元年(1084)五月七日,召輔臣後苑觀麥。自後凡四臨觀。二年(1085)八月六日,觀穀。自後凡再觀。十月二日,後苑觀稻。六年(1089)十月二日又觀。三年(1086)十月庚辰,藉田令辛公祐請於玉津園之南,因舊鑴麥殿規地十一頃有奇爲田,引惠民河水灌之。又請增修鑴麥殿以備行幸。四年(1087)八月八日,時九穀皆稔,藉田司詳定官制所請講《觀麥視禾儀注》。七年(1090)五月己亥朔,召輔臣觀麥於後苑。"

元豐耕藉儀注不著卷數　宋不著撰人　佚

此書《宋史·藝文志》不著録,見《玉海》卷七六"禮儀"。

《玉海》卷七六"元豐藉田圖"條云:"元豐二年(1079)己未歲十月癸卯,詔於京城東南度田千畝爲藉田,置令一員,以辛公祐兼。徙先農壇於其中,神倉於東南。三年(1080)十月庚辰,辛公祐請下有司定耕藉儀注,增修鑴麥殿以備行幸。"

政和藉田儀注不著卷數　宋禮制局撰　佚

此書《宋史·藝文志》不著録,見《玉海》卷七六"禮儀"。

《玉海》卷七六"政和藉田儀注"條云:"(政和)八年(即重和元年,1118)正月辛卯,禮制局上《藉田儀注》。"

家範四卷　宋司馬光撰　存

光有《書儀》八卷,本文上編已著録。

此書《宋史·藝文志》史部儀注類及子部儒家類並著録。

按:此書首載《易·家人》卦辭及節録《大學》《孝經》《堯典》《詩·思齊》篇語,以爲綱領。自治家至乳母,凡十九篇,皆雜採史事可爲法則者,亦間有光所論説。《四庫全書總目提要》云:"與朱子《小學義例》差異而用意略同。其節目備具,簡而有要，似較《小學》更切於日用。且大旨歸於義理，亦不似《顔氏家訓》徒揣摩於人情世故之間。朱子嘗論《周禮·師氏》云：'至德以爲道本，明道先生以之；敏德以爲行本，司馬溫公以之。'觀於是編，猶可見一代偉人修己型家之梗概也。"

又按：是書卷數，《宋志》見於儀注類者作四卷，見於儒家類者作十卷，是當時有兩本，蓋析併不同，今所傳諸本，則均爲十卷本。

此書之傳本，《四庫簡明目録標注續録》有明省園覆宋刊本，今未之見。丁丙《善本書室藏書志》著録兩部，一題"家範"，一題"宋司馬溫國文正公家範"，並明刊本。今所藏善本，亦並係明刊本及鈔本：臺北"故宮博物院"有清文淵閣《四庫全書》本。臺北"國家圖書館"有明天啓丙寅（六年，1626）夏縣司馬露刊本兩部，各二册，其中一部經清莫友芝據《周易》《詩經》《孟子》《史記》《漢書》等批校。收入叢刻者，有《由醇録》《留餘草堂叢書》等。清代朱軾曾評點此書。

祈雨雪法一卷　宋不著撰人　佚

此書《宋史·藝文志》不著録，見《玉海》卷一○二"郊祀"。

《玉海》卷一○二"開寶雩祀"條云："開寶九年（太平興國元年，976）三月九日，幸西京行雩祀。四月庚子。咸平二年（999）閏三月三日，知揚州魏羽上唐李邕雩祀五龍祈雨之法，丁亥，頒諸路令長吏精潔行之。景德三年（1006）五月丙辰，二十七日。頒《畫龍祈雨法》。皇祐二年（1050）六月己巳，十五日。再頒《先朝祈雨雪法》。即《繪龍之法》。《書目》：一卷。四年（1052），上封者言螟蝗爲害，乞祭醋禳災。禮官定壇位禮料，準馬步，就馬壇設祭。若外州，略依禜禮。寶元初（元年，1038），詔諸州旬上雨雪著爲令。"

按：雩禮祈雨之法，其來甚早。《論衡·明雩》篇云："春秋，

魯大雩,旱求雨之祭也。旱久不雨,禱祭求福,若人之疾病,
祭神解禍矣。"

營造法式三六卷　宋李誡撰　存

誡,字明仲,鄭州管城人,南公次子。官通直郎,元祐七年
(1092)以承奉郎爲將作監主簿,轉丞,遷將作監。積官至中
散大夫知虢州,以疾不起,於大觀二年(1108)卒。誡博學多
技能,工篆籀草隸,善畫,得古人筆法。藏書數萬卷,手鈔者
數千卷。著有《續山海經》《古篆說文》《續同姓名録》《琵琶
録》《馬經》《六博經》及《新集木書》等。事迹具程俱《北山集》
卷三三《宋故中散大夫知虢州軍州管勾學事兼管内勸農使賜
紫金魚袋李公墓誌銘》。《摘文堂集》卷七載《將作監李誡轉
一官制》。近人瞿兌之撰《李明仲八百二十週年忌之紀念》一
文,可資參考。

此書《宋史·藝文志》儀注類著録。

按:此書《宋志》云二百五十册,不著卷數亦不著撰人。初,熙
寧中敕將作監官編修《營造法式》,至元祐六年(1091)成書。
紹聖四年(1097),以所修之本,祗是料狀,別無變造制度,難
以行用,命誡別加撰輯。誡乃考究群書,並與人匠講說,分列
類例,以元符三年(1100)奏上之,[1]書共三十六卷。[2]《宋志》
云二百五十册者,蓋據元祐間所成之書,故無作者。茲據今
本署李誡撰。

此書本三十六卷,惟《四庫全書》本及今各傳本止三十四卷,
《四庫全書總目提要》曰:"此本前有誡所奏劄子及進書序各
一篇。其第三十一卷,當爲《木作制度圖樣》上篇,原本已闕,
而以《看詳》一卷錯入其中。檢《永樂大典》内亦載有此書,其

---

① 　並見李誡所奏劄子。
② 　見此書《看詳》。

所闕二十餘圖並在，今據以補足，而仍移《看詳》於卷首。又《看詳》内稱書總三十六卷，而今本《制度》一門，較原目少二卷，僅三十四卷。《永樂大典》所載不分卷數，無可參校，而核其前後篇目，又別無脱漏，疑爲後人所併者，今亦姑仍其舊云。”

按：《北山集》所載《李公墓誌銘》，亦云三十四卷，①是當時已有所合併矣。今本三十四卷之内容，卷一、卷二爲總釋，卷三壕寨制度，卷四、卷五大木作制度，卷六至卷十一小木作制度，卷十二彫作制度，卷十三瓦作制度，卷十四彩畫作制度，卷十五塼作制度，卷十六壕寨功限，卷十七至卷十九大木作功限，卷二十至卷二十三小木作功限，卷二十四卷二十五諸作功限，卷二十六、卷二十七諸作料例，卷二十八諸作用釘料例，卷二十九總例圖樣，卷三十、卷三十一大木作制度圖樣，卷三十二小木作制度圖樣，卷三十三、卷三十四彩畫作制度圖樣。

又按：此書明以前刊本，今已罕見。陸心源藏有影寫宋本，三十四卷，題曰“通直郎管修蓋皇弟外第專一提舉修蓋班直諸軍營房臣李誡奉聖旨編修”。前有營造式法所奏及誡進書自序、《看詳》十三頁。後有“平江府今得紹聖《營造法式》舊本目録，《看詳》共十四册”二行，“紹興十五年（1145）五月十一日校勘重刊”一行，“文林郎平江府觀察推官陳綱校勘”“寶文閣直學士右通奉大夫知平江軍府事提舉勸農使開國子食邑五百户王晚重刊”二行。每頁二十行，行二十二字。②

---

① 《墓誌銘》云：“元符中建五王邸成，遷宣義郎。時公在將作且八年，其考工庀事，必究利害，堅窳之致，堂構之方與繩墨之運，皆已了然于心，遂被旨著《營造法式》，書成，凡三十四卷，詔頒之天下。”

② 詳見陸氏《儀顧堂題跋》卷四《影宋抄〈營造法式〉跋》。

今所藏善本：臺北"故宮博物院"有清文淵閣《四庫全書》本，
係據浙江范懋柱家天一閣藏本著録。臺北"國家圖書館"有
舊抄本一部，不分卷，六册。又有影宋抄本一部，三十四卷，
十六册。又有清嘉慶道光間琴川張氏小瑯嬛福地精抄本，有
張蓉鏡等手書題記及王婉蘭傳録孫鋆題記。張氏題記云：
"《營造法式》自宋槧既軼，世間傳本絶稀。相傳吾邑錢氏述
古堂有影宋鈔本。先祖觀察公求之二十年，卒未得見。庚辰
歲，家月霄先生得影寫述古本於郡城陶氏五柳居，重價購歸，
出以見示。以先祖想慕未見之書，一旦獲此眼福，欣喜過望。
假歸手自影寫。圖像界畫，則畢仲愷高弟王君某任其事焉。
自來政書考工之屬，能羅括衆説，博洽詳明，深悉夫飭材辨器
之義者，無踰此書。陳振孫《直齋書録解題》以爲超越乎皓木
經者也。謹按：《四庫全書》本係浙江范懋柱天一閣所進，内
缺三十一卷《木作制度圖樣》，賴有《永樂大典》所載以補其
缺，則是書之罕覯，益可徵焉。至《看詳》内稱書凡三十六卷，
而此本僅三十四卷。余所藏宋本《續談助》亦載是書卷數，與
是本同，蓋自宋時已合併矣。吾邑藏書家，自明五川楊氏以
來，遞有繼起，至汲古、述古爲極盛。百餘年來，其風寖微，今
得月霄之愛素好古，搜訪秘笈，不遺餘力，儲蓄之富，幾與錢
毛兩家抗衡。以蓉有同好，每得奇籍，必以相示，或假傳鈔，
略無吝色。其嘉惠同志之雅，尤世俗所難。録竣，因書數語，
以識欣感，而又以傷先祖之終不獲見也。道光九年(1829)辛
巳夏六月，琴川張蓉鏡識於小瑯嬛福地，時年二十歲。"《四庫
簡明目録標注續録》謂昭文張氏有影宋鈔本者，當即此本。[1]

---

① 《四庫簡明目録標註》邵章《續録》云："昭文張氏有影宋鈔本。末有'平江府今
得《紹聖營造法式》舊本並目録、勘詳共十四册。紹興十五年(1145)五月十一日校勘重
刻'一條。"

收入叢刻者,有《粵雅堂叢書》《十萬卷樓叢書三編》《叢書集成初編》等。

高宗幸张府次略一卷　宋周密撰　存

密有《乾淳御教記》一卷,本文上編已著録。

此書《宋史·藝文志》不著録,見《説郛》。

此編《序》曰:"紹興二十一年(1151)十月,高宗幸清河郡王第,供進御筵節次。"

按:此書單刻者今已罕見。"國立中央圖書館"及臺灣大學均有清順治丁亥(四年,1647)兩浙督學李際期刊陶珽重編《説郛》本,卷第五十三收録此書。《五朝小説》及《五朝小説大觀》等叢刻亦收之。

南渡宫禁典儀一卷　宋周密撰　存

密有《乾淳御教記》一卷,本文上編已著録。

此書《宋史·藝文志》不著録,見《説郛》。

按:此編《序》曰:"壽皇聖孝,冠絶古今,承顔兩宫,以天下養,一時盛事,莫大於慶壽之典。今摭録大略於此。"此淳熙三年(1176),記孝宗七十壽典之禮。包括慶壽册寶、四孟駕出、大禮(南郊、明堂)、車駕幸學、登門賜赦、聖節、公主下降、册皇后儀、皇后歸謁家廟、宫中誕育儀例略、皇子行冠禮儀略、人使到關等禮儀及儀仗。

又按:此書單刻者今已罕見。臺北"國家圖書館"及臺灣大學有清順治四年(1647)兩浙督學李際期刊陶珽重編《説郛》本,卷第五十三收録此書。

夏祭敕令格式一部　宋蒋猷撰　佚

猷,字仲遠,潤州金壇人,元豐進士。政和四年(1114),拜御史中丞兼侍讀,有直聲。宣和末爲刑部尚書,累官徽猷閣直學士卒,贈特進。事迹具《宋史》卷三六三、《宋史新編》卷一四〇、《京口耆舊傳》卷六及《北宋經撫年表》等書。

此書《宋史・藝文志》儀注類著録。

按：猷嘗預禮制司，討論親耕親蠶典禮，重修《鹵簿》，許翰《襄陵文集》卷二載蔣猷等《禮制局討論親耕親蠶典禮重修鹵簿成書推恩制》。此編蓋即當時所撰也。

明堂大饗視朝頒朔布政儀範敕令格式不著卷數　宋唐恪撰　佚

恪，字欽叟，錢塘人，一曰餘杭人，以蔭登第，徽宗時類官户部侍郎。事迹具《宋史》卷三五二、《宋史新編》卷一二二、《東都事略》卷一〇七等書。

此書《宋史・藝文志》儀注類著録。

考宋許翰《襄陵文集》卷二載唐恪等敕令所進《明堂大饗視朝頒朔布政儀範成書制》，云："朕規摹禮經考宫，以合五室，本原詩頌式典，以請四方，月視吉朝，歲修親饗，荷帝暉之降格，撫天運乎隆平，制爲金玉條理之文，備著天人統和之節。眷言編削，嘉爾討論，具官某等褒然儁良，服在禁從，董兹大法，蔚有成勞，理事咸章，文辭並飾，策書奏御，莫匪遠猷，明典疇庸，不無近比，懋進高華之秩，往膺褒勵之榮，可。"

按：此編《宋志》注云："宣和初，卷亡。而不著撰人，兹據《許翰文集》所載《制》署唐恪等撰。"

景靈宫供奉敕令格式六〇卷　景靈宫四孟朝獻二卷　宋馮宗道撰　佚

宗道，元豐間爲入内供奉官。《欒城集》卷三〇載《馮宗道遥郡刺史制》；《東坡外制集》下卷載《馮宗道右騏驥使制》；《東坡内制集》卷五載《神宗御容押班馮宗道等銀合茶藥敕書》《神宗御容押班馮宗道等銀合茶藥兼宣撫制》等，可藉考馮氏歷官。

此書《宋史·藝文志》儀注類著錄。

按:《宋會要輯稿》卷一九〇二七"刑法格令"條云:"(元豐)五年(1082)九月二十二日,入内供奉官馮宗道上《景靈宮供奉敕令格式》六十六卷。"《景靈宮四孟朝獻》則未見。

諸陵荐獻禮文儀令格式並例一百五十一册　宋不著撰人　佚

此書《宋史·藝文志》儀注類著錄。

《宋志》注云:"紹聖間,卷亡。"

九、刑法類

顯德刑統二〇卷　宋張昭遠撰 佚

昭遠有《後唐列傳》二〇卷已著録。

此書《宋史·藝文志》刑法類著録

考《五代會要》卷九云："顯德四年（957）五月二十四日，中書門下奏：'《准宣法書》行用多時，文意古質，條目繁細，使人難會兼前後敕格，差繆重叠，亦難祥究，宜令中書門下，并行删定，務從簡要，所貴天下易爲頒行者。伏以刑法者，馭人之銜勒，救弊之斧斤，固鞭扑不可一日弛于家，刑罰不可一日廢于國，雖堯舜淳古之代，亦不能舍此而致理矣。今奉制書，删律令之書，求救理之本，經聖賢之損益，爲今古之章程，歷代已來，謂之彝典，朝廷之所行用者，《律》一十二卷，《律疏》三十卷，《式》二十卷，《令》三十卷，《開成格》一十卷，《大中統類》一十二卷，及《皇朝制敕》等，折獄定刑，無出於此，律令則文辭古質，看覽者難以詳明，格敕則條目繁多，檢閲者或有疑誤，加以邊遠之地，貪滑之徒，緣此爲奸，寖以成弊，方屬盛明之運，宜申畫之一規，所冀民不陷刑，吏知所守，臣等商量，望准施行，仍差侍御史知雜事張湜，太子右庶子劇可久，殿中侍御史帥汀，職方郎中劉守中，倉部郎中王營，司封員外郎賈玭太常博士趙礪，國子博士李光贊大理寺正蘇曉，太子中允王伸等十人，編集新秩，勒成薄帙，律令之有難解者，就文訓釋，格敕之有繁雜者，隨事删除，止要諳理省文，兼且直書易會，其中有輕重未當，便於古而不便於今，矛盾相攻，可於此而不可於彼，盡宜改正，毋或牽拘，候集編畢日，委御史台尚書省四品已上官，及兩省五品已上官，參詳可否，送中書門下議定，奏取進止。'從之，至五年（958）七月七日，中書門下及兵部尚書張昭遠等，奏所編集，勒成一部，別有目錄凡二十一卷，目之爲《大周刑統》，伏請頒行天下，與律疏令式通行，其刑法統類開成編敕等，採掇既盡，不在法司行使之限，自來有宣令指揮公事，三司臨時條法，州縣見今施行，不在編集之數，應該京百司公事，各又見行條件，望令本司刪集，送中書門下詳奏聞者奉敕宜依。"《全唐文》卷九七三亦載中書門下奏文，與此同。

按，據《會要》，知此書本二十一卷，中一卷爲目錄，今《宋志》作二十卷者，不數目錄也。

又按，宋建隆四年（963）二月五日，工部尚書判大理寺竇儀言："《周刑統》科條繁浩，或有未明，請別加祥定。"乃命儀與權大理寺少卿蘇曉等同撰集，凡削出令式宣敕一百九條，增入制敕十五條，成三十卷，説見《玉海》卷六六"建隆新定刑統"條。是知《宋刑統》一書，多參用《周刑統》也。今此編雖佚，而竇儀等所編《重詳定刑統》三十一卷一書猶存，吾人尚可以藉見此編之大較也。

五刑纂要録三卷　宋黃克升撰　佚

克升，史無傳，生平待考。

此書《宋史·藝文志》刑法類著錄。按，《崇文總目》著錄《五刑纂經》三卷，黃克升撰。書名小異，似爲一書。

刑法纂要一二卷　宋不著撰人　佚
斷獄立成三卷　宋不著撰人　佚

右二書《宋史·藝文志》刑法類著錄。

按，右二書《宋志》始見著錄，蓋宋時人所編。

刑法要例八卷　宋黃懋撰　佚

此書《宋史·藝文志》刑法類著錄。

懋,字德敏,閩縣人。崇寧二年(1103)進士,終朝請郎通判開

德府。事迹具淳熙《三山志》卷二七。

法鑑八卷　宋張員撰　佚

員,生平待考。

此書《宋史·藝文志》刑法類著録。

按,新《唐志·刑法》類著録朱崇《法鑑》八卷。此書《宋志》始

著録,殆宋人也。

章程體要二卷　宋田晋撰　佚

晋,生平待考。此書諸家書目罕見。

此書《宋史·藝文志》刑法類著録。

法例六贓圖二卷宋張履冰撰　佚

履冰,史無傳,生平待考。

此書《宋史·藝文志》刑法類著録。

沿革制置敕三卷　宋盛度撰　佚

度,字公量,舉進士第,累官尚書屯田員外郎,奉使陝西,因覽

疆域,參質漢唐故地,繪爲西域圖以獻,真宗稱其博學。改開

封府判官,坐決獄失實,降監洪州税,起知建昌軍三司鹽鐵判

官。後知應天府,以疾致仕,卒謚文肅。著有《庸調租賦》三

卷。事迹具《宋史》卷二九二、《宋史新編》卷九〇、《東都事

略》卷五五、《隆平集》卷七、《名臣碑傳琬琰集》下集卷八、《宋

大臣年表》及《學士年表》書。

此書《宋史·藝文志》刑法類著録。

按,《玉海》卷一八五云:"盛度爲鹽鐵判官,奉詔編《祖宗朝沿

革制置敕》三卷,《天下户口賦税目》别爲一卷。"

續疑獄集四卷　宋王皞撰　佚

皞有《唐餘録》六〇卷已著録。

此書《宋史·藝文志》刑法類著録。

按，五代和凝撰《疑獄集》四卷，其子㠾撰《補疑獄集》六卷，今並存世。此書蓋續廣和氏父子之書也。

外臺秘要一卷　宋不著撰人　佚

百司考選格敕五卷　宋不著撰人　佚

憲問一○卷　宋不著撰人　佚

右三書《宋史·藝文志》刑法類著録。

按，右三書《宋志》始見，蓋并宋時人所爲。

建隆編敕四卷　宋竇儀等撰　佚

儀，字可象，晋天福中進士，周顯德中拜端明殿學士，入宋，遷工部尚書。太祖欲得宿儒處禁中，范質以儀清介重厚封，乃再入翰林爲學士，俄加禮部尚書，太祖欲相之，趙普忌儀剛直，不果，及卒，帝深憫惜之。有《重詳定刑統》三十卷。事迹具《宋史》卷二六三、《宋史新編》卷七二、《東都事略》卷三○、《隆平集》卷六、《五朝名臣言行録》卷一及《學士年表》等書。

此書《宋史·藝文志》刑法類著録。

考《續資治通鑑長編》卷四"乾德元年（963）秋七月己卯"條云："判大理寺事竇儀等上《重定刑統》三十卷，《編敕》四卷，詔刊版模印頒天下。先是，頗有上書言《刑統》條目之不便者，儀因建議，別請商榷，即命儀等同撰集之，儀等參酌輕重，時稱詳允。"

又《宋史》卷一九九《刑法志》云："建隆初詔判大理寺竇儀等上《編敕》四卷，凡一百有六條，詔與《新定刑統》三十卷並頒天下。"

按，竇儀奏請重修《刑統》，事在建隆四年（963），二月五日，[①]吕祖謙《宋文鑑》卷六三有《竇儀進刑統表》。建隆四年（963）

---

① 見《宋會要輯稿》第一百六十四册"刑法一"。

十一月甲子,改元乾德。《宋史·刑法志》謂此書之奏進在
"建隆初",誤也。

又按,《宋志》此書不著撰人,兹據《長編》補正。

開寶長定格三卷　宋盧多遜等撰　佚

多遜有《開寶通禮儀纂》一〇〇卷已著録。

此書《宋史·藝文志》刑法類著録。

《通志·藝文略》著録《開寶長定格》三卷,云盧多遜等修。

《玉海》卷一一八云:"開寶六年(973)七月己未,命參政盧多
遜,知制誥扈蒙、張澹,參詳《長定》《循資格》,取悠久可用之
文爲《長定格》三卷,塗注乙二十條,總二百八十七事,《循資格》
一卷、《制敕》一卷、《起請條》一卷。書成上之,頒爲永式,自是銓選益
有倫矣。"

按,《宋志》此書不著撰人,今據《通志》補正。《宋志》又載盧
多遜《長定格》三卷,當是一書,《宋志》重出也。

太平興國編敕一五卷　宋不著撰人　佚

此書《宋史·藝文志》刑法類著録。

按,《宋史》卷一九九《刑法志》云:"宋法制因唐律令格式,而
隨時損益……建隆初詔判大理寺竇儀等上《編敕》四卷……
太平興國中增《敕》至十五卷。"

又考《宋會要輯稿》卷一九〇二一刑法一格令一云:"太宗太
平興國三年(978)六月,詔有司取國朝以來敕條,纂爲編敕頒
行,凡十五卷,曰《太平興國編敕》。"[1]

淳化編敕三〇卷　宋蘇易簡等撰　佚

易簡,字太簡,梓州銅山人。少聰悟好學,風度奇秀。太平興
國五年(980),蹦弱冠,舉進士第一,以文章知名。累官翰林

---

① 　參見《玉海》卷六六,所説略同。

學士承旨,眷遇其隆。歷參知政事,以禮部侍郎出知鄧州,移陳州,至道二年(996)卒。有《續翰林志》《文房四譜》《文選菁英》《禁林宴會集》等。事迹具《宋史》卷二六六、《宋史新編》卷十四、《東都事略》卷三五、《隆平集》卷六、《名臣碑傳琬琰集》下集卷七及《宋大臣年表》等書。

此書《宋史·藝文志》刑法類著錄。

按,《宋會要輯稿·刑法》格令一云:"端拱二年(998)十月,詔翰林學士宋白等詳定端拱以前詔救,至淳化二年(991)三月白等上《淳化編救》二十五卷,《救書德音目錄》五卷,帝閱之,謂宰相曰:'其間賞罰條目,頗有重者,難於久行,宜重加裁定。'即詔翰林承旨蘇易簡、右諫議大夫知審刑院許驤、職方員外郎李範同詳定,至五年(994)八月二十一日庚子,驤、范上言《重删定淳化編救》三十卷。"

咸平編救一二卷　宋柴成務等撰　佚

成務,字寶臣,曹州濟陰人,乾德中登進士甲科,太平興國中,以光禄少卿奉使高麗,國人信服。淳化二年(991)為京東轉運使,真宗時遷至給事中。受詔與錢若水等修太宗實錄,書成,知揚州,入判尚書刑部,景德初卒,年七十一,有文集。事迹具《宋史》卷三〇六、《宋史新編》卷八四及《北宋經撫年表》等書。

此書《宋史·藝文志》刑法類著錄。

考《宋會要輯稿·刑法》格令一云:"真宗咸平元年(998)十二月二十三日,給事中柴成務上《删定編救儀制救德音》十三卷,詔鏤版頒行。先是,二月詔戶部尚書張齊賢專知删定淳化後書至道末續降宣救,權判刑部李範,職方員外郎馬襄,同知審刑院劉元吉,權判大理寺尹玘,直吉賢院趙安仁,監察御史王濟,大理寺丞劉去華,同知删定。十一月,齊賢等上新敕。又詔成務與知制誥師頑,侍御史宗度,直秘閣潘慎修,直史館曾致堯,晁迥、楊嶠、張庶凝,史館檢討董元亨,重詳定,至是成務等上。言:'自唐開元,至周顯德,咸有格勒,并著簡編。國初重定刑統止行《編敕》四卷。太宗朝遂增後敕爲《太平興國編敕》三十卷,淳化中又增後敕爲《淳化編敕》三十卷。自淳化以後,宣敕至多,乃命有司別加刪定,取刑部大理寺再京百司諸路轉運司所受《淳化編敕》及《續降宣敕》萬八千五百五十道,徧共披閱,凡敕文與刑統令式舊條重出者,及一時權宜非永制者,并刪去之;其條貫禁法當與三司參酌者,委本部編次之,凡取八百五十六道,爲《新刪定編敕》。其有止係一事前後格敕者,合爲一本。元是一敕條理數事者,各以類分。取其條目相因不以年代爲次。其間文繁意局者,量經制事理增損之。情輕法重者,取約束刑名削去之。凡成二百八十六道。準律分十一門,并目錄爲十二卷,又以儀制車服等敕十六道,別爲一卷,附《儀制令》。……又以《續降赦書德音》九道別爲一卷,附《淳化赦書》,合爲四卷……伏請鏤版頒下諸路,與《律令格式統》同行。'從之。成務等加階勳。"

按,《玉海》卷六六"咸平新定編敕"條引《實錄》載成務等進此書之表。文與《會要》所言者略同,兹不具引。

考《宋朝大詔令集》卷一五〇載咸平元年(998)十二月丙午頒編敕赦書德音詔,云:"國家開創以來,詔令所下年祀寖久,科條實繁,爰命有司重定厥要,去其重複,分以部門,箸爲定規,允協中典,宜下頒諸路與《律令格式刑統》同行。"

田農敕五卷　宋丁謂等撰　佚

謂有《大中祥符奉祀記》五〇卷已著錄。

此書《宋史‧藝文志》刑法類著錄。

《宋會要輯稿‧刑法》格令一云:"(景德)三年(1006)正月七

日,右諫議大夫權三司使丁謂上《景德農田編敕》五卷,詔頒行。先是,詔謂與户部副使崔端,度支員外郎崔旰,鹽鐵判官樂黄目、張若谷、户部判官王曾,取條貫户税敕文及四方所陳農田利害事同删定,至是書成,旰前任度支判官,嘗同編集,故亦預焉。"①

按,此書原題《農田編敕》,與今《宋志》所題小異。

大中祥符編敕四○卷　轉運司編敕三○卷　宋陳彭年等撰　佚

彭年有《唐紀》四○卷已著録。

此書《宋史·藝文志》刑法類著録。

《玉海》卷六六"大中祥符編敕"條云:"(大中祥符)六年(1013)四月,判大理寺王曾等言咸平後詔敕共三千六百餘,宜删定。詔曾與陳彭年等九人詳定,止六年終。又以三司編敕條目煩重,令彭年等重詳定增損。九年(1016)八月己卯上之,命重定編敕。翰林學士彭年等詳定新舊編敕并三司文卷續降敕。盡祥符七年(1014),六千二百二道,千三百七十四條,分爲三十卷,《儀制敕書德音》別爲十卷,《目録》二卷,九月乙巳,彭年等五人加階勳。《轉運司編敕》三十卷,陳彭年等編。"

按,《宋志》《編敕》作四十卷者,不數目録也。

端拱以來宣敕劄子六○卷　宋韓琦等撰　佚

琦有《仁宗實録》二○○卷已著録。

此書《宋史·藝文志》刑法類著録。

按,《宋會要輯稿·刑法》格令一云:"端拱二年(989)十月,詔翰林學士宋白等詳定端拱以前詔敕,至淳化二年(991)三月,

---

①　參見《玉海》卷一七八"景德農田敕"條。

白等上《淳化編敕》二十五卷,《敕書德音目録》五卷。"此編蓋續之也。

嘉祐編敕一八卷總例一卷　宋韓琦等撰　佚

琦有《仁宗實録》二〇〇卷已著録。

此書《宋史·藝文志》刑法類著録。

《玉海》卷六六"嘉祐編敕"條云:"(嘉祐)二年(1057)八月丁末,樞密使韓琦言:'天下見行編敕,自慶歷四年(1044)以後,距今十五年,續降四千三十有餘條,前後多牴牾,請删定爲嘉祐敕。'從之。壬子,以宰臣富弼,參政曾公亮,提舉錢象先等三人詳定,齊恢等六人删定官。七年(1062)四月壬午(九日),提舉宰臣韓琦、曾公亮上《删定編敕敕書德音附令敕總例目録》三十卷,取敕在《刑統》而行於今者,附益總一千八百三十四條,視慶歷初有所增減,詔編敕所鏤版頒行。七年(1062)四月,宰臣琦等上言:'所修《嘉祐編敕》,起慶歷四年(1044)冬,盡嘉祐三年(1058),凡十二卷,志十八卷,卷一二三分上中下。《總例》一卷,《目録》五卷,其元降敕但行約束不在刑名者,又析爲《續降附令敕》三卷目録一卷,《續敕書德音》二卷。'"

考韓琦《韓魏公集》卷二三載《進嘉祐編敕表》,云:"臣琦等言:恭聞古先哲王,議事以制,不爲刑辟,蓋人情萬端,法制一定,夫以一定之法,而制萬端之情,欲輕重得宜,古今無易,不其難哉。國家睿聖相繼,承平百年,立法本通,務歸至當,故自建隆以來,迄于慶歷之初,凡詔令所下,綱條既繁,則必建局命官,一加删定者,豈欲紛更而數變哉,亦慮乎執定制,而失人情也。今之論次,所付匪輕夙夜以思,懼不稱職。(中謝)竊以律設大法,不能委屈而生意,國用中典,至於治平而後詳,上既極於哀矜,下無容於壅塞,凡於闕漏,皆得指陳,前

書之載或疎，後令之明寢密，平亭差惑，牴牾且多，觸禁之民，
幾不知其所避，舞文之吏，足緣之而爲奸，不有刊裁，詎能永
久。恭惟皇帝陛下，法天任德，本道無爲恢陶唐畫象之仁，降
天乙弛罟之惠，永惟庶裕，期底大中。謂制禮以禁未然，豈嘗
忘教，明刑而使無犯，自亦知方。顧兹請比之文，日益煩苛之
敝。几閣之盈，難於徧睹，錐刀之末，虞乎盡爭，時合當更政
其先務，乃詔臣等特新編茸，得盡詳度，於是取《慶曆編敕》暨
嘉佑三年(1058)終以前續降條貫，凡四千三十一道，求中而
議，就約以書，存所便安，汰其重複，至於名篇而附律，先例以
舉凡，會數敕而同一科，參舊聞而發新意，事并出則分從其
類，禁當立則特爲之條，皆明著大防，稽合前式。……復詳
《慶曆編敕》，每條之後，必書元降宣敕年月，雖云舊體，其實
文煩，今並改注於目録逐條之下，以從簡便。《刑統》所附諸
敕及參詳條件，凡一百三十四道，事雜前朝率多衝改，審核
之際，典者爲勞，今取其見可行者，已入逐門收載外，其《刑
統》內諸敕并參詳條件，伏請更不行用，應中書樞密院聖旨
劄子批狀合行編録者，悉爲宣敕，共删修成一千八百二十四
條，離爲一十二卷，内有條目繁多者，即分爲上中下，共一十
八卷，《總例》一卷，《目録》五卷，凡敕內但行約束，不立刑名
事理輕者，析爲《續附令敕》三卷，《目録》一卷，犯者止從違
令之坐，及録到慶曆四年(1044)正月一日後來《赦書德音》
二卷，總三十卷，合爲一部，如得允當，即乞特降勅命，與《刑
統》律令格式及建隆以來《赦書德音》、天聖中先編《附令敕》
兼行。"

按，此書本三十卷，《宋志》作十八卷者，不數《總例》一卷、《目
録》五卷、《續降附令敕》三卷、《目録》一卷、《續敕書德音》二
卷也。《宋史·藝文志》既著此編，又有韓琦《嘉佑祥定編敕》

三十卷,誤一書爲二,遂重出也。

禮部考試進士敕一卷　宋晁迥等撰　佚

迥有別書《金坡遺事》一卷已著録。

此書《宋史·藝文志》刑法類著録。

考《續資治通鑑長編》(卷六七)"景德四年(1007)冬十月乙巳"條云:"翰林學士晁迥等上考試進士新格,詔頒行之。初陳彭年舉進士,輕俊喜謗主司,宋白知貢舉,惡其爲人,黜落之,彭年憾焉。於是更定條制,多因白舊事而設關防,所取士不復揀擇文行,止較一日之藝,雖杜絶請託,然實甲等者,或非人望,自彭年始也。"

《玉海》卷一一八"景德考試新格"條云:"(景德)四年(1007)十月乙巳,學士晁迥上考試進士新格,詔頒行。《國史志》:'《禮部考試進士敕》一卷,晁迥等撰。'"

按,據《長編》及《玉海》所云,知此書或題"考試進士新格"也。

一司一務敕三〇卷　宋呂夷簡等撰　佚

夷簡有《宋三朝國史》一五五卷已著録。

此書《宋史·藝文志》刑法類著録。

《續資治通鑑長編》卷六九"天禧四年(1020)十一月甲子"條云:"宰臣李迪等上《删定一司一務編敕》三十卷。"

按,《宋會要輯稿》卷一九〇二六"刑法格令"條云:"(天禧)四年(1020)正月十三日,知制誥呂夷簡言諸州續降宣敕,舊制常令州縣纂次,今多墮墜不録,望委提點刑獄官,專切檢視。奏可。"此編之纂次,蓋亦夷簡所奏請,故題其所撰。

慶曆編敕一二卷總例一卷　宋賈昌朝等撰　佚

昌朝有《通紀》八〇卷已著録。

此書《宋史·藝文志》刑法類著録。

《宋會要輯稿·刑法》格令一云:"慶曆二年(1042)九月二十

一日，知開封府事賈昌朝言：'檢會在府迎頒下令頗多，欲令檢法官類聚編次，以便檢閲。'從之。"

又云："（慶曆）八年（1048）四月二十八日，提舉管勾編敕宰官賈昌朝、樞密副使吳育上《删定編敕赦書德音附令敕目録》二十卷，詔崇文院鏤版頒行。先是，詔以天聖編敕止慶曆三年（1043），續降宣敕删定，命屯田員外郎成奕，太常博士陳太素，國子博士盧士宗，秘書丞郝居中、田諒，殿中丞張太初、劉述，充删定官。翰林學士張方平、侍讀學士宋祁、天章閣侍講曾公亮、權大理少卿錢象先，充詳定官。昌朝、育提舉，至是上之。"

《玉海》卷六六"慶曆編敕"條云："自景祐二年（1035）至慶曆三年（1043），又增四千七百六十五餘條，八月丁酉，復命官删定……七年（1047）五月己亥，編敕成凡十二卷，别爲《總例》一卷，《目録》三卷，視《天聖敕》增五百條，詳定官張方平等賜器幣。……八年（1048）四月二十八日，宰臣賈昌朝，樞副吳育，上《删定編敕赦書德音附令敕目録》二十卷，詔崇文院鏤版頒行。"

按，此書慶曆七年（1047）先成《編敕》十二卷，《總例》一卷，《目録》三卷。八年（1084），又取敕内汎行約束者爲《續附令敕》一卷，及録到《續降赦書德音》三卷，合前所進爲一部，凡二十卷。今《宋志》所著録者，爲七年（1047）所進者也。考《張方平樂全集》卷八二載《進慶曆編敕表》："恭聞聖人之於法也，揆時設禁，查失建防，律令統於本原，詔教縫其漏隙，世輕世重，參制吕刑之權，新典平典、互存司寇之職，然則通其變者，未嘗使倦，歸於治者，不必相沿，更化適宜，由來尚矣……竊以宋興受命，垂及百年，制敕之文，累經編定，造邦則網目粗舉，繼世則禁約彌周，故《刑統》輔乎建隆，《農田》析於景德……其間執文生意，吏所不免，緣令興詐，人所必爲，語不直宣，則奏請生於未曉，法雖曲處，故比例興於一時，由是報讞浸多，文書彌積，官雖行下，民罔究知，旁緣爲奸，承用差駮，網逾密而禽駮，策雖弊而馭勞，必待刊修，乃能折中，伏惟尊號皇帝陛下，燭知治本……仍詔臣等博舉衆僚，并咨先例，置司率屬，舉要申凡，於是以尚書屯田員外郎臣奕等删正其文，翰林學士臣某等詳處其當，臣昌朝臣育典總其任，尋據《天聖編敕》爲始，下盡慶曆三年(1043)，續降宣敕凡得四千七百六十五條，極慮研精，彌年論次，因事標目，准律製篇，摘除重複，揚搉輕重，增所宜立，周所未詳，一詔而該數罪者，從類析科，數敕而申一事者，併文示簡，向以損益未定，首末或乖，須訖纂修，方咨處可，露奏前上，俞報實頒，又詳天聖編録之時，敕不著年，卷無先例，遂使法家無指用之限，諸條有叠出之文，今每敕繫年，存舊體也，先卷發例，省煩文也，其言某年月日敕者，則盡如元降，言某年月日敕詳定者，則微加修潤，言臣等參詳新立者，乃是衆議建明，務合大中，庶全體要，又念折杖之法，創始本朝，上聖卓行，前王未悟，故取自《刑統》，冠於本章，且俾群吏曉知，王制明白，其中書門下樞密院聖旨劄子批狀，係今來纂録者，悉改曰宣敕，總一千七百五十七條，離爲十二卷，并《總例》一卷，《目録》三卷，又取敕内汎行約束者，爲《續附令敕》一卷，及録到《續降赦書德音》三卷，合爲一部，如得允當，即乞特降敕命，與《刑統》令式及先編《附令敕》一路一州一縣敕兼行，蓋以窒詆欺之塗，略苛細之弊，義歸畫一，人得共規，文淺則用者明，語約則該者廣，由天地之化，確然易知，倖江海之流，大而難犯，若使吏能明習，官謹奉行，不爲惠於法中，不游情於法外，庶可杜塞奇請，迨庶獄之號平，銷戱爭心，致黎苗之遷善，臣等謬膺遴選……仍乞以《慶曆詳定編敕》爲目,其新編敕共二十卷,謹随奏上進以聞。"

貢舉條制一二卷　宋不著撰人　佚

此書《宋史·藝文志》刑法類著録。

《宋志》注云:"至和二年(1055)。"

《續資治通鑑長編》卷一八一"仁宗至和二年(1055)十月乙巳"條云:"禮部貢院上《删定貢舉條制》十二卷。"

按,宋元祐五年(1190)至紹熙五年(1194)之《貢舉條制》,今猶附釋文互注禮部勻略而行。凡一切增韻删字廟諱祧諱書寫試卷格式以及考校章程,無不具載,可以籍見此編之制。

嘉祐禄令一〇卷驛令三卷　宋吳奎等撰　佚

奎,字長文,北海人,舉五經。仁宗時奉使契丹,神宗即位,拜樞密使,踰月知政事,以議王安石新法,黜知青州,卒謚文肅。事迹具《宋史》卷三一六、《宋史新編》卷一〇〇、《東都事略》卷七三、《三朝名臣言行録》卷三、《宋大臣年表》及《學士年表》等書。

此書《宋史·藝文志》刑法類著録。

考《宋會要輯稿·刑法》格令一云:"嘉祐二年(1057)十月三日,三司使張方平上《新修録令》十卷,詔頒行。先是,元年(1056)九月,樞密使韓琦言内外文武官俸入添支,并將校請受,雖有品式,而每遇遷徙,須申有司檢堪申覆,至有待報歲時不下者,請命近臣就三司編定,命知制誥吳奎,右司諫馬遵,殿中侍御史吕景初爲編定官。太常博士張子諒,太常丞勾諶,大理寺丞張適,爲删定官。至是上之。"

《玉海》卷六六"嘉祐驛令"條云:"(嘉祐)三年(1058)三月丙申,詔三司編天下驛券則例,從樞密韓琦之請也。四年

(1059)正月十三日壬寅，①三司使張方平上所編驛券則例，賜名《嘉祐驛令》。初內外文武下至吏卒，所給驛券皆未有定例，又或多少不同，遂降密院舊例下三司掌券司會稡名數而纂次之，并取宣敕令文專爲驛券立文者附益删改爲七十四條，總上中下三卷，二月頒行天下。八年(1063)四月十六日，編定禄令所奏諸道在京程數分爲三卷頒天下，從之。二書與敕令兼行。”

按，《宋志》刑法類又著録張方平《嘉祐驛令》三卷，又《嘉祐禄令》十卷，《宋志》重出也。

審官院編敕一五卷　宋王珪撰　佚

珪有《兩朝國史》一二〇卷已著録。

此書《宋史·藝文志》刑法類著録。

《玉海》卷六六云："王珪以審官院皇祐一司敕至嘉祐七年(1062)以前續降敕劄一千二十三道，編成條貫，並總例共四百七十六條爲十五卷，以嘉祐審官院編敕爲目。"

按，此書《宋志》不著撰人，兹據《玉海》補。考王珪《華陽集》卷八載乞施行審官院劄子，云："臣伏以士之流品，繫之審官重矣，天下任官之數有限，而入官者日益以兹，既不能徧覆材之能否，而上下之，故一以資格定其藩郡疊邑，至于監臨所入，與夫歲月考課所遷之法，其用不足以周其弊，而又或至於數易，然則法者，豈朝廷所以遇士之本意哉。盖制疏而事難附，文煩而理或蔽，恐吏得因緣而生奸也，顧其勢當易，今將審官院皇祐一司敕，至嘉祐七年(1062)終以前，續降敕劄新舊計一千二十三道，承詔研精，越于再歲，且遠近之資，不可逾倖者，或終營以便地，賞黜之律，不可回執者，或輒蔓以奇

---

① 《玉海》原注："一云正月七日。"按，十三日爲戊申，七日爲壬寅。

請，誠緣前令之失中，後文之惑義，今則芟訂之，當剔隱就明，或緝遺於舊篇，或析要於新格，或整斥依違之論，或絜齊同異之門，科指較然，自以爲有司之成法也，夫法既立，不患不能以自守，儻或弊容間生，制因事改，則是書也，豈特從而改之，又將視前日之可盡易也，可不慎哉，其所編成條貫并總例共四百七十六條，爲五十卷，委得允當，謹隨狀進呈，如許頒行，欲以《嘉祐審官院編敕》爲目，仍乞卻降付本院，修寫成册，送中書用印，下院遵守施行。”

在京諸司庫務條式一三〇卷　宋王珪等撰　佚

珪有《兩朝國史》一二〇卷已著録。

此書《宋史·藝文志》刑法類著録。

《宋會要輯稿·刑法》格令一云：“英宗治平二年（1065）六月十四日，提舉在京諸司庫務王珪，尚書都官郎中許遵，上新編提舉司并三司額例一百三十册，詔頒行，以‘在京諸司庫務條式’爲名。”

考王珪《華陽集》卷八載《進提舉司條式劄子》，叙此編纂修之緣由始末甚悉，云：“臣等伏以王者履至尊之勢，乘富有之資，然而不敢以過制也，上焉則有天地、宗廟、社稷，百神之祀，與夫乘輿、膳服、文物、朝會、享燕、儀衛之供；下焉則有百官禄秩、甲兵餽給、鄰聘賜予之式。于是度四海之内，治貢賦、出財物、漕輓以輸京師，而又建官寺、府庫、委積、苑囿、關市、治工之局，以謹其出納焉，雖調用繫之三司，然綱領一總于提舉司，且法傷於煩密，弊起于因循，不可不以時而裁定之，本司與三司所部，凡一百二處。其額例，自嘉祐七年（1062）秋，敕差尚書都官郎中許遵重行編修，迄今三年，始獲成書，即送三司諸按看詳，别無牴牾，若夫官吏之數，金布之籍，監臨賞罰之格，工器良窳之程，舟車受納之限，筦榷虧贏之比，至於轉

補之資叙,招收之等式,皆迹舊以便今,或芟繁而之要,以嚴
法度之守,以窒欺蠹之端,而其文備矣,竊惟承平之日久,吏
或恬於苟簡,而不知其職,前此陛下發明詔敕有司,使小大之
臣,蚤夜罔或不虔,兹實朝廷求治之秋也,蓋張官者政之本,
立法者事之防,夫惟是書,苟遵用之,不亦釐職之助歟,新編
提舉司并三司額例計一百五册,及都册二十五册,共一百三
十册,謹具進呈,如得允當,乞賜別立新名,送中書門下用印,
降付逐處遵守施行。"

銓曹格敕一四卷　宋不著撰人　佚

此書《宋史·藝文志》刑法類著録。

《玉海》卷一一八"治平銓格敕式"條云:"慶曆四年(1044)二
月丁巳,命天章侍講臣(曾)公亮删定審官院流内銓條貫。嘉
祐元年(1056)九月辛卯,制以審官院選格頗繁密,令別行裁
定,務從寬簡。治平三年(1066)五月壬申,進《銓曹格》式十
四卷,吏部流内銓進。詔行之。"

郡牧司編一二卷　宋王誨撰　佚

誨,字規夫,鎮定人,舉正子。熙寧間爲群牧判官,歷司勛郎
中,晋朝散大夫知蘇州。事迹具《隆平集》卷六、《宋詩紀事補
遺》卷二〇等書。

此書《宋史·藝文志》刑法類著録。

按,《宋會要輯稿·刑法》格令一云:"(熙寧)三年(1070)五
月,群牧判官王誨,上《馬政條貫》,行之。"蓋即此編,所題或
異也。

大宗正司條六卷　宋張稚珪撰　佚

稚珪,益都人,貫臨安,慶曆六年(1046)進士,嘉祐中爲秘書
丞,熙寧間官大宗正丞。事迹具《宋詩紀事補遺》卷十一。

此書《宋史·藝文志》刑法類著録。

按,《宋會要輯稿·刑法》格令云:"(熙寧)五年(1072)二月四日,大宗正司上《編修條貫》六卷。先是,嘉佑六年(1061)正月,詔魏王宮教授李田編次《本司先降宣敕》成六卷,以輒有删改元旨,乃命秘閣校理文同、王汾、陳睦看詳,續命大宗正丞張稚圭、李德芻,館閣校勘朱初平、陳侗、林希同編修,至是上之。"

重修開封府熙寧編一○卷　宋王安禮撰　佚

安禮,字和甫,安石弟。早登第,直舍人院,蘇軾下獄,勢危甚,無敢救者,安禮從容爲神宗言之,軾得輕比。進翰林學士,知開封府,斷滯訟,未三月,三獄院及畿赤十九邑,囚繫皆空,官終知太原府。有《天文書》《二儀賦》、文集等。事迹具《宋史》卷三二七、《宋史新編》卷一○六、《東都事略》卷七九、《宋大臣年表》及《北宋經撫年表》等書。

此書《宋史·藝文志》刑法類著錄。

按,此書蓋其知開封府時所編。

新修審官西院條貫一○卷　總例一卷　宋沈立撰　佚

立有《河防通議》一卷已著錄。

此書《宋史·藝文志》刑法類著錄。

按,《宋會要輯稿·刑法》格令一云:"(熙寧)五年(1072)十二月六日,審刑院沈立上《新修本院條貫》十卷,《總例》一卷,詔遵行。"

支賜式一二卷　宋不著撰人　佚

支賜式二卷　宋不著撰人　佚

官馬俸馬草料等式九卷　宋不著撰人　佚

右三書《宋史·藝文志》刑法類著錄。

按,右三編蓋皆在陳繹等所撰《熙寧編三司式》四○○卷之内。

熙寧新編大宗正司敕八卷　宋不著撰人　佚

此書《宋史·藝文志》刑法類著錄。

按,《宋志》已著錄張稚珪《大宗正司條》六卷,此編蓋益以熙寧五年(1072)以後續降敕式也。

熙寧編三司式四〇〇卷　隨酒式一卷　馬遞鋪特支式二卷
熙寧新定諸軍直禄令二卷　宋陳繹等撰　佚

繹有《宰相拜罷圖》一卷已著錄。

此書《宋史·藝文志》刑法類著錄。

按,熙寧三年(1070)八月二十八日,命王珪等編修《三司令式》。[1] 十二月二十四日,命宰臣王安石提舉編修《三司令式》并敕文諸司庫務歲計條例。翰林學士元絳,權三司使公事李肅之,權發遣三司鹽鐵副使傅堯,權三司戶部副使張景憲,三司度支副使王靖、李壽朋,集賢校理陳繹同詳定。右贊善大夫呂嘉問,光禄寺丞楊蟠,崇文院校書唐炯,試秘省校書郎喬執中,許州觀察推官王覿,著作佐郎李琛、張端、趙蘊、周直儒,均州軍事判官孫寔,并充刪定官。[2]

又按,《隨酒式》一卷,《馬遞鋪特支式》二卷,《熙寧新定諸軍直禄令》二卷等,疑皆在《熙寧編三司式》四〇〇卷之内。

將作監式五卷　宋曾肇撰　佚

肇有《曾鞏行述》一卷已著錄。

此書《宋史·藝文志》刑法類著錄。

按,肇,熙寧間人。

八路敕一卷　宋蒲宗孟撰　佚

宗孟有《省曹寺監事目格子》四七卷已著錄。

此書《宋史·藝文志》刑法類著錄。

---

① 見《玉海》卷一八六"宋朝三司使"條。

② 見《宋會要輯稿》第一百六十四册"刑法一"。

按,宗孟。熙寧間人。

禮房條例一三卷并目録十九册　宋李承之等撰　佚

承之,字奉世,英宗時官明州司法參軍,郡守任情戲法,人莫敢忤,承之毅然力爭。熙寧初以爲條例司檢詳文字,得召見,神宗語執政曰:"承之言制置司事甚詳,非他人所及也。"改京官,察訪淮浙常平農田水利差役事,還奏《役書》二十篇,加集賢校理。官至樞密直學士。著有奏議、文集等。事迹具《宋史》卷三一〇、《宋史新編》卷九六及《北宋經撫年表》等書。

此書《宋史·藝文志》刑法類著録。

《玉海》卷六六"熙寧中書禮房條例"云:"熙寧八年(1075)二月己丑,編修中書條例李承之等上《禮房條例》十三卷并目録十九册,詔行之。"

按,此書《宋志》不著卷數,兹據《玉海》補。

熙寧新定孝贈式一五卷　熙寧新定節式二卷　熙寧新定時服式六卷　熙寧新定皇親録令一〇卷　司農寺敕一卷　式一卷　熙寧將官敕一卷　宋章惇撰　佚

惇有《導洛通汴記》一卷已著録。

此書《宋史·藝文志》刑法類著録。

按,《宋會要輯稿·刑法》格令一云:"(熙寧)五年(1072)四月二十六日,命集賢校理檢正中書户房公事章惇删修都亭西馹條貫。"右諸敕式格令,蓋亦當時所修。

熙寧詳定軍馬敕五卷　宋吴充等撰　佚

充有《樞密院時政記》一五卷已著録。

此書《宋史·藝文志》刑法類著録。

按,《宋會要輯稿·刑法》格令一云:"(熙寧)八年(1075)二月三日,司勛員外郎崔台符言:'准詔删修《軍馬司敕》。'"充當時爲樞密使,此書蓋其所上也。

熙寧詳定諸色人廚料式一卷　熙寧新修凡女道式給賜式一卷

諸敕式二四卷　諸敕令格式一二卷　諸敕格式三〇卷　宋

沈括等撰　佚

括,字存中,嘉佑進士,編校昭文書籍爲館閣校勘,神宗時,累官太子中允,拜翰林學士。坐事謫均州團練副使,元祐初徙秀州,八年(1093)卒,年六十五。有《樂論》《樂器圖》《樂經》《良方》《筆談》《清夜錄》《天下郡縣圖》等。事迹具《宋史》卷三三一、《宋史新編》卷一〇九、《東都事略》卷八六、《京口耆舊傳》卷一及《北宋經撫年表》等書。

此書《宋史·藝文志》刑法類著録。

按,《宋會要輯稿·刑法》格令一云:"(熙寧)九年(1076)十二月二十日,中書門下言:'重修編敕所勘會熙寧編敕時,係兩制以上官詳定,宰相提舉,乞依例差官,詔知制誥權三司使公事沈括、知制誥判司農寺熊本詳定。'"又云:"(熙寧)十年(1077)十一月四日,詳定編修諸司敕式所上所修敕令格式三十卷,詔頒行。"右諸書蓋并當時所進也。

熙寧葬式五五卷　宋張叙等撰　佚

叙,熙寧間官大宗正丞。

此書《宋史·藝文志》刑法類著録。

按,《宋會要輯稿·刑法》格令一云:"(熙寧)七年(1074)九月二日,命大宗正丞張叙等編修宗室臣寮敕葬條,十年(1077)四月二日上之,詔以《熙寧葬式》爲目。"

熙寧詳定尚書刑部敕一卷　宋范鎧等撰　佚

鎧,字宏甫,熙寧間擢第,元祐初被薦入朝,元符二年(1099)十月,自蘄州知青州,崇寧元年(1102)知應天,官至龍圖閣學士。有《熙寧貢舉敕》。事迹略具《北宋經撫年表》。

此書《宋史·藝文志》刑法類著録。

按，《宋會要輯稿·刑法》格令一云："(熙寧)十年(1077)十二月六日，詳定一司敕令所言：'准送下刑部敕二卷，今將所修條并後來敕劄一處看詳，其間事係別司者，則悉歸本司，若兩司以上通行者，候將來修入在京通用敕，已有條式者，更不重載，文意未安者，就加損益，其後來聖旨劄子批送中書頒降者，悉名曰敕，樞密院頒降者悉名曰宣，共修成一卷，分九門，總六十三條，乞降敕命以《熙寧詳定尚書刑部敕》爲名。'從之。"

熙寧五路義勇保甲敕五卷總例一卷　學士院等處敕式交并看詳二○卷　御書院敕式令二卷　宋張誠一等撰　佚

誠一有《元豐土貢録》二卷已著録。

此書《宋史·藝文志》刑法類著録。

按，《宋會要輯稿·刑法·格令二》云："元豐元年(1078)三月二十三日，詳定諸司敕式所言：'今修定學士院龍圖、天章、寶文閣等處敕令式，如得旨施行後續降朝旨，乞從本所詳定編入見修内諸司令式，事於有司奉行者，并分入諸司，從之。'"

右諸敕式蓋並熙寧末元豐初所修也。

熙寧開封府界保甲敕二卷　申明一卷　宋許將撰　佚

將，字沖元，福州閩人，舉進士第一。神宗時累拜翰林學士，權知開封府，爲蔡確、舒亶所陷，黜知蘄州。元祐中再爲翰林學士，進尚書左丞，累官門下侍郎，平章事，出知河南府，致仕卒。有《許文定集》。事迹具《宋史》卷三四三、《宋史新編》卷一一六、《東都事略》卷九六、《宋大臣年表》及《北宋經撫年表》等書。

此書《宋史·藝文志》刑法類著録。

按，此書蓋起權知開封府時所修也。

元豐新定在京人從敕式三卷　宋沈希顔等撰　佚

希顔，元豐間人，史無傳，事迹待考。

此書《宋史・藝文志》刑法類著録。

按,《宋會要輯稿・刑法》格令二云:"(元豐)元年(1078)九月六日,删定在京當直所修成敕令式三卷,乞以《元豐新定在京人從敕令式》爲目頒降,從之。"此編《宋志》不載卷數,兹據《會要輯稿》補。

元豐新修國子監大學小學元新格一○卷令一三卷　宋李定等撰　佚

定,字資深,揚州人,少受學於王安石,登進士第,爲定遠尉。元豐初召拜寶文閣待制,同知諫院,進知制誥,爲御史中丞,元祐二年(1087)卒。事迹具《宋史》卷三二九、《宋史新編》卷一○八、《東都事略》卷九八及《北宋經撫年表》等書。

此書《宋史・藝文志》刑法類著録。

按,《宋史・神宗本紀》云:"元豐二年(1079)十二月乙巳,御史中丞李定上《國子監敕式并學令》凡百四十條。"

慶曆編敕律學武學敕式二卷　宋賈昌朝等撰　佚

昌朝有《通紀》八○卷已著録。

此書《宋史・藝文志》刑法類著録。

按,慶曆八年(1048)四月二十八日,賈昌朝、吳育等上《删定編敕赦書德音附令敕目録》二十卷,《宋志》已著録。此編疑在《慶曆編敕》中也

武學敕令格式一卷　宋不著撰人　佚

此書《宋史・藝文志》刑法類著録。

此書《宋志》注云:"元豐間。"

按,《宋會要輯稿・刑法》格令二云:"(元豐)三年(1080)六月十八日,武學上新修敕令格式,詔行之。"

明堂敕條一卷　宋不著撰人　佚

此書《宋史・藝文志》刑法類著録。

此書《宋志》注云："元豐間。"

新修尚書吏部式三卷　宋曾伉等撰　佚

伉，侯官周希孟門人。熙寧二年（1069），從三司條例之請，遣伉及程顥、劉彝、盧秉、謝卿材、侯叔獻、王汝翼、王廣廉八人行諸路，相度農田水利、税賦科舉、徭役利害。事迹具《宋元學案》卷五。

此書《宋史·藝文志》刑法類著録。

按，《宋志》又載《元豐新修吏部敕令式》十五卷，蓋爲一書，惟卷數不同。

元豐將官敕一二卷　宋蔡碩撰　佚

碩，泉州晉江人，確弟。登治平二年（1065）進士。熙寧五年（1072）試治邊策入選，補武學教授，調潁州團練推官。元豐初累轉武學博士，尋除軍器少監，時確已爲相，恃兄勢招權納賄，爲駕部郎中吴安持所按，確庇之，安持反坐謫。宣和初贈待制，高宗立，始削奪。事迹具《宋史翼》卷四〇。

此書《宋史·藝文志》刑法類著録。

按，《宋會要輯稿·刑法·格令二》云："元祐初年（1086）十一月六日，樞密院言：'諸路將兵那移赴闕……合依旨申樞密院外，若本處用舊條例差使，即不須申，其元豐將官敕軍防令差訖申樞密院一節，欲删去，從之。'"此書纂修年月無考。

貢舉醫局龍圖天章寶文閣等敕令儀式及看詳四一〇卷　宋不著撰人　佚

此書《宋史·藝文志》刑法類著録。

此書《宋志》注云："元豐間。"

按，《宋會要輯稿·刑法》格令二云："元豐元年（1078）三月二十三日，詳定諸司敕式所言：'今修定學士院龍圖、天章、寶文閣等處敕令式，如得旨施行後續降朝旨，乞從本所詳定編入見修内諸司令式,事於有司奉行者,並分入諸司,從之。"其成書年月則無考。

宗室及外臣葬敕令式九二卷　宋不著撰人　佚

此書《宋史·藝文志》刑法類著録。

此書《宋志》注云:"元豐間。"

皇親禄令并釐修敕式三四〇卷　宋不著撰人　佚

此書《宋史·藝文志》刑法類著録。

都提舉市易司敕令并釐正看詳二一卷　宋吴雍撰　佚

雍,字子中,番禺人,純臣子。元豐初官太常博士,終天章閣待制知襄州。事迹具《北宋經撫年表》《宋詩紀事》卷二九、《宋詩紀事小傳補正》卷二等書。

此書《宋史·藝文志》刑法類著録。

按,元豐八年(1085)七月丙辰,雍自秦州爲户部侍郎,[①]此編蓋當時所修也。

公式二卷　宋不著撰人　佚
水部條一九卷　宋不著撰人　佚

右二書《宋史·藝文志》刑法類著録。

按,右二編《宋志》並注云:"元豐間。"

國子監支費令式一卷　宋朱服撰　佚

服,字中行,熙寧進士甲科,元豐中擢監察御史,以淮南節度推官充修撰經義局檢討,歷國子直講秘閣校理。紹聖初累官禮部侍郎,知廬州,坐與蘇軾游,貶海州團練副使,蘄州安置,改興國軍,卒。有《校定六韜》《校定孫子》《校定司馬法》《校定吴子》《校定三略》、文集等。事迹具《宋史》卷三四七、《宋史新編》卷一一七、《皇宋書録》卷中及《北宋經撫年表》等書。

---

① 見《北宋經撫年表》。

此書《宋史·藝文志》刑法類著錄。

按，此書蓋其官國子直講秘閣校理時所修。

讞獄集一三卷　宋元絳撰　佚

絳，字厚之，其先臨川危氏，唐末曾祖仔倡聚衆保鄉里，進據信州，爲楊氏所敗，奔杭州，易姓曰元。絳登天聖進士，調江寧推官，攝上元令。累遷翰林學士，拜參知政事，後罷知潁州，以太子太保致仕，卒謚章簡。有《玉堂集》《玉堂詩》等。事迹具《宋史》卷三四三、《宋史新編》卷一〇七、《東都事略》及《宋大臣年表》等書。

此書《宋史·藝文志》刑法類著錄。

按，絳善斷獄，《宋史》本傳謂其攝上元令時，民有號王豹子者，豪占人田，略男女爲僕，妄有欲告者，則殺以滅口，絳捕寘于法。又謂甲與乙被酒相毆擊，甲歸臥，夜爲盜斷足，妻稱乙，告里長執乙詣縣，而甲已死。絳敕其妻曰："歸治而夫喪，乙已伏矣。"陰使信謹吏迹其後，望一僧迎笑切切私語，絳命取僧繫廡下，詰妻奸狀，即吐實。人問其故。絳曰："吾見妻哭不哀，且與傷者共席而襦無血污，是以知之。"此編蓋纂其事也。

元豐編敕令格式并敕書德音申明八一卷　宋崔台符等撰　佚

台符，字平反，蒲陰人，中明法科，爲大理詳斷官。熙寧中判大理寺，遷大理卿，後以刑部侍郎出知潞州，貶秩徙相州卒。事迹具《宋史》卷三五五、《宋史新編》卷一二三。

此書《宋史·藝文志》刑法類著錄。

按，《宋會要輯稿·刑法》格令二云："（元豐）六年（1083）九月一日，詔內外官司見行敕律令格式，文有未便於事理應改者，並申尚書省議奏。……若一時處分，應者爲法及應衝改者，隨所屬申中書省樞密院奏審。七年（1084）三月六日，詳定重修編敕書成，刪定官尚書刑部侍郎崔台符，中書舍人王震，各

遷一官。前删定官知制誥熊本,寶文閣待制李承之、李定,賜
銀絹百。"

吏部四選敕令格式一部　宋不著撰人　佚

此書《宋史·藝文志》刑法類著録。

《宋志》注云:"元祐初,卷亡。"

按,《宋會要輯稿·刑法》格令二云:"哲宗元祐元年(1086)三
月二十五日,刑部修立到重録條,同日尚書省上所修《吏部四
選敕令格式》,乞先次頒降,從之。"

元豐户部敕令格式一部　宋不著撰人　佚

此書《宋史·藝文志》刑法類著録。

《宋志》注云:"元祐初,卷亡。"

按,《宋會要輯稿·刑法》格令二云:"哲宗元祐元年(1086)四
月八日,門下中書外省言:'取到户部左右曹度支金部官制條
例并諸處關到及舊三司續降并奉行言制復案卷宣敕共一萬
五千六百餘件,除修敕令所該載者已行删去,他司置局見編
修者名牒送外,其事理未便,體制未順,并係屬别曹合歸有司
者,皆釐所改正,删除重複,補綴闕遺,修到《敕令式》共一千
六百一十二件,并删去《一時指揮》,共六百六十二册,并申明
畫一一删乞,先次頒行,以'元豐尚書户部度支金部倉部敕令
格式'爲名,所有元豐七年(1084)六月終以前條貫,已經删修
者,更不施用,其七月以後條貫,自爲後敕。"當是一書,惟書
名小異耳。

六曹條貫及看詳三千六百九十四册　宋不著撰人　佚

此書《宋史·藝文志》刑法類著録。

《宋志》注云:"元祐間,卷亡。"

按,《宋會要輯稿·刑法》格令二云:"(元祐)元年(1086)四月
二日,刑部言:'乞改六曹通用格,應檢舉催促文書並郎官,書

押行下所貴逐曹侍郎稍得日力點檢予奪文字,從之。'八月十二日,三省中書門下後省修成《六曹條貫及看詳》,共三千六百九十四册。"

元祐諸司市務敕令格式二〇六册　宋不著撰人　佚

此書《宋史·藝文志》刑法類著録。

《宋志》注云:"卷亡。"

按,《宋會要輯稿·刑法》格令二云:"(元祐)六年(1091)五月二十九日,尚書省言:'門下中書後者詳定諸司庫務條貫删成敕令格式,共二百六册,各冠以元祐爲名。'從之。"

六曹敕令格式一〇〇〇卷　宋不著撰人　佚

此書《宋史·藝文志》刑法類著録。

《宋志》注云:"元祐初。"

按,《宋會要輯稿·刑法》格令二云:"元祐元年(1086)八月十二日,三省中書門下後省……據編修諸司敕式所修到敕令格式一千餘卷。其間條目奇密牴牾難行者,不可勝數,欲下尚書六曹委長二郎官同共看詳,删去本曹舊條已有及防禁太繁,難爲遵守者,惟取紀綱大體切近事情者,留作本司法,限兩月以聞。從之。"

紹聖續修武學敕令格式看詳并淨條十八册　宋不著撰人　佚

此書《宋史·藝文志》刑法類著録。

《宋志》注云:"建中靖國初,卷亡。"

按,《宋會要輯稿·崇儒》"郡縣學"云:"徽宗建中靖國元年(1101)三月十七日,詳定所續修到《武學敕令格式看詳》,冠以紹聖爲名,從之。"

樞密院條二〇册看詳三〇册　宋不著撰人　佚

此書《宋史·藝文志》刑法類著録。

《宋志》注云:"元祐間,卷亡。"

紹聖續修律學敕令格式看詳并淨條一二册　宋不著撰人　佚

此書《宋史‧藝文志》刑法類著録。

《宋志》注云："建中靖國初,卷亡。"

諸路州縣敕令格式并一時指揮一三册　宋不著撰人　佚

此書《宋史‧藝文志》刑法類著録。

《宋志》注云："卷亡。"

六曹格子一〇册　宋不著撰人　佚

此書《宋史‧藝文志》刑法類著録。

《宋志》注云："卷亡。"

中書省官制事目格一二〇卷　宋不著撰人　佚

此書《宋史‧藝文志》刑法類著録。

尚書省官制事目格參照卷六七册　宋不著撰人　佚

此書《宋史‧藝文志》刑法類著録。

《宋志》注云："卷亡。"

**門下省官制事目格并參照卷舊文淨條釐析總目目録七二册
宋不著撰人　佚**

此書《宋史‧藝文志》刑法類著録。

《宋志》注云："卷亡。"

按,右諸編疑并元祐間所修。元祐敕令,崇寧中多遭毀板,[1]
故今多不可考。

**徽宗崇寧國子監籌学敕令格式并對修看詳一部　宋不著撰
人　佚**

此書《宋史‧藝文志》刑法類著録。

《宋志》注云："卷亡。"

按,《宋會要輯稿‧崇儒》"算學"云:"(崇寧)三年(1104)六月

---

[1]　説見《宋會要輯稿》第一百六十四册"刑法一"。

十一日,都省劄子:'切以筭數之學,其傳久矣,周官大司徒以卿三物教萬民而賓興之,三曰六藝,禮樂射御書數,則周之盛時所不廢也。歷代以來,因革不同,其法具在。神宗皇帝追復三代,修立法令,將建學焉,屬元祐異議,遂不及行,方今紹述聖緒,小大之政,靡不修舉,則筭學之設,實始先志,推而行之,宣在今日,今將元豐筭學條制重加删潤,修成敕令并對修看詳一部,以《崇寧國子監算學敕令格式》爲名,乞賜施行,從之。'"

崇寧國子監書畫學敕令格式一部　宋不著撰人　佚

此書《宋史·藝文志》刑法類著録。

《宋志》注云:"卷亡。"

按,《宋會要輯稿·崇儒書學》云:"徽宗崇寧三年(1104)六月十一日,都省言:'竊以書用於世,先王爲之立學以教之,設官以達之,置使以諭之,蓋一道德,謹法守,以同天下之習,世衰道微,官失學廢,人自爲學,習尚非一,體畫各異,殆非所謂書同文之意,今未有校試勸尚之法,欲仿先王置學設官之制,考選簡牧,使人自奮所身於圖畫工技朝廷圖繪神像與書一體令附書學,爲之校試約束,謹修成《書畫學敕令格式》一部,冠以崇寧國子監爲名,從之。'"

崇寧改修法度一○卷　宋沈錫等撰　佚

錫,字子昭,崇寧初爲講議司檢討,尋以徽猷閣待制知江寧,歷海泰汝宣四州,以通議大夫致仕卒。事迹具《宋史》卷三五四、《宋史新編》卷一二三等書。

此書《宋史·藝文志》刑法類著録。

按,《宋會要輯稿·刑法》格令二云:"崇寧元年(1102)五月十二日,臣寮言:'三省六曹所守者法,法所不載,然後用例,今顧引例而破法,此何理哉。且既用例矣,則當編類條目,與法

并行,今或藏之有司,吏得并緣引用,任其私意,或至煩瀆聽
聰,甚無謂也。欲將前後所用例,以類編修,與法防者去之,
庶几可以少革吏奸。詔吏部七司已編類外,令他曹依奏編
修.'"此編蓋亦當時所修也。

諸路州縣學法一部　宋不著撰人　佚

此書《宋史·藝文志》刑法類著録。

《宋志》注云:"大觀初,卷亡。"

大觀新修内東門司應奉禁中請給敕令格式一部　宋不著撰人　佚

此書《宋史·藝文志》刑法類著録。

《宋志》注云:"卷亡。"

國子大學辟癰并小學敕令格式申明一時指揮目録看詳一百六十八册　宋不著撰人　佚

此書《宋史·藝文志》刑法類著録。

《宋志》注云:"卷亡。"

政和新修學法一三〇卷　宋鄭居中撰　佚

居中有《崇寧聖政》二五五册,已著録。

此書《宋史·藝文志》刑法類著録。

按,《宋會要輯稿·刑法》格令二云:"政和元年(1111)十二月
二十八日,鄭居中奏《學法》一百三十卷,御筆裁成者列於卷
首,乞冠以'政和新修'爲名,仍乞付國子監頒降,從之。"

又按,《宋志》刑法類又有鄭居中《學制書》一百三十卷,當是
一書,《宋志》複出也。

宗子大小學敕令格式十五册　宋李圖南撰　佚

圖南,字彦遠,福州福清人,元祐進士,大觀末爲工部尚書,政
和三年(1113)以顯謨閣待制知廬,終述古殿直學士。事迹具
《北宋經撫年表》、淳熙《三山志》卷二七、嘉泰《會稽志》卷二

等書。

此書《宋史·藝文志》刑法類著録。

按，《宋會要輯稿·刑法》格令二云："大觀四年閏八月十八日，工部尚書聖政録同編修官李圖南奏：'臣將大觀内外宗子學敕令格式等與奏稟到條畫事件重别詳定到《宗子大小學敕》一册、《令》七册、《格》五册、《式》二册、《申明》一册、《一時指揮》一册、對修《敕》一册、《令》二册，總二十一册，謹繕寫上進，如得允當，乞付尚書省禮部頒降。'從之。"

政和重修敕令格式一三八卷　宋何執中等撰　佚

執中，字伯通，處州龍泉人，進士高第，知海鹽縣，有吏才，徽宗時累官中書門下侍郎，累遷少師，封榮國公，以太傅致仕，卒年七十四，謚正獻。事迹具《宋史》卷三五一、《宋史新編》卷一二一、《東都事略》卷一〇二及《宋大臣年表》等書。

此書《宋史·藝文志》刑法類著録。

按，《宋會要輯稿·刑法》格令二云："政和元年（1111）二月一日，手詔：'神宗皇帝稽古立極，垂裕後世，敕令格式之制，視六經實相表裏，而政令有所因革，官司有所建明，宜行修纂，以便遵用，可依熙豐紹聖故事，設官置吏，詳定删修，差何執中提舉，仍限一年成書。'二十三日，尚書左僕射何執中奏：'准敕提舉詳定删修《敕令格式》，今以熙豐紹聖修書舊例參酌，乞從本所關牒諸路監司遍下本路州縣曉諭官吏諸色人，如有見得見行敕令續等條貫，有未盡未便，合行更改，或别有利害，未經條約者，指揮到日，限兩月内具狀分明指説實封，經所在投陳，隨處州軍附急遞至京，仰都進奏院赴本所投下，在京亦從本所報閤門等處，依此曉諭施行，從之。'"又云："四月十三日，尚書左僕射何執中奏，近蒙聖恩，差提舉重修敕令，臣歷觀祖宗以來，除天聖慶曆嘉祐熙寧編敕，元符敕令格式,各有曾差宰臣提舉之例,蓋是元豐成書,輕重去取,一出神筆刊削,復有總領之官,今陛下聖學高明,獨觀萬事之表,緝熙先烈,無不仰遵。元降手詔,并依元豐紹聖故事,當逐時條上,以禀睿訓,雖元降手詔,并依元豐紹聖故事,終當以元豐爲法,欲望寢罷提舉敕令之名,以盡遵制揚功之美。詔可以兼領爲名,同提舉官准此。"又云:"(政和)二年(1112)十月二日,司空尚書左僕射兼門下侍郎何執中等上表修成《敕令格式》等一百三十八卷,并《看詳》四百一十卷,共五百四十八册,已經節次進呈,依御筆修定,乞降敕命雕印頒竹,仍依已降御筆冠以'政和重修敕令格式'爲名,從之。仍自政和三年正月一日頒行。先是,政和元年(1111)二月一日,詔以尚書左僕射何執中提舉,同知樞密院事王襄同提舉,至是上之。仍詔兼領官何執中,詳定官李孝稱、任良弼,承受官張僧祐,删定官劉宏、杜充、張燾、錢隨、尚諭、杜嚴、劉寄,各轉兩官。"

又按,此書《宋志》注云:"卷亡。"兹據《會要輯稿》補。

政和禄令格等三二一册　宋不著撰人　佚

此書《宋史·藝文志》刑法類著録。

《宋志》注云:"卷亡。"

按,《宋會要輯稿·刑法》格令二云:"(政和)元年(1111)十二月二十七日,詳定一司敕令所奏奉聖旨編修禄秩,以元豐大觀式修定,今修成《禄令格》等計三百二十一册,如得允當,乞冠以'政和'爲名,雕印頒降,下本所先次施行,其舊法已係新書編載者,更不行用外,今來經編載及政和元年(1111)十二月十七日已後續降,自合遵守,删定官李良佐、周穗、李富國、周用中、周因、何天衢、何亮、戴該,檢閲文字吳守仁、楊發,各轉一官,内選人比類施行。"

宗祀大禮敕令格式一部　宋不著撰人　佚

此書《宋史·藝文志》刑法類著錄。

《宋志》注云："政和間，卷亡。"

直達綱運法并看詳一三一册　宋張勣撰　佚

勣，政和間官尚書度支員外郎。

此書《宋史·藝文志》刑法類著錄。

按，《宋会要辑稿·刑法》格令三云："（政和）五年（1115）十一月十二日，尚書度支員外郎張勣奏：'竊以東南六路上供糧斛，歲額數百萬，在前此……其掌管官吏，裝御兵卒，縻費至廣，弊亦如之。自陛下灼見利病，講究直達，出于宸斷，推行以來，舳艫相銜，萬里不絶，雖五湖之遠，皆應期而至，不唯省轉般之勞，而絶侵盗失陷之弊，内外刑獄，爲之一清，兹實萬世之利。臣自承朝旨，差委編修，遂參照政和四年（1114）六月二十日以前所降直達綱條敕及申明指揮，修纂成書并看詳共成一百三十一册，總爲一部，計一十複，并已經尚書省看詳訖，所有前後應干指揮，已係新書編載者，更不行用。其不係新書所收，文意不相妨者，并七月一日以後續降指揮，自合遵守奉行，謹具進呈，如允所奏，先付本部鏤板頒行。'從之。"

又按，此書《宋志》注云："卷亡。"又撰人張勣，"勣"，《宋志》原作"勦"，今正。

政和敕令式九○三卷　宋王韶等撰　佚

韶，政和間人。

此書《宋史·藝文志》刑法類著錄。

按，《宋会要辑稿·刑法》格令三云："（政和）五年（1115）八月十三日，詔一司敕令所張官置史，以删立法令爲職"又云："（政和）六年（1116）閏正月二十九日，詳定一司敕令王韶奏：'修到《敕令格式》共九百三卷，乞冠以'政和'爲名，鏤版頒行。'從之。"

政和新修御試貢士敕令格式一五九卷　　宋白時中等撰　佚

時中,字蒙亨,壽春人,登進士第,累官吏部侍郎,坐事降知鄆
州,已而復召用。(政和)六年(1116),拜尚書右丞,中書門下
侍郎。宣和六年(1124),加特進太宰,封崇國公,未幾卒。事
迹具《宋史》卷三七一,《宋史新編》卷一二二及《宋大臣年表》
等書。

此書《宋史・藝文志》刑法類著錄。

按,《宋会要辑稿・刑法》格令三云:"(政和)六年(1116)六月
十三日,禮部尚書白時中等奏:'今將《崇寧貢舉》去改修到
《試貢士敕令格式》總一百五十九卷,乞冠以政和新修爲名,
詔頒行。'"

又按,《宋志・刑法》類又有白時中《政和新修貢士敕令格式》
五十一卷,當是一書,惟以卷數不同,《宋志》誤爲二書重
出也。

政和重修國子監律學敕令格式一○○卷　　宋孟昌齡等撰　佚

昌齡,政和間官户部尚書。

此書《宋史・藝文志》刑法類著錄。

按,《宋会要辑稿・刑法》格令三云:"(政和)六年(1116)六月
五日,户部尚書兼詳定一司敕令孟昌齡等奏:'今參照熙寧舊
法修到《國子監律學敕令格式》一百卷,乞冠以政和新修爲
名,詔頒行。'"

接送高麗敕令格式一部　　宋不著撰人　佚
奉使高麗敕令格式一部　　宋不著撰人　佚

右二書《宋史・藝文志》刑法類著錄。

右二書《宋志》並注云:"宣和初,卷亡。"

按,《宋会要辑稿・刑法》格令三云:"(政和)七年(1117)十二

月二十八日,樞密院言:'修成《高麗敕令格式》二百四十册,《儀範坐圖》一百五十八册,《酒食例》九十册,《目録》七十四册,《看詳卷》三百七十册,《頒降官司》五百六十六册,總一千四百九十八册,以高麗國入貢接送館伴條例爲目,繕寫上進,詔送國史館遵守施行。'"此二編,蓋據政和間所修敕令格式修訂也。

明堂敕令格式一二〇六册　宋不著撰人　佚

此書《宋史·藝文志》刑法類著録。

《宋志》注云:"宣和初,卷亡。"

按,《宋會要輯稿·刑法》格令三云:"(宣和)元年(1119)八月二十四日,詳定一司敕令所奏:'《新修明堂敕令格式》一千二百六册,乞下本所雕印頒降施行。'從之。"

兩浙福建路敕令格式一部　宋不著撰人　佚

此書《宋史·藝文志》刑法類著録。

《宋志》注云:"宣和初,卷亡。"

按,《宋會要輯稿·刑法》格令三云:"(宣和)三年(1121)五月九日,詳定一司敕令所奏:'今將兩浙福建路供到皇祐以後到至政和三年(1113)終應干條制册修成《敕令格式》進程。'詔依奏頒降施行。"

神霄宫使司法令一部　宋薛昂等撰　佚

昂,杭州人,元豐八年(1085)進士,崇寧初歷太學博士,校書郎,著作佐郎,大觀三年(1109)拜尚書左丞,政和中遷門下侍郎,靖康初以金紫光禄大夫致仕。事迹具《宋史》卷三五二,《宋史新編》卷一二一、《宋大臣年表》及《北宋經撫年表》等書。

此書《宋史·藝文志》刑法類著録。

按,昂,政和中嘗爲佑神觀使,此編蓋當時所進程也。

青囊本旨論一卷　題宋劉次莊撰　佚

次莊,字中叟,長沙人,熙寧進士,博洽淹貫,詞翰絕倫。臨摹古帖,最得其真。崇寧中官至殿中侍御史。有《法帖釋文》十卷。事迹具《皇宋書録》卷中。

此書《宋史·藝文志》刑法類著録。

按,晋郭璞嘗撰《青囊補助》三卷,乃相墓之書。[①]《郡齋讀書志》著録《青囊本旨》一卷,云:"不記撰人,演郭璞相墓《青囊經》也。"疑即此書,《宋志》以之誤入刑法類,又誤題撰人也。

使範一卷　唐王晋撰　佚

此書《宋史·藝文志》刑法類著録。

按,此書《宋志》儀注類已著録,此複出也。

長定格三卷　宋盧多遜等撰　佚

多遜有《開寶通禮儀纂》已著録。

此書《宋史·藝文志》刑法類著録。

天聖編敕一二卷　天聖令文三〇卷　宋吕夷簡等撰　佚

夷簡有《宋三朝國史》一五五卷已著録。

此書《宋史·藝文志》刑法類著録。

《郡齋讀書志》卷八刑法類著録《天聖令文》三十卷,[②]晁氏曰:"右天聖中宋庠、龐籍受詔改修唐令,參以令制而成。凡二十一門,官品一,户二,祠三,選舉四,考課五,軍防六,衣服七,儀制八,鹵簿九,公式十,田十一,賦十二,倉庫十三,廐牧十四,關市十五,補亡十六,疾醫十七,獄官十八,營繕十九,喪葬二十,雜二十一。"

《玉海》卷六六引《書目》云:"《天聖令文》三十卷,時令文尚依唐制,夷簡等據唐舊文,斟酌衆條,益以新制,天聖十年行之。"

---

①　見《文獻通考》卷二二〇。

②　"令文"原作"編敕"。

又云："(天聖)十年(1032)三月十六日戊子，以《天聖編敕》十三卷、《崇文目》：'《天聖編敕》十二卷，《目》一卷。'《敕書德音》十二卷，《令》三十卷。下崇文院鏤板頒行。先是四年(1026)九月壬申，命學士夏竦、蔡齊，知制誥程琳，重刪定編敕，合《農田敕》爲一書。五年(1037)五月，詔以祥符七年(1014)，止天聖五年(1027)，續降宣敕增及六千七百八十三條，辛酉，命宰臣呂夷簡等詳定，依律分門十二卷，定千二百餘條。七年(1029)六月上之，賜器幣，進勳階。"

八行八刑條一卷　宋徽宗御製　佚

徽宗有《艮嶽記》(一卷)已著錄。

此書《宋史・藝文志》刑法類著錄。

《宋志》注云："大觀元年(1107)御製。"

崇寧學制一卷　宋不著撰人　佚

此書《宋史・藝文志》刑法類著錄。

《宋志》注云："徽宗學校新法。"

附令敕一八卷　宋呂夷簡等撰　佚

夷簡有《宋三朝國史》一五五卷已著錄。

此書《宋史・藝文志》刑法類著錄。

《宋志》注云："慶曆中編，不知作者。"

按，《玉海》卷六六"天聖新修令編敕"條引《書目》云："附令敕十八卷，夷簡等撰，官品令之外，又案敕文錄制度及罪名輕簡者五百餘條，依令分門，附逐卷之末。"當即此書，《宋志》偶疏也。

五服敕一卷　宋劉筠、宋綬等撰　佚

筠有《五服年月敕》一卷，綬有《天聖鹵簿記》一〇卷已分別著錄。

此書《宋史・藝文志》刑法類著錄。

按,《宋史·仁宗本紀》云:"天聖五年(1027)十月己丑,頒《新定五服敕》。"

嘉祐驛令三卷　嘉祐禄令一○卷　宋張方平等撰　佚

此書《宋史·藝文志》刑法類著録。

按,右二編《宋志》刑法類已著録,署吴奎撰,此複出也。

方平,字安道,自號樂全居士,應天宋城人,景祐元年(1034)進士,爲著作郎。歷知諫院,尚書左丞,知南京,改知陳州。神宗時官參知政事,元祐六年(1091)卒,年八十五。有《樂全集》《玉堂集》《注仁宗樂書》等。事迹具《宋史》卷三一八本傳。

熙寧詳定編敕等二五卷　宋王安石等撰　佚

安石有《熙寧奏對》七八卷已著録。

此書《宋史·藝文志》刑法類著録。

《玉海》卷六六"熙寧編敕"條云:"(熙寧)六年(1073)八月七日,提舉編敕宰臣王安石上《删定編敕敕書德音》附《令敕》《申明敕》《目録》共二十六卷,詔編敕所鏤板,自七年(1074)正月一日頒行。先是,詔以嘉祐四年(1059)正月以後續降宣敕删定,命劉敞等充檢詳删定官,曾布充詳定官,安石提舉,至是上之。"

按,此編《宋志》作二十五卷者,蓋不數目録也。

新編續降并叙法條貫一卷　宋不著撰人　佚

此書《宋史·藝文志》刑法類著録。

《宋志》注云:"編治平熙寧詔旨并官吏犯罪叙法條貫等事。"

熙寧新編常平敕二卷　宋曾布等撰　佚

布有《三朝正論》二卷已著録。

此書《宋史·藝文志》刑法類著録。

審官東院編敕二卷　宋不著撰人　佚

此書《宋史·藝文志》刑法類著録。

《宋志》注云："熙寧七年(1074)編。"

編修入國條貫二卷　奉朝要録二卷　宋張大中撰　佚

大中，通州人，書一覽不忘，人目爲黑漆書廚。宣和間進士，
授南浦令，累官果州通判。事迹略具《萬姓統譜》卷三九。
《摛文堂集》卷五有《皇城使張大中可遥郡刺史制》。

此書《宋史·藝文志》刑法類著録。

按，《宋志》將此二編與熙寧諸敕並列，殆亦熙寧間所修。

熙寧貢舉敕二卷　宋范鎧等撰　佚

鎧有《熙寧詳定尚書刑部敕》一卷已著録。

此書《宋史·藝文志》刑法類著録。

按，《宋會要輯稿·刑法》格令二云："(熙寧)十年(1077)八月
三日，館閣校勘范鎧上准詔修到《貢舉敕式》十一卷，詔頒
行。"此書《宋志》作二卷，疑誤。

八路差官敕一卷　宋不著撰人　佚

此書《宋史·藝文志》刑法類著録。

《宋志》注云："編熙寧總條，審官東院條，流内銓條。"

熙寧法寺斷例一二卷　宋不著撰人　佚

此書《宋史·藝文志》刑法類著録。

熙寧歷任儀式一卷　宋不著撰人　佚

此書《宋史·藝文志》刑法類著録。

按，右熙寧間所修諸敕式，以王安石當國，喜於紛更，故敕令
格式亦多變革云。

元豐司農敕令式一七卷　宋蔡確撰　佚

確有《禮文》三〇卷已著録。

此書《宋史·藝文志》刑法類著録。

按，《宋會要輯稿·刑法》格令二云："(元豐)元年(1078)七月
十一日，判(司)農寺蔡確，請令三局丞簿不妨職事，兼删修本

寺條例,從之。……十月十三日,御史中丞判司農寺蔡確言:
'常平舊敕,多已衝改,免役等法,素未編定,今除合删修爲敕
外,所定約束小者爲令,其多數式樣之類爲式,乞以《元豐司
農敕令式》爲目。'從之。……二年(1079)九月二十九日,司
農寺上《元豐司農敕令式》十五卷,詔行之。"今《宋志》作十七
卷,疑所多之二卷爲目録也。

江湖淮浙鹽敕令賞格六卷　宋李承之等撰　佚

承之有《禮房條例并目録》已著録。

此書《宋史·藝文志》刑法類著録。

按,《宋會要輯稿·刑法》格令二云:"(元豐)五年(1082)二月
八日,寶文閣待制李承之,承議郎董唐臣,上《編修鹽法》,賜
承之銀絹各五千,唐臣減磨勘一年。"鹽法者,蓋即此書也。

元豐新修吏部敕令式一五卷　宋曾伉等撰　佚

伉有《新修尚書吏部式》三卷已著録。

此書《宋史·藝文志》刑法類著録。

按,《玉海》卷一一八"元豐吏部敕令式"條引《書目》云:"《元
豐新修吏部敕令式》十五卷,四年(1081),檢正吏房曾伉撰,
凡三百十三條。"

元豐敕令式七二卷　宋崔台符等撰　佚

台符有《元豐編敕令格式并赦書德音申明》八一卷已著録。

此書《宋史·藝文志》刑法類著録。

按,《玉海》卷六六"元豐諸司敕式編敕"條引《書目》云:"《元
豐敕令式》七十二卷,七年(1084),刑部侍郎崔台符等撰。"
《宋會要輯稿》卷一九〇二七云:"(元豐)七年(1084)三月六
日,《詳定重修編敕》書成,删定官尚書刑部侍郎崔台符,中書
舍人王震,各遷一官,前删定官知制誥熊本,寶文閣待制李承
之,李定,賜銀絹百。"

新吏部式二卷　宋吕惠卿撰　佚

惠卿,字吉甫,晉江人,舉進士,初與王安石論經義,意多合,遂定交,因薦於朝,爲太子中允。逢合朋奸,驟致執政,安石去位,凡可以害王氏者無不爲,至發其私書於上,安石退處金陵,往往寫"福建子"三字,蓋深悔爲惠卿所誤也。旋罷相,出判江寧府。有《孝經傳》《論語義》《莊子解》《建安茶用記》《弓試》、奏議、文集等。事迹具《宋史》卷四七一,《宋史新編》卷一八六、《東都事略》卷八三,《名臣碑傳琬琰集》下集卷一四、《宋大臣年表》及《北宋經撫年表》等書。

此書《宋史·藝文志》刑法類著録。

按,《宋史·吕惠卿傳》云:"熙寧初,設置三司條例司,以爲檢詳文字,事無大小,必謀之,凡所建請章奏,皆其筆。"此編蓋當時所撰。

縣法一○卷　宋吕惠卿撰　佚

惠卿有《新吏部式》二卷已著録。

此書《宋史·藝文志》刑法類著録。

《直齋書録解題》卷六職官類著録《縣法》一卷,陳氏曰:"北京留守温陵吕惠卿(吉甫)撰。曰"法令""詞訟""刑獄""簿歷""催科""給納""災傷""盜賊""勸課""教化",凡十門,爲縣之法備於此矣。雖今古事殊,而大體不能越也。惠卿小人之雄,於材術固優,然法令居首,而教化乃居其末,不曰俗吏而謂之何哉。"

按,此書陳《録》作一卷,一當作十。

五服相犯法纂三卷　宋程龜年撰　佚

龜年,史無傳,事迹待考。

此書《宋史·藝文志》刑法類著録。

續附敕令一卷　宋不著撰人　佚

此書《宋史·藝文志》刑法類著録。

《宋志》注云："慶曆中編,不知作者。"

三司條約一卷　宋不著撰人　佚

此書《宋史·藝文志》刑法類著録。

《宋志》注云："慶曆中纂集。"

國子監敕令格式一九卷　宋陸佃等撰　佚

佃,字農師,山陰人,嘗受經於王安石,而不以新法爲是。擢熙寧甲科,補國子監直講。哲宗立,遷吏部侍郎,徽宗時爲尚書右丞,每欲參用元祐人才,讒者遂詆佃名在黨籍,罷知亳州卒。有《禮記解》《禮象》《述禮新説》《儀禮義》《大裘議》《春秋傳附補遺》《爾雅新義》《埤雅》等書。事迹具《宋史》卷三四三、《宋史新編》卷一一六、《東都事略》卷九七,《元祐黨人傳》《宋大臣年表》及《北宋經撫年表》等書。

此書《宋史·藝文志》刑法類著録。

按,《玉海》卷一一二"元祐國子監敕令格式"條引《書目》云:"十九卷,元祐中禮部侍郎陸佃,祭酒鄭穆等以新舊條并續降參詳修訂。"

刑名斷例三卷　宋曾旼等撰　佚

旼,字彦和,龍溪人,熙寧六年(1073)進士,監潤州倉曹,嘗纂《潤州類集》。事迹具《宋元學案補遺別附》卷二,《宋詩紀事》卷二五。

此書《宋史·藝文志》刑法類著録。

按,《宋會要輯稿·刑法》格令二:"(元符)二年(1099)九月二十五日,詔編修《刑名斷例》成書,曾旼,安惇各減二年磨勘,謝文瓘、時彦,各減一年磨勘。"

元符敕令格式一三四卷　宋章惇等撰　佚

惇有《導洛通汴記》一卷已著録。

此書《宋史·藝文志》刑法類著録。

按，《宋會要輯稿·刑法》格令二云："（元符）二年（1099）八月五日，宰臣章惇等言：'請將申明刑統律令事，以續降相照添入，或尚有未盡事，從敕令所一面删修類聚以聞，至來年正月一日施行。'從之。"此編蓋即當時所纂進也。

學制書一三○卷　宋鄭居中等撰　佚

居中有《崇寧聖政》（不著卷數）已著錄。

此書《宋史·藝文志》刑法類著錄。

按，《宋志·刑法》類已著錄鄭居中《政和新修學法》一三○卷，書名雖異，當是一書。《宋志》複出也。

政和續編諸路州縣學敕令格式一八卷　宋蔡京等撰　佚

京有《王貴妃傳》一卷已著錄。

此書《宋史·藝文志》刑法類著錄。

按，《宋會要輯稿·刑法》格令二云："崇寧二年（1103）正月四日，尚書右僕射兼中書侍郎蔡京等奏進《諸路州縣學敕令格式》并《一時指揮》凡一十三册。"此編則政和續修者也。

政和新修貢士敕令格式五一卷　宋白時中等撰　佚

時中有《政和新修御試貢士敕令格式》一五九卷已著錄。

此書《宋史·藝文志》刑法類著錄。

按，《宋志·刑法》類已著錄白時中《政和新修御試貢士敕令格式》一五九卷，與此編當是一書，《宋志》複出，惟卷數不同。

紹興重修敕令格式一二五卷　宋張守等撰　佚

守，字全真，一字子固，常州晉陵人，徽宗崇寧元年（1102）進士，高宗召爲監察御史，紹興中歷官至參知政事兼權樞密院事，以資政殿大學士知建康府卒，諡文靖。著有《毗陵集》。事迹具《宋史》卷三七五、《宋史新編》卷一二八、《南宋書》卷一九、《四朝名臣言行録》下編卷一、《宋大臣年表》及《宋中興學士院題名録》等書。

此書《宋史·藝文志》刑法類著録。

按,《宋會要輯稿·刑法》格令三云:"(紹興)元年(1131)八月四日,參知政事司提舉重修敕令張守等,上《紹興新敕》一十二卷,《令》五十卷,《格》三十卷,《式》三十卷,《目録》一十六卷,《申明刑統》及《隨敕申明》三卷,政和二年(1112)以後《敕書德音》一十五卷,及《看詳》六百四卷,詔自紹興二年(1132)正月一日頒行,仍以《紹興重修敕令格式》爲名。先是,建炎三年(1129)四月八日,指揮可自今並遵用嘉祐條法,於是下敕令所,將嘉祐與政和條法對修,至紹興元年(1131)五月二十八日先修敕一十二卷進呈,訖至是續修成令格式并申明等上之。"按,今《宋志》作一百二十五卷者,蓋不數目録、德音及看詳也。

紹興重修六曹寺監庫務通用敕令格式五四卷　宋秦檜等撰　佚

檜,字會之,江寧人,政和五年(1115)登第,又中詞學兼茂科,歷太學學正,靖康間累遷御史中丞。紹興間爲相,未幾落職,尋復相,力持和議,阻止恢復,忠臣良將,爲之誅鋤殆盡。爲相十九年,易執政二十八人,晚年殘忍尤甚,卒年六十六,贈申王,謚忠獻。有《紹興重修常平免役敕令格式》,事迹具《宋史》卷四七三,《宋史新編》卷一八七、《南宋書》卷三一及《宋大臣年表》等書。

此書《宋史·藝文志》刑法類著録。

按,《宋會要輯稿·刑法》格令三云:"(紹興)十二年(1142)十二月十四日,太師尚書左僕射同中書門下平章事提舉詳定一司敕令秦檜等,上《六曹通用敕》一卷,《令》三卷,《格》一卷,《式》一卷,《目録》六卷,《寺監通用敕》一卷,《令》二卷,《格》一卷,《式》一卷,《目録》五卷;《庫務通用敕》一卷,《令》二卷,

《目録》四卷；《六曹寺監通用敕》一卷，《令》二卷，《格》一卷，《式》一卷，《目録》五卷；《六曹寺監庫務通用敕》一卷，《令》一卷，《格》一卷，《目録》三卷；《寺監庫務通用敕》一卷，《令》二卷，《目録》二卷，《申明》四卷。詔自紹興十三年（1143）四月一日頒行，仍以‘紹興重修’爲名。先是紹興六年（1136）六月一日，大理正張柄言：‘大觀六曹寺監庫務通用法内，有已經重改，乞送修立官司，逐一看詳。’詔下敕令所重別删修頒降後，本所言：‘欲將大觀六曹寺監庫務通用條法，自崇觀後來至紹興八年（1138）六月終，應受續降指揮，修爲紹興新書。’至是上之。時大師尚書左僕射秦檜提舉，參知政事王次翁同提舉，權户部尚書張澄爲詳定，大理寺卿周三畏同詳定，左從事郎游操，左從政郎洪适，左修職郎沈介，迪功郎潘良能，右迪功郎張表臣爲删定官。”

紹興重修吏部敕令格式并通用格式一〇二卷　宋朱勝非等撰

勝非，字藏一，蔡州人，徽宗崇寧二年（1103）上舍登第，高宗朝官至尚書右僕射，同中書門下平章事，出知湖州，卒，謚忠靖。著有《秀水閑居録》。事迹具《宋史》卷三六三，《宋史新編》卷一二七及《南宋書》卷一〇等書。

此書《宋史·藝文志》刑法類著録。

按，《宋會要輯稿·刑法》格令三云：“（紹興）三年（1133）九月二十七日，尚書右僕射同中書門下平章事朱勝非等上《吏部敕》五册，《令》四十一册，《格》三十二册，《式》八册，《申明》一十七册，《目録》八十一册，《看詳司勳獲盜推賞刑部例》三册，《勳臣職位姓名》一册，共一百八十八册，詔自紹興四年（1134）正月一日頒行，仍以‘紹興重修尚書吏部敕令格式并通用敕令格式’爲名。先是，建炎四年（1130）八月一日，臣僚言：‘渡江以來，官司文籍散亡，無從稽考，乃有司省記之説，未免以私意增損出入,乞下省部諸司各令合干吏人,將所省記條例,攢類成册,奏聞施行.'詔今六曹百司,疾速條具申尚書省。紹興元年(1131)十一月二十九日,又詔吏部條约最爲急務,令敕令所限一月先次鏤板,續詔以廣東轉運司録到元豐元祐吏部條法,與吏部七司省記到元豐崇寧看詳政和重修格式及天聖七年以後案例,至紹興三年(1133)七月二十四日續降指揮條册,參酌修立,依限頒降。時禮部尚書洪擬,兵部侍郎章誼爲詳定官,左承議郎宋庠,左通直郎張愽,左從政郎李材、魏良臣,左修職郎金安節爲删定官,相繼修到尚書左右侍左右司勳司封考功條,而敕令所切言前項條法,雖已申納尚書省,緣七司條法所繫非輕,自來凡有成書,並經聖覽,方始頒行,詔令繕寫投進,至是上之。有旨曾編修進書詳定官,各特轉一官,删定官各減三年磨勘,知雜司編修年分書寫人以下各等第推恩。”

紹興重修常平免役敕令格式五四卷　宋秦檜等撰

檜有《紹興重修六曹寺監庫務通用敕令格式》五四卷已著録。此書《宋史·藝文志》刑法類著録。

按,《宋會要輯稿·刑法》格令三云:“(紹興)十七年(1147)十一月六日,太師尚書左僕射同中書門下平章事提舉詳定一司敕令秦檜等,上《常平免役敕》五卷,《目録》二卷;《令》二十卷,《目録》六卷;《格》三卷,《目録》一卷;《式》五卷,《目録》一卷;《申明》六卷,《釐析條三卷》,《對修令》一卷,《修書指揮》一卷。詔自來年三月一日頒降,仍以‘紹興重修常平免役敕令格式’爲名。先是,紹興六年(1136)六月一日,大理正張柄言:‘《紹聖常平免役條内》,有已經衝改,願送修立官司看詳,詔送敕令所參照删修。’十四年(1144)二月十六日,敕令所言:‘紹聖法條後來續降指揮,除政和三年(1113)四月以

前,係昨修政和續附法已參用去取,更不合引用外,欲從本所
將政和三年(1113)四月一日修政和續附已後至今應干續降
與紹聖政和舊條一處參修。從之。'至是上焉。時太師左僕
射秦檜提舉,刑部尚書周三畏詳定,右儒林郎黃卓,左廸功郎
林機,右廸功郎周紫芝、張好問爲删定官,詔依進國子監條司
體例推恩。"

紹興重修貢舉敕令格式申明二四卷 宋万俟卨等撰 佚

卨,字元忠,陽武人,登政和中上舍第,官至尚書右僕射,卒諡
忠靖。著有《太后回鑾事實》十卷。事迹具《宋史》卷四七四、
《宋史新編》卷一八七、《南宋書》卷三一、《宋大臣年表》及《南
宋館閣録》等書。

此書《宋史·藝文志》刑法類著録。

《宋史》注云:"紹興中進。"

按,《宋會要輯稿·刑法》格令三云:"(紹興)二十五年(1155)
十二月十五日,尚書左僕射同中書門下平章事提舉詳定一司
敕令万俟卨等上《御試貢舉敕》一卷,《令》三卷,《式》一卷,
《目録》一卷,《申明》一卷;《省試貢舉敕》一卷,《令》一卷,
《式》一卷,《目録》一卷,《申明》一卷;《府監發解敕》一卷,
《令》一卷,《式》一卷,《目録》一卷,《申明》一卷;《御試省試府
監發解通用敕》一卷,《令》一卷,《格》一卷,《式》一卷,《目敕》
一卷;《省試府監發解通用敕》一卷,《令》二卷,《格》一卷,
《式》一卷,《目録》二卷;《內外通用貢舉敕》二卷,《令》五卷,
《格》三卷,《式》一卷,《目録》四卷,《申明》二卷;《釐正省曹寺
監內外諸司等法》三卷,《修書指揮》一卷。詔可頒降,仍以
'紹興重修貢舉敕令格式'爲名。"又云:"是年正月九日,臣寮
言:'國家取士,如棘闈糊名之法,悉沿唐制,而又增廣立號,
謄録監試,以至代筆挾書繼燭,禁戢尤嚴,獨緣試官容私,公

道不行,或先期以出題目,或臨時以取封號,或假名以入試場,或多金以結代筆,故孤寒遠方士子,不預高中,而富貴之家子弟,常竊巍科,乞下有司重修科舉之法,革去近年容私之弊,如挾書代筆繼燭,必欲盡禁;如封彌立號謄録,必欲依條;如考校定去留分高下,必欲至公;如知舉參詳考試官,仍乞御筆點差,以復祖宗科舉之法.'後敕令所言:'科舉取士,一宗條令,盡載《貢舉法》,係自崇寧元年(1102)七月修立,經今五十餘年,其間衝改及增立名件不少,前後所降申明,州縣多不齊備,欲將上件《崇寧貢舉條法》,逐一取索重修施行.'從之.時宰臣万俟卨爲提舉,户部侍郎王侯爲詳定,右宣教郎柳綸、右宣議郎魏庭英、左從政朗趙廱、右從政朗范岡、左迪功郎陳榕爲删定官,至是書成上之,詔依寬恤詔令進書例推恩。"

又按,此書《宋志》不著撰人,兹據《宋會要輯稿》署万俟卨等撰。又此書本五十卷,《宋志》但作二十四卷,殆非完本也。

紹興參附尚書吏部敕令格式七〇卷　宋陳康伯等撰　佚

康伯,字長卿,弋陽人,幼有學行,宣和三年(1121)進士,建炎末爲敕令删定官,預修《紹興敕令》,累拜平章事。孝宗即位,封魯國公,卒諡文恭,後改諡文正。著有《葛谿集》。事迹具《宋史》卷三八四、《宋史新編》卷一四一、《南宋書》卷三二、《四朝名臣言行録》《宋大臣年表》及《南宋館閣録》等書。

此書《宋史·藝文志》刑法類著録。

按,《宋會要輯稿·刑法》格令四云:"(紹興)三十年(1160)八月十一日,尚書右僕射同中書門下平章事兼提舉詳定一司敕令陳康伯等上《尚書左選令》二卷,《格》二卷,《式》一卷,《申明》一卷,《目録》三卷;《尚書右選令》二卷,《格》二卷,《申明》二卷,《式》一卷,《目録》三卷;《侍郎左選令》二卷,《格》一卷,《申明》一卷,《目録》三卷;《侍郎右選令》二卷,《格》二卷,

《式》一卷,《申明》二卷,《目録》三卷;《尚書侍郎左右選通用
敕》一卷,《令》二卷,《格》一卷,《式》一卷,《申明》二卷,《目
録》一卷;《司封敕》一卷,《令》一卷,《格》一卷,《申明》一卷,
《目録》一卷;《司勳敕》一卷,《令》一卷,《格》一卷,《申明》一
卷,《目録》一卷;《考功敕》一卷,《目録》一卷;《改官申明》一
卷;《修書指揮》一卷;《釐析》八卷。詔下本所頒降,仍以'紹
興參附尚書吏部敕令格式'爲名。先是,紹興二十八年
(1158)九月十九日,權吏部尚書賀允中言:'比年以來,臣寮
奏請取便一時,謂之續降指揮,千章萬目,其於成憲,不無沿
革,舞文之吏,依倚生奸,可則附會而從權,否則堅吝而沮格,
惟是吏部七司見今所用法,今最爲急務,若無一定之法,革去
久弊而望銓曹之清,不可得也。願詔敕令所嚴立近限,將吏
部七司祖宗舊制與續降指揮參定異同,先次條纂,立爲定制,
庶免用例破條之患。'後詳定官黄祖舜言:'見修吏部七司條
法,欲將舊來條法與今來事體不同者,立爲參附條參照。'上
謂輔臣曰:'祖宗成憲,不可廢也,存之以備用甚當。但今所
修法,須與祖宗法意不相違背。'仍諭諸詳定。既而權吏部尚
書周麟之言:'吏部諸選引用續降指揮,前後不一,或臣寮建
明,或有司申請,皆經取旨,然後施行,今以續降條册觀之,乃
有頃年都省批狀指揮參列其間,亦曰續降,誠未爲允,詔令諸
選具紹興二十五年(1155)以前批狀指揮,如有類此者,仰敕
令所可削則削之。'時陳康伯爲提舉,刑部侍郎黄祖舜爲詳
定,右迪功郎聞人滋、左從政郎徐履、右從政郎陸游爲删定
官,至是書成進呈。"

按,據《會要輯稿》所載,僅得六十六卷,猶不足四卷。

紹興重修在京通用敕令格式申明五六卷　宋秦檜等撰　佚

檜有《紹興重修六曹寺監庫務通用敕令格式》五四卷已著録。

此書《宋史‧藝文志》刑法類著録。

按,《宋會要輯稿‧刑法》格令三云:"(紹興)十年(1140)十月七日,尚書右僕射同中書門下平章事提舉詳定一司敕令秦檜等上《在京通用敕》一十二卷,《令》二十六卷,《格》八卷,《式》二卷,《目録》七卷,《申明》一十二卷,詔自紹興十一年(1141)正月一日頒行,仍以'紹興重修在京通用敕令格式'爲名。先是,紹興六年(1136)六月一日,大理正張柄言:'伏見國家修復舊章,以幸天下,如紹興新書,係將嘉祐政和敕參酌成書,其於常法之外,增立條制,並一切删去,以至兵火,後來首記到一司專法,盡經左右司及敕令所逐一參酌詳定,然後引用,惟是大觀在京通用,至今依舊遵守,兼内有已經衝改,不該引用之義,尚載典册,頒之郡縣百司及車駕臨幸之所在,於觀聽實爲未允,乞送修立官司,逐一看詳删削,詔令詳定一司敕令所,重别删修頒降。'敕令所言:'欲乞將崇寧在京通用條法,自崇觀後來至紹興八年(1138)六月終,應受續降指揮,修爲《紹興新書》,檢會一司專法内,又各釐正《在京通用》并大理寺,又有《崇寧續附在京法》,緣昨來所得聖旨内,未曾有前項釐正續附二件條法,有旨令編寫修入,至是上之。'時尚書右僕射秦檜提舉,參知政事孫近同提舉,刑部侍郎陳槀詳定,大理卿周三畏同詳定,左奉議郎周林、右宣教郎陳抃、右從政郎石延慶、左迪功郎方雲翼、何逢原爲删定官。"

又按,據《宋會要輯稿》,此書爲六十七卷,《宋志》作五十六卷者,殆非完本也。又此書《宋志》不著撰人,今據《會要輯稿》,署秦檜等撰。

大觀告格一卷　宋不著撰人　佚

此書《宋史‧藝文志》刑法類著録。

按,大觀元年(1107)七月二十八日,蔡京等上大觀馬遞舖叙敕令格式并看詳共一百卷，①此書疑在其中也。

乾道重修敕令格式一二〇卷　宋虞允文等撰　佚

允文，字彬甫，仁壽人，登高宗紹興二十四年（1154）進士第，官至左丞相兼樞密使，封雍國公，卒謚文肅。《南宋文範》頗載其文。事迹具《宋史》卷三八三、《宋史新編》卷一四一、《南宋書》卷三二、《名臣碑傳琬琰集》下集卷二五、《宋朝南渡十將傳》卷七、《宋大臣年表》及《宋中興學士院題名録》等書。

此書《宋史·藝文志》刑法類著録。

按，《宋會要輯稿·刑法》格令四云："（乾道）六年（1170）八月二十八日，尚書右僕射虞允文言：'昨將紹興敕與嘉祐敕及建炎四年（1130）十月以後至乾道四年（1168）終續降指揮，逐一參酌删削，今已成書：《敕》一十二卷，《令》五十卷，《格》三十卷，《式》三十卷，《目録》一百二式二卷，《存留照用指揮》二卷，繕寫進程，乞冠以乾道重修敕令格式爲名。'詔依仍自八年（1172）正月一日頒行。"

又按：此書卷數，《宋志》與《宋會要輯稿》二書所載不符，以《會要》目録多達一百二十二卷，似《會要》有疏誤。

淳熙重修吏部左選敕令格式申明三〇〇卷　宋龔茂良等撰　佚

茂良，字實之，興化軍人，紹興進士，歷遷吏部郎官，淳熙中累拜參知政事，尋求去，爲御史謝廓然所構，責降安置英州卒，後復官，謚莊敏，有《靜太堂集》。事迹具《宋史》卷三八五、《宋史新編》卷一四二、《南宋書》卷三二、《宋大臣年表》、《南宋館閣録》、《宋中興東宮官僚題名》及《南宋制撫年表》等書。

此書《宋史·藝文志》刑法類著録。

---

① 説見《宋會要輯稿》第一百六十四册"刑法一"。

按,《宋會要輯稿‧刑法》格令四云："(淳熙)二年(1175)十二月四日,參知政事龔茂良等上《吏部七司法》三百卷,詔以'淳熙重修尚書吏部敕令格式申明'爲名。先是,乾道五年(1169)三月,吏部侍郎周操言:'吏部七司條令,自紹興以來,凡三經修纂,起於天聖七年(1029)以後,至紹興三年(1133)七月終成書,目曰《吏部七司法》;自建炎二年(1128)八月至紹興十五年(1145)六月終成書,目曰《新吏部七司續降》;自紹興三年(1133)四月至三十年(1160)七月成書,目曰《參附吏部七司法》。上件條令卷冊浩繁,又自紹興三十年(1160)以後,更有《隆興弊事指揮》及《節次申明續降》,散浸於各司之間,乞委六部主管架閣庫官置局,依仿舊書,每事編類成門,仍令逐司主令法案畫一供具結罪,以憑編類,候敕令所修敕令畢日,取吏部七司,以成三書,及今來架閣庫官編類紹興三十年(1160)以後指揮續降重行刪條,共成一書。'詔從其請,至是來上。時龔茂良爲提舉,權吏部尚書蔡洸爲詳定官,軍器監鞏湘,宣教郎蓋經,儒林郎張季㮤,宣教郎曾植,承務郎丁常任,宣教郎軍器監主簿樂備,從事郎樓鑰,並爲刪定官。"

諸軍直班禄令一卷　宋不著撰人　佚

此書《宋史‧藝文志》刑法類著録。

按,此書諸家書目罕見著録。

金科玉律總括詩三卷　宋劉高夫撰　佚

高夫,史無傳,生平待考。

此書《宋史‧藝文志》刑法類著録。

金科玉律一卷　宋不著撰人　佚

此書《宋史‧藝文志》刑法類已著録。

按,此書《宋志》始見著録,蓋宋時人所爲也。

金科類要二卷　宋不著撰人　佚

此書《宋史·藝文志》刑法類著録。

《直齋書録解題》卷七法令類著録《金科類要》二卷,陳氏曰:
"不著名氏。"

按,此書《宋志》作一卷,陳《録》作二卷。

嘉祐詳定編敕三〇卷　宋韓琦等撰　佚

琦有《仁宗實録》(二〇〇卷)已著録。

此書《宋史·藝文志》刑法類著録。

按,此書《宋志·刑法》類已著録,此重出也。

養賢録三二卷　宋王日休撰　佚

日休,字虞中,龍舒人,生平待考。著有《龍舒易解》《春秋孫
復解辨失》《春秋公羊辨失》《春秋左氏辨失》《春秋穀梁辨失》
《春秋名義》《淨土文》《金剛經解》《九丘總要》等書。事迹具
《宋元學案補遺》卷四。

此書《宋史·藝文志》刑法類著録。

淳熙重修敕令格式及隨敕申明二四八卷　宋李彦穎等撰　佚

彦穎,字秀叔,德清人,紹興進士,累官參知政事,致仕後家居
凡十載,自奉澹約,卒諡忠文。事迹具《宋史》卷三八六、《宋
史新編》卷一四二、《南宋書》卷三六、《宋大臣年表》及《南宋
館閣録》等書。

此書《宋史·藝文志》刑法類著録。

按,《宋會要輯稿·刑法》格令四云:"(淳熙)四年(1177)十一
月十一日,參知政事李彦穎等上《參考乾道法》,詔以《淳熙重
修敕令格式》爲名。先是,淳熙二年(1175),臣僚言:'乾道新
書,尚多牴牾,未免時有申明。'至三年(1176)六月十一日,詔
差户部尚書蔡洸兼詳定官,大理少卿吳交如同詳定,燕世良、
俞澂時暫兼删定官,許於諸處選差通習法令人吏將《乾道新

書》抵捂條令,就敕令所與本所官同共逐一參考刊修,時本所官户部侍郎單夔爲詳定官,宣教郎張季樗,宣教郎樓鑰,承奉郎丁常任,從事郎吳天驥,從事郎周碩爲删定官。"

淳熙吏部條法總類四〇卷　宋龔茂良等撰　佚

茂良有《淳熙重修吏部左選敕令格式申明》三〇〇卷已著録。

此書《宋史·藝文志》刑法類著録。

《宋志》注云:"淳熙二年(1175),敕令所編。"

按,《宋會要輯稿·刑法》格令(四)云:"(淳熙)三年(1176)三月二十九日,參知政事龔茂良等上《吏部條法總類》四十卷。先是淳熙二年(1175)十一月有詔:'敕令所將吏部見行改官奏薦磨勘差注等條法指揮,分明編類,別删投進,若一條該載二事以上,即隨門類釐析具入,仍冠以吏部條法總類爲名。'至三年(1176)三月五日,詳定官蔡洸等言:'除將吏部見今引用條法指揮分類,各就門目外,其間有止是吏部具鈔狀體式之類及内有將來引用條件,並已于法册内盡行該載,訖今更不重行編類。'至是來上。時龔茂良爲提舉官,户部尚書蔡洸爲詳定官,軍器監鞏湘,宣教郎張季樗,奉議郎曾植,承奉郎丁常任,軍器監主簿樂備,宣義郎樓鑰,從事郎陸杞爲删定官。"

又按,此書《宋志》不著撰人,兹據《宋會要輯稿》署龔茂良等撰。

慶元重修敕令格式及隨敕申明二五六卷　宋京鏜等撰　佚

鏜,字仲遠,豫章人,紹興進士,慶元中拜左丞相,後以年老乞休,卒謚莊定。著有《松坡居士樂府》《京鏜詩》《京鏜詞》等。事迹具《宋史》卷三九四、《宋史新編》卷一四六、《南宋書》卷四三、《慶元黨禁》《淳熙薦士録》及《宋大臣年表》等書。

此書《宋史·藝文志》刑法類著録。

《直齋書録解題》卷七法令類著録《慶元敕》十二卷,《令》五十卷,《格》三十卷,《式》三十卷,《目録》一百二十二卷,《隨敕申明》十二卷,總二百五十六卷,陳氏曰:"丞相豫章京鏜(仲遠)等慶元四年(1198)表上。國朝自建隆以來,世有編敕,每更修訂,號爲新書,中興至此凡三修矣,其有續降指揮,謂之後敕,以待他時修入云。"

《玉海》卷六六"慶元重修敕令格式"條云:"(慶元)二年(1196)二月丙辰,復置編修敕令所,遂抄録乾道五年(1169)正月至慶元二年(1196)十二月終續降指揮,得數萬事,參酌淳熙舊法五千八百條,删修爲書,總七百二册,《敕》《令》《格》《式》及《目録》各百二十二卷,《申明》十二卷,《看詳》四百三十五册,《會要》云二百六十六卷,《書目》云二百五十六卷。四年(1198)九月丙申(十一日)上之。

按,今檢《宋會要輯稿》不載此事。又此書《宋志》不著撰人,兹據《直齋書録解題》署京鏜等撰。

開禧重修吏部七司敕令格式申明三二三卷　宋不著撰人　佚

此書《宋史·藝文志》刑法類著録。

《宋志》注云:"開禧元年(1205)上。"

按,此編之修纂,始於嘉泰二年(1202),至開禧元年(1205)始成書奏進。《宋會要輯稿·刑法》格令四云:"(嘉泰)二年(1202)十一月四日臣僚言:'吏部七司法自孝廟令敕局删修,凡有建立,間出御筆裁處,無非參酌爲經久可行之典,成書既上,又令編成總類,以便參照,至今已二十八年矣。自淳熙初元(1174),積至今日,凡臣僚申請建議續降,不知其數,涉歲既久,吏得並緣爲奸……蓋歲久不曾參酌去取,編入成書,則其弊必至於此也。乞令吏部疾速編集二十八年續降指揮置册繳申朝廷,行下敕局公共看詳,去其抵牾重復而定其可以永久遵行者，毋得輕易變動祖宗舊法，以至寬縱生弊，庶幾一代成法，燦若日星，昭示無窮。'從之。"又云："（嘉泰）四年（1204）五月二十三日，戶部侍郎王蓮，刑部侍郎周珌等言：'恭奉指揮參修《吏部七司條法》，已將淳熙二年（1175）正月一日以後續降指揮四千四百餘條，可以附入舊法者，就舊法本條刪潤，元無舊法，則創行修立，今已每月申約提舉官欲乞候提舉官看下送三省合屬房分檢正都司審覆訖，類聚牒送吏部詳審施行。'從之。"又云："開禧元年（1205）五月二日，權吏部尚書丁常任等言：'參修《吏部七司條法》，今來成書，乞以開禧重修尚書吏部七司敕令格式申明爲名。'從之。"

嘉定編修百司吏職補授法一三三卷　宋不著撰人　佚

此書《宋史·藝文志》刑法類著錄。

《宋志》注云："嘉定六年（1213）上。"

嘉定編修吏部條法總類五〇卷　宋不著撰人　佚

此書《宋史·藝文志》刑法類著錄。

《宋志》注云："嘉定中詔修。"

《直齋書錄解題》卷七法令類著錄《嘉定吏部條法總類》五十卷，陳氏曰："嘉定中，以《開禧重修七司法》并《慶元海行法》《在京通用法》《大宗正司法》參定，凡改正四百六十餘條，視《淳熙總類》增多十卷，七年（1214）二月頒行。

《玉海》卷六六"嘉定吏部條法總類"條云："六年（1213）三月四日，上一百一十四册，成五十卷，凡改正四百六十餘條。并《百司吏職補授法》二百六十三册，一百三十三卷，七年（1214）五月頒行。"

疑獄集三卷　宋趙仝撰　佚

仝，官乾祐縣令，改著作郎，《蘇魏公集》卷三二載《奏舉人前京兆府乾祐縣令趙仝等改著作制》。

此書《宋史·藝文志》刑法類著錄。

九族五福圖制一卷　宋不著撰人　佚

此書《宋史·藝文志》刑法類著錄。

《宋志》注云："不知何人編。"按，此書《宋志》始見，蓋宋時人所爲也。

又按，《宋志》儀注類別有韓挺《服制》一卷，《五服志》三卷，裴莤《五服儀》二卷，劉筠《五服年月敕》一卷，《喪服加減》一卷。此編殆有關刑法，故入刑法類。

大宗正司敕令格式申明及目錄八一卷　宋不著撰人　佚

此書《宋史·藝文志》刑法類著錄。

《宋志》注云："紹興重修。"

按，《宋會要輯稿·刑法》格令三云："（紹興）二十三年（1153）十一月九日，詳定一司敕令所上《大宗正司敕》一十卷，《令》四十卷，《格》一十六卷，《式》五卷，《申明》一十卷，《目錄》五卷，詔頒行。"

編類諸路茶鹽敕令格式目錄一卷　宋不著撰人　佚

此書《宋史·藝文志》刑法類著錄。

按，《宋會要輯稿·刑法·格令三》云："（紹興）二十一年（1151）七月二十八日，尚書左僕射同中書門下平章事提舉詳定一司敕令秦檜等上《鹽法敕》一卷，《令》一卷，《格》一卷，《式》一卷，《目錄》一卷，《續降指揮》一百三十卷，，《目錄》二十卷，《茶法敕令格式》并《目錄》共一卷。"此書疑在其中也。

律音義一卷　宋孫奭等撰　存

奭，字宗古，博川博平人。幼與諸生師里中王徹，徹死，有從奭問經者，奭爲解析微旨，衆驚服，於是門人數百皆從奭。九經及第，累官龍圖閣待制。真宗議奉迎天書，奭力諫，又諫祀汾陰，言至切直。仁宗時擇名儒爲講讀，召爲翰林侍講學士，三遷兵部侍郎,龍圖閣學士,上《無逸圖》,以太子少傅致仕,卒贈左僕射,謚宣。有《大宋崇祀録》《孟子音義》《大韜》(輯)等書。事迹具《宋史》卷四三一、《宋史新編》卷一六三、《東都事略》卷四六等書。

此書《宋史·藝文志》刑法類著録。

《直齋書録解題》卷七法令類著録《律文》十二卷《音義》一卷,云:"自魏李悝、漢蕭何以來,更三國、六朝、隋、唐,因革損益備矣。本朝天聖中,孫奭等始撰《音義》,自名例至斷獄,歷代異名,皆著之。"

按,《律文》十二卷者,即唐初因隋之舊所定律文也。檢《隋書》卷二十五《刑法志》云:"高祖既受周禪,開皇元年(581)……又敕蘇威、牛弘等更定新律,除死罪八十一條,流罪一百五十四條,徒杖等千餘條,定留唯五百條,凡十二卷,一曰《名例》,二曰《衛禁》,三曰《職制》,四曰《户婚》,五曰《厩庫》,六曰《擅興》,七曰《盗賊》,八曰《鬥訟》,九曰《詐偽》,十曰《雜律》,十一曰《捕亡》,十二曰《斷獄》。自是刑網簡要,疏而不失。"唐代因之,此《律文》十二卷者,即唐律本文也。

關於孫奭等撰《音義》之經過,《玉海》卷六十六"天聖律文音義"條載之甚詳,曰:"(天聖)七年(1029)四月,判國子監孫奭言,准詔校定律文及疏。律疏與《刑統》不同本,疏依律生文,《刑統》參用後敕,雖盡引疏義,頗有增損,今校爲定本,須依元疏爲正。其《刑統》衍文者省,闕文者益,以遵用舊書,與《刑統》兼行。又舊本多用俗字,改從正體,作《律文音義》一卷。文義不同,即加訓解,詔崇文院雕印,與律文並行。先是四年(1026)十一月,奭言諸科唯明法一科,律文及疏未有印本,舉人難得真本習讀,詔國子監直講楊安國、趙希言、王圭、公孫覺、宋祁、楊中和校勘,判監孫奭、馮元詳校,至七年

(1029)十二月畢,鏤板頒行。"又引《書目》云:"《律令釋文》一卷,天聖中,孫奭等撰,字義不同,悉有解訓。"是此書又名《律令釋文》也。

此書今猶得見宋本。阮元《揅經室外集》卷四著録《律文》十二卷《音義》一卷,提要曰:"是編不著撰人名氏,《音義》,宋孫奭等撰。奭字宗古,博平人,有《孟子音義》,《四庫全書》已著録,事迹詳《宋史》本傳。《宋史·刑法志》云:宋法制,因乎唐,律、令、格、式,則隨時增損之。此書見《藝文志》,其中所載,自《名例》以至《斷獄》,凡十二門,與《唐志》悉合。陳振孫《書録解題》亦云:'《律文》十二卷,自魏李悝、漢蕭何以來,更三國、六朝,以至隋、唐,因革損益備矣。本朝天聖中,孫奭等又撰《音義》,歷代異名沿革,皆著之。'按,奭所著《音義》,爲唐律而作,于治字下云'唐避高宗諱爲理。'期字下云:'唐避玄宗諱爲周。今改從舊。'又於《名例》杖字下云:'皇朝建隆四年始有折杖之制。'流字下云:'皇朝建隆四年制犯徒者加杖免役。'此則宋時所增,並不見于律文,故加皇朝以別之。至書中字體、翻切,皆有補於小學。卷末列孫奭、馮元、宋祁等銜及'天聖七年四月日准勅送崇文院雕造'十五字。據此,則爲北宋所刊無疑矣。"

此本即《宛委別藏》本也。瞿鏞《鐵琴銅劍樓藏書目録》卷十二著録影鈔宋本《律》十二卷《音義》一卷,云:"《律文》不題名,《音義》題翰林侍講學士中大夫尚書兵部侍郎兼群牧使判國子監太常禮院上柱國樂安郡開國公食邑二千二百户食實封四百户賜紫金魚袋臣孫奭等撰。……其《音義》摘字爲注,仿《經典釋文》體,與《孟子音義》同,精覈亦相等,如《名例》篇乘輿下引蔡邕《獨斷》曰:'天子車馬衣服,器盛百物,曰乘輿。'今本《獨斷》脱天子以下十一字,得此可補其闕。又《衛

禁篇》出行夜,行音下孟切,可正《孟子集注》俗本行夜爲夜
行,并俗讀行爲平聲之訛。又畜聚之畜,丑六切,畜産之畜許
又切,皆與《釋文》合,可正俗讀許六切之訛。卷末題楊中和、
宋祁、公孫覺、楊安國、馮元、孫奭銜名,其公孫覺下二行闕
處,原本板印斷爛,以《玉海》證之,當是趙希言、王圭二人;銜
名末又有'天聖七年四月日准敕送崇文院雕造'一行,下有墨
圖記二方,一曰'子昭',一曰'撚髭亭'。此書世鮮傳本,原出
浙江人士,稽瑞樓主人從之傳録。"

張鈞衡亦有影宋本一部,《適園藏書志》卷五著録影宋本《律》
十二卷《音義》一卷,張氏曰:"律,即唐律,不題名。《音義》題
翰林侍講學士中大夫尚書兵部侍郎兼群牧使判國子監太常
禮院上柱國樂安郡開國公食邑二千二百户食實封四百户賜
紫金魚袋令孫奭等撰。此前銜,後銜增龍圖閣學士中奉大
夫,餘同。案:隋文皇開皇初,定新律十二門,曰《名例),曰
《衛禁》,曰《職制》,曰《户婚》,曰《廐庫》,曰《擅興》,[①]曰《盗
賊》,曰《鬥訟》,曰《詐偽》,曰《雜律》,曰《捕亡》,曰《斷獄》,每
門一卷,共十二門,唐律因之。《音義》仿《經典釋文》,與《孟
子音義》,同其精核。今本與《書録解題》《文獻通考》均合。"[②]
今所藏善本,除臺北"故宫博物院"有《宛委别藏》本外,臺北
"國家圖書館"有清昭文張氏愛日精廬抄本及清咸豐間常熟
王保之影宋抄本各一部。北京圖書館有宋刻元明遞修本及
清抄本各一部,其中清抄本經清季錫疇手校。收入叢刻者:
羅振玉於民國三年(1914)輯刊《吉石盦叢書》,收有此書,係
據北宋天聖本影印。張元濟於民國二十四年(1935)輯刊《四
部叢書三編》,收録《故唐律疏義》三十卷附《律音義》一卷,

---

① 原脱"興"字,今補。
② "題"字今補。

《唐律疏義》係據宋本影印,《律音義》則據宋鈔本影印,並撰有《校勘記》。

作邑自箴十卷　宋李元弼撰　存

元弼,字持國,政和間人,事迹待考。

此書《宋史·藝文志》刑法類著錄,作一卷,然李氏《自序》則作十卷,疑《宋志》一當作十。

《直齋書錄解題》卷六著錄《作邑自箴》十卷,陳氏曰:"李元弼(持國)撰,政和丁酉(七年,1117)序。"

按,此書旨在論爲政之要。作者《自序》云:"嘗謂子男之任實難,其人漢之郎官,出宰百里,聖朝鼎新法度,以達官稱薦者錄之。予濫縮銅章,才微識隘,何以承流宣化民社之重,可不勉焉。剽聞鄉老先生論爲政之要,僅得一百三十餘説,從而著成規矩,述以勸戒,又幾百有餘事,釐爲十卷,目之曰《作邑自箴》。置之几案,可以矜式。政和丁酉(七年,1117)秋七月,李元弼(持國)待次廣陵書。"卷一至卷四分"正己""治家""處事"三門,凡一百三十餘條;卷五至卷八爲"規矩"門,百有餘條;卷九爲"判狀印板";卷十爲"登途須知""備急藥方"。

又按,此書猶有宋本傳世。《宋元本書目行格表》卷上著錄宋本一部,行十九字。《鐵琴銅劍樓藏書目錄》卷十二著錄影鈔宋本,瞿氏云:"作於政和中,刊於淳熙中,傳本甚稀,見《直齋書錄》《文淵閣書目》。卷末有'淳熙己亥中元浙西提刑司刊'一條。每半葉十一行,行十九字,舊爲稽瑞樓藏本。"《愛日精廬藏書志》卷十八著錄抄本一部,係從陳子準藏本傳錄者,張氏曰:"述爲政之要,莅民之方,極爲核備。雖篇帙無多,而條目詳盡,區畫分明,固司牧者之矜式也。末卷曰:《登途須知》,曰《備急藥方》,亦行路所必需者。《直齋書錄解題》《文淵閣書目》《世善堂書目》俱著錄。末頁有'淳熙己亥中元浙西提刑司刊'兩行,蓋從宋刊本影寫者。"

今所藏此書之善本:臺北"國家圖書館"有影鈔宋淳熙間浙西提刑司刊本一部,板匡高23.4公分,寬18.4公分,四周雙邊,無界格。半葉十行,行十九字。版心花口,雙黑魚尾(魚尾相向),上魚尾下方記書名、卷次,下魚尾上方記葉次。前有《自序》,鈐有"鐵琴銅劍樓"白文長方印,即《鐵琴銅劍樓藏書目錄》所著錄者。① 國家圖書館有清影宋抄本一部。民國二十三年(1934),張元濟輯刊《四部叢刊續編》,所收此書,係據影抄宋淳熙本影印。張氏跋此書云:"是書見於《直齋書錄解題》及明文淵閣、世善堂兩《書目》。常熟陳子準依宋本傳錄,繼入於鐵琴銅劍樓。卷首有李元弼《自序》,作於廣陵,時爲政和丁酉。是本卷末有'淳熙己亥中元,浙西提刑司刊'二行,題成書時已六十餘年,是必當時重視茲書,可爲牧令圭臬,故由官署覆刻,俾膺民社者有所取法也。篇中於刑獄、賦稅、户口、田土、買賣、官物、約束、耆壯諸事,紀述特詳,可以考見當時社會情狀;且爲北宋人著述,又《四庫》所未收,故特印行,俾免湮没。"②

《重詳定刑統》三〇卷　宋竇儀等撰　存

儀,字可象,晋天福中進士,周顯德中拜端明殿學士,入宋,遷工部尚書。太祖欲得宿儒處禁中,范質以儀清介重厚對,乃再入翰林爲學士,俄加禮部尚書。太祖欲相之,趙普忌儀剛直,不果。及卒,帝深憫惜之,著有《建隆編敕》。事迹具《宋史》卷二六三、《宋史新編》卷七二、《東都事略》卷三〇等書。

此書《宋史·藝文志》刑法類著錄。

《郡齋讀書志》卷二下刑法類著錄《刑統》三十卷,晁氏曰:"右

---

① 參見"國家圖書館"善本志初稿》二史部。
② 載《涉園序跋集錄》。

皇朝寶儀等詳定。"

《直齋書録解題》卷七法令類亦著録此書，陳氏曰："判大理寺燕山寶儀（可象）詳定。初，范質既相周，建議律條繁廣，輕重無據，特詔詳定，號《大周刑統》，凡二十一卷，至是重加詳定，建隆四年（963）頒行。"

按，《刑統》者，刑律統類之省稱，此書爲宋代最基本且較爲系統之成文法。此書之纂修經過《玉海》卷六十六"建隆新定刑統"條言之最詳，曰："建隆四年（963）二月五日，工部尚書判大理寺事寶儀言：'《周刑統》科條繁浩，或有未明，請別加詳定。'乃命儀與權大理寺少卿蘇曉等同撰集，凡削出式令式宣敕一百九條，增入制敕十五條；又録律内餘條准此者凡四十四條，附於《名例》之次，并《目録》成三十卷，取舊削去格令宣敕及後來續降要用者，凡一百六十條，爲《編敕》四卷，其釐革一司一務，一州一縣之類，不在焉。至八月二日上之，詔其模印頒行。"

寶氏《進刑統表》於本書之内容與體製，言之甚審，曰："……伏以《刑統》，前朝創始，群彦規爲，貫彼舊章，采綴已從於撮要；屬兹新造，發揮愈合於執中。臣與朝議大夫、尚書屯田郎中、權大理少卿、柱國臣蘇曉，朝散大夫、大理正臣奚嶼，朝議大夫、大理寺、柱國臣張希遜等，恭承制旨，同罄考詳；刑部大理法直官陳光乂、馮叔向等，俱效檢尋，庶無遺漏。夙宵不怠，綴補俄成。舊二十一卷，今并目録增爲三十一卷。舊書議節略，今悉備文，削出式令宣敕一百九條別編，或歸本卷，又編入後來制敕一十五條，各從門類，又録出一部律内'餘條准此'四十四條，附《名例》後。字稍難識者，音於本字之下；義似難曉者，并例具別條者，悉注引於其處。又慮混雜律文，本注並加'釋曰'二字以别之。務令檢討之司，曉然易達。其

有今昔浸異，輕重難同，或則禁約之科，刑名未備，臣等起請
總三十二條，其格令宣敕削出及後來至今續降要用者，凡一
百六條，今別編分爲四卷，名曰《新編敕》。凡釐革一司一務
一州一縣之類，非干大例者，不在此數。草定之初，尋送中
書，門下請加裁酌，盡以平章。今則可否之間，上繫宸鑑。將
來若許頒下，請與式令及《新編敕》兼行，其律并疏，本書所
在，依舊收掌。所有《大周刑統》二十一卷，今後不行。"卷一
至卷六爲《名例律》，凡五十七條；卷七至卷八爲《衛禁律》，凡
三十三條；卷九至卷十一爲《職制律》，凡五十九條；卷十二
至十四爲《户婚律》，凡四十六條；卷十五爲《廐庫律》，凡二十
八條；卷十六爲《擅興律》，凡二十四條，卷十七至卷二十爲
《賊盜律》，凡五十四條；卷二十一至卷二十四爲《鬥訟律》，凡
六十條；卷二十五爲《詐僞律》，凡二十七條；卷二十六至卷
二十七爲《雜律》，凡六十二條；卷二十八爲《捕亡律》，凡一十
八條；卷二十九至卷三十爲《斷獄律》，凡三十四條。計三十
卷，凡五百二條。

又按，此書傳本不多。《藝風藏書續記》卷二著録傳鈔天一閣
本一部，繆氏云："按宋初刑法，參用唐代律令格式及後唐《同
光刑律統類》《清泰編敕》《天福編敕》《周廣順類敕》《顯德刑
統》。維時有上書言《刑統》之不便者。工部尚書判大理寺寶
儀請別商榷。乃命儀及權少卿蘇曉、正奚嶼、丞張希遜，與
《刑統》大理法直官陳光乂、馮叔向同撰集，參酌輕重，定爲
《刑統》三十卷，《目録》一卷，其《新編敕》四卷，於建隆四年
(963)七月己卯上之，詔摹印頒行，時稱平允。其書尚見於明
焦竑《國史經籍志》，至國朝《四庫》未收，他書亦罕見著録。
惟《天一閣書目》列在《史部》，烏絲闌鈔本，至光緒己丑(十五
年，1889)重編見存書目，止云存卷五至三十。内兄夏君孫

桐，時守寧波，商之范氏子孫之守是閣者，鈔出全部見貽，方知首四卷爲鼠傷半截，並非缺失，卅卷尾葉亦未完。此書全用《唐律疏議》，問答均與《唐律疏議》同，衹准字以下引例及近年案爲宋時增入，與疏議均較律低一格，下或曰臣等謹案、則又低一格，並非逐條均有。”

民國七年（1918），國務院法制局曾據天一閣藏本刊行。民國十一年（1922）吳興嘉業堂劉承幹，據天一閣抄本校刻刊行，劉氏將與《刑統》有關之資料，重爲《附録》一卷，復將本書“分門逐一標出，檢取唐目，比勘於後”，①撰成《刑統校勘記》一卷，劉氏跋云：“右《刑統》三十卷，以《唐律》逐條比勘，於編目異同之故，較然易明矣。若律條所列，從首至尾，初無異文。疏議小有不符，大率宮室、都邑今昔異名，將以取便官司，故應變易從質。其新所附益，衹《雜令》門中增入各議，碎義瑣言，無關體要。至於《唐律》十二篇，篇首各有疏議，而《刑統》闕如，就删除者，此爲最著，要以義旨宏博，未切實用耳。昔孫宣公謂《刑統》雖盡用疏議，頗有增損者，其即指此言之歟？抑宋時《唐律》與《刑統》並行，觀《宋史・藝文志》及陳振孫《直齋書録解題》，於法令類皆以《唐律》列首，可知一代典章爲官府之據依者，屬於《刑統》；而遺文要旨供學銜之矍索者，仍取《唐律》。各有指歸，不相掩蔽，既無偏廢，何嫌損益乎？惟今岱南閣本《唐律》附有《釋文》《纂例》二書，書各有《序》。《釋文》《序》稱此山貰冶子著，明言《刑統》之内多有艱字，故爲釋文辯義，而乃誤屬《唐律》，致先時《刑統》未出，輒疑所詮釋之字別有闌入。《纂例》出元人王元亮，其例説本限《唐律》，而卷首五刑例圖兼及宋、金、元三朝。今鈔本《刑統》於

---

①　見劉氏《重詳定刑統校勘記》小序。

流徒杖笞施行法篇中,殘蝕過甚,猶賴此圖補入。又書中避
'敬'字作'恭',避'期'字作'周',正與《刑統》本合,與《唐律》
本異。是則此二書者,以之改附《刑統》,乃尤屬允當耳。"劉
氏輯刊《嘉業堂叢書》,即收錄此本。1984年,北京中華書局
即據劉氏校本由吳翊如點校排印出版。前國立北平圖書館
有明烏絲闌抄本一部,今寄存臺北"故宮博物院"。每半葉九
行,行十八字,鈐有"國立北平圖書館收藏"(朱方)、"張芹伯"
(朱方)。

刑統釋文三○卷　宋范遂良撰　佚

遂良,事迹待考。

此書《宋史‧藝文志》刑法類不著錄,見《秘書省續四庫書目》
刑法類,云闕。

刑統賦二卷　宋傅霖撰　存

霖,字逸巖,青州人。少與張咏同學,霖隱居不仕。咏既顯,
求霖三十年不可得。真宗時,咏知陳州,乃來謁。咏問曰:
"爾昔何隱,今何出?"霖曰:"子將去,來報子爾。"別去後一
月,咏卒。事迹具《宋元學案補遺》卷九、《宋詩紀事》卷三、
《齊乘》卷六等書。

此書《宋史‧藝文志》刑法類著錄,作《刑統賦解》一卷,注云:
"不知作者。"茲據《郡齋讀書志》。

《郡齋讀書志‧後志》卷一刑法類著錄《刑統賦》二卷,晁氏
曰:"右皇朝傅霖撰,或人爲之注。"

《四庫全書總目》卷一○一法家類存目著錄此書,二卷,《提
要》云:"宋傅霖撰。霖,里貫未詳,官律學博士。法家書之存
於今者,惟《唐律》最古。周顯德中,竇儀等因之作《刑統》,宋
建隆四年頒行。霖以其不便記誦,乃韻而賦之,併自爲注。
晁公武《讀書志》稱或人爲之注,蓋未審也。其後,注者不一

家。金泰和中李祐之有《刪要》；元至治中程仁壽有《直解》
《或問》二書；至元中練進有《四言纂注》；尹忠有《精要》；至
正中張汝楫有《略注》；並見《永樂大典》中。此本則元祐中東
原郤氏爲韻釋。<small>按趙孟頫原《序》但稱郤君，不著其名。</small>其鄉人王亮又
爲增注，然於霖所自注，竟削去之，已非完本。亮注亦類皆剽
襲前人，無所發明，且傳寫訛誤，第四韻、第七韻內脱簡特多，
殊不足取。"

按，《提要》謂書中之注，爲霖所自爲，以辨晁氏之誤，是也；惟
云傅氏里貫未詳，則未詳考之失也。

又按，此書宋刊本已罕見，《四庫全書》館臣以脱簡甚多，不爲
完本而未之收録，但存其目。黄丕烈曾得舊鈔本一部，作《刑
統賦解》，無卷數，殘缺不完，《蕘圃藏書題識》卷四載初白老
人查慎行及黄丕烈題記多則。其一曰："《宋史·藝文志》《刑
統賦》四卷，不詳作者姓名。晁公武《讀書後志》著録二卷，云
皇朝傅霖撰，或人爲之注。則傅乃宋人，非元人也。趙文敏
《序》云："東原郤君章析而韻釋之。"而不稱其名，則郤必元
人，竹垞概以爲宋人者，亦訛。此本爲古林曹氏藏本，甲午五
月，予從西吳書估購得之。初白老人查慎行志。"其二曰："案
此《跋》係初白老人手筆，原本五行，有□書諸卷端，都君已改
模糊處。《敏求記》都君乃郤君也，兹録出已改行款，仍書都
君者，誤也。蕘夫。"其三曰："《序文》首行另行自聖人云云
起，每半葉七行，共計八行，併首行共廿九行。蕘夫記。"其四
曰："按《刑統賦》，本八韻，今此本缺後一韻□。又案，明洪武
中，江西泰和蕭岐字尚仁，嘗取《刑統》八韻賦行律令爲之解，
合爲一集，謂天下理本一出乎道，必入乎刑，吾合二書，使觀
者有所省也云云，横雲山人。《明史》爲蕭立傳。今其書失
傳。乾隆□□查岐昌續志於得樹樓。案□原書於《序》之上

方,今録于此。蕆夫。”

按,蕘圃所得之本,今猶有元刊本傳世,題“宋左宣德郎律學博士傅霖撰,東原郅韻釋,益都王亮增注”。前有元延祐三年(1316)趙孟頫《序》。

其後,黃丕烈復取元鈔沈仲緯撰《刑統賦疏》一卷所載傅《賦》,與查本《刑統賦解》對勘,兩者異同,載諸《蕘圃藏書題識續録》卷二,以文多茲不抄録。周中孚曾得明錢唐胡氏校刊本《刑統賦》一卷,周氏爲撰《提要》云:“宋傅霖撰。《四庫全書存目》作二卷,《讀書志》《通考》俱同。晁氏稱或人爲之注。案傅氏既作是賦,並自爲注,晁氏蓋誤以自注爲或人注也。《提要》本則有王亮增注,而傅氏自注反爲亮所刪削,已非完本,惟卷數不合併,與此本異。當周世宗時,命竇儀重詳定《刑統》三十卷,①宋建隆四年頒行,治獄之吏,咸所誦習,傅氏以其義例深晦,愚民未能盡知,乃隱栝爲《賦》一篇,自爲之注,已爲利益。至元延祐中,東原郅氏,又從而析爲八章,釋以四言韻語,律義昭燦,灼然明白,其隱恤之念,蓋以綱維政治,推廣古人忠厚之意,其用心亦仁矣。前有元延祐甲寅三年趙松雪(孟頫)《序》,亦止稱郅君而不名也。”②

今傳諸本,并係後人注釋之本,傅氏元本已罕見。臺北“國家圖書館”有鈔本《粗解刑統賦》一卷,係傅霖撰《賦》,元孟奎解義者也。首都圖書館有元刻本《刑統賦》一卷;國家圖書館有明刻本《刑統賦》一卷,並係元郅氏韻釋者也。

清光緒間,繆荃孫自鐵琴銅劍樓借録元郅氏所韻釋之《刑統賦注》二卷、元孟奎解義之《粗解刑統賦》一卷、元沈仲緯所撰《刑統賦疏》一卷等三書,以之合校傅《賦》,補其缺敓,以求全

① 見《宋志》刑法類。
② 見《鄭堂讀書記》卷三十九。

帙。光緒、宣統間，繆氏輯刊《藕香零拾》，即以此合校本載諸其中，繆氏此本，爲今存諸本中最完善者。繆氏撰有一《跋》，載諸卷末，云："按《刑統賦》，《四庫》因其不全，未曾收入，今假録鐵琴銅劍樓所藏《刑統賦注》二卷、《粗解刑統賦》一卷、《刑統賦疏》一卷，合而校之。《刑統賦注》，題'元左宣德郎律學博士傅霖撰，東原郇□韻釋，益都王亮增注'，有趙孟頫《序》。案是書已見晁氏《讀書志》，題爲元人者非。郇下原闕一字，其中'解曰'云云，出傅氏自注；'歌曰'云云，是郇氏韻釋；'增注曰'云云，出自王氏。《提要》云霖所自注，亮削去之，亦非也。《賦》凡八韻，惟四韻'則親等他人'下脱'囚走而殺，則仗等空手。妄認或依於錯誤。公取豈殊於竊取。失器物者，方辨於官私。貸市易者，始分於監守。使之迷謬。'九句。第七韻中'雖戲雖失而不從'，戲失下脱'非毆非傷，而有同毆傷。渡關三等，自首而獲免者冒渡。贓累六色共犯，而合併者盜贓。他捕或同於自捕。囚王有異於徒亡。文無失減者，必依減三等之法。罪有強加者，不准加二等之強。誤殺私牛馬者，法止無罪。故傷親畜産者，價亦不償。見役在官脱户，止從於漏口。持敕免死，殺人須至於移鄉'十九句。第八韻'大哉，罪有累加不累加。贓有併計不併計。公坐爲私者，官當同公坐之法。謀殺從故者，首從依謀殺之制。小功大功，尊又加等。聽贖收贖，語無別例。傷重加凡鬥者，非止内損。出降依本服者，兼明外繼。士庶饋與，猶坐於去官'十六句，當補在'親故乞索不論於挾勢'句前，本文全矣。《粗解刑統賦》，題鄒人奎解，前有至正壬辰《自序》及沈維時《跋》。奎字文卿，元至正間人，所解皆淺顯易明，令人便於誦讀。四韻中'則不舉輕乎不糾'句下脱'故屏服食，論以鬥毆；貿易官婢，同於和誘。併贓累併法也。而法兼乎贓；本部如本屬也,而屬尊於部。詐傳制書,情類詐僞'十句。《賦疏》一卷,題沈仲緯氏撰,有俞淖、楊維禎序。案,仲緯未詳其名,據序爲郡府掾。其書取傅氏《賦》文而爲之疏,引據詳析,後有直解,軃栝易曉。解後有通例,則取當時罪案斷以例,以爲左驗,意主戒儆,非泛作刑書也。而《粗解刑統賦》廿二葉第八韻末脱最後四句,廿三葉又從第三韻起至末,疏解又不同於前半,荃孫互相考核,實是兩書,鄒解簡要,無名氏解較詳。案以證之,非鄒解例,是兩書一失其尾,一失其首,後人合併爲一書,《瞿目》亦未曾分析,然本賦合此四種,方成全璧,惜解、疏、歌、注均不能完,《敏求記》載《刑統賦解》即此書,至楊叔淵《續賦》則無可蹤迹矣。光緒戊申(三十四年,1908)七月天孫渡河之夕,江陰繆荃孫識。"按:《粗解刑統賦》爲鄒人孟奎撰,繆氏所見,脱一"孟"字,誤作"鄒人奎",繆氏遂誤以爲姓鄒名人奎矣,今正。

治縣法一〇卷　宋呂惠卿撰　佚

惠卿,字吉甫,晋江人,舉進士,初與王安石論經義,意多合,遂定交,因薦於朝,爲太子中允。逢合朋奸,驟致執政,安石去位,凡可以害王氏者無不爲,至發其私書於上,安石退處金陵,往往寫"福建子"三字,蓋深悔爲惠卿所誤也。旋罷相,出判江寧府。有《孝經傳》《論語義》《新吏部式》《莊子解》《建安茶用記》《弓試》、奏議、文集等。事迹具《宋史》卷四七一,《宋史新編》卷一八六、《東都事略》卷八三等書。

此書《宋史·藝文志》刑法類不著録,見《郡齋讀書志附志》刑法類。

趙希弁曰:"右吕惠卿所著也,曰法令,曰詞訟,曰刑獄,曰簿曆,曰造簿,曰給納,曰災傷,曰盜賊,曰勸課,曰教化。惠卿自序於前,紹聖二年(1095)九月也。所在多刊此法,豈非不以人廢言與。"

常平役法一卷　宋不著撰人　佚

此書《宋史·藝文志》刑法類不著録,見《郡齋讀書志附志》刑法類。

趙希弁曰:"右紹興以來,臣僚申請,士民陳訴,備載於中。按朱文公《語録》乃朝廷頒降者。"

廣律判辭十一卷　宋李康侯撰　佚

康侯,江夏人,康年弟,與蘇軾、黄庭堅游。事迹略具《楚紀》卷四七。

此書《宋史·藝文志》刑法類不著録,見《玉海》。

《玉海》卷六六云:"李康侯著《廣律判辭》十一卷,以廣律意,胡宿繳進。"

按:所稱"以廣律意",指《唐律》十二卷也。

宋提刑洗冤集録五卷　宋宋慈撰　存

慈,字惠父,福建建陽人。少受業於同邑吴雉,雉本朱子弟子,慈因得與楊方、黄幹諸儒論質,學益進。真德秀衡其文,謂其源流出於肺腑,慈復師事之。嘉定十年(1217)進士,爲信豐尉,歷湖襄提刑,以朝請大夫直焕章閣,知廣州,爲廣東經略安撫使,威愛相濟,嶺海晏然。無他嗜,惟喜收異書名帖,謙抑自然,扁其室曰"自牧"。淳祐六年(1246)卒,年六十四,贈朝議大夫,理宗御書墓門旌之。事迹具《宋史翼》卷二二、《宋元學案補遺》卷八一,《後村大全集》卷一五九有《宋經略墓誌銘》。

此書《宋史·藝文志》刑法類不著録,見《百川書志》。

《四庫全書總目》卷一○一法家類存目著録《永樂大典》本《洗冤録》二卷,《提要》云:"宋宋慈撰,慈字惠父,始末未詳。是書自序題淳祐丁未(七年,1247),結銜題'朝散大夫新除直祕閣湖南提刑充大使行府參議官'。序中稱四權臬司,於獄案審之又審,博採近世諸書,自《内恕録》以下,凡數家薈粹釐正,增以己見爲一編,名曰:《洗冤集録》,刊於湖南憲治。"後來檢驗諸書,大抵以是爲藍本,而遞相考究,互有增損,則不及後來之密也。"按,《提要》謂宋氏"始末未詳",蓋爲失考,胡玉縉《四庫提要補正》及余嘉錫《四庫提要辨證》均曾辨正,詳考宋氏生平事迹。又,此書爲五卷,《四庫存目》據《永樂大典》輯本著録作二卷者,顯非完本。

宋氏《自序》云:"獄事莫重於大辟,大辟莫重於初情,初情莫重於檢驗,蓋死生出入之權輿,幽枉屈伸之機括,於是乎決。法中所以通著今佐理據者,謹之至也。年來州縣悉以委之初官,付之右選,更歷未深,驟然嘗試,重以仵作之欺僞,吏胥之奸巧,虚幻變化,茫不可詰,縱有敏者,一心兩目,亦無所用其智,而況遥望而弗親,掩鼻而不屑者哉。慈四叨臬司,他無寸長,獨於獄案,審之又審,不敢萌一毫慢易心,若灼然知其爲欺,則亟與駁;亦或疑信未決,必反覆深思,惟恐率然而行,死者虚被淪漉。每念獄情之失,多起於發端之著,定驗之誤,皆原於歷試之涉,遂博採近世所傳諸書,自《内恕録》以下,凡數家,會而粹之,釐而正之,增以己見,總爲一編,名曰《洗冤集録》,刊於湖南憲治,示我同寅,使得參驗互考。如醫師討論古法,脈絡表裡先已洞澈,一旦按此以施鍼砭,發無不中,則其洗冤澤物,當與起死回生,同一功用矣。淳祐丁未(七年,1247)嘉平節前十日,朝散大夫新除直秘閣、湖南提刑、充大使行、府參議官,宋慈(惠父)序。"末又附云:"賢士大夫或有得於見聞,及親所歷涉,出於此集之外者,切望片紙録賜,以廣未備。慈拜稟。"卷一"條令""檢覆總説"(上、下)、"疑難雜説"(上);卷二"疑難雜説"(下)、"初檢""覆檢""驗尸""婦人"

（附小兒尸并胞胎）、"四時變動""洗罨""驗未埋瘞尸""驗已
殯殰尸、"驗壞爛尸""無憑檢驗""白僵死卒死"；卷三"驗
骨""論骨脈要害去處""自縊""打勒死假自縊""溺死"；卷
四"他物手足傷死""自刑""殺傷""尸首異處""火死""湯潑
死""服毒""病死""針灸死""劄口詞"；卷五"驗罪囚死、"受
杖死""跌死""塌壓死""壓塞口鼻死""硬物癮痕死""牛馬踏
死""車輪拶死""雷震死""虎咬死""蛇蟲傷死""酒食醉飽
死""築踏内損死""男子作過死""遺路死""仰臥停泊赤色"
"蟲鼠犬傷尸""發冢""驗鄰縣尸""辟穢方""救死方""驗狀
説"。此書實爲宋氏驗尸之實録，宋氏可稱中國古代之名法
醫也。

《四庫全書總目存目》據《大典》本著録，知此書傳本不多。清
陸心源藏有影宋本一部，陸氏嘗撰一《跋》，譽宋氏爲賢者，並
云："《宋史·循吏》不爲立傳，亦缺典也。"[1]黄丕烈有元刊本
一部，黄氏在卷末撰一《題識》，云："右《宋提刑洗冤集録》五
卷，又《聖朝頒降新例》七葉，蓋元刊本也。案《百川書志·法
令門》有《聖朝頒降洗冤録》一卷，當即此。原裝一册，《序》
《目》後即接《聖朝頒降新例》。病其横亙於中，移置於後。蕘
翁。"[2]此本後爲張金吾所得，《愛日精廬藏書志》卷二著録。
王文進《文禄堂訪書記》卷三亦著録元刊本，王氏云："《宋提
刑洗冤集録》五卷，宋吴慈編。元余氏勤有堂刻本，半葉十六
行，行二十七字，黑口，淳祐丁未自序。"按，吴慈，當作宋慈，
王氏偶疏也。陸氏《皕宋樓藏書志》卷三十五著録影寫元刊
本一部。黄丕烈又得明代仁和胡文焕覆元本一部，《蕘圃藏

---

　①　陸氏所撰《跋》，多引宋氏《自序》及《四庫全書總目提要》，爲免重複，兹不具録，
參見《儀顧堂題跋》卷六。
　②　此題識見《蕘圃藏書題識》卷四。

書題識》卷四載《題記》兩則：一曰："《洗冤録》舊刻不多見，得見覆刻本已鮮，世傳者非其本書矣。余家舊藏《宋提刑洗冤集録》五卷，前有《聖朝頒降新例》幾條，載大德云云，故定是元刻。兹胡文焕覆本，文理略同，殊多脱誤，且改易卷第，因手校之，庶可讀也。復翁。"二曰："明人喜刻書，而又不肯守其舊，故所刻往往戾於古，即如此書，能翻刻之，可謂善矣，而必欲改其卷第，添設條目，何耶？余向檢《也是園書目》，於《律令門》載《洗冤録》一卷、《無冤録》一卷、《平冤録》一卷，兹從此刻考之，殆即指是書也，蓋書分上下，猶是一卷耳，故《目》云一卷也。《無冤》《平冤》，亦胡文焕刻，余與此録併得之。丁卯秋九月，黄丕烈識。"按，《無冤録》一卷，[①]舊題元王與撰；《平冤録》一卷，不著撰人。二書今均有傳本。丁氏《善本書室藏書志》卷十六著録明刊本一部，丁氏謂翻自元本者。清乾隆甲辰(四十九年，1784)，武進陳明善刊有袖珍本，併附一二救急經驗良方，以便程途攜帶。[②] 今存善本：北京大學有元刊本；清華大學有明萬曆三十七年刊本。收入叢刻者：清乾隆年間，孫星衍輯刊《岱南閣叢書》，收録此書，係據元本刊印；商務印書館《叢書集成初編》所載此書，即據《岱南閣叢書》本排印。1958 年法律出版社又據《岱南閣叢書》，參酌顧廣圻所校，標點重印。今人田一民、羅時潤合撰有《洗冤集録譯釋》一書，1980 年由福建科學技術出版社出版。

刑名斷例一〇卷　宋不著撰人　佚

此書《宋史·藝文志》刑法類不著録，見《直齋書録解題》(卷七)法令類。

陳振孫曰："《刑名斷例》十卷，不著名氏。以《刑統》、敕令總

---

① 《四庫全書總目》法家類存目作二卷。
② 見《鄭堂讀書紀》卷三十九。

爲一書,惜有未備也。"

按,《宋志》刑法類著錄曾旼等於元符二年(1099)奉詔所編之《刑名斷例》三卷。

斷例四卷　宋不著撰人　佚

元豐斷例六卷　宋不著撰人　佚

右二編《宋史·藝文志》刑法類不著錄,見《郡齋讀書志》刑法類。

晁公武曰:"皇朝王安石執政以後,士大夫頗重意律令,此熙、豐、紹聖中法寺決獄,此其六卷,則元豐中法寺所斷節文也。"①

紹興刑名疑難斷例不著卷數　宋王師心撰　佚

師心,字與道,金華人。政和八年(1118)進士。初爲海州沭陽縣尉,敗劇賊,詔改承奉郎知福州長沙縣。政事詳明,累官江南西路、湖北、西浙安撫使。秦檜死,遷權吏部尚書兼侍讀,奏言帝王之於史,其要在觀得失、究治亂。進《漢書》,摘其切於治體者讀之。乾道初,以顯謨閣學士提舉江州太平興國宮,旋以左奉議大夫致仕。乾道五年(1169)卒,年七十三,謚莊敏。事迹具《敬鄉錄》卷五、《金華先民傳》卷三、《金華賢達傳》卷三等書。

此書《宋史·藝文志》刑法類不著錄,見《玉海》卷六十七。

按,《玉海》卷六十七"紹興刑名斷例"條云:"紹興三年(1133)正月乙丑,手詔曰:'廷尉天下之平也,曹劌謂小大之獄,雖不能察,必以情,爲忠之屬也,可以一戰,可布告中外,爲吾士師者,各務仁平,濟以哀矜。天高聽卑,福善禍淫,莫遂爾情,罰及爾身。置此座右,永以爲訓。臺屬憲臣,常加檢察,月具所

---

① 此二書晁《志》分見晁《志》及《後志》,此據《文獻通考·經籍考》刑法類合併著錄。提要文字,亦據《通考》。

平反刑獄以聞,三省歲終鉤考,當議殿最。'四年(1134)七月
癸酉,初命大理丞評刊定見行斷例。刑部言:'國朝以來斷例
皆散失,今所用多是建炎以來近例,乞將見行斷例,并臣僚繳
進元符斷例,裒集爲一,若特旨斷例,則別爲一書。'九年
(1139)十月戊寅朔,命評事何彦猷等編集刑名斷例,刑部郎
張柄等看詳。二十六年(1156)九月二十九日戊辰,臣僚請以
吏刑部例修入見行之法。閏十月一日,刑寺具崇寧、紹興刑
名疑難斷例三百二十條。二十七年(1157),吏部尚書詳定敕
令王師心編修,以'紹興刑名疑難斷例'爲名。又以吏部改官
例六十二條,修可行者三十條爲《紹興吏部改官申明》。十一
月二日從之。"

元豐廣案二○○卷　宋不著撰人　佚

此書《宋史・藝文志》刑法類不著録,見《郡齋讀書志・
後志》。

晁公武曰:"右皇朝元豐初置新科明法,或類其所試成此書。"

元豐刑部叙法通用一卷　宋不著撰人　佚

此書《宋史・藝文志》刑法類不著録,見《直齋書録解題》卷七
法令類。

陳振孫曰:"末載申明,至紹興、淳熙以後。"

按,《秘書省續四庫書目》刑法類著録《叙法》二卷,云"闕",疑
即此書,惟卷數不同,蓋析併不同故也。

三司編敕六卷　宋索湘等撰　佚

湘,字巨川,滄州鹽山人。開寶六年(973)進士,釋褐,爲鄆州
司理參軍。太宗時,歷監察御史,詔下東封,與劉蟠同知泰山
路轉運使,又爲河北轉運副使,以能幹聞。真宗即位,入爲右
諫議大夫,咸平四年(1001)卒。事迹具《宋史》卷二七七、《宋
史新編》卷七九、《史質》卷四八等書。

此書《宋史·藝文志》刑法類不著録，見《秘書省續四庫書目》刑法類。

考《宋史·索湘傳》云："咸平二年(999)，入爲户部使，受詔詳定《三司編敕》。"《宋會要輯稿》宋格令(一)云："(咸平)二年(999)七月三十日，户部使右諫議大夫索湘上《三司删定編敕》六卷，詔頒行。先是，詔湘與鹽鐵使陳恕、度支使張雍、三部判官，取三司咸平二年(999)三月以前逐部宣敕，分二十四案爲門删定，至是上之。"①

按，此書本六卷，《秘書省續四庫書目》著録作二卷，云"闕"，是二卷者爲不完之本。

三司咸平雜敕三〇卷　宋林特等撰　佚

特，字士奇，順昌人，少穎悟，十歲謁江南李璟，獻所爲文，璟奇之，命做賦，有頃而成，授蘭臺校書郎。江南平，袖文以進太宗，太宗以爲長葛尉。仁宗即位，進刑部尚書翰林侍讀學士。特體素羸，然未嘗一日謁告，及得疾，纔五日而卒。有《會稽録》《東封西祀朝謁太清宫慶賜總例》等書。事迹具《宋史》卷二八三、《宋史新編》卷八六、《宋史翼》卷四〇等書。

此書《宋史·藝文志》刑法類不著録，見《秘書省續四庫書目》刑法類。

考《宋會要輯稿》宋格令一云："(景德二年)十月九日，三司鹽鐵副使林特，上《三司新編敕》三十卷，詔依奏施行。先是，詔特與直史館權判三司勾院陳堯咨、直史館判度支勾院孫冕、審刑院詳議官李渭編録，至堯咨、冕、渭皆補外，續詔審刑院詳議官周寔、大理寺詳斷官彭愈、開封府兵曹參軍孫元方詳勘，及書成上之。特賜勳一轉，餘賜器幣

---

① 《玉海》卷六十六《咸平新定編敕》條引《會要》無"先是"以下四十七字。

有差。"

按,此書本三十卷,《秘書省續四庫書目》著録作十二卷,蓋非完本也。

景祐刺配敕五卷　宋不著撰人　佚

《宋史·藝文志》刑法類不著録此書,見《秘書省續四庫書目》刑法類。

按,《秘書省續四庫書目》著録此書,云"闕"。

考《宋會要輯稿》宋格令二云"(景祐)五年(1038)十月四日,審刑院大理寺上《減定諸色刺配刑名敕》五卷,詔依奏施行。先是,二年(1035)十一月十五日,敕書應犯罪人條禁尚繁,配隸尤衆,離去鄉土,奔迫道途,有惻朕懷,特申寬典,宜令審刑院大理寺別減定諸色刺配刑名,委中書門下詳酌施行,至是上之。"

又《玉海》卷六十六"景祐編敕"條云:"(景祐二年)月十一月,詔審刑大理別減定配隸刑名,五年(1038)十月四日,上《刑名敕》五卷。"是此書有三稱,而以《宋會要輯稿》所稱爲原題也。

皇祐審官院編敕一卷　宋賈壽撰　佚

壽,事迹待考。

此書《宋史·藝文志》不著録,見《秘書省四庫書目》刑法類。

考《玉海》卷六十六"天禧編敕"條云:"皇祐中,修定一司敕二千三百十七條;一路敕千八百二十七條;一州一縣敕千四百五十一條。此又在編敕之外。"此書蓋即此時所編也。

元祐編敕十二卷　宋蘇頌等撰　佚

頌,字子容,紳子,泉州南安人,父葬潤州丹陽,因徙居之。第進士,累遷集賢校理,奉祖母及母,養姑姐妹與外族數十人,甘旨融洽,昏嫁以時,妻子衣食常不及,而處之晏如,富弼稱爲古君子。英宗時遷度支判官,元祐七年(1092)拜右僕射,

兼中書門下侍郎。紹聖四年(1097)以太子少師致仕,靖國元
年(1101)卒,年八十二。著有《邇英要覽》《渾天儀象銘》《本
草圖經》、文集等。事迹具《宋史》卷三四〇、《宋史新編》卷一
一四、《東都事略》卷八九、《三朝名臣言行録》卷十一等書。

此書《宋史·藝文志》刑法類不著録,見《蘇魏公文集》卷四
十四。

考《宋史》卷一九九《刑法志》云:"元祐初,中丞劉摯言:'元
豐編修敕令,舊載敕者多移之令,蓋違敕法重,違令罪輕,此
足以見神宗仁厚之德,而有司不能推廣,增多條目,離析舊
制,因一言一事,輒立一法,意苛文晦,不足以該事物之情,
行之幾時,蓋已屢變,宜取慶曆、嘉祐以來新舊敕,參照去取
删正,以成一代之典。'右諫議孫覺亦言:'煩細難以檢用。'
乃詔摯等刊定。哲宗親政,不專用元祐近例,稍後熙寧、元
豐之制,自是用法,以後衝前,改更紛然,而刑制紊矣。"

又檢《玉海》卷六十六"元祐編敕令格式"條云:"(元祐)元年
(1086)三月己卯,二十四日。詔中丞劉摯等以元豐敕令格式并
續絳條貫六千八百七十六道刊修。先是,摯言先王制法,其意使人易避
難犯,至簡至直,而盡天下之理。二年(1087)十二月二十四日,蘇頌等
上《敕》十二卷、二千四百四十條,計一十七卷,名件多者分上下。《令》二十
五卷、一千二十條。《式》六卷、一百七十條。《申明》《例》各計一卷,
《敕書德音》一卷,并《目録》總五十六卷,詔頒行。一本云:三年閏
十二月癸卯朔,詔頒《元祐敕令格式》。頌等奉詔詳定成書,表上之。"

今考《蘇魏公文集》卷四十四載《進元祐編敕》於此書編修之
經過及內容,叙述甚詳,曰:"臣某言:竊以法不獨立,必由聖
哲之有爲,令出惟行,當重變更之所始。時屬休明之運,民漸
寬厚之仁,仰奉淵謨,克新治典。臣等聞古者民樸而事約,故
弼教之刑,流宥惟五,及乎俗易而風移,故用中之典,輕重以

三,事隨世而屢遷,文因情而互起。自唐興,訖乎顯德,其律令格式,具載于簡編,由國初至于元豐,其制救禮書,悉藏于官守,章程時易,巧偽日新,峻其隄防,乃有滋彰之弊,緩其銜策,又多抵冒之虞。昔爲便者,或閡于今;近所利者,或達於遠,舊文未具,新例更生,令每戒于荼煩,事固難于毛舉,取其宜於時者,由是變而通之,或革或因,至纖至悉。恭惟皇帝陛下,太皇太后陛下,道熙天緯,智燭物情,紹休六紀之光,損益百王之際,以謂疏律著令,皆欲傳之無窮,正本清源,遂可措而不用,雖祖宗之制具在,而習俗之變靡常,正律旁章,一有滯疑之論,奇請他比,寖成破析之繁,不有刊删,孰從折中。宜乎本朝以爲先務,二聖爲之盡心,慎簡乃僚,總領其事,置司率屬,將訂正於煩苛,據舊鑑新,俾發明于義類。臣等奉承詔旨,繙閱舊章,于是以元豐救、令、格、式,并元祐二年(1087)十二月終以前海行續降條貫,共六千八百七十六道,兼取嘉祐、熙寧編救,附令救等,講求本末,詳究源流,合二紀之所行,約三書之大要,彌年攎摭,極慮研窮,稍就編勝,粗成綱領,隨卷標目,用舊制也;以義名篇,仿《唐律》也。其間一事之禁,而有數條,一條之中,或該數事,悉皆類聚。各附本門,義欲著明,理宜增損,文有重覆者,削除之;意有闊略者,潤色之。使簡而易從,則久而無弊。又案,熙寧以前編救,各分門目,以類相從,約束賞刑,本條具載,以是官司便于檢閱,元豐救則各隨其罪,釐入諸篇,以約束爲令,刑名爲救,酬賞爲格,更不分門,故檢用之際,多致漏落,今則並依熙寧以前體例删修,更不別立賞格。又以古之議刑,必詢于眾,漢以《春秋》斷疑獄,發自仲舒;唐以居作代肉刑,成於洪獻。復有國人奏請,隨事立條,讞報實繁,去取尤慎,曩時修熙寧救,止據嘉祐舊文;元豐救亦只用熙寧前例,增損删定,更不參考日前創法改作之意，今則斷自嘉祐，至今凡二十餘年，海行宣敕及四方士，陳述利害，參酌可否，互有從違；又以人情多辟，法意未周，須藉增裨，乃爲完密。考東郡之議，應劭有臣所創造之言，按慶曆之書，群官有參詳新立之例，今來敕令式內，事有未備，與删定官等同共討論，具爲條目者，即依慶曆故事，注曰：‘臣等參詳新立’。又以法令所載，事非一端，郡縣省臺，紀綱繁委，前紀所述，皆有別書。魏律則尚書州郡，著令自殊；唐格則留司散頒，立名亦異；皆所以便于典掌，不使混殽。其元豐敕，以熙寧敕令中合入尚書六曹，在京通用并一路一州一縣事，並釐歸逐處，若盡收還，慮致叢脞，今只以該五路以上者，依舊修入敕令，其餘有事節相須，條制相類，可以隨事生文，不須別條立法者，雖止該一路一司，並附本條編載。又有專爲一事，特立新書，若景德《農田》，慶曆《貢舉》，皆別爲條勒，付在逐司。今元祐差役敕，先已成書，并近歲專爲貢舉出使立條者，既不常行，遇事即用，並已釐出，不使相參。其有一時約束，三省奉行，廢置改更，蠲除省約，既關治體，須俟僉用，大則奏稟于請衷，次則諮議于執政，既有定論，咸用著篇。又案《刑統》録出律內餘條，准此附名例後，旁舉諸條，各以類見，今亦以敕令中如此例者六十四件，別爲一篇，凡删修成敕二千四百四十條，共一十二卷。內有名件多者，分爲上下，計一十七卷。《目録》三卷。令一千二十條，共二十五卷。式一百二七條，共六卷。令式《目録》二卷，《申明》一卷。餘條准此例一卷。元豐七年以後《敕書德音》一卷，總五十六卷，合爲一部。如得允當，即望降敕雕印頒行，仍乞以《元祐詳定令式》爲名。所有元豐敕令格式并元祐二年終以前海行續降條貫，及前來詳定重修編敕所關，出熙寧敕、天聖令、附令敕，并熙寧、元豐申明敕，前後申明散敕及一時指揮等已降新書收載者,更不行用,不係收載者,各合依舊法。其元祐三年正月一日以後海行續降條貫,自爲後敕施行。若乃敕著罪名,令存禁止,應于典則,盡載式文,世重世輕,蓋亦隨時之義,先庚先甲,庶乎已日乃孚。倘賜俞音,立爲常制,則官司奉憲,無穿令斷律之譏;郡國承流,有操刀執繩之戒。臣等昧刑名之學,乏將明之才,誤被選掄服勤,紬繹惕緩,期于歲月,愧無補于毫分,所冀刑清吏端,少助敦龐之化。網疏禁闊,彌彰宏遠之規。塵瀆冕旒,若蹈淵谷,其敕令式等五十六卷,并看詳二百卷,共二百四十六册,謹隨表上進。"①

元祐以後敕書德音二卷　宋不著撰人　佚

此書《宋史·藝文志》刑法類不著録,見《秘書省續四庫書目》刑法類。

考《玉海》卷六十六"元祐編敕令格式"條云:"(元祐)二年十二月二十四日,蘇頌等上《敕》十二卷,《令》二十五卷,《式》六卷,《申明例》各一卷《敕書德音》一卷,並《目録》總五十六卷,詔頒行。"知此書爲蘇頌等所上也。

又按,此書《玉海》作一卷,《秘書省續四庫書目》作二卷,云"闕"。

諸路將官通用敕二〇卷　宋不著撰人　佚

此書《宋史·藝文志》刑法類不著録,見《郡齋讀書志》卷八刑法類。

晁公武曰:"右皇朝崇寧中修。"

崇寧申明敕令格式二卷　宋不著撰人　佚

此書《宋史·藝文志》刑法類不著録,見《秘書省續四庫書目》

---

①　《玉海》卷六十六"元祐編敕令格式"條亦引此表,惟甚簡略,多所删節。

刑法類。

考《宋史》卷二〇〇《刑法志》云："崇寧元年（1102），臣僚言：'有司所守者法，法所不載，然後用例，今以例破法，非理也。乃令各曹，取前後所用例，以類編修，與法妨者去之。'"此書或當時所修。又云："徽宗嗣位，外事耳目之玩，内窮聲色之欲，徵發亡度，號令靡常，於是蔡京、王黼之屬，得以誣上行私，變亂法制。崇寧五年（1106）詔曰：'出令制法重輕，予奪在上，比降特旨處分，而三省引用敕令，以爲妨礙，沮抑不行，是以有司之常守，格人主之威福，夫擅殺生之謂王能利害之，謂王何格令之，有臣强之漸，不可不戒，自今應有特旨處分，間有利害，明具論奏，虛心以聽，如或以常法沮格不行，以大不恭論。'"知當時官吏巧文玩法之深也。

宣和軍馬司敕十三卷令一卷　宋不著撰人　佚

此書《宋史·藝文志》刑法類不著録，見《直齋書録解題》卷七法令類。

陳振孫曰："宣和時所修。"

紹興監學法二六卷目録二五卷申明七卷對修釐正條法四卷　宋秦檜撰　佚

檜，字會之，江寧人，政和五年（1115）登第，又中詞學兼茂科，歷太學學正，靖康間累遷御史中丞。紹興間爲相，未幾落職，尋復相，力持和議，阻止恢復，忠臣良將，爲之誅鋤殆盡。爲相十九年，易執政二十八人，晚年殘忍尤甚，卒年六十六。事迹具《宋史》卷四七三、《宋史新編》卷一八七、《南宋書》卷三一等書。

此書《宋史·藝文志》刑法類不著録，見《直齋書録解題》卷七法令類。

陳振孫曰："宰相秦檜等紹興十三年（1143）表上。"

考《宋會要輯稿》格令二云："(紹興十三年)十月六日,秦檜
等上《國子監敕》一卷,《令》三卷,《格》三卷,《目錄》七卷;
《太學敕》一卷,《令》三卷,《格》一卷,《式》二卷,《目錄》七
卷;《武學敕》一卷,《令》二卷,《格》一卷,《式》一卷,《目錄》
五卷;《律學敕》一卷,《令》二卷,《格》二卷,《式》一卷,《目
錄》五卷;《小學令格》一卷,《目錄》一卷;《監學申明》七卷,
《修書指揮》一卷。詔自來年二月一日頒行,仍以紹興重修
爲名。"又《玉海》卷六十六"紹興太學敕令"條亦載此事,云:
"(紹興)十三年十月六日己丑,宰臣等上《國子監敕》《令》
《格》並《目錄》十四卷;《太學敕》《令》《格》《式》並《目錄》十
四卷;《武學敕》《格》《式》並《目錄》十卷;《律學敕》《令》
《格》《式》並《目錄》十卷;《小學令》《格》並《目錄》二卷;《申
明》七卷;《指揮》一卷,總爲二十五卷。詔自來年二月朔行之。"

紹興貢舉法五〇卷　　宋万俟卨撰　　佚

卨,字元忠,陽武人,登政和中上舍第,官至尚書右僕射,卒謚
忠靖。著有《紹興重修貢舉敕令格式申明》《太后回鑾事實》
等。事迹具《宋史》卷四七四、《宋史新編》卷一八七、《南宋
書》卷三一等書。

此書《宋史·藝文志》刑法類不著錄,見《直齋書錄解題》卷七
法令類。

陳振孫曰:"丞相万俟卨等紹興二十六年(1156)表上。"

考《玉海》卷六十六"貢舉令式"條云:"(紹興)二十六年十二
月癸丑,上《重修貢舉敕令格式》共四十五卷。一本云二十六年十二
月癸丑,右僕射万俟卨上《重修貢舉敕令格式》五十卷,看詳法意四百八十七卷。

按,卨所著《紹興重修貢舉敕令格式申明》二十四卷,《宋史·
藝文志》刑法類著錄,已佚。

紹興刑統申明一卷　　宋不著撰人　　佚

此書《宋史·藝文志》刑法類不著錄,見《直齋書錄解題》卷七

法令類。

陳振孫曰："開寶以來，累朝訂正與《刑統》並行者。"

考《玉海》卷六十六"紹興申明刑統"條云："淳熙十一年（1184）臣僚言：'《刑統》緣開寶、元符間申明訂正，凡九十二條，目曰：《申明刑統》，同紹興敕令格式爲一書。自乾道書成，《進表》雖有遵守之文，而此書印本廢而不載。淳熙新書不載遵守之文，而印本又廢而不存，讞議之際，無所據依，乞仍鏤板附《淳熙隨敕申明》之後。'四年六月，令國子監重鏤板頒行。"

役法撮要一八九卷　宋京鏜等撰　佚

鏜，字仲遠，豫章人，紹興進士，慶元中拜左丞相，後以年老乞休，卒謚莊定。著有《慶元重修敕令格式及隨敕申明》《松坡居士樂府》《京鏜詩》《京鏜詞》等。事迹具《宋史》卷三九四、《宋史新編》卷一四六、《南宋書》卷四三等書。

此書《宋史·藝文志》刑法類不著錄，見《直齋書錄解題》卷七法令類。

陳振孫曰："提舉編修宰相京鏜等慶元六年（1200）上。自紹興十七年（1147）正月以後至慶元五年（1119）七月以前，爲五十五門，又八十二小門，門爲一卷，外爲參詳、目錄等。卷雖多而文甚少。其書於州縣差役，極便於引用。"

考《玉海》卷一八六"慶元役法撮要"條云："淳熙十四年（1187）二月十四日，中書舍人陳居仁請下敕令，所取祖宗免役舊法，并紹興十七年（1147）後續旨，參考刪修爲一書，名曰《役法撮要》。後勒局中廢，事寢。慶元二年（1196）九月二十一日，吏書許及之言：敕局修海行法令，求以便民者，莫切於役法，請以新舊法刪潤成一書，赴尚書省審訂，然後繕寫進呈，鏤版頒天下。六年（1200）四月十五日上之，凡一百八十九卷。"

慶元條法事類八〇卷　宋謝深甫撰　殘

深甫,字子肅,臨海人。少穎悟,刻意爲學,積數年不寐,乾道二年(1166)登進士,歷崑山丞,爲浙曹考官,一時士望,皆在選中。慶元中參知政事,進拜右丞相,封魯國公,以少傅致仕卒。事迹具《宋史》卷三九四、《宋史新編》卷一四六、《南宋書》卷四三等書。

此書《宋史・藝文志》刑法類著録,注云:"嘉泰元年(1201),敕令所編。"而不著撰人,今據《直齋書録解題》補。

《直齋書録解題》卷七法令類著録《嘉泰條法事類》八十卷,陳氏曰:"宰相天台謝深甫(子肅)等嘉泰二年(1202)表上。初,吏部七司有《條法總類》,淳熙新書既成,孝宗詔仿七司體,分門條纂,別爲一書,以'事類'爲名。至是以慶元新書修定,頒降此書,便於檢閱引用,惜乎不併及《刑統》也。"

按,《玉海》卷六十六"條法事類"條云:"嘉泰二年(1202)八月二十三日,上《慶元條法事類》四百三十七卷,《書目》云八十卷。元年(1201)詔編是書。"知此書卷數初爲四百三十七卷,鏤版時併爲八十卷也。

此書今所傳,俱爲不完之抄本。張金吾《愛日精廬藏書志》著録抄本一部,附《開禧重修尚書吏部侍郎右選格》二卷,張氏云:"案《宋史・寧宗本紀》嘉泰二年(1202)謝深甫等上《慶元條法事類》,《直齋書録解題》有《嘉泰條法事類》八十卷,云宰相謝深甫等嘉泰二年表上。蓋舉其奉詔之時,則曰慶元;據其成書之日,則曰嘉泰,一書而異名耳。闕卷一、卷二、卷十八至二十七、卷三十三至三十五、卷三十八至四十六、卷五十三至七十二,共闕四十四卷。末附《開禧重修尚書吏部侍郎右選格》二卷,蓋即《宋史》所載《開禧重修七司法》。《文淵閣書目》著録二十册，此其殘闕之本也。"

《鐵琴銅劍樓藏書目録》卷十二著録鈔本一部，附《開禧重修尚書吏部侍郎右選格》二卷，瞿氏曰："舊闕首卷，不詳撰人姓氏。案《書録解題》有《嘉泰條法事類》，云宰相天台謝深甫（子肅）等表上。又云初吏部七司有《條法總類》，淳熙新書既成，孝宗詔仿七司體分門修纂，别爲一書，以事類爲名，至是以慶元新書修定頒降，則此書即謝子肅等所修，奉詔時曰慶元，成書曰嘉泰，其爲一書無疑。又《宋史寧·宗本紀》慶元四年九月頒《慶元重修敕令格式》，嘉泰二年八月謝深甫等上《慶元條法事類》，三年七月頒行。是當時已名慶元矣。惟《玉海》載嘉泰二年上《條法事類》四百三十七卷，《書目》云八十卷。其云《書目》者，乃《館閣書目》，則今所傳之八十卷，已非原修之書，即當時閣本也。原闕卷一卷二及卷三首數翻。卷十八至二十七、卷三十三至三十五、卷三十八至四十六、卷五十三至七十二，凡四十二卷，然一代典制，賴以考見者尚多。如《玉海》載建隆考課，今有四善四最，而四最僅有其三，是書載有民籍、增益、進丁、入老爲生齒之最。他如十科薦舉之令，由於紹興三年（1133），三省樞密請復舉行元祐司馬光之法，見《宋史·選舉志》；武臣薦舉之格，由於隆興元年（1163）正月一日三省密院所奏，見《玉海》銓選類，其沿革損益皆可考而知，足裨史志之闕卷。别附《開禧重修尚書吏部侍郎右選格》二卷。案《寧宗本紀》慶元二年十一月重修吏部七司法，開禧元年（1205）六月陳自强等上，二年（1206）頒行。疑此二卷即陳自强所上之書。《書録解題》亦名《嘉定吏部條法總類》。是書鮮傳本。此出乾隆中人所鈔。卷首有無名氏撰《提要》一篇，節其要而存之，是書本末可見矣。舊爲愛日精廬藏書。"

陸心源《儀顧堂題跋》卷四載《慶元條法事類跋》，云：“《慶元
條法事類》八十卷，附《開禧重修尚書吏部侍郎右選格》二卷，
不著撰人姓氏，舊抄本。《四庫》未收，阮文達亦未進呈。原
缺卷一卷二卷三首數翻、卷十八至二十七、卷三十三至三十
五、卷三十八至四十六、卷五十三至七十三，凡四十二卷。案
陳直齋《書錄解題》云：‘《嘉泰條法事類》八十卷，宰相天台謝
深甫(子肅)等表上。初吏部七司有《條法總類》，《淳熙新書》
既成，孝宗詔仿七司體分門修纂，別爲一書，以事類爲名，至
是以慶元新書修完頒降，則此書即謝深甫所修，以奉詔時言
之則曰慶元，以成書日言之，則曰嘉泰，非二書也。《宋史·
寧宗本紀》慶元四年九月頒《慶元重修敕令格式》，嘉泰二年
八月謝深甫上《慶元條法事類》，三年七月頒行。則當時本名
《慶元條法事類》，曰嘉泰者，直齋所獨也。書雖殘缺，可以補
史志缺者尚多：如《玉海》載建隆考課條，有四善四最，而四最
僅有其三，至民籍、增益、進丁、入老爲生齒之最一條，則惟見
于此書。他如十科薦舉之令，由于紹興三年，三省樞密請復
舉行元祐司馬光之法，見《宋史·選舉志》；武臣薦舉之格，由
于隆興元年正月，三省密院所奏，見《玉海》銓選類。其沿革
損益，不及此書所載之詳。《寧宗紀》慶元二年十一月重修
《吏部七司法》，開禧元年六月陳自強等上，二年頒行，《開禧
重修尚書吏部右選格》者，疑即自強所上也。陳氏《書錄》有
《吏部條法事類》五十卷，今不傳，此二卷其僅存者歟？”莫伯
驥五十萬卷樓亦藏有洪倦舫舊藏抄本一部，[1]丁丙及張鈞衡
所藏，亦並係抄本。[2]
臺北“國家圖書館”藏有鈔本一部，存三十六卷，附《開禧重修

---

① 見《五十萬卷樓群書跋文》卷八。
② 丁丙所藏，見《善本書室藏書志》卷十三；張鈞衡所藏，見《適園藏書志》卷五。

尚書吏部侍郎右選格》二卷。所存之三十六卷及卷目爲：卷
三殘；卷四至卷十三爲《職制門》；卷十四、卷十五爲《選舉
門》；卷十六、卷十七爲《文書門》；卷十八、卷十九爲《權禁
門》；卷三十至卷三十二爲《財用門》；卷三十六、卷三十七爲
《庫務門》；卷四十七、卷四十八爲《賦役門》；卷四十九爲《農
桑門》；卷五十、卷五十一爲《道釋門》；卷五十二爲《公吏
門》；卷七十三至七十五爲《刑獄門》；卷七十六爲《當贖門》；
卷七十七爲《服制門》；卷七十八爲《蠻夷門》；卷七十九爲
《畜産門》；卷八十爲《雜門》。無邊欄及界格，每半葉九行，行
二十字，注文小字雙行。書前有《揭要》一篇，不著撰人，於此
書之源流及價值，論述極詳，曰："《慶元條法事類》八十卷，首
卷缺佚，未詳撰人姓氏。據《直齋書録解題》，有《嘉泰條法事
類》八十卷，宰相天台謝深甫（子肅）嘉泰二年表上，則此爲謝
深甫監修之書，無可疑者。振孫又云，初吏部七司有《條法總
類》，《淳熙新書》既成，孝宗詔仿七司體，分門修纂，別爲一
書，以事類爲名，至是以慶元新書修完頒降，使得便於檢閱，
蓋舉其奉詔之時則曰慶元，而據其成書之日則曰嘉泰。考
《宋史·寧宗本紀》，慶元四年九月丁未，頒慶元重修敕令格
式，又嘉泰二年八月甲午，謝深甫等上《慶元條法事類》，三年
七月辛未，頒《慶元條法事類》，據史文正當名爲慶元。故《玉
海》載慶元條《敕令格式》附《條法事類》云：'嘉泰二年八月二
十三日，上《慶元條法事類》四百三十七卷，《書目》云八十
卷。'其所云《書目》者，《館閣書目》也。然則八十卷者，又非
原修之書，陳氏改爲嘉泰，其中似不能無故，至其爲一書，則
固無可疑矣。其闕卷一、卷二及卷三首數葉，卷十八至二十
七、卷三十三至三十五，卷三十八至四十六，卷五十三至七十
二，凡四十二卷。然一代典制賴以可考者尚多：如《玉海》載

建隆考課令有四善、四最,而四最僅有其三,據《事類》則仍有民籍、增益、進丁、入老爲生齒之最。其餘如十科薦舉之令,則本紹興三年,三省樞密院請復舉行元祐司馬光所請之法,見《宋史·選舉志》;武臣薦舉之格,則本之隆興元年正月一日三省密樞院所奏,見於《玉海》銓選類。蓋雖沿革損益,時有差池,而宏綱細目,正復脈縷可尋,存之自是以裨史志之闕。至其卷尾,附錄《開禧重修尚書吏部侍郎右選格》二卷,雖似不倫,然考葉盛《篆竹堂書目·政事類》,有《開禧吏部七司法》二十册,《慶元條法事類》三十册,則兩書原自統行。故《寧宗本紀》慶元二年十一月乙巳,重修吏部七司法,開禧元年六月己巳,陳自強等上新修淳熙以後《吏部七司法》,開禧二年三月甲午,頒開禧《重修七司法》,如《紀》所言,則此二卷又爲陳自強所上《吏部司法》。《直齋書錄解題》亦名《嘉定吏部條法總類》。因仿《四庫全書》收乾道《臨安志》之例著之,以見其書之厓略云。"鈐有"莐圃收藏"朱文長方印,知此本即爲《適園藏書志》卷五所著錄者也。

十、目録類

（一）經籍之屬

萬卷録不著卷數　宋令狐揆撰　佚

揆，字子先，安陸人。筮仕齊安理掾，歲滿還里，卜築溳溪之南，嘗雪中跨馬詣張君房借書，令小童攜籠負琴以隨，友人林逸，繪圖以贈。著有《易疏精義》。事迹具《楚紀》卷四七、《宋詩紀事》卷一〇、《宋元學案補遺別附》卷一等書。

此書《宋史·藝文志》不著録，見《麈史》。

考《麈史》卷二云："令狐先生嘗讀書萬卷，自有《萬卷録》，余嘗見之，乃知先生於世間書無所不見。先生所著《易説精義》《晋年統緯》《世愻》《樂要注》《默書》《讒髓》《琴譜》《兵途要轄》。予爲兒童時，先君令暴書，見《世愻》《統緯》等書，後又從同堂兄聲伯苕假所傳《易説》《琴譜》《讒髓》以觀焉。自餘訪諸里人，蓋鮮有知者。"

按，令狐氏所讀書，多借自張君房。《麈史》卷二云："令狐子先，安陸鄉先生也。筮仕齊安理掾，歲滿還里，卜築於溳溪之南。耕釣之外，著書彈琴而已。時入城，至集賢張君房之地借書，布衣林逸善繪事，乃擬摩詰寫浩然故事，以爲《令狐秋掾雪中渡郎溪圖》。其《序》略曰：'張侯畜書萬卷，掾常就閲，或假輟以歸。每出入跨羸馬，頂戴華陽紗巾，著黑襂布，褹縈縧。小童攜書籠負琴以隨。冬中復來假書，時值微雪飄洒，景物蕭索，掾渡溪以歸，常服外加以皂繒暖帽，委轡長吟曰："借書離近郭，冒雪渡寒溪。"聞者毛骨寒聳。是知至人操履倬越，風韻體裁，乃與天地四時之氣相參焉。先生諱揆云。'"

知《萬卷録》者,蓋就閲或假閲張君房藏書時所記目録也。

按,張君房,字尹方、安陸人。景德進士,官尚書度支員外郎,充集賢校理。祥符中自御史臺謫官寧海,時帝崇尚道教,以秘閣道書付杭州,選道士十人,校定《道藏經》,命王欽若總領,舊藏三千七百三十七卷,欽若增六百二十二卷,仍令著作佐郎張君房就杭州監寫本。君房乃編次得四千五百六十五卷以進,復撮其精要,總萬餘條,成《雲笈七籤》一百二十二卷。事迹具《萬姓統譜》卷三九、《楚紀》卷四三、《宋人軼事彙編》、咸淳《臨安志》卷八九等書。《塵史》卷二於其著作,載之最詳,云:"集賢張君房字尹方,壯始從學,逮游場屋,甚有時名,登第時年已四十餘,以校道書得館職。後知隨、郢、信陽三郡,年六十三,分司歸安陸,年六月九(日)致仕。嘗撰《乘異記》三編,《科名定分録》七卷,《儆戒會最五十事》《麗情集》十二卷,又《潮説》《野語》各三篇。洎退居,又撰《脞説》二十卷。年七十六,仍著詩賦雜文,其子百藥,嘗纂爲《慶曆集》三十卷。予惟《會最》《麗情》外,時嘗見之。富哉所聞也。"

唐餘目録一卷　宋宋敏求撰　佚

敏求,字次道,趙州平棘人,綬子。賜進士及第。嘗預修《唐書》,治平中爲《仁宗實録》檢討官,同修起居注,知制誥,累遷龍圖閣直學士,元豐初年。敏求家藏書三萬卷,皆略誦習,熟於朝廷典故,大夫疑議,必就正焉。補唐武宗以下六世《實録》百四十三卷。又著《朝貢録》《春明退朝録》《唐大詔令集》《長安志》等。事迹具《宋史》卷二九一、《宋史新編》卷九〇、《東都事略》卷五七、《名臣碑傳琬琰集》中集卷一六等書。

此書《宋史・藝文志》不著録,見《秘書省續四庫書目》目録類。

按,敏求之藏書,多得肖其父綬之舊藏。綬所藏書,稱富於當世。沈括《夢溪筆談》卷二五云："宋宣獻博學，喜藏異書，皆手自校讎，常謂校書如掃塵，一面掃，一面生，故一書三四校，猶有脱謬。"劉延世《孫公談圃》卷下云："宋宣獻家藏書過秘府，章獻明肅太后稱制，未有故實，於其家討論，盡得之。"晁説之《景迂生集》卷一六《劉氏藏書記》云："凡名公卿大夫儒林之士所有之書，往往隨其人而逝矣，傳諸再世者蓋寡，而况曾玄之守邪？惟是宋宣獻家四世以名德相繼，而兼有畢丞相，楊文莊二家之書，其富蓋有王府不及者。元符中，一夕災爲灰燼矣。"元陸友仁《研北雜志》卷下亦曰："宋宣獻公綬，楊徽之外孫。徽之無子，盡付以家所藏書。後與父皋同在館閣，每賜書必得二本。子敏求、敏修並以文學見稱于世，其藏書之盛，有以也。"傳至次道，所藏不僅增多，尤多善本，最號精密。蘇頌《蘇魏公文集》卷五一《龍圖閣直學士修國史宋公神道碑》云："家書數萬卷，多文莊、宣獻手澤與四朝賜札，藏秘惟謹。或繕寫別本，以備出入。退朝則與子姪繙讎訂正，故其收藏，最號精密。平生無他嗜好，惟沈酣簡牘以爲娛樂，雖甚寒暑，未嘗釋卷。"①

按，此書之内容，葉德輝於《秘書省續四庫書目考證》云："前雜史類《宋志》別史類王皥《唐餘録》六十卷。又前編年類宋敏求《續唐録》一百卷，蓋即續王書也。"葉氏之意，以爲此蓋與王氏《唐餘録》有關。實則不然。王氏《唐餘録》六〇卷，今雖不存，《郡齋讀書志》卷六雜史類及《直齋書録解題》卷四別史類均著録，猶可得知其内容。晁公武曰："(王)皥芟五代舊史繁雜之文，採諸家之説，仿裴松之體附注之。以本朝當承漢唐之盛，五代則閏之，故名曰《唐餘録》。寶元二年（1039）

① 此段文字，亦見元陸友仁《研北雜志》卷上，惟陸書未著明所出。

上之，温公修《通鑑》，間亦採之。"陳振孫曰："直集賢院益都
王皞（子融）撰，寶元二年（1039）上，是時惟有薛居正五代舊
史，歐陽修書未出。此書有紀有志有傳，又博採諸家小説，仿
裴松之《三國志注》附其下方，蓋五代别史也。其書列韓通於
《忠義傳》，且表出本朝褒贈之典，新舊史皆不及此。"①知《唐
餘録》者，記五代之史事者也。按，次道藏書，多唐人詩集。
徐度《卻掃編》卷中云："詩人之盛，莫如唐。故今唐人之詩集
行於世者，無慮數百家，宋次道龍圖所藏最備，嘗以示王介
甫，且俾擇其尤者。公既爲擇之，因書其後曰：'廢日力於是，
良可嘆也！然欲知唐人之詩者，眡此足矣。'其後此書行於
世，《唐百家詩選》是也。"邵博《聞見後録》卷一九亦曰："晁以
道言：'王荆公與宋次道同爲群牧司判官，次道家多唐人詩
集，荆公盡即其本擇善者籤帖其上，令吏抄之。吏厭書字多，
輒移荆公所取長詩籤，置所不取小詩上。荆公性忽略，不復
更視。唐人衆詩集，以經荆公去取皆廢，今世所謂《唐百家詩
選》，口荆公定者，乃群牧司吏人定也。'"又考《蘇魏公文集》
卷五一《龍圖閣直學士修國史宋公神道碑》云："其爲修撰，言
館閣四部書，猥多舛駁，請以《漢藝文志》目購尋衆本，委直官
重複校正，然後取歷代至唐録所載，第爲數等，擇其善者校留
之，餘置不用，則秘書得以完善也。"據此，此書蓋次道合家藏
及館閣所藏唐以後四部書，彙爲目録者也。

書目二卷　宋劉沆撰　佚

沆，字沖之，吉州永新人，天聖八年（1030）進士，擢右正言，知
制誥，皇祐中累官同中書門下平章事，後罷爲工部尚書，知應
天府，徙陳州，嘉祐五年（1060）卒，年六十六，謚文安，著有

---

① 陳《録》所著録者，書名作《唐餘録史》三十卷。

《劉氏家譜》。事迹具《宋史》卷二八五、《宋史新編》卷八七、《東都事略》卷六六、《隆平集》卷五、《名臣碑傳琬琰集》下集卷八等書。

此書《宋史·藝文志》目録類著録。

考周必大《文忠集》卷四九載《跋劉氏後隆堂詩》,云:"唐末楊行密、奄有江淮,國號吳、吉其南境也。郡人彭玕,素強暴,擅行郡事,以兵屬永新劉公景洪,欲挈城附湖南馬氏,公陽諾而實不從。玕獨攜部族奔楚,邊陲晏然。公不有其功,退隱山林。南唐既受吳禪,厚禮招聘,亦不應。常曰:'吾免二國交兵,活人多矣,子孫當有隆者。'名其北山曰後隆。生子諱煦,煦之子諱素,是生相國諱沆,字沖之,仁宗天聖八年(1030)進士第二人,至和中拜相,累贈曾祖太傅,祖及父皆太師。其居相位,每務進賢。歐陽文忠公在侍從,被讒出守,公方提舉修唐史,密奏留置史局,尋遷翰林學士。今某藏富文忠公與公手書云:'每辱勉以盡瘁,鎮靜有所植立,其如五年無補,雖強自勉,恐終負教誨。北望恩館,神爽飛越。'富公書辭如此,公之薦進可知。達賢者宜有後,故其子諱瑾,字元忠;孫偁,字寬夫,仕皆至待制,三世貴顯,歷仕五朝,後隆之名兹驗矣。初,相國兄弟四人,其季贈金紫光禄大夫諱注,生知蘄州諱璞,蘄州生知大庾縣諱伸,大庾生宜都令諱守柔,字光祖,復以後隆名先塋之新堂,玉山汪端明(聖錫)、桐鄉朱紫薇(新仲)、廣漢張友司敬夫、莆田鄭省元(叔友),鄉人資政胡忠簡公及王敷文(民瞻)、楊待制廷秀而下,皆爲賦詩。光祖之孫子純,出以示予,懼來者未詳知也,故推本末遺之。子純,嘗舉于鄉,進修勤甚,公侯必復,尚其勉旃。嘉泰辛酉(元年,1201)八月癸巳。"雖未及藏書情形,然或據其家系,考知其家藏淵源及遞藏聚散情狀也。

歐陽參政書目一卷　宋歐陽修撰　佚

修，字永叔，廬陵人，自號醉翁。舉進士甲科，慶曆初召知諫院，改右正言，知製誥。時杜衍、韓琦、范仲淹、富弼相繼罷去，修上疏極諫，出知滁州，徙楊州、潁州，還爲翰林學士。嘉祐間拜參知政事，熙寧初與王安石不合，以太子少師致仕，晚號六一居士。著有《新唐書》《新五代史》《毛詩本義》《集古錄》《歸田録》《太常禮院祀儀》《太常因革禮》《洛陽牡丹記》《文忠集》《六一詩話》《六一詞》等。事迹具《宋史》卷三一九、《宋史新編》卷一〇二、《東都事略》卷七二、《名臣碑傳琬琰集》上集卷二四、《三朝名臣言行録》卷二等書。

此書《宋史・藝文志》不著録，見《通志・藝文略》目録類家藏總目。

按，《通志・藝文略》著録此書，未著作者，惟歐陽修於嘉祐間拜參知政事，修又富於藏書，此當歐公書目無疑也。

歐公之富於藏書，文獻多所記載。考《歐陽文忠公文集附録》卷一載吳充所撰歐公《行狀》云：“公平生於物少所好，獨好收畜古文圖書。集三代以來金石銘刻爲一千卷，以校正史傳百家訛繆之説爲多。晚年自號六一居士，曰：‘吾《集古録》一千卷，藏書一萬卷，有琴一張，有棋一局，而常置酒一壺，吾老於其間，是爲六一。’自爲傳，以刻石。”《附録》卷五載修子發等述其事迹云：“先公生平於物少所嗜好，雖異物奇玩，不甚愛惜，獨好收畜古文圖書。集三代以來金石銘刻爲一千卷，以校正史傳百家訛謬之説爲多。藏書一萬卷，雖至晚年假日，惟讀書未嘗釋卷。”高似孫《子略》卷一“通志藝文略”條云：“本朝藏書家最稱參政蘇公、宣獻宋公、文忠歐陽公。”陸游《渭南女集》卷二一《萬卷樓記》云：“予聞故時藏書，如韓魏公萬籍堂、歐陽兗公六一堂、司馬温公讀書堂，皆實萬卷。”凡此，並記歐公藏著稱於當時也。

此目録雖已不傳，然據晁《志》及諸家記載，猶考見其所藏一二。樓鑰《攻媿集》卷七七《跋〈春秋繁露〉》云："《繁露》一書，凡得四本，皆有高祖正議先生序文。始得寫本於里中，亟傳而讀之，舛誤至多，恨無他本可校。已而得京師印本，以爲必佳，而相去殊不遠。又竊疑'竹林''玉杯'等名，與其書不相關，後見尚書程公跋語，亦以篇名爲疑。又以《通典》《太平御覽》《太平寰宇記》所引《繁露》之書，今書皆無之，遂以爲非董氏本書，且以其名謂必類小説家，後自爲一編記雜事，名《演繁露》行於世。開禧三年（1027），今編修胡君仲方（榘）宰萍鄉，得羅氏蘭堂本刻之縣庠，考證頗備。凡程公所引三書之言，皆在書中，則知程公所見者未廣，遂謂爲小説者非也。然止於三十七篇，終不合《崇文總目》及歐陽文忠公所藏八十二篇之數。"知修藏有八十二篇本《繁露》。

龔鼎臣《東原録》（不著卷數）云："庚子正月二日，予謁吕沖之，因問三館秘閣所藏之書，多散落於士大夫之家。客有對以所藏之書，今存者有三萬七千卷，其實有萬餘卷爾。惟秘閣與昭文、集賢最多存者。蓋閣上有太宗御客，非具朝服不可上，以故存者多矣。及言士大夫以金帛購書者不少，而書亦有人不得見者，且云景初家藏舊鄭氏《詩譜》，注人不見名氏，而歐陽永叔慶曆四年（1044），奉使河東，嘗得《鄭譜》，自周公致太平以上不完，遂用孔穎達《正義》所載《詩譜》補全之，而復爲之《序》。景初之本甚完，嘗爲並州牛景勝借去，今乃亡吾之本矣。"知修嘗得《詩譜》殘本，并補全之。

《郡齋讀書志》卷十七著録《補注楚辭》十七卷《考異》一卷，晁氏曰："右未詳撰人。凡王逸《章句》有未盡者補之。《自序》云：'以歐陽永叔、蘇子瞻、晁文元、宋景文家本參校之，遂爲定本。又得姚廷輝本作《考異》。'且言《辯騷》非《楚辭》本書，不當録。"①又卷十八著録《鮑溶詩》五卷，晁氏曰："右唐鮑溶，字德源，元和四年(809)中進士第。集中有《別韓博士愈》詩云：'不知無聲淚，中感一顧厚。'蓋退之所嘗推激也。張薦謂溶詩氣力宏贍，博識清度，雅正高古，衆才無不備具。曾子固亦愛其詩清約謹嚴而違理者少。因此史館本及歐陽公所藏互校，得二百三十三篇。今本有一百九十二篇，餘逸。"②據此，知歐公藏有《楚辭》及《鮑溶詩》。

歐公所藏萬卷中，以《昌黎集》最爲舊物，號稱善本。《集古録跋尾》卷八《唐田宏正家廟碑跋》元和八年，元第三百七十六。云："右《田宏正家廟碑》，昌黎先生撰。全家所藏書萬卷，惟《昌黎集》是余爲進士時所有，最爲舊物。自天聖以來，古學漸盛，學者多讀韓文，而患集本訛舛，惟余家本屢更校正，時人共傳，號爲善本。及後集録古文，得韓文之刻石者，如《羅池神黃陵廟碑》之類，以校_{集本有余家二字}。集本，舛謬猶多，若田宏正碑，則又尤甚。蓋諸本不同，往往妄加改易，_{集本有今字}。以碑校集印本，與刻石多同，當以爲正，_{九字集本作初未必誤，多爲校讎讐者妄改之}。乃知文字之傳，久而轉失其真者多矣，則校讐之際，決於取舍，不可不慎也。"③《麈史》卷二亦云："退之有《讀皇甫湜公安園池詩書其後》，此篇常病難讀，蓋多脱漏。予親家季勉之收永叔、王原叔、宋子京三公所傳韓文，最爲全本，悉多是正。於是知此篇乃脱八字，如湜也困公安不自閑，蓋閑下脱其閑二字；又掎摭糞壤下脱一間字，間字下又脱糞壤

---

①　此據衢本。袁本此條見卷四上，首句無"右"字。

②　此亦據衢本，袁本此條見卷四中。袁本提要較簡略，云："右唐鮑溶(德源)，元和四年(809)進士。張爲謂溶詩氣力宏贍、博識清度、雅正高古、衆才無不備具云。"袁本所收録者止一卷。

③　括弧中語，爲清繆荃孫校語。

足三字，其後豈有臧字下脱不臧二字，讀之者可以考焉。至
於他詩，亦多是正，此不悉也。"

歐公之藏書，其遞藏情形，已不可詳考，惟歐公有一孫曰彙
者，亦多藏書，有先人之風。《于湖居士文集》卷十四《萬卷堂
記》云："歐陽文忠公之諸孫曰彙字晋臣者，居廬陵之安成，築
屋其居之東偏，藏書萬卷，扁之曰萬卷堂。乾道丁亥（三年，
1167）冬，晋臣自廬陵冒大雪過余於長沙，曰：'彙堂成久矣，
而未有記也，願以爲請。'夫人莫不愛其子孫也，而爲之善田
宅，崇貨財。今彙有三子，不願以此愚之也。蓋辛勤三十年，
以有此書，以有此堂，而使三子者學焉。余以爲文忠公之德，
宜有後也，而今未之聞焉，充晋臣之志，其在兹已，其在兹已。
晋臣歸，幸爲我告之：古之所謂讀書者，非以通訓詁，廣記問
也；非以取科第，苟富貴也；亦曰求仁而已。仁之爲道，天所
命也，心所同也，聖人之所覺焉者也，六經之所載焉者也，得
乎此一卷之書，有餘師矣。不然，盡讀萬卷之書，以爲博焉，
豈可也？以爲知讀書，則末也！"彙，史書無傳。

群書麗藻目録五〇卷　宋朱遵度撰　佚

遵度，好讀書，人號之朱萬卷，嗜藏書，隱居不仕，卜築金陵。
著有《鴻漸學記》《群書麗藻》《漆經》等書。事迹具《宋史》卷
四三九本傳。

此書《宋史·藝文志》目録類著録。

按，《崇文總目》目録類載此書。《玉海》卷五二引《中興書目》
云："南唐朱遵度撰古今文章，著爲六例；一曰《六籍瓊華》，
二百五十卷；二曰《信史瑶英》，一百八十卷；三曰《玉海九
流》，三百五十卷；四曰《集苑金巒》，五十卷；五曰《絳闕藥
珠》，四十卷；六曰《鳳首龍編》，一百三十卷；合爲二百六十
七門，總雜文一萬三千八百首，勒成一千卷，又別撰爲《目録》

五十卷。"

隆安西庫書目二卷　宋不著撰人　佚

此書《宋史·藝文志》目錄類著錄。

按,此書《宋志》始見,蓋宋時人所爲也。

崇文總目六六卷　宋王堯臣、歐陽修等撰　輯

堯臣,字伯庸,應天府人,天聖進士,累擢知制誥,翰林學士,歷樞密副使,嘉祐初參知政事,卒謚文忠,著有文集,事迹具《宋史》卷二九二、《宋史新編》卷九〇、《東都事略》卷七〇、《隆平集》卷八、《名臣碑傳琬琰集》中集卷八、《五朝名臣言行錄》卷八、《宋大臣年表》及《宋學士年表》等書。

歐陽修有《太常禮院祀儀》二四卷已著錄。

此書《宋史·藝文志》目錄類著錄。

按,景祐元年(1034)閏六月,以三館秘閣所藏,有繆濫不全之書,辛酉,命翰林學士張觀,知制誥李淑、宋祁,將館閣正副本書看詳,定其存廢,僞謬重複,並重刪去,內有差漏者,令補寫對校,仿《開元四部錄》,約《國史藝文志》,著爲目錄,仍令翰林學士盛度等看詳,慶曆元年(1041)十二月己丑上之。[①] 與修者有聶冠卿、郭稹、呂公綽、王洙、歐陽修、張觀、宋庠等,王堯臣領銜奏上,歐陽修於諸人中名重,且文集中頗徵引之,故署王堯臣、歐陽修撰。此書卷數,《續資治通鑑長編》《麟臺故事》云六十卷,《中興書目》云六十六卷,《事實類苑》云六十七卷,《文獻通考》則云六十四卷,《四庫全書總目提要》謂南宋諸家或不見其原書,故所記卷數各異。近人梁啓超謂當作六十六卷,作六十七卷者,係合叙錄一卷言之。[②] 南宋時,鄭樵作《通志》,始謂其文繁無用,紹興中遂從而去其序釋,故《郡

---

① 見《玉海》卷五二"慶曆崇文總目"條。

② 說見《圖書大辭典》簿錄之部。

齋讀書志》《直齋書録解題》著録皆云一卷，是刊除叙釋之後，
全本已不甚行，①惟錢大昕以爲此非漁仲之言所致，乃當時取
便尋檢耳。② 明以來此書已罕見，清朱彝尊嘗得明范欽天一
閣藏本，鈔而傳之，亦無序釋《曝書亭集》有康熙庚辰（三十九
年，1700）九月是書跋。清四庫館臣自永樂大典蒐輯排比，得
原書十之三四，依其原次以類補入，釐爲一十二卷，其六十六
卷之原次，仍注於各類之下。嘉慶間，嘉定錢東垣與弟繹、
侗，及金錫鬯、秦鑑等，依天一閣本《簡目》，據《歐陽全集》《南
豐文集》《東觀餘論》《讀書志》《書録解題》《通志·校讐》、《藝
文》二略、《孟子疏》《輿地碑目》《雲谷雜記》《困學紀聞》《三家
詩考》《漢藝文志考證》《宋史·藝文志》《陝西通志》《經義考》
諸書及宋元人叢書叙跋，輯爲《目》五卷、《補遺》一卷，《附録》
一卷，計得原叙三十，原釋九百八十條，引證四百二十條，視
四庫輯本所輯原叙二十七條，原釋二百十七條，引證二十一
條者，溢出甚多。今所傳《汗筠齋叢書》《粵雅堂義書》《後知
不足齋叢書》《叢書集成》諸本，並據錢氏輯本刊印。

唐書藝文志四卷　宋歐陽修、宋祁等撰　存

修有《歐陽參政書目》一卷已著録。

祁，字子京，與兄庠同時舉進士，禮部奏祁第一，庠第三，章獻
太后不欲以弟先兄，乃擢庠第一，而置祁第十，人呼曰二宋，
以大小別之。授直史館，再遷太常博士，同知禮儀院。景祐
中詔求直言，祁所奏皆切中時弊。後出知許州，甫數月復召
爲侍讀學士，史館修撰，祀明堂，遷給事中，兼龍圖閣學士。
與歐陽修同修《唐書》，旋出知亳州，自是十餘年間，出入内
外，嘗以稿自隨，爲《列傳》百五十卷。又有《益部方物略記》

---

① 説見《曝書亭集》卷四四。
② 説見《潛研堂文集》卷二五〇。

《宋景文公筆記》《景文集》《景文詩集》《西州猥稿》《宋景文長短句》等。事迹附見《宋史》卷二八四《宋庠傳》。

此書《宋史‧藝文志》未單行著録,《直齋書録解題》卷八目録類始單行著録。陳振孫曰:"《新唐書》中録出別行,監中有印本。"

按,此即《新唐書‧藝文志》之單行者也。正史中《藝文志》之單行者,以此爲濫觴。

又按,五代劉昫等修《舊唐書》時,以母煚《古今書録》四〇卷卷帙繁夥,乃刪其小序,復加節略,以爲《舊唐書‧經籍志》。逮歐陽修等修《唐書》,以《舊唐書‧經籍志》所著唐人著作,僅至開元(713-741)以前,乃補録開元以後唐人著述二萬八千四百六十九卷爲《藝文志》四卷,即《新唐書》卷五十七至卷六十者也。《藝文志》前有歐公《自序》,[1]曰:"自六經焚於秦,而復出於漢,其師傳之道中絶,而簡編脱亂訛闕,學者莫得其本真,於是諸儒章句之學興焉。其後傳注箋解義疏之流,轉相講述,而聖道粗明。然其爲説,固已不勝其繁矣。至於上古三王五帝以來世次,國家興滅終始,僭竊僞亂,史官備矣。而傳記小説外暨方言、地里、職官、氏族,皆出於史官之流也。自孔子在時,方修明聖經,以紲繆異,而老子著書論道德,接乎周衰,戰國游談放蕩之士,田駢、慎到、列、莊之徒,各極其辯,而孟軻、荀卿,始專修孔氏,以折異端,然諸子之論,各成一家,自前世皆存而不絶也。夫王迹息而《詩》亡,《離騷》作而文詞之士興,歷代盛衰,文章與時高下,然其變態百出,不可窮極,何其多也!自漢以來,史官列其名氏篇第,以爲六藝九種七略,至唐始分爲四類,曰經史子集。而藏書之盛,莫盛

---

① 此篇《序》,各總集所載,所題不同。《文篇》作《藝文》,《御選古文淵鑑》作《唐書藝文志論》,《古文雅正》作《藝文志論》。

於開元，其著録者五萬三千九百一十五卷，而唐之學者自爲
之書，又二萬八千四百六十九卷，嗚呼！可謂盛矣！六經之
道，簡嚴易直而天人備，故其愈久而益明，其餘作者衆矣，質
之聖人，或離或合，然精深宏博，各盡其術，而怪奇偉麗，往往
震發於其間，此所以使好奇愛博者，不能忘也。然凋零磨滅，
亦不可勝數，豈其華文少實不足以行遠歟？而俚言俗説，猥
有存者，其有幸不幸歟？今著於篇，有其名而無其書者，十蓋
五六也，可不惜哉！”

據此序，知《新唐志》之所以作，旨在補《舊唐志》之不備也。
今《新唐志》於每一類總計所著録家數部卷之下，注云：“不著
録”若干家若干卷，如經部易類云：“右易類七十六家八十八
部六百六十五卷。”注云：“失姓名一家。李鼎祚以下不著録
十一家三百二十九卷。”史部編年類云：“右編年類四十一家
四十八部九百四十七卷。”《注》云：“失姓名四家。柳芳以下
不著録十九家三百五十五卷。”所稱“不著録”者，即《古今書
録》所未收者，亦即《舊唐書·經籍志》未收，而《新唐書·藝
文志》增收者也。

《新唐志》所增録者，據歐公《序》，多達二萬八千四百六十九
卷，然未説明所本。王重民先生以爲以《崇文總目》爲主要參
考資料。① 喬衍琯教授以《新唐志》與《崇文總目》核比，以五
經部分爲例，《新唐志》增録五十六部，其中僅十八部見於《崇
文總目》，且兩書所載書名、卷數、分類等弈有出入，以爲王説
尚待商榷，乃疑或據《貞元御府群書新録》《唐秘閣目》《唐四
庫搜訪圖書目》《集賢書目》等唐代所編書目。② 惟上述唐代

---

① 説見《目録學論叢》，北京：中華書局印行，1984。
② 説見《宋代書目考》，臺北：文史哲出版社，1987。

書目,均已亡佚,難以論定。①

《新唐志》與《舊唐志》在體制上最顯著之不同,在於著録之方式。《舊唐志》承《漢書·藝文志》及《隋書·經籍志》之例,先著録書名,後著録作者;《新唐志》則先著録作者,後著録書名。鄭樵稱《漢志》《隋志》《舊唐志》之著録方式爲"以人類書",《新唐志》之方式則爲"以書類人",並撰《不類書而類人論》三篇,詆《新唐志》之失,②其一曰:"古之編書,以人類書,何嘗以書類人哉。人則於書之下注姓名耳。《唐志》一例,削《注》一例,大書遂以書類人,且如別集類自是一類,總集自是一類,奏集自是一類。《令狐楚集》百三十卷,當入別集類,《表奏》十卷,當入奏集類,如何取類於令狐楚?而《別集》與《奏集》不分。皮日休《文藪》十卷,當入總集類,《文集》十八卷,當入別集類,如何取類於皮日休?而總集與別集無別。詩自一類,賦自一類,陸龜蒙有《詩》十卷,《賦》六卷,如何不分詩賦,而取類於陸龜蒙?"

其二曰:"按《隋志》於書,則以所作之人,或所解之人,注其姓名於書之下,文集則大書其名於上曰某人文集,不著注焉。《唐志》因《隋志》係人於文集之上,遂以他書一概如是。且《春秋》一類之學,當附《春秋》以顯,如曰劉向,有何義?《易》一類之學,當附《易》以顯,如曰王弼,有何義?"

其三曰:"《唐志》以人置於書之上,而不著注,大有相妨。如管辰作《管輅傳》三卷,唐省文例去'作'字,則當曰'管辰管輅傳',是二人共傳也。如李邕作《狄仁傑傳》三卷,當去'作'

---

① 《宋史·藝文志》著録唐代書目頗多,其記官府所藏者,有不著撰人之《唐秘閣四部書目》四卷、《唐四庫搜訪圖書目》一卷、韋述撰《集賢書目》一卷、蔣彧撰《書目》一卷等,均已亡佚,參見拙著《〈宋史·藝文志〉史部佚籍考》一書。

② 見《通志·校讎略》第一。

字，則當曰：‘李邕狄仁傑傳’，是二人共傳也。又如李翰作
《張巡姚闔傳》三卷，當去‘作’字，則當曰‘李翰張巡姚闔傳’，
是三人共傳也。若文集置人於上，則無相妨，曰某人文集可
也，即無某人作某人文集之理，所志惟文集置人於上，可以去
‘作’字，可以不著注，而於義無妨也。又如盧槃佐作《孝子
傳》三卷，又作《高士傳》二卷，高士與孝子自殊，如何因所作
之人而合爲一？似此類極多。《炙轂子雜録注解》五卷，乃王
叡撰，若從《唐志》之例，則當曰‘王叡炙轂子雜録注解五卷’，
是王叡復爲注解之人矣。若用《隋志》例，以其人之姓名著注
於其下，無有不安之理。”

《兩唐志》除著録圖書之方式不同外，其他如同一書而書名不
同、卷數不同、作者不同及入類不同等，均足見《兩唐志》編撰
時，所據不同。今舉例如下：

書名不同例：《舊唐志》《春秋公羊經傳集解》《新唐志》作《公
羊集解》；《舊唐志》：《魏記》，《新唐志》作《後魏紀》；《舊唐
志》：《冀州譜》，《新唐志》作《冀州族姓譜》等。

卷數不同例：劉炫《五經正名》，《舊唐志》作十五卷，《新唐志》
作十二卷；吕忱《字林》，《舊唐志》作十卷，《新唐志》作七卷；
劉陟《齊書》，《舊唐志》作八卷，《新唐志》作十三卷。

作者不同例：《兵書接要》七卷，《舊唐志》題魏武帝撰，《新唐
志》題孫武撰；《洞林》三卷，《舊唐志》題梁元帝撰，《新唐志》
則題郭璞撰；《五姓墓圖要訣》五卷，《舊唐志》題孫氏撰，《新
唐志》題郭氏撰。

入類不同例：張鏡《東宮儀記》二十二卷，《舊唐志》在起居注
類，《新唐志》則入儀注類；劉向《列仙傳讚》二卷，葛洪《神仙
傳》十卷、周季通《蘇君記》一卷等，《舊唐志》置雜擇類，《新唐
志》則入道家類。

《新唐志》分類，入類之失，鄭樵《通志·校讎略》多處論之，略云："一類之書，當集在一處，不可有所間也。按《唐志》謚法見於《經解》一類，而分爲兩處置，四庫書目以入《禮》類，亦分爲兩也。又云："《唐志》於儀注類中有《玉璽》《國寶》之書矣，而於傳記類中復出此二書云云。"①焦竑《國史經籍志》《附錄》載《糾繆》，列舉《新唐志》入類之非云："謚法五種入經解，非，改附儀注。《武德貞觀兩朝史》入正史，非。葛洪《史記鈔》《兩漢書鈔》、張緬《後漢書略》《晋書鈔》《後漢書纘》六種入雜史，非，改附正史。張溫《三史要略》、阮孝緒《正史削繁》、王廷秀《史要》、蕭蕢《合史》、王蔑《史漢要籍》六種入雜史，非，改附正史。虞溥《江表傳》雜史、傳記兩出，改霸史。《關東風俗傳》入雜史，非，改地里。《唐宰輔錄》入雜史，非，改傳記。《凌烟功臣傳》入雜史，非，改傳記。《十八學士傳》入雜史，非，改傳記。詔令十一種入雜史，非，改制詔。《春坊舊事》《春坊要錄》入雜史，非，改職官。馬總《唐年小錄》入故事，非，改雜史。《列藩正論》，傳記、儒家兩出。李襲譽《江東記》入傳記，非，改地里。王氏《訓誡》入傳記，非，改儒家。李筌《中台志》入傳記，非，改職官。《朝野僉載》入傳記，非，改雜史。《封氏聞見記》入傳記，非，改雜史。韋機《西征記》、韓琬《南征記》、陸贄《遣使錄》、裴蕭《平戎記》、房千里《投荒雜錄》五種入傳記，非，改地里。徐景《玉璽正錄》，雜傳、儀注兩出。《國寶傳》入傳記，非，附儀注。許康佐《九鼎記》入傳記，非，改食貨。《異域歸忠傳》《西番會盟記》《西戎記》入傳記，非，改地里。《西京雜記》，故事、地里兩出。釋家入道家，非，今別出。《尉繚子》入雜，非。孟儀《子林》、薛克構《子林》、沈約

---

① 《通志·校讐略》論《新唐志》入類之失，散見各條，其中以《編次之訛論》《見名不見書論》等篇，所論較多。

《子鈔》、庾仲容《子鈔》,入雜,非,附子。徐陵《文府》入雜,非,改總集。王方慶《續世說》入雜,非,改小說。王範《續蒙求》、白延翰《唐蒙求》、李伉《系蒙》入雜,非,改小學。《參同契》入卜筮,非,改道家。《月令》十三種入農,非,改時令。《錢譜》《相貝經》入農,非,改食貨。《續錢譜》入小說,非,改食貨。《茶經》二種入小說,非,改食貨。《甄異傳》等二十二種入小說,非,改儒家。《太清神丹經》入醫,非,改道家。杜佑《通典》《會要》係典制書,入類家,非。"焦氏所舉,部分有兩出者,蓋係互著之法,未必全謬也;部分則係所見不同,未必爲非也。至於詔令十一種《新唐志》在起居注類,焦氏謂在雜史,《月令》僅三種,焦氏謂十三種,則係焦氏之偶疏也。

近人劉咸炘《續校讎通義》上冊《唐宋明志》第八,多則論及《新唐志》分類及入類之失。其一云:"新書之大謬又有五:一則收《隋志》所謂鈔撮舊史者於編年也,如李仁寶《通曆》以下。乃至帝王歷數亦入之,後世綱鑑刪纂,悉混編年,由此啓之。皇歷年歷以下,又依舊法入雜史,蓋彼收入《編年》者,乃所謂不著錄者,以己意妄分隸之,而此則沿舊文也。二則僞史一門,妄收《隋志》所謂雜史、編年,雜史如《鄴洛鼎峙記》;編年如蕭方等《三十國春秋》也。舊志猶無此謬,後來認霸爲凡紀編霸事皆可入,實歐陽氏啓之。三則雜史一門,妄收傳記也。唐人隨筆記錄不成史體者甚多,皆吾所謂當入傳記者也。開元以前猶少,故舊志未濫,歐氏乃以《大唐新語》《國史補》諸書并入,傳記狹而雜史爲蛇龍菹,歐陽氏啓之。四則故事全收傳記,開鄭樵之謬也。《隋志》故事中混入傳記,乃因同名故事而誤,《舊志》因之,而無所增,《新志》則增入十六家,無非傳記矣。所收之書,有事迹、傳事、事録諸名,何不思乎?五則雜家、農家因舊誤而更濫之也。《舊志》多收書鈔於雜家,沿《隋志》之

謬，又以譜録入農家；《新志》則蒙求亦入雜家，《竹譜》《錢譜》
《四時纂要》《荆楚歲時記》亦入農家矣。此五繆者，又并《舊
志》而不如，合《舊志》之五謬而十，十謬既成，四部不可問矣。
至於混收女訓於傳記列女之中，而以列女傳諸書并標爲女
訓，直不足辨也。"其二云："《新志》既混亂子目，而於雜傳、總
集一門，忽又不混合之，似可觀矣。乃孝子中屛《止足》《孝德
傳》，又在文士之後，良吏、先儒、止足又錯雜焉。竹林七賢忽
入別傳之中，科録、書讃又次其後，列藩、交游、忠孝又在家傳
之後，顛倒錯雜，不可究詰。總集亦承《舊志》之謬，至其增入
所謂不著録者，尤不可問。"又有多處論《新唐志》分類、入類
之失，兹不具録。聶崇岐《藝文志二十種綜合引得序》云："中
國典籍浩繁，時愈後，書愈多，爲之部析類分以統攝之愈難。
良以性質紛雜，判別不易；因書立類，因類置書，苟稍疏忽，謬
誤即生，倘主之者學無專長，心存敷衍，則凌亂將益不堪入
目。諸《志》或修於一人，或成於衆手，雖以學識不齊而有高
下之分，然求其精謹無可議者，則不多覯。竊嘗綜其缺憾，蓋
紛然不衹一端。今約而論之，分爲五類：一曰偏見太深；二
曰體制不純；三曰重複相糅；四曰錯謬叢生，五曰漫無倫
次。"並列舉《新唐志》之失，可資參考。
　　然《新唐志》亦有優點。清全祖望《鮚埼亭集外編》卷四二《移
明史館帖子》二云："藝文不當專收本代之書，幸不以愚言爲
妄，然即以本代之書言之，亦大費考證也。《新唐書·藝文
志》凡前代所已有，不復措一辭者，以漢、隋兩家在耳。其於
三唐圖籍，必略及其大意，而官書更備，凡撰述覆審删正之
人，皆詳載焉，是故於《永徽禮》則著許敬宗、李義府擅去國恤
之謬，以嘆大臣不學無術爲典禮無徵之自；於《開元禮》則載
張説不敢輕改《禮記》之議，以嘉其存古之功；於《則天實録》

具書爲劉知幾、吴兢所重修，而知直筆之所由存；於《六典》據實言李林甫所上，而知《會要》以爲張九齡者，蓋惡小人之名而去之，是皆有係於一代之事，而不徒以該洽爲博。至於《别集》之下，雖以明經及第、幕府微僚，旁及通人德士，皆爲詳其邑里，紀其行事，使後世讀是書者，得有所據，以補列傳之所不備。而丹陽十八詩人，連名載於包融之末，擬之附傳。其中載邱爲之居喪，可以見當時牧守惠養老臣之禮。滕珦之乞休，可以見當時職官給券還鄉之禮。典則遺文，藉此不墜，斯豈僅書目而已者。"劉咸炘云："然有可喜者，《朝野僉載》諸雜記事實及　事始末之書，後世誤以爲雜史小説者，乃在傳記，頗爲卓殊。"①

此書之單行本，除陳《録》所載監本外，又有宋建安魏氏本，民國十五年(1926)吴興張鈞衡輯刊《擇是居叢書初集》，即據魏氏本景刊，其後，則罕見單刻本。日本某氏輯《漢書·藝文志》一卷、《隋書·經籍志》四卷、《舊唐書·經籍志》二卷、《唐書·藝文志》四卷、《宋史·藝文志》八卷、《宋史·藝文志補》一卷、倪燦《補遼金元藝文志》一卷、金門詔《補三史藝文志》一卷、錢大昕《元史藝文志》四卷、《明史藝文志》四卷等書爲《八史經籍志》，清光緒九年(1883)鎮海張壽榮據以刊行。清沈炳震編有《新舊唐書合鈔》，以《舊志》爲主，《新志》有而《舊志》無者，加注云"從《新書》增"。二志文字異者，注云"《新書》作某"，或"據《新書》改"。《新志》所收不著録之書，以小字雙行排列於末。王先謙所編《新舊唐書合鈔補注》，於《經籍》《藝文志》部分，體例與沈書相仿，而校注加詳。又有《唐書藝文志注》鈔本，凡四卷，不著編者，未曾刊行，據傅增湘

----

① 説見《續校讐通義》上册《唐宋明志》第八。

《藏園群書題記》,乃清唐景崇所編,惟同書另一抄本,前有余嘉錫《序》,則以爲繆荃孫所撰,傅跋本後歸北京大學圖書館。[①] 世界書局爲方便檢索唐人著作,乃併《舊唐書·經籍志》與《新唐書·藝文志》爲一書,曰《唐書經籍藝文合志》,《舊志》在上欄,《新志》在下欄。《舊志》據明嘉靖十七年戊戌(1538)聞人詮刊本,乾隆四年己未(1739)武英殿刊本,沈炳震《新舊唐書合鈔》本以及道光二十三年癸卯至二十六年丙午(1843—1846)甘泉岑氏懼盈齋刊本等互校,擇善而從,不拘泥於一本。《新志》則據《百衲本二十四史》影印宋嘉祐刊本以及北平圖書館藏明補刻宋刊本相校,正兩本之脱誤。此書以《舊志》爲主,凡二《志》次序有不同、分類有出入、或文字有異同者,以括弧一一加注。全書加新式標點,附有人名、書名綜合索引,爲檢索《兩唐志》最方便者。

龍圖閣書目七卷　十九代史目二卷　太清樓書目四卷　玉宸殿書目四卷　宋杜鎬撰　佚

鎬有《鑄錢故事》一卷已著録。

此書《宋史·藝文志》目録類著録。

按,鎬于景德初爲龍圖閣待製,不數年,遷龍圖閣直學士,祥符中,又遷龍圖閣學士。右諸編蓋其任龍圖閣官時所撰。考《玉海》卷五二"祥符龍圖閣四部書"條云:"建隆初,三館書僅萬二千餘卷,及平諸國,收圖籍,蜀江南最多,開寶中參以舊書爲八萬卷,至祥符凡三萬六千三百八十卷。"又"景德太清樓四部書目"條云:"景德四年(1007)三月乙巳,召輔臣對于苑中,登太清樓,觀太宗聖制御書及新寫四部群書,上親執目録,令黃門舉其書示之,揔太宗聖制詩及故事墨迹三百七十

---

① 說見世界書局所刊《唐書經籍藝文合志前言》。

五卷,文章九十二卷,經庫二千九百一十五卷,史庫七千三百四十五卷,子庫八千五百七十一卷,集庫五千三百六十一卷,四部書共二萬五千一百九十二卷。"又"景德玉宸殿藏書"條云:"景德四年(1007)三月乙巳,召輔臣至玉宸殿,蓋退朝燕息之所,惟帳無文彩,歷翔鸞儀鳳二閣作五言詩,從臣皆賦,殿在太清樓之東,聚書八千餘卷,上曰:'此唯正經正史,屢經校讎,他小說不與。'其後群書又增及一萬一千二百九十三卷,太宗御集御書又七百五十二卷。"據此,可見當時龍土閣、太清樓、玉宸殿三處藏書之情形。

又按,《崇文總目》目錄類著錄《十九代史目》二卷,舒雅等撰。知右列諸書,與修者必多人也。

學士院雜撰目一卷　宋不著撰人　佚

此書《宋史·藝文志》目錄類著錄。

按,《崇文總目》目錄類著錄學士院雜撰目一卷,不著撰人。清錢繹云:"陳詩庭云:'宋初改軍鎮及宮殿名,詔學士院撰。'"

經書目錄一一卷　宋歐陽伸撰　佚

伸,史無傳,生平待考。此書《宋志》始見,蓋宋時人。

此書《宋史·藝文志》目錄類著錄。

史鑑三卷　宋曾□撰　佚

此書《宋史·藝文志》目錄類著錄。

《宋志》但題《曾氏史鑑》,亡其名。此書諸家書目罕見著錄,蓋宋時人也。

樂府詩目錄一卷　宋沈建撰　佚

建,生平待考。

此書《宋史·藝文志》目錄類著錄。

此書《崇文總目》著錄一卷。《玉海》卷一〇六云:"《書目》有

《沈建樂府廣題》二卷,上卷述四言至十一言詩句,下卷釋樂
章命題之意。"知沈氏深於樂府也。

家藏龜鑑目一〇卷　宋劉德崇撰　佚

德崇,生平待考。此書《宋志》始見著錄,蓋宋時人。

此書《宋史·藝文志》目錄類著錄。

禁書目錄一卷　宋不著撰人　佚

此書《宋史·藝文志》目錄類著錄。

《宋志》注云:"學士院、司天監同定。"

按,《玉海》卷五二云:"寶元二年(1039)正月丙午,學士院言:
'奉詔詳定陰陽禁書,請除孫武子、歷代天文律曆五行志并
《通典》所引諸家兵外,餘悉爲禁書。'從之。學士院、司天監定係禁
書籍 | 四門爲《目錄》一卷。"

萬卷堂目錄二卷　宋沈□撰　佚

此書撰人,《宋志》但云沈氏,亡其名。兹編《宋志》始見著錄,
蓋宋時人也。

《齊東野語》"書籍之厄"條云:"宋室承平時,如南都戚氏,歷
陽沈氏,廬山李氏,九江陳氏,番陽吳氏,王文康、李文正、宋
宣獻、晁以道、劉壯輿,皆號藏書之富。"又云:"至若吾鄉故
家,如石林葉氏、賀氏,皆號藏書之多至十萬卷,其後齊齋倪
氏、月河莫氏、竹齋沈氏、程氏、賀氏,皆號藏書之富。"是宋代
有二沈氏富於藏書,姑錄於此嗣俟考。

邯鄲書目一〇卷　宋李淑撰　佚

淑有《三朝訓鑑圖》一〇〇卷已著錄。

此書《宋史·藝文志》目錄類著錄。

《郡齋讀書志》卷九書目類著錄《邯鄲圖書十志》十卷,晁氏
曰:"右皇朝李淑(獻臣)撰。淑,若谷之子也,載其家所藏圖
書五十七類,經史子集通計一千八百三十六部,二萬三千一

百八十六卷,其外又有《藝術志》《道書志》《書志》《畫志》,通爲八目。

《直齋書録解題》卷八著録《邯鄲書目》十卷,陳氏曰:"學士河南李淑(獻臣)撰,號圖書十志,皇祐乙丑自作序,以示子孫。"《玉海》卷五二"李淑圖書十志"條引《中興書目》云:"淑,皇祐中撰《邯鄲書目》十卷,子德芻《再集書目》三十卷。淑藏二萬八百十一卷,著爲目録,凡五十七類,至是比舊少一千一卷。"

今檢吕祖謙編《皇朝文鑑》卷八六載《李淑邯鄲圖書十志序》,云:"儒籍肇劉《略》、荀《簿》、王《志》、阮《録》,訖元毋乃備,士大夫藏家者唯吴齋著目。唐季兵毁,墳典散落。帝宋戢戈講道,薦紳靡然,編摩校輯,歲月相踵。予家高曾以還,力弦誦馬蹄間,重明尚义,素風不衰。肆中山公,奮蕤舒光,翊宣通謨。狷者賴清白之傳,冠而並班傳游。載筆兩朝,禁清圖史,號令策牘,吁俞演暢。伊延閣廣内,幽經秘篇,固殫見悉索之,中敕辨次,甫事麾去。大抵官書三萬六千二百八卷,訂《開元見目》,什不五六。《崇文》劅去五千餘,猶淺末摽剽名臣舊族間所獲,或東觀之闕,緜是如世書尚存,購寫弗競,豐社舊藴,斷巇不倫。中山官南,始復論補,逮于刊綴,彌三十載,會請養玉堂,抉私褚外内經,合道釋書畫,得若干。離十志,五十七類,總八目。几梮題袠,參准昔模,緗素枕籍,點兼古語。有貳本者,分貯旁格,柳氏長行後學之別歟。噫!予門從著作水部,贊善洪州,四世而及中山,鄖夫承之,施爾朋圭芻泊彙蒙謙輩,冠蓋八葉。繄汝曹善承之,肆守之,毋爲勢奪,毋爲賄遷,書用二印,取明篆所以記封國,詔世代。東部永寧有館第,西都履道有園齋,爲退居佔畢之玩。既志之序之,識迁拙耽賞之,自後日紬續,追紀左方。"

按,陸游《跋京本家語》云："李邯鄲所蓄三萬卷,靖康之變,金人犯闕,散亡皆盡。"是其書南宋時已散落矣。

家藏書目二卷　宋吳祕撰　佚

祕,字君謨,歐寧人,從劉牧學,第景祐進士,歷侍御史,知諫院,以言事出知濠州,改守同安。著有《周易神通》《揚子法言注》《太玄箋》等。事迹具《宋元學案》卷二、《宋元學案補遺》卷二及《宋詩紀事補遺》卷九等書。

此書《宋史·藝文志》目録類著録。

秘閣書目一卷　宋不著撰人　佚

此書《宋史·藝文志》目録類著録。

按,《玉海》卷五二云："《中興書目》有《皇朝秘閣書目》一卷,十九門,六千七百九卷,不知作者。"

史館新定書目録四卷　宋不著撰人　佚

此書《宋史·藝文志》目録類著録。

按,《玉海》卷五二引《國史志》云："乾德六年(968),《史館新定書目録》四卷。"又引《中興書目》云："《史館新定書目録》四卷,分四部,總一萬四千四百九卷,不知作者。"

邯鄲再集書目三十卷　宋李德芻撰　佚

德芻有《聖朝徽名録》一〇卷已著録。

此書《宋史·藝文志》目録類著録。

按,德芻,淑子也,淑有《邯鄲書目》十卷已著録,參見"邯鄲書目"條。

大宋史館書目一卷　宋不著撰人　佚

此書《宋史·藝文志》不著録,見《郡齋讀書志》卷九目録類。

晁公武曰："右《皇朝史館書》,總計一萬五千一百四十二卷。"

按,《宋志》有《史館新定書目録》四卷,太祖乾德六年(968)所定,則此編蓋宋開國之初所纂也。

國子監書目一卷　宋不著撰人　佚

此書《宋史·藝文志》目錄類著錄。

按，《玉海》卷五二引《中興書目》云："熙寧七年（1074），國子監書總一百二十五部，今存書目一卷。"

荊州田氏書總目三卷　宋田鎬撰　佚

鎬有《文樞秘要》七卷已著錄。

此書《宋史·藝文志》目錄類著錄。

《郡齋讀書志》卷九書目類著錄《田氏書目》六卷，晁氏曰："右皇朝田鎬撰。田偉居荊南，家藏書幾三萬卷，鎬，偉之子也，因成此目，元祐中袁默爲之序。"

按，《方輿勝覽》卷二七云："田偉，燕人，歸朝，授江陵尉，因家焉。作博古堂藏書，至五萬七千卷，無重複者。黃魯直過之曰：'吾校中秘書及徧游江南，文士圖書之富，未有過田氏者。'"

又按，此書《宋志》作三卷，晁《志》云六卷，蓋分合不同也。

又默，字思正，嘉祐進士，官京兆府教授，歷太學博士，學問淵博，爲時所宗。

求書補闕一卷　宋徐士龍撰　佚

士龍，字通甫，三衢人，自惠州學官爲國子博士。[①]　將行四明，袁甫撰序贈之。

此書《宋史·藝文志》目錄類著錄。

按，《玉海》卷五二著錄："徐士龍編《求書補闕》一卷。"

廣川藏書志二六卷　宋董逌撰　佚

逌，字彥遠，山東東平人。靖康末官國子監祭酒，建炎元年（1127）四月帥諸生至南京勸進，除宗正少卿，轉江東提刑，召

---

① 　徐元杰《楳埜集》卷七有《授國子博士制》。

爲中書舍人,充徽猷閣待制。著有《廣川詩故》《廣川易學》
《錢譜》《廣川書跋》《廣川畫跋》等。事迹具《宋史翼》卷二七。
又《大隱集》卷二載《徽猷閣待制與郡制》《復待制知信州制》,
卷三載《贈官制》,《紫薇集》卷一八載《特贈正奉大夫制》,並
可考見其事迹。

此書《宋史·藝文志》目錄類著録。

《直齋書録解題》卷八目錄類著録《廣川藏書志》二十六卷,陳
氏曰:"徽猷閣待制董逌(彦遠)撰,以其家藏書考其本末,而
爲之論説,及於諸子而止,蓋其本意專爲經設也。"

圖譜有無記二卷　宋鄭樵撰　存

樵,字漁仲,莆田人。好著書,不爲文章,自負不下劉向、揚
雄,居夾漈山,謝絶人事,學者皆稱夾際先生。著有《詩傳》
《詩辨妄》《系聲樂譜》《春秋地名譜》《石鼓文考》《通志》《鄉飲
禮》《鄉飲禮圖》《求書闕記》《求書外紀》《集古今系時録》《群
書會記》等數十種。事迹具《宋史》卷四三六、《宋史新編》卷
一六六及《南宋書》卷三七等書。

此書《宋史·藝文志》目錄類著録。

按,漁仲之撰《通志》二十略,其略目,有因襲前人者,有自創
者,《通志總序》曰:"臣今總天下之大學術,而條其綱目,名之
曰略,凡二十略,百代之憲章,學者之能事,盡於此矣。其五
略,漢唐諸儒,所得而聞;其十五略,漢唐諸儒,所不得而聞
也。"其中《圖譜略》,即所謂漢唐諸儒所不得而聞者也。鄭氏
撰《圖譜略》之旨趣,於《總叙》言之甚詳,曰:"河出圖,天地有
自然之象,圖譜之學,由此而興。洛出書,天地有自然之文,
書籍之學,由此而出。圖成經,書成緯,一經一緯,錯綜而成
文,古之學者,左圖右書,不可偏廢。劉氏作《七略》,收書不
收圖,班固即其書爲《藝文志》,自此以還,圖譜日亡,書籍日

冗，所以困後學而隳良材者，皆由於此，何哉？即圖而求，易；即書而求，難；舍易從難，成功者少。臣乃立爲二記：一曰記有，記今之所有者，不可不聚；二曰記無，記今之所無者，不可不求，故作《圖譜略》。”

鄭氏於圖譜，記其有無，所以方便聚書求書也，蓋鄭氏以爲若但記今存之圖書，不記已亡者，則不惟今存之古代圖書難求，即當代文獻亦難備。《通志・校讎略》《編次必記亡書論》三篇中，闡述此理極審。其一曰：“古人編書，皆記其亡闕，所以仲尼定《書》，逸篇具載。王儉作《七志》已，又條劉氏《七略》、及二汉《藝文志》、魏《中經簿》所闕之書爲一志。阮孝緒作《七錄》已，亦條劉氏《七略》及班固《漢志》、袁山松《後漢志》、魏《中經》晋四部所亡之書爲一録。隋朝又記梁之亡書。自唐以前，書籍之富者，爲亡闕之書有所系，故可以本所系而求，所以書或亡於前而備於後，不出於彼而出於此。及唐人收書，只記其有，不記其無，是致後人失其名系，所以崇文四庫之書，比於隋唐，亡書甚多，而古書之亡尤甚焉。”其第二篇則列舉前人搜訪佚書目録及其撰《群書會記》之用意。第三篇曰：“古人編書，必究本末，上有源流，下有沿襲，故學者亦易學，求者亦易求，謂如隋人於曆一家，最爲詳明，凡作曆者幾人，或先或後，有因有革，存則俱存，亡則俱亡。唐人不能記亡書，然猶記其當代作者之先後，必使具在而後已。及崇文四庫，有則書，無則否，不惟古書難求，雖今代憲章亦不備。”《圖譜略》之記有無，即爲便於求書也。

今檢《通志・圖譜略》“記有”部分，不分類，都著録二百六圖，《圖譜略・明用》篇中所舉天文、地理、宮室、器用、車旗、衣裳、壇兆、都邑、城築、田里、會計、法制、班爵、古今、名物、書等十六類均備。“記無”部分，地理十七圖，會要六圖，紀運十八圖,百官四圖,易二圖,詩二圖,禮十四圖,樂十三圖,春秋九圖,孝經一圖,論語二圖,經學圖譜各一,小學二圖,刑法一圖,天文八圖,時令一圖,算數一圖,陰陽十三圖,道家十七圖,釋氏三圖,符瑞八圖,兵家三圖,藝術十圖,食貨一圖,醫藥十二圖,世系五譜,計分二十六類,圖譜一七五種。此書當時單行,今則未見單刻本。

求書闕記七卷　求書外記一〇卷　集古今系時録一卷　群書會記三六卷　宋鄭樵撰　佚

樵有《鄉飲禮》三卷已著録。

此書《宋史·藝文志》目録類著録。

《直齋書録解題》卷八目録類著録《群書會記》三十六卷,陳氏曰:“鄭樵撰,大略記世間所有之書,非必其家皆有之也。”

同書又著録《集古系時録》十卷、《系地録》十一卷,陳氏曰:“鄭樵撰。大抵因集古之舊,詳考其時與地而系之,二書相爲表裡。”

《玉海》卷五二“紹興求書闕記群書會記”條云:“十七年(1147),鄭樵按秘書省所頒闕書目録,集爲《求書闕記》七卷,外記十卷,又總天下古書籍,分類爲《群書會記》三十六卷。”

《集古今系時録》一書,陳録無“今”字,卷數亦不同,疑《宋志》所載非完本。

按,考鄭樵《通志·校讎略》載《秦不絕儒學論》《編次必謹類例論》《編次必記亡書論》《書有名亡實不亡論》《編次失書論》《見名不見書論》《收書之多論》《闕書備於後世論》《亡書出於後世論》《亡書出於民間論》《求書遣使校書久任論》《求書之道有八論》《編次之訛論》《崇文明於兩類論》《泛釋無義論》《書有不應釋論》《書有應釋論》《不類書而類人論》《編書不明分類論》《編次有叙論》《編次不明論》等文,知鄭深於求書校書之道也。其中《編次必記亡書論》第二篇云：“古人亡書有記，故本所記而求之。魏人求書，有《闕目》一卷；唐人求書，有《搜訪圖書目》一卷；所以得書之多也。下詔并書目一卷，惜乎行之不遠，一卷之目，亦無傳焉。臣今所作《群書會記》，不惟簡別類例，亦所以廣古今而無遺也。”又《夾漈遺稿》卷二《獻皇帝書》云：“……念臣困窮之極，而寸陰未嘗虛度，風晨雪夜，執筆不休；廚無煙火，而誦記不絕。積日積月，一簣不虧。……八九年爲討論之學，爲圖譜之學，爲亡書之學。以討論之所得者，作《群書會記》，作《校讎備論》，作《書目正訛》。以圖譜之所得者，作《圖書誌》，作《圖書譜有無記》，作《氏族源》。以亡書之所得者，作《求書闕記》，作《求書外記》，作《集古系時錄》，作《集古系地錄》，此幸皆已成之書也。”可藉考諸書撰寫之經過。

夾漈書目一卷　宋鄭樵撰　佚

圖書志一卷　宋鄭樵撰　佚

樵有《圖譜有無記》二卷已著錄。

此二書《宋史·藝文志》不著錄，見《直齋書錄解題》卷八目錄類。

陳振孫曰：“鄭樵記其平生所自著之書，志者，蓋述其著作之意也。”

按，考鄭樵《夾漈遺稿》卷二《獻皇帝書》云：“……今天下圖書，若有若無，在朝在野，臣雖不一一見之，而皆知其名數之所在，獨恨無力抄致，徒紀記之耳。謹搜盡東南遺書，搜盡古今圖譜，又盡上代之鼎彝，與四海之銘碣，遺編缺簡，各有彝倫，大篆梵書，亦爲釐正，於是提數百卷自作之書，徒步二千里來趨闕下，欲以纖塵而補嵩華，欲以涓流而益滄海者也。念臣困窮之極，而寸陰未嘗虛度，風晨雪夜，執筆不休；廚無

烟火,而誦記不絕。積日積月,一簣不虧。十年爲經旨之學,
以其所得者,作《書考》,作《書辨訛》,作《詩傳》,作《詩辨妄》,
作《春秋傳》,作《春秋考》,作《諸經略》,作《刊謬正俗跋》。三
年爲禮樂之學,以其所得者,作《諡法》,作《運祀議》,作《鄉飲
禮》,作《鄉飲駁議》,作《系聲樂府》。三年爲文字之學,以其
所得者,作《象類書》,作《字始連環》,作《續汗簡》,作《石鼓文
考》,作《梵書編》,作《分音之類》。五六年爲天文地理之學,
爲蟲魚草木之學,以天文地理之所得者,作《春秋地名》,作
《百川源委圖》,作《春秋列傳圖》,作《分野記》,作《大象略》;
以蟲魚草本之所得者,作爾雅注》,作《詩名物志》,作《本草成
書》,作《草木外類》。以方書之所得者,作《鶴頂方》,作《食
鑑》,作《採治錄》,作《畏惡錄》)。八九年爲討論之學,爲圖譜
之學,爲亡書之學,以討論之所得者,作《群書會記》,作《校讎
備論》,作《書目正訛》;以圖譜之所得者,作《圖書志》,作《圖
書譜有無記》,作《氏族源》;以亡書之所得者,作《求書闕記》,
作《求書外記》,作《集古系時錄》,作《集古系地錄》,此皆已成
之書也。其未成之書,在禮樂則有《器服圖》,在文字則有字
書,有音讀之書;在天文則有《天文志》;在地理則有《郡縣遷
革志》;在蟲魚草木則有《動植志》;在圖譜則有《氏族志》;在
亡書則有《亡書備載》,二三年間,可以就緒。如詞章之文,論
説之集,雖多不得而與焉,奈秋先蒲柳,景返桑榆,兄弟淪亡,
子姓亦殤,惟餘老身,形影相弔,若一旦倏先朝露,則此書與
此身俱填溝壑,不惟有負于平生,亦且有負于明時。謹繕寫
十八韻百四十卷,恭詣檢院投進,其餘卷帙稍多,恐煩聖覽。"
又同卷《寄方禮部書》,卷三《上宰相書》,亦載其撰述之經過
及旨趣。是此二編雖佚,然漁仲平生所著之書及著述之旨,
仍可藉右舉數篇而知也。

潁川慶善樓家藏書目二卷　宋陳貽範撰　佚

貽範,字伯模,臨海人,治平四年(1067)進士,嘗游胡瑗之門,又師事陳襄,歷宗正丞,通判處州。著有《鄱陽遺事録》《千題適變録》《慶善集》等。事迹具《宋元學案》卷五、《宋元學案補遺》卷五、嘉定《赤城志》卷三三等書。

此書《宋史·藝文志》目録類著録。

按,《台州經籍志》卷十七著録《慶善據樓家藏書目》二卷,引元王暐《萬卷樓記》略云:"臨海陳氏有藏書之樓,曰萬卷樓。陳氏世儒家,五季時自金華來居縣西之松里,族大以蕃,衣冠相繼,至宋少卿府君始即所居作樓藏書,逮其後大著,府君復新之,入國朝大德間大著之。"

徐州江氏書目二卷　宋不著撰人　佚

吕氏書目二卷　宋不著撰人　佚

三川古刻總目一卷　宋不著撰人　佚

右三書《宋史·藝文志》目録類著録。

讀書志四卷　宋晁公武撰　存

公武,字子止,世號昭德先生。宋丙午之變,衣冠盡南渡,公武挈家入西蜀。紹興二年(1132)舉進士第,初爲四川轉運使井度屬官,既而爲四川宣撫司總領官趙不棄錢糧所主管文字。十七年(1147),以左朝奉郎通判潼川府,二十四年(1154)知恭州,移知榮州,又知合州,轉潼川路轉運使判官。二十七年(1157)十二月,侍御史王珪劾罷之。乾道三年(1167)知興元府,七年(1171)除臨安少尹。嗣後累官吏部侍郎。公武嘗過嘉定府之符文鎮,謂山川風物似洛中,因家焉,卒葬符文鄉。著有《易詁訓傳》《尚書詁訓傳》《毛詩詁訓傳》《中庸大傳》《春秋故訓傳》《昭德堂稿》《讀書志》《嵩山樵唱》《稽古後録》《老子通述》等書。公武,《宋史》無傳,1968年兆

祐肆業於臺灣師範大學國文研究所,承業師屈翼鵬先生之指
導,撰成《晁公武及其郡齋讀書志》一文。其中《晁公武之生
平》一章,參稽《宋史》《四川通志》《新修清豐縣志》《具茨晁先
生詩集》《建炎以來繫年要錄》《桯史》《山東通志》《輿地紀勝》
《南宋制撫年表》《藏書紀事詩》、陳祺壽《宋目錄家晁公武陳
振孫傳》等,於公武之里籍、家世、事迹、著述及治學旨趣等,
悉爲考訂,拙著已於1969年6月由嘉新文化基金會印行。

此書《宋史・藝文志》目錄類著錄。

《直齋書錄解題》卷八目錄類著錄此書二十卷,陳振孫曰:"昭
德晁公武(子止)撰。其《序》言得南陽公書五十篋,合其家舊
藏,得二萬四千五百卷。其守榮州,日夕讎校,每終篇輒論其
大指,時紹興二十一年(1151)也。其所發明,有足觀者。南
陽公,未知何人,或云井度(憲孟)也。(四庫館臣注:案井度,
《文獻通考》作卝度)。"

清《四庫全書總目》卷八十五目錄類著錄《郡齋讀書志》四卷
《後志》二卷《考異》一卷《附志》一卷,《提要》曰:"《郡齋讀書
志》四卷,宋晁公武撰。《後志》二卷,亦公武所撰。趙希弁重
編《附志》一卷,則希弁所續輯也。公武,字子止,鉅野人,沖
之之子,官至敷文閣直學士,臨安少尹。岳珂《桯史》記隆興
二年(1164)湯思退罷相,洪适草制作平語,侍御史晁公武擊
之,則亦骨鯁之士。希弁,袁州人,宋宗室子,自題稱江西漕
貢進士秘書省校勘,以輩行推之,蓋太祖之九世孫也。始南
陽井憲孟爲四川轉運使,家多藏書,悉舉以贈公武。乃躬自
讎校,疏其大略爲此書。以時方守榮州,故名《郡齋讀書志》,
後書散佚而志獨存。淳祐己酉(九年,1249),鄱陽黎安朝守
袁州,因令希弁即其家所藏書目,參校刪其重複,摭所未有益
爲《附志》一卷而重刻之,是爲袁本。時南充游鈞守衢州,亦

取公武門人姚應績所編蜀本刊傳，是爲衢本。當時二書並行於世，惟衢本分析至二十卷，增加書目甚多，卷首公武《自序》一篇，文亦互有詳略。希弁以衢本所增乃公武晚年續裒之書，而非所得井氏之舊，因別摘出爲《後志》二卷，又以袁、衢二本異同別爲《考異》一卷，附之編末。蓋原《志》四卷爲井氏書，《後志》二卷爲晁氏書，並至南渡而止；《附志》一卷，則希弁家書，故兼及於慶元（1195－1200）以後也。馬端臨作《經籍考》，全以是書及陳氏《書錄解題》爲據。然以此本與《經籍考》互校，往往乖迕不合，如《京房易傳》，此本僅注三十餘字，而馬氏所引，其文多至十倍。又如宋《太祖實錄》《太宗實錄》《建康實錄》《汲冢周書》之類，此《志》本僅述其撰人、時代及卷數而止，而馬氏所引，尚有考據議論凡數十言。其餘文之多寡，詞之增損，互異者不可勝數。又希弁《考異》稱袁本《毗陵易傳》，衢本作《東坡易傳》；袁本《芸閣先生易解》，衢本作《吕氏章句》；今《經籍考》所題並同衢本，似馬端臨原據衢本採掇。然如《晉公談錄》《六祖壇經》之類，希弁《考異》稱袁本所載而衢本所遺者，今《經籍考》實并引晁氏之説，則當時亦兼用袁本。疑此書已經後人刪削，不特衢本不可復見，即袁本亦非盡舊文，故與馬氏所引不能一一符合歟？又《前志》子部序錄稱：九曰小説類，十曰天文曆算類，十一曰兵家類，十二曰刑家類，十三曰雜藝類，十四曰醫家類，十五曰神仙類，十六曰釋家類，而《志》中所列小説類《雞跖集》後即爲《群仙會真記》《王氏神仙傳》、葛洪《神仙傳》三種，是天文曆算等五類全佚，而神仙類亦脱其標目，則其他類之殘闕，蓋可例推矣。然書雖非舊，而梗概仍存，終爲考證者所取資也。"

袁衢二本，既多有不同，清光緒十年（1884），王先謙以清嘉慶己卯（二十四年，1819）汪氏藝芸書舍所刊衢本爲主，清康熙六十一年(1722)陳師曾所刊袁本合校,其衢無袁有者依類補入;每書目下悉著袁本次第,既創立全書總目,又爲袁本《後志》書目次第備考附焉,俾學者持一衢本,得見袁衢二本之異同。惟王先謙校刻本亦有缺失,喬衍琯教授曰:"王校本仍有不夠完善的地方,他未能見到宋刊的袁本和阮元進呈的衢州本。甚至《馬考》也未能充分利用。又明知所據的袁本有錯簡,卻認爲'宜仍舊觀',不免失於拘泥。校語既彙集多家,反覆顛倒,有的且無關考證;失於繁瑣,妨礙閱讀。考證和校補中的校語,更不便於利用。"①

按,拙著《晁公武及其郡齋讀書志》,於晁公武之生平,《郡齋讀書志》之板本、體例,晁《志》中有關辨僞書部分之討論,晁《志》所著錄今世已佚之書及晁《志》之優點與缺點等問題,均已有所析論,茲不再贅論。喬衍琯先生《宋代書目考》一書中,於晁《志》部分,除論及晁氏生平、晁《志》之成書、版本、體例等外,於後人之評論及利用晁《志》相關文獻,整理頗備。上海復旦大學孫猛先生撰有《郡齋讀書志校證》一書,是書以清嘉慶間汪士鐘藝芸書舍所刊衢本爲底本,以上海涵芬樓《續古逸叢書》所收南宋理宗淳祐間所刊袁本之影印本合校,參校以今存晁《志》諸善本,《文獻通考·經籍考》及前人所引晁《志》文字,晁《志》各書敘錄所本之史傳序跋與有關書目,爲今傳晁《志》最稱善本。

遂初堂書目二卷　尤袤撰　存

袤,字延之,自號遂初居士,常州無錫人。紹興十八年(1148)進士,爲秘書丞兼國史院編修官,實錄院檢討官,累遷太常少

---

①　見《宋代書目考》頁一三八。

卿,官終禮部尚書,紹熙四年(1193)卒,年六十七,[①]謚文簡。
著有《周禮辨義》《内外制》《老子音訓》《文選考異》《梁溪集》
《梁溪遺稿》《遂初小稿》等。事迹具《宋史》卷三八九、《宋史
新編》卷一四五、《史質》卷四五、《南宋書》卷三四等書。

此書《宋史·藝文志》目録類著録。

《直齋書録解題》卷八目録類著録此書一卷,陳振孫曰:"錫山
尤氏尚書袤(延之),淳熙名臣,藏書至多,法書尤富,嘗燬於
火,今其存亡幾矣。"陳《録》作一卷者,或不分卷者也。

清《四庫全書總目》卷八十五目録類亦著録此書,於其分類情
形,論之甚詳,曰:"其書分《經》爲九門,曰經總類、周易類、尚
書類、詩類、禮類、樂類、春秋類、論語孝經孟子類、小學類;分
《史》爲十八門,曰正史類、編年類、雜史類、故事類、雜傳類、
僞史類、國史類、本朝雜史類、本朝故事類、本朝雜傳類、實録
類、職官類、儀注類、刑法類、姓氏類、史學類、目録類、地理
類;分《子》爲十二門,曰儒家類、雜家類、道家類、釋家類、農
家類、兵家類、數術家類、小説家類、雜藝類、譜録類、類書類、
醫書類;分《集》爲五門,曰別集類、章奏類、總集類、文史類、
樂典類。其例略與史志同,惟一書而兼載數本,以資互考,則
與史志小異耳。諸書解題,檢馬氏《經籍考》無一條引及袤
説,知原本如是,惟不載卷數及撰人,則疑傳寫者所删削,非
其原書耳。其《子部》別立《譜録》一門,以收《香譜》《石譜》
《蟹録》之無類可附者,爲例最善;間有分類未安者,如《元經》
本史,而入儒家;《錦帶》本類書,而入農家;《琵琶録》本雜

[①]　尤氏之卒年有多説。《宋史》本傳以爲年七十卒,當在慶元二年(1196)。尤侗
所輯《梁谿遺稿》卷末所附《家譜》,本傳則謂卒於紹熙甲寅(五年,1194),享年六十有八。
尤玘《萬柳溪邊舊話》則謂袤時年七十八。鄭騫(因百)先生《宋人生卒考示例》則以爲卒
於紹熙四年(1193),年六十七,今從之。

藝,而入樂之類。亦有一書偶然複見者,如《大曆浙東聯句》,一入別集,一入總集之類。又有姓名訛異者,如《玉瀾集》本朱槔作,而稱朱喬年之類。然宋人目錄存於今者,《崇文總目》已無完書,惟此與晁公武《志》爲最古,固考證家之所必稽矣。"

按,尤氏藏書,多達三千一百餘部,視晁氏爲多,其中以抄本最多,蓋尤氏及其子女,皆勤於抄書。《家譜》本傳云:"公平居無事,日取古人書錄之,家人女稚莫不識字,共著三千餘部,建萬卷藏書樓。"楊萬里《誠齋集》(卷七十九)《益齋藏書目序》曰:"……然於延之有未解者焉,蓋延之每退,則閉戶謝客,日計手抄若干古書,其子弟亦抄書,不惟延之手抄而已也。其諸女亦抄書,不惟子弟抄書而已也。"蓋尤氏得借觀三館中秘之書,抄書甚便也。又按,楊萬里《序》題益齋者,知當時尤氏藏書之所,不止遂初堂一處而已,蓋晚年藏書多聚於遂初堂,尤氏又自號遂初居士,遂以遂初名編也。

《尤目》雖無解題,然多注板本,則爲其特色。葉德輝《書林清話》卷一"古今藏書家紀板本"條云:"古人私家藏書,必自撰目錄,今世所傳,宋晁公武《郡齋讀書志》,陳振孫《直齋書錄解題》是也。其時,有李淑《邯鄲圖書志》十卷,載晁《志》、陳《錄》;荊南田鎬《田氏書目》六卷,載晁《志》;董逌《廣川藏書志》二十六卷,濡須《秦氏書目》一卷,莆田李氏《藏六堂書目》一卷,漳浦吳權《吳氏書目》一卷,莆田鄭寅《鄭氏書目》七卷,并載陳《錄》。諸家所藏,多者三萬卷,少者一二萬卷,無所謂異本重本也。自鏤版興,於是兼言板本,其例創於宋尤袤《遂初堂書目》。《目》中所錄,一書多至數本,有成都石經本,秘閣本、舊監本、京本、江西本、吉州本、杭本、舊杭本、嚴州本、越州本、湖北本、川本、川大字本、川小字本、高麗本,此類書

以正經正史爲多，大約皆州郡公使庫本也。"按，除葉氏所列
舉者外，又有所謂舊本、别本、朱墨本、池州、手校本等。喬衍
琯教授以爲其中所謂舊監本、舊杭本以及舊本，當是北宋
刻本。[①]

此書之傳本，今所見最早者爲明抄本《説郛》卷二十八所收一
卷本，清順治丁亥（四年，1647）兩浙督學李際期所刊陶珽重
編《説郛》卷第十亦收有此書一卷，清以後所見各抄本及刊
本，如清《文淵閣四庫全書本》、清道光咸豐間番禺潘氏輯刊
《海山仙館叢書》及光緒間盛氏輯刊《常州先哲遺書》所收尤
《目》，并據明抄本。商務印書館《叢書集成》所收者，則據《海
山仙館叢書》本排印。廣文書局《書目續編》所收，則據《説
郛》本影印。

喬衍琯教授《宋代書目考》，收録此書，於尤《目》之收藏，體
例、板本、後人之批評等，皆有所考論。蔡文晋君撰《宋代藏
書家尤袤研究》，爲其碩士論文，可供參考。

鄱陽吳氏籯金堂書目三卷　宋吳良嗣撰　佚

良嗣，鄱陽人，事迹待考。

此書《宋史·藝文志》目録類著録，不著撰人，鄭樵《通志·藝
文略》著録《籯金堂書目》三卷，吳良嗣撰，今據以補正。

按，吳氏藏書之富，著稱於世，宋人著述，多有記載。《文獻通
考》卷一七四《經籍考》一《總叙》引葉氏《過庭録》云："公卿名
藏書家，如宋宣獻、李邯鄲，四方士民如亳州祁氏、饒州吳氏、
荊州田氏等，吾皆見其目，多止四萬許卷。"按，饒州吳氏，即
良嗣也，蓋鄱陽郡，隋置饒州。《隋書》卷三十一《地理志下》
鄱陽郡下云："梁置吳州、陳廢。平陳，置饒州。"周密《齊東野

---

① 説見《宋代書目考》頁一五六。

語》卷十二"書籍之厄"條云："……宋室承平時,如南都戚氏、歷陽沈氏、盧山李氏、九江陳氏、番陽吳氏、王文康、李文正、宋宣獻、晁以道、劉壯輿,皆號藏書之富。"所可惜者,吳氏藏書,亦不免散佚。高似孫《緯略》卷七"三本書"條云："承平時,士大夫家藏書如常山宋氏、南都戚氏、歷陽沈氏、盧山李氏、九江陳氏、鄱陽吳氏,中興初如三山余氏、臨川吳氏、會稽陸氏、諸葛氏,今皆散逸矣,況有三本乎?"考洪邁《容齋四筆》卷六"竇叔向詩不存"條云："竇氏《聯珠序》云:'五竇之父叔向,當代宗朝,善五言詩,名冠流輩。時屬正懿皇后山陵,上注意哀挽,即時進三章。內考首出,傳諸人口,有"令婦羞蘋葉,都人挿奈花,禁兵環素帟,宮女哭寒雲"之句,可謂佳唱。'而略無一首存於今,荆公《百家詩選》亦無之,是可惜也。予嘗得故吳良嗣家所抄唐詩,僅有叔向六篇,皆奇作,念其不傳於世,今悉錄之。"下錄叔向所作《夏夜宿表兄話舊》《秋砧送包大夫》《春日早朝應制》《過檇石湖》《挽歌》二首等詩。按,吳氏家所抄唐詩,當是唐人詩,非唐詩之總集也,蓋考之唐以後書目,有顧陶《唐詩類選》二十卷,見《新唐書·藝文志》;有《張爲唐詩主客圖》一卷,見《直齋書錄解題》;有劉充《唐詩續選》十卷,見《宋史·藝文志》;有不著撰人之《唐詩主客集》六卷,見《秘書省續四庫書目》,未見《唐詩》者,知吳氏家抄存唐人所作詩也。

萬卷藏書目一卷　宋余衛公撰　佚

衛公,生平待考。

此書《宋史·藝文志》不著錄,見《通志·藝文略》家藏總目。

孫氏群書目錄二卷　宋孫□撰　佚

此書《宋史·藝文志》目錄類著錄,不著撰人。

考魏了翁《鶴山集》卷四十一《眉山孫氏書樓記)云："孫氏居

眉以姓著，自唐迄今，人物之懿，史不絶書，而爲樓以儲書，則由長孺始。① 樓建於唐之開成，至光啓元年（885），僖宗御武德殿，書'書樓'二字賜之，今石本尚存。自僞蜀毁於災，乃遷魯鰍其居爲佛氏所廬，今所謂傳燈院是也。若里巷則固以'書樓'名。長孺之五世孫降衷，②常游河洛，識藝祖皇帝于龍潛。建隆初，召至便殿，賜衣帶圭田，特授眉州別駕，因市監書萬卷以還，然樓猶未復也。別駕之孫闓，乃入都傳東壁西雝之副與官本市書，稛載而歸，即所居復建重樓藏之，魚鰍之有樓，則昉乎此。又嘗除塾爲師徒講難之所，號'山學'，於是士負笈景從，而'書樓''山學'之名，聞于時矣。方樓之再建也，在天聖初，闓之從兄直講君堪嘗爲作《記》，錢内翰希白、宋景文子京皆賦詩。闓性倜儻，不耐衣冠，衣方士服，其卒也，從弟文懿公爲識其竁，有'不儒其身而儒其心'之語，故里人又以儒心名之。比歲，樓又毁於災，書僅有存者。儒心之六世孫曰某，懼忝厥世，乃更諸爽塏，以唐僖宗所書樓刻揭之，樓祝舊增拓焉。且病所儲之未廣，走行闕下，傳抄貿易，以補闕遺，竭其餘力，復興山學。以余二十年雅故，嘗以謁請曰：'僕之用力於斯也，亦既厪勤，公盍爲我書之，以詔罔極。'則序其事以告余。因惟昔人藏書之盛，鮮有久而弗厄者。梁隋之盛，或壞於火，或覆於砥柱。唐太玄文昭之盛，或毁於盜，或散於遷徙。本朝之初，如江源叔所藏，合江南及吳越之書，凡數萬卷，而子孫不能有之，爲臧僕盜去與市人裂之以藉物者，不可勝數。余嘗偶過安陸，亦得其吳越省中所藏《晋史》，則佚於他人者可知。安陸張氏得江書最多，其貧也，一

---

① "長孺"，本作"長孫"。考《蘇魏公集》卷五十五《太子少傅致仕贈太子太保孫公墓誌銘》，當作"長孺"，今據以改正。

② 同前注。

篋之富,僅供一炊。王文康初相周世宗,多得唐舊書。李文
正所藏,亦爲一時之冠,而子孫皆不克守也。宋宣獻兼有畢
文簡、楊文莊二家之書,可敵中秘之藏,而元符中蕩爲烟埃。
晁文元累世之蓄,校讐是正,視諸家爲精,自中原無事時,已
有火厄,至政和甲午(四年,1114)之災,尺素不存。劉壯輿家
于廬山之陽,所儲亦博,今其子孫無聞焉。南陽井氏之書凡
五十篋,則盡歸諸晁氏。嗚呼!斯非天地神人之所靳者與。
而孫氏之傳,獨能於三百年間屢絕而復興,則斯不亦可尚矣
夫!矧自文懿以來,進士鼎甲者凡三人;而與賓薦取科第登
顯官者,又不知其幾。今某又以上書言天下事,常詔免舉,徑
試南宮。某之子午之,亦與鄉舉,今仕爲……缺。雖一名一
級,未足爲人物輕重,而世其詩書以不墜基葘之訓,則有昔人
之所弗逮者,是惡可以無記焉。雖然,余嘗聞長老言,書之未
有印本也,士得一書,則口誦而手抄,惟恐失之,其傳之艱蓋
若此。惟傳之艱,故誦之精,思之切,辨之審,信之篤,行之
果,自唐末五季以來,始爲印書,極於近世,而閩浙庸蜀之鋟
梓遍天下,加以傳說日繁,粹類益廣,大綱小目,彪列胪分,後
生晚學,開卷瞭然,苟有小慧纖能,則皆能襲而取之,噫!是
不過出入口耳四寸間爾,若聖賢所以迭相授受若合符節者,
果爲何事,而學之於人,果爲何用,則謾不加省,然則,雖充廚
牣几,於我何加焉,可不甚懼矣夫。余既以復于孫君,遂併書
此説爲《書樓記》,俾刻之以儆來者,且以自儆云。"
按,據魏了翁所撰此記,知藏書樓肇建於孫長孺,長孺,事迹
待考。檢蘇頌《蘇魏公集》卷五十五載《太子少傅致仕贈太子
太保蘇公(抃)墓誌銘》,云:"……至公之七世祖朴,乃徙長
安,仕唐武(宗)宣(宗)世,掌西川杜悰書記,其子長孺亦攝彭
山令,卒官。唐季多故,子孫因家于眉山。以聚書治産教子

弟,親田疇爲事,而眉人號其家曰'書樓孫氏'。"知長孺之父,即已多蓄書也。抃,《宋史》有傳,字夢得,初名貫,字道卿,天聖八年(1030)登進士,始更今名,官至參知政事,治平元年(1064)卒,年六十九。長孺之五世孫降衷,其事迹則尚可考見。檢清吳任臣《十國春秋》卷五十五云:"孫降衷,眉山人,博學慷慨有識量。廣政時,以事至洛陽,見宋太祖於未遇之時,知其非常人,傾心事之。及後主降宋,宋太祖召見降衷,授眉州別駕。[①]賜田遣歸,市書萬卷而還。降衷之孫闓,史無傳,事迹待考。書目則蓋闓之六世孫所編也。

又按,魏了翁所稱錢内翰希白、宋景文子京皆賦詩者。錢易字希白,《宋史・藝文志》著録《錢易集》六十卷,今已不存,今所存者但《南部新書》十卷。宋祁《景文集》今猶有傳本,卷十五有《寄題眉州孫氏書樓》詩,云:"魯簡多年屋壁藏,始營罥棘瞰堂皇;糘廚四匝香防蠹,鏤槧千題縹製囊。定與鄉人評月旦,何妨婢子誦靈光;良辰更此邀清賞,庭樹交陰雋味長。"

紫雲樓書目一卷　宋不著撰人　佚

此書《宋史・藝文志》目録類著録。

川中書籍目録二卷　宋不著撰人　佚

此書《宋史・藝文志》目録類著録。

按,《通志・藝文略》有《川本書籍目録》三卷。

秘書省書目二卷　宋不著撰人　未見

此書《宋史・藝文志》目録類著録。

檢《玉海》卷五二"元祐秘閣書目、政和秘書總目"條引《中興書目》云:"《秘書省書目》二卷。凡二萬四千九百餘卷。"又引《會

---

① 　原本於"眉州"下注云:"闓",今據魏了翁《書樓記》補"別駕"二字。

要》云:"熙宁七年(1074)置補寫所。元祐二年(1087)六月八日,秘書省言秘寫秘閣黄本,以《崇文總目》比較,別造書目。八月,罷補寫書籍局。四年五月,秘省言江南、西川、荆浙等書,先朝收取入館,今散失將盡,欲貯於下庫,内有唐朝舊書,別藏館閣。紹聖元年(1094)閏四月,罷校對黄本。崇寧二年(1103)五月,秘閣書寫成二千八十二部,未寫者一千二百一十三部,及闕卷二百八十九,立程限繕録。大觀四年(1110)五月七日,秘監何志同奏:'《慶曆總目》,號爲全備者,不過二萬餘卷,闕逸浸多,請頒其數求訪。'政和七年(1117)十一月十四日戊戌,校書郎孫覿奏:'四庫書尚循《崇文舊目》,頃訪求遺書,《總目》之外凡數百家幾萬餘卷,請撰次增入《總目》,合爲一卷。'詔覿及著作郎倪濤、校書汪藻、劉彦適撰次,名曰《秘書總目》。"是此書自元祐間起抄校編纂,迄政和成書也。

按,梁子涵《兩宋簿録考略》謂清内閣書庫有殘本,未見。

校勘群書備檢三卷　宋石延慶、馮至游等撰　佚

延慶,字光錫,紹興進士,授明州教授,遷諸王宫教授,通判台州卒。至游,生平待考。

此書《宋史·藝文志》目録類著録。

《郡齋讀書志》卷九書目類著録《群書備檢》若干卷,晁氏云:"右未詳撰人,輯《易》《書》《詩》《左氏》《公羊》《穀梁》、二《禮》、《論語》《孟子》《荀子》《揚子》《文中子》《史記》、兩《漢》、《三國志》《晋》《宋》《齊》《梁》《陳》《後周》《北齊》《隋》、新舊《唐》、《五代》史書,以備檢閱。

按,《四庫闕書目》目録類及《秘書省續四庫書目》著録《群書備檢録》七卷,《遂初堂書目》作《群書備檢》,無卷數。此書撰人未詳。《宋志》題石延慶、馮至游者,以二人校勘其書也。作三卷者,疑南宋時已不完矣。

諸州書目一卷　宋不著撰人　佚

此書《宋史·藝文志》目錄類著錄。

按，宋承五代兵火之後，圖書多不全，故歷朝均遣使往諸州求書(見《宋會要輯稿》卷一七四二"求書藏書"條)，此編未詳何朝所編。

東湖書目志一卷　宋滕強恕撰　佚

強恕，字仁伯，金華人，登紹熙四年(1193)陳亮榜進士。嘉定三年(1210)五月，以著作佐郎兼侍講，四年(1211)正月，除著作郎仍兼，五年(1212)除秘書少監，六年(1213)除宗正少卿，七年(1214)除直寶文閣，知太平州。事迹具《宋中興東宮官僚題名》《宋元學案補遺》卷七九及《南宋館閣續録》等書。

此書《宋史·藝》文志》目錄類著錄。

按，《輿地紀勝》卷二六"江南西路隆興府·景物"下"東湖書院"條云："漕使趙崇憲創，今添倅廨，乃其舊址。其後漕使滕強恕粵雅堂本滕誤作勝。以逼近市廛，請於朝，遷之東湖宴家山上，養士二千人。"此目當時所撰也。

漢藝文志考證一○卷　宋王應麟撰　存

應麟，字伯厚，慶元府人。九歲通六經，學問該博，第淳祐元年(1241)進士，從王埜受學，寶祐四年(1266)舉博學宏辭科，歷浙西安撫使幹辦公事，累擢秘書郎，應詔極論時政。度宗即位，累遷禮部尚書，東歸後二十年卒。著有《詩考》《詩地理考》《詩草木鳥獸蟲魚廣疏》《踐祚篇集解》《春秋三傳會考》《六經天文篇》《蒙訓》《小學紺珠》《小學諷咏》《急就篇補注》《通鑑答問》《通鑑地理考》《通鑑地理通釋》《漢制考》《尚書草木鳥獸譜》《周書王會篇集解》《詩辨》《玉海》《姓氏急就篇》《詞學指南》等書。事迹具《宋史》卷四三八、《宋史新編》卷一六七、《史質》卷三九、《南宋書》卷五八等書。

此書《宋史·藝文志》職官類著録。《宋史藝文志補》則置諸史部簿録類。

《四庫全書總目》卷八五目録類著録此書,《提要》曰:"《漢書·藝文志》,因劉歆《七略》而修,凡句下之注,不題姓氏者,皆班固原文。其標某某曰者,則顏師古所集諸家之説。然師古注班固全書,《藝文》特其八志之一,故僅略疏姓名時代,所考證者,如《漢著記》即起居注、《家語》非今《家語》、鄧析非子産所殺、莊忽奇、嚴助之駁文,逢門及逢蒙之類,不過三五條而止。應麟始捃摭舊文,各爲補注,不載《漢志》全文,惟以有所辨論者,摘録爲綱略,如《經典釋文》之例。其傳記有此書名,而《漢志》不載者,亦以類附入。易類增《連山》《歸藏》《子夏易傳》;詩類增《元王詩》;禮類增《大戴禮》《小戴禮》《王制》《漢儀》;樂類增《樂經》《樂元語》;春秋類增《冥氏春秋》;道家增《老子指歸》《素王妙論》;法家增《漢律》《漢令》;縱橫家增《鬼谷子》;天文增《夏氏日月傳》《甘氏歲星經》《石氏星經》《巫咸五星占》《周髀》《星傳》;曆譜增《九章算術》《五紀論》;五行增《翼氏風角》;《經方》增《本草》;凡二十六部,各疏其所注於下,而以不著録字别之。其間如《子夏易傳》《鬼谷子》,皆依託顯然,而一概泛載,不能割愛。又庾信《哀江南賦》稱栩陽亭有離别之賦,實由誤記《藝文志》,與所用桂華馮馮誤讀《郊祀志》者相等,應麟乃因而附會,以栩陽爲漢代亭名,亦未免間失之嗜奇。然論其該洽,究非他家之所及也。"

清王鳴盛《十七史商榷》卷二十二"漢藝文志考證"條云:"王應麟《漢藝文志考證》十卷,所采掇亦甚博雅,但此《志》以經爲要,考得漢人傳經原流,説經家法明析,且分别其是非美惡,俾後學識取途徑,方盡其能事,此則未能也。於《易》亦知推尊象數,然未能標舉孟喜、京房爲宗,又未能將後漢之鄭康成、荀爽、吴之虞翻三家，與孟、京異流同原處發揮之；於《書》則全不知漢人真古文，反信孔穎達、陸德明妄説，以爲張霸僞作。至於朱文公以《書序》爲非孔子作，胡五峰以《康誥》爲武王命康叔，此等亦竟信而收載之。於《詩》不專尊毛氏，反拳拳於魯、齊、韓，亦不得其要領。至采及所謂李氏説，詆鄭《箋》繁塞而其失愈多。鄭長《禮》學，以《禮》訓《詩），是按迹而議性情，如此妄談取之奚爲。其於本原之地，未曾究通，則博雅乃皮毛耳。歙縣金修撰榜語予曰：'不通《漢藝文志》，不可以讀天下書，《藝文志》者，學問之眉目，著述之門户也。'修撰經術甚深，故能爲此言，予深嘆服。自唐高宗、武后以下，詞藻繁興，經案遂以凋喪，宋以道學矯之，義理雖明，而古書則愈無人讀矣、王氏亦限於時風衆勢，一齊衆咻，遂致茫無定見，要意求切實，於宋季朋輩中，究爲碩果僅存，若某鉅公者，於《禮古經》下所云《記》一百三十一篇等，本《禮記》也，而以爲《儀禮》，於后蒼《曲臺記》、戴德、戴聖、慶普及曹褒父子之學，皆《儀禮》也，而反以爲《禮記》；於左氏《春秋經》則載之，於《公羊》《穀梁》，不知其別自有經，遂删去之，何異眯目而道白黑者乎？此其病痛，正坐不善讀《藝文志》耳，又不如應麟遠矣。"

清姚振宗《漢書藝文志條理》引王鳴盛之説，姚氏曰："按此言不得要領及限於時風衆勢，茫無定見云云，皆確不可易，觀其亟引宋人議論，間有與《漢志》隔膜者，又若不取道學家之説不足以自立者，以是知此言非爲苟論。"

按，王鳴盛之言，不盡爲是，如王應麟據陸德明、孔穎達之説，以爲《古文尚書》爲張霸所撰，王鳴盛譏其爲非。陸德明之疑《古文尚書》，其説見《經典釋文》；孔穎達之疑《古文尚書》，其説則具載《尚書正義》。今存《古文尚書》雖未必爲張霸所僞作,然其爲後人所僞託,自清閻百詩《古文尚書疏證》八卷出,已成定讞,然則,应麟之説,不得謂爲一無可取。至於此書之取名爲"漢藝文志考證",而不名爲"漢書藝文志考證"者,尤有深意,喬衍琯教授謂其略去"書"字,表明所考不限於《班志》,廣及漢代藝文,同時,應麟此書體例,開啓清人撰寫補志之風氣。[①]

此書附刻於《玉海》,單刻本罕見,姚振宗疑爲未成之書,姚氏曰:"其書考證本文者二百七十六條,考證篇叙者七十八條,考證本志所不著録者二十七條,即就所作《玉海》觀之,似乎所得不止于此,反覆詳勘,似其未成之作。樂家、春秋家、道家皆注云當考,是其未定之詞也。此書當時未單刻行世者,殆以其爲未成之稿也。《皕宋樓藏書志》卷三七著録元刊元印本一部,當是《玉海》元刊本之別行者也。今所見者,除《四庫全書》本及附刊於《玉海》者外,又有開明書店《二十五史補編》本及上海大光書局所編印之《中國歷代藝文志》本。後者近竿遠東圖書公司重印時,易名爲《中國歷代圖書大辭典》。

中興館閣書目七〇卷　序例一卷　宋陳騤撰　佚

騤,字叔進,臨海人,紹興中舉進士第一,光宗時爲吏部侍郎,寧宗時知樞密院事,兼參知政事,卒諡文簡,著有《中興館閣録》《文則》等書,事迹具《宋史》卷三九三、《宋史新編》卷一四五、《南宋書》卷四一、《宋大臣年表》及《南宋館閣録》等書。

此書《宋史·藝文志》目録類著録。

按,淳熙四年(1177)十月,少監陳騤等乞編撰書目,五年(1178)六月九日上《中興館閣書目》七十卷,《序例》一卷,凡五十二門,計見在書四萬四千四百八十六卷,較崇文所載多

---

① 説見《宋代書目考》。

一萬三千八百十七卷,閏六月十日,令浙漕司摹版。^①原書久佚,今人趙士煒從諸書所引廣爲蒐輯,自《玉海》得九百餘條,《山堂考索》得幾二百條,《直齋書録解題》得百條有奇,餘則自《困學紀聞》《漢書藝文志考證》《詞學指南》《小學紺珠》《宋史·藝文志》中,多者得十許條,少亦一二條,去其複重,共輯得一千一十九條,原釋八百八十二條,考六百七十八條,命曰《中興館閣書目輯考》,民國二十一年(1932)自序,二十二年(1933)陳垣爲之序,世界書局刊印《宋史藝文志廣編》載入附編中。

中興館閣續書目三〇卷　宋張攀等撰　佚

攀,字從龍,常熟人,淳熙進士,官至起居郎兼崇政殿説書,著有《諸州書目》文集等,事迹具《南宋館閣續録》卷七。

此書《宋史·藝文志》目録類著録。

按,嘉定三年(1210),秘書丞張攀等乞編新目,以續前書,得書七百五十二家,八百四十五部,凡一萬四千九百四十三卷,嘉定十三年(1220)四月上。^②原書久佚,惟《玉海》略引之,今人趙士煒既輯《中興館閣書目》,復輯此書得若干條,附於《中興館閣書目輯考》之末。

史略六卷　宋高似孫撰　存

似孫,字續古,號疏寮,餘姚人,文虎子。夙有俊聲,詞章敏贍。登淳熙十一年(1184)進士,爲會稽縣主簿,吏道通明,後爲禮部郎,守處州,累官中大夫提舉崇禧觀。卒贈通議大夫。著有《經略》《子略》《緯略》《剡録》《詩略》《集略》《騷略》《蟹略》《古世本》《戰國策考》《蜀漢書》《漢官》《漢書司馬相如傳注》《硯箋》《文選句圖》《文苑英華抄》《烟雨集》《疏寮小集》

---

① 説見《玉海》卷五二"淳熙中興館閣書目"條。

② 見《玉海》卷五二"嘉定續書目"條。

《江村遺稿》等書。事迹附見《鄞縣志・高文虎傳》。

此書《宋史・藝文志》不著録，兹據《玉海》著録。

高氏《自序》云："太史公以來，載籍之作，大義粲然著矣。至於老蝕半瓦，著力汗青，何止間見層出。而善序善、善裁論，比良班馬者，固有犖犖可稱。然書多失傳，世固少接，被諸籤目，往往莫詳，況有窺津涯、涉閫奥者乎？乃爲網羅散軼，稽輯見聞，采菁獵奇，或標一二。仍依劉向《七録》法，各彙其書，而品其指意。後有才者，思欲商榷千古，鈐括百家，大筆修辭，緝熙盛典，彈極功緒，與史並驅，其必有準於斯。寶慶元年(1225)十月十日修，十一月七日畢。似孫序。"

此書之内容，卷一述《史記》八則；卷二述《兩漢書》至《五代》史三十八則；卷三述《東觀漢紀》、實録、起居注、會要、玉牒等十一則；卷四述史典、史表、史鈔、史例、史目等十二則；卷五述霸史、雜史、東漢以來書考，劉勰論史等六則；卷六述《山海經》《世本》《三蒼》《竹書》等六則。日本森立之跋此書云："此書文詞簡約，而引據精核，多載逸書，實爲讀史家不可闕之書矣。"[①]清李慈銘《越縵堂讀書記》"史略"條云："閱高續古(似孫)《史略》，共六卷，亦黎氏所刻，據日本宋槧翻雕，極精致。其《自序》言成書不及一月，故粗略殊甚，亦多複舛。惟舉江南(謂南唐)古本《史記》一條云：《刺客傳》'劍堅故不可拔'，江南本作'劍豎'，劍堅安得不可拔？豎爲有旨。案此説甚是。古人佩劍皆在亦_{古披字}下脅旁，故有上士、中士、下士之長短異制，上、中、下士，以身之長短言也。《秦王》身長則劍長，豎于亦下，故不可卒拔。左右告王負劍，謂舉劍負于背上則易拔。_{近儒亦有此説。}作豎字則情狀宛然，亦可考見古人佩劍

---

①　此跋原載《經籍訪古志》，楊守敬輯刊《古逸叢書》，録之附《史略》末。

之制矣。又載《東觀記》中《鄧高傳序》《吳漢傳序》兩首，文甚完美，可補入《四庫》輯本，又可證《東觀記》以論爲序也。《史通》云：‘班固曰贊，荀悦曰論，《東觀》曰序，謝承曰詮，陳壽曰評，王隱曰議，何法盛曰述。’光緒丙戌（十二年，1886）七月初四日。”今人周天游先生《史略淺析》，謂此書爲我國現存最早之史籍專科目録，其在目録學史上之貢獻有下列數項：一是史籍著録之先後，依史籍發展之軌迹及體例特點，不再從《隋書·經籍志》所創之傳統史部分類法；二是在子目名稱方面，創立史典、史表、史略、史贊、史草、史例、史目等諸目，其中尤以史草一目，在史目中重視稿本；三是著録東漢以來圖書聚散資料及歷代史官名氏、劉勰《文心雕龍·史傳篇》等内容，補充一般史目所難涵蓋之圖書史、史學史及史學理論等資料；四是嘗試互著法，雖未建立互著法之理論，然此法觀念之提出，實倡自高氏；五是創輯録體之考證法，前人多以爲輯録體考證法，創自馬端臨《文獻通考》，其實肇自高氏《史略》。惟此書亦有缺失。據高氏《自序》，不及一月即成書，疏漏不免。周天游氏亦舉其缺失有四：一是全書詳略失當，比例失調；二是多屬隨手簽記，缺乏完整之體例；三是繁複重出，未盡芟萁翦裁之功；四是誤録資料，每有考辨不精者。

此書中土久佚，是以南宋以降，罕見著録。清光緒間，楊守敬任駐日公使館秘書，於日本帝室博物館見宋刊原本，於是抄録以歸，光緒十年（1884）輯刊《古逸叢書》，收録是書，楊氏爲之《跋》，曰：“高似孫《史略》六卷，宋刊原本今存博物館。此書世久失傳，此當爲海外孤本。首有‘兼葭堂印’、”木氏永保印”。按木世肅，大阪人，以藏書名者也。原本亦多誤字，今就其顯然者改之，其稍涉疑似者，仍存其舊。按史家流別，已詳于劉知幾《史通》，高氏此書未能出其範圍，況餖飣雜抄，詳略失當。其最謬者，如《後漢書》，既採《宋書》范蔚宗本傳，又采《南史》及蔚宗《獄中與諸甥書》,大同小異,一事三出,不恤其繁。又如既據《新唐書》録劉陟《齊書》十三卷,爲齊正史;又據《隋志》録劉陟《齊紀》十三卷,爲齊別史。既出范質《晋朝陷藩記》四卷,又出范質《陷藩記》四卷,而不知皆爲一書。其他書名之誤、人名之誤,與卷數之誤,不可勝紀。據其《自序》,成書于二十七日,宜其鏤漏如斯之多也。似孫以博奧名,其《子略》《緯略》兩書,頗爲精核,此書則遠不逮之,久而湮滅,良有由然。唯似孫聞見終博,所載史家體例,亦略見于此篇,又時有逸聞。如所采《東觀漢記》,爲今《四庫》輯本所不載,此則可節取焉耳。光緒甲申(十年,1884)春正月,宜都楊守敬記。"楊氏並在原抄本從事校勘,惟《古逸叢書》本不載,民國十六年(1927),王重民先生整理楊氏遺書,得見此抄校本,乃將楊氏校勘劄記録出,題"史略校勘劄記",載《圖書館學季刊》第二卷第四期頁六四九至六六〇。清光緒九年(1883),常熟鮑廷爵輯刊《後知不足齋叢書》,民國二十一年(1932)鄞縣張壽鏞輯刊《四明叢書》、商務印書館輯刊《叢書集成初編》及廣文書局輯編《書目續編》,並據《古逸叢書》本影印。

子略四卷目一卷　高似孫撰　存

似孫有《史略》六卷已著録。此書《宋史·藝文志》子部類事類著録四卷,《四庫全書總目》則置諸目録類,今據以著録。

高氏《自序》曰:"六經後,士以才藝自聲於戰國秦漢間,往往騁辭立言,成一家法。觀其跌宕古今之變,發揮事物之機,智力足以盡其神,思致足以殫其用,其指心運志,固不能盡宗於經,而經緯表裏,亦有不能盡忘乎經者。使之純乎道,昌乎世,豈不可馳騁規畫,鈎錚事功,而與典、謨、風、雅并傳乎。所逢如此,所施又如此,終亦六六與群言如一,百氏同流,可不嗟且惜哉!嗚呼!仲尼皇皇,孟子切切,猶不克如皋夔,如

伊吕周召，況他乎。至若荀況、揚雄氏、王通、韓愈氏，是學孔
孟者也，又不可與諸子同日語，或知此意，則一言可以明道
藝，究訏謨，可以立身養性，致廣大，盡高明，可以著書立言，
丹青金石，垂訓乎後世，顧所擇如何耳，審哉審哉。乃系以諸
子之學，必有因其學而決其傳，存其流而辨其術者，斯可以通
名家，究指歸矣，作《子略》。”

清汪琬《堯峰文鈔》卷三十九《跋高似孫〈子略〉》云：“高似孫
疑《孔叢子》僞書，歷引《孟子》及《家語後叙》，證孔子、子思無
問答事最悉，然予以爲非是。《漢書·孔光傳》，首載孔氏譜
牒，孔子生伯魚（鯉），鯉生子思（伋），伋生子尚（高），則伯魚
爲子思父審矣。《孔子家語》孔子年二十娶亓官氏，明年生伯
魚；伯魚年五十，先孔子卒，孔子後三年始卒。使孔思猶未
生，則孔氏譜不足據邪。《史記魯世家》穆公之立也，距孔子
已七十年，子思壽止六十二，使穆公時猶在，則與孔子相隔絶
久矣，其去伯魚當益遠，不得爲其子，然徧考諸書，又不言孔
子有佗支庶，何也？予以爲宜從《孔叢子》。蓋《孔叢子》與譜
牒，皆出孔氏子孫之手，其説必有證左，非他書臆度者比也。
嗚呼！盡信書則不如無書，後世迂儒小生，讀書不知通變，往
往舍其大者，旁引瑣細，以相辨難，豈非好古而失之愚者哉。”

按，《孔叢子》之出於依託，在高似孫之前，晁公武《郡齋讀書
志》、洪邁《容齋隨筆》、朱熹《語録》等多已疑之；其後，陳振孫
《直齋書録解題》，明宋濂《諸子辨》，清姚際恒《古今僞書考》、
惠棟《古文尚書考注》《四庫全書總目提要》、王謨《漢魏叢
書·孔叢子跋》，近人顧實《重考古今僞書考》等均以爲後人
僞造。① 羅根澤先生有《孔叢子探源》以爲此書爲王肅僞造，

---

① 上列諸人辨僞之説，具見張心澂《僞書通考》。

論證最詳，則高似孫之説不誤。

《四庫全書總目》卷八十五目録類著録此書，《提要》曰："是書卷首冠以《目録》，始《漢志》所載，次《隋志》所載，次《唐志》所載，次庾仲容《子鈔》，馬總《意林》所載，次鄭樵《通志·藝文略》所載，皆削其門類，而存其書名，略注撰人卷數於下。其一書而有諸家注者，則惟列本書，而注家細字附録焉。其有題識者，凡《陰符經》《握奇經》《八陣圖》《鬻子》《六韜》《孔叢子》《曾子》《魯仲連子》《晏子》《老子》《莊子》《列子》《文子》《戰国策》《管子》《尹文子》《韓非子》《墨子》《鄧析子》《亢桑子》《鶡冠子》《孫子》《吳子》《范子》《鬼谷子》《吕氏春秋》《素書》《淮南子》、賈誼《新書》《鹽鐵論》《論衡》《太玄經》《新序》《説苑》《抱朴子》《文中子》《元子》《皮子》《隱書》，凡三十八家。其中《説苑》《新序》合一篇，而《八陣圖》附於《握奇經》，實共三十六篇。惟《陰符經》《握奇經》，録其原書於前，餘皆不録，似乎後人刪節之本，未必完書也。馬端臨《通考》多引之，亦頗有所考證發明，然似孫能知《亢倉子》之僞，而於《陰符經》《握奇經》三略、諸葛亮《將苑十六策》之類，乃皆以爲真，則鑑別亦未爲甚確，其盛稱《鬼谷子》，尤爲好奇。以其會稡諸家，且所見之本猶近古，終非焦竑《經籍志》之流，輾轉販鬻，徒構虛詞者比，故録而存之，備考證焉。"

按，《四庫提要》疑此書爲後人刪節之本，余嘉錫辨之云："高氏此書，乃子部目録之書，自不當録其全文，《陰符經》《握奇經》二書，以篇葉無多，變例録之耳，若此三十八家，皆具録原書，則卷帙當至數十百卷，是叢書而非目録矣。高所撰尚有《史略》六卷，其書久佚，光緒時黎庶昌從日本得之，刻入《古逸叢書》，體例與《子略》相同，知其原本固當如此，《提要》乃疑爲後人删節之本,誤矣。"①

高氏此書,内容疏漏不免,清孫詒讓嘗謂其中《握奇經》,乃採自薛季宣所校定《風后握奇經》一卷,其間偶有小異,則高似孫據别本改季宣校本以掩其剽竊之迹也。② 姚振宗云:"高氏之《子略》,割裂挂漏,略見《子部·道家》老子類中,又《曆譜家》"後魏甄叔遵七曜本起"條。皆顔監所謂意浮功淺,流俗短書,唯關於考證者,間一及之。"③喬衍琯教授亦舉其誤《隋志》王尚注《老子》爲王尚楚,誤讀《隋志》梁老子幽易一段,於《隋志·文子》下,誤將李暹作李白進等數條。④

又按,此書之傳本,《四庫簡明目録標注》謂朱竹垞有宋刊本,十二行,二十一字。《皕宋樓藏書志》卷三十七著録宋刊本一部,四卷,無《目》一卷,《善本書室藏書志》卷十四有明翻宋本,四卷外,又有目録一卷,諸宋本,或即《百川學海》本之單行者也。⑤ 今臺北"故宮博物院"有日本影宋抄本一部,無《目録》,每半葉十二行,行二十字,小字雙行,無界格及邊欄,鈐有"飛青閣藏書印"(白文方印)、"教育部點檢之章"(朱文長方)等印記。收入叢刻者,除《百川學海》本外,有《四庫全書》本、《學津討源》本、《四明叢書》本、《叢書集成初編》本、《四部備要》本、《書目續編》本。

法寶標目一○卷　宋王古撰　佚

古,字敏仲,莘縣人,素從孫,靖子。第進士,熙寧中爲司農主簿,使行淮浙賑旱災,究張若濟獄,劾轉運使王廷老、張靚失職,皆罷之。紹聖初累遷户部侍郎,詳定役法,與尚書蔡京多

---

① 説見《四庫提要辨證》卷九"子略四卷目録一卷"條。
② 説見《温州經籍志》卷十六子部兵家類"薛氏季宣校定風后握奇經一卷"條。
③ 説見《隋書經籍志考證·後序》。
④ 説見《宋代書目考》頁一○七。
⑤ 喬衍琯先生《宋代書目考》謂《四庫簡目標注》所稱宋刊本,即《百川學海》本。

不合,徙兵部,尋以集賢殿修撰爲江淮發運使,後知廣州。微宗立,復拜户部侍郎,遷尚書,堕崇寧黨籍,責衡州别駕,安置溫州,復朝散郎,尋卒。事迹具《宋史》卷三二〇《王素傳》、《宋史新編》卷一〇二、《宋史翼》卷五等書。

此書《宋史·藝文志》道家類著録,《直齋書録解題》卷八則入目録類,今據以著録。

陳振孫曰:"户部尚書王古(敏仲)撰。以釋藏諸函隨次第爲之目録,而釋其因緣,凡佛會之先後,華譯之異同,皆具著之。古,旦之曾孫,入元祐黨籍。"①

藝文志見闕書目一卷　宋不著撰人　佚

此書《宋史·藝文志》不著録,見《郡齋讀書志》卷九書目類。

晁公武曰:"右《唐書·藝文志》,近因朝廷募遺書,刻牘布告境内,下注書府所闕,俾之訪求。"

按,唐以前書籍,歐陽修編《新唐志》時,已十缺五六。② 洪邁《容齋隨筆》亦云:"國初乘五季亂離之後,所在書籍印板至少,宜其焚蕩無孑遺。"因此,宋代歷朝多次徵求闕書,此亦求闕書目也。

沈諫議書目二卷　宋沈立撰　佚

立,字立之,歷陽人,第天聖進士,僉書益州判官,提舉商胡埽,采摭大河事迹,古今利病,成《河防通議》,治河者皆宗之。遷兩浙轉運使。茶禁害民,山場権場,多在部内,歲抵罪輒數萬,而官得錢無幾,乃著《茶法要覽》。初,立在蜀,悉以公粟售書,積數萬卷。神宗問所藏,立上其目及所著《名山水記》

---

①　商務印書館本《直齋書録解題》,"王古"作"王右";"古,旦之曾孫",作"右,旦之曾孫",今並正。

②　《新唐書·藝文志》序云:"然凋零磨滅,亦不可勝數,豈其華文少實,不足以行遠歟? 而俚言俗説,猥有存者,亦其有幸不幸者歟? 今著於篇。有其名而亡其書者,十蓋五六也,可不惜哉。"

三〇〇卷。徙宣州,奉祠卒,年七十二。又著有《鹽筴總類》《賢牧傳稽正辨訛》《番譜》《錦譜》《文集》等,都四〇〇卷。事迹具《宋史》卷三三三、《宋史新編》卷一一〇、《史質》卷四八等書。

此書《宋史·藝文志》不著録,見《秘書省續編到四庫闕書目》目録類。《宋代藏書家考》《宋代家藏書目考佚》著録。

按,《秘書省續編到四庫闕書目》載此書不云撰人,注曰"闕。"葉德輝《考證》云:"《宋志》有沈氏《萬卷堂書目》二卷。"今考鄭樵《通志·藝文略》目録類家藏總目著録:"《沈諫議書目》三卷,沈立。"知此目爲沈立撰。《宋志》之《萬卷堂書目》當是別一書也。

考楊傑《無爲集》卷一二載《故右諫議大夫贈工部侍郎沈公神道碑》云:"……公諱立,字立之,少孤力學,事母至孝,鞠育諸弟,率以懿行,鄉閭耆艾,推以爲法。文詞敏贍,場屋有時名。天聖中登進士。歷任桐城尉、畿縣主簿,知績溪、洪雅二縣,通判壽州、益州,知池州、杭州、越州、江寧府、宣州、滄州。入爲三司户部鹽鐵判官,判都水監,知審官西院,出爲淮南轉運副使、兩浙京西河北都轉運使,充江淮兩浙荆湖六路都大制置發運使,提舉商胡埽,提舉崇禧觀以老焉。由大理寺丞殿中丞太常博士,歷屯田都官職方三員外郎、兵部郎中、太常少卿、集賢殿修撰。右諫議大夫,贈工部侍郎。……鎮金陵日,上曰:'以卿清慎公勤,故以重地委卿。'問所藏書,令進所編《名山都水記》三〇〇卷,并家藏書目,乃賜詔書敦獎。"又云:"生平樂經史,手不釋卷,自奉甚約,其稍廩之餘,皆供紙札之費,故藏書埒於内府,累降中旨,就其第傳録,以補官書之闕,自元獻晏公而下卿士大夫有歌詩序記百餘篇,以美其嘉尚。既退,歸歷陽,嘗曰:'吾起家寒素,仕宦至兩省,藏書三萬卷,以遺子孫,年餘七十,而支體康寧,是無一不如意也。'唯日與賓朋詩酒爲樂。所著《名山都水記》《茶法易覽》《河防通議》《鹽筴總類》《賢牧傳稽正辨訛》《香譜》《錦譜》,洎文集共四〇〇卷。"《太倉梯米集》卷六七《書洪駒父香譜後》云:"歷陽沈諫議家,昔號藏書最多者。今世所傳《香譜》,蓋諫議公所自集也,以謂盡得諸家所載香事矣。以今洪駒父所集觀之,十分未得其一二也。"

又按,沈氏藏書,後爲子孫所鬻。鄭樵云:"鄉人李氏,曾守和州,其家或有沈氏之書,前年所進褚方回《清慎帖》,蒙賜百匹兩,此則沈家舊物也。"[①]《墨莊漫録》卷五曰:"藏書之富,如宋宣獻、畢文簡、王原叔、錢穆父、王仲至家,及荆南田氏、歷陽沈氏各有書。因譙郡祁氏多書,號外府太清老氏之藏室,後皆散亡。田沈二家,不肖子盡鬻之。京都盛時,貴人及賢宗室往往聚書,多者至萬卷,兵火之後,焚毀迨盡,間有一二流落人間,亦書史一時之厄也。吳中曾旼(彦和)、賀鑄(方回)二家書,其子獻之朝廷,各命以官,皆經彦和、方回手自讐校,非如田沈家,貪多務得,舛謬訛錯也。"知沈氏書雖富,未必皆精善也。

沈少卿書目一卷　宋沈紳撰　佚

紳,字公儀,會稽人。寶元元年(1038)進士,治平四年(1067)以尚書屯田郎中爲荆湖南路轉運判官。嘗與周子同游永州華嚴巖,訪元次山故居。元豐中累官司封郎中,知廬州。事迹略具《宋詩紀事補遺》卷一〇。《金石萃編》卷一三三載《浯溪題記》《澹山巖題名》,可藉考其事迹。

此書《宋史·藝文志》不著録,見《秘書省續編到四庫闕書目》

---

① 説見《通志·校讎略·求書之道有八論》第八篇。

目録類,不著撰人。

按,《通志·藝文略·家藏總目》亦著録此書,惟作二卷,亦不著撰人。考施宿《會稽志》卷一八云:"越州學舊址未詳,沈少卿紳撰《越帥沈公生祠記》云。今驗諸故府載籍文書,則無所見。"今據以定爲沈紳之藏書目録,

夷門蔡氏藏書目三卷　宋蔡致君撰　佚

致君,史書無傳。

此書《宋史·藝文志》不著録,見《斜川集》卷五。

檢《斜川集》卷五載《夷門蔡氏藏書目叙》曰:"自書契三代以來,禮樂文章,播在方册,皆藏於王府,老子爲柱下史,實主其藏,雖列國諸侯,莫得而與。當世學士大夫,蓋得觀其書者鮮矣。故韓宣子適魯,見《易象》與《魯春秋》,曰:'周禮盡在魯矣!'楚左史倚相能讀三墳、五典、八索、九丘,則國人皆尊之。孔子,聖人也,然猶問禮於老聃,學官名於郯子。季札,蠻夷也,聘於齊魯,然後獲觀先王之樂,而聞大國之風。嗚呼!讀其書,論其世,想見其人,凜然於千載之上,修身立言,可以垂訓,於百世之後,豈有不因載籍之有考乎?是以有國有家者,嘗刻意於此,而孝悌忠信,必由是而出,古之人躬行不逮者多矣,余不復論。比游京師,有爲余言,吾里有蔡致君,隱居以求志,好古而博雅,閉門讀書,不交當世之公卿,類有道者也。余矍然異之,一日造其門,見其子,從容請交焉。其子爲余言:'吾世大梁人,業爲儒,吾祖吾父,皆不事科舉,不樂仕宦,獨喜收古今之書,空四壁捐千金以購之,常若飢渴,然盡求善工良紙,手校而積藏之,凡五十年,經史百家、離騷、風雅、儒墨、道德、陰陽、卜筮、技術之書,莫不兼收而並取,今二萬卷矣。且吾父有德不耀,常畏人知,棄冠冕而遺世故久矣,必不能從子游。'余悵然自失,悠然而返,予惟古之逸民,未嘗以一

藝自名於世，雖不求人知，而人自知之，以其所踐履者，絕乎流俗故也。龐德公隱於鹿門，妻子躬耕，或疑其不仕，以爲何以遺子孫也。龐公曰：‘我遺子孫以安，不爲無所遺也。’今居士口不談世之爵禄，身不問家之有無，所付子孫者獨書耳。龐公之意，殆無以過此。居士之子，敏而文，學日富，人不知其所以然者，抑所請不見異人，必得異書，中郎爲有子矣。余將負笈而請觀焉，乃持其總目三卷，爲叙而歸之，庶幾附記於斯，與藏書有終始。”

葉昌熾據以賦詩曰：“叩扉欲訪龐居士，月夜扁舟過鹿門。良紙善工我自樂，儼然身到小桃源。”[1]

秦氏書目一卷　宋秦□撰　佚

秦氏，濡須人，名字事迹待考。

此書《宋史・藝文志》不著録，見《直齋書録解題》卷八目録類。

陳振孫曰：“濡須秦氏，元祐二年（1087），有爲金部員外郎者聞於朝，請以宅舍及文籍，不許子孫分割。”

考《少室山房筆叢》卷一《經籍會通》一云：“累朝中秘所畜外，薦紳文獻名藏書家，代有其人，漢則劉向、桓譚，晋則張華、束晳，齊則王儉、陸澄，梁則任昉、沈約，唐則李泌、蘇弁，皆灼灼者，自餘尚衆，而世不甚旃。宋則李淑、宋綬、尤袤、董逌、葉夢得、晁公武等，大率人間所藏卷軸，不過三萬，若任昉四萬，極矣！宋又有濡須秦氏、莆田鄭氏、漳南吳氏、荆州田氏，並著目録，盛於前朝，蓋由印本易得，故儲蓄者多，其數故不能溢也。”

秦氏不許子孫分割藏書之舉，葉昌熾美之曰：“今世風俗衰

---

① 　見《藏書記事詩》卷一。

薄，祖父遺書，子孫攘奪，往往各私局鑰，不容互觀。鉅册不能分者，甚至各據其半，其後卒不能爲延津之合，良可慨嘆。秦氏此舉，法良意美，實爲藏書者百世之師，獨惜其名字翳如，爲可悼也。"並賦詩曰："維宋元祐年月日，具官臣某瀆天威，籯金可析書休析，伏乞朝廷降指揮。"[①]

李正議書目三卷　宋李定撰　佚

定，字資深，揚州人，少受學王安石，登進士第，歷秀州判官。熙寧初，孫覺薦之，召至京師，謁諫官李常，問曰："君從南方來，青苗法何如？"定曰："民便之。"常曰："舉朝方共爭是事，君勿爲此言。"定即往白安石，安石大喜，立薦，對如囊言，於是，諸言新法不變者，皆不聽。拜太子中允，監察御史裏行，知制誥，宋敏求、蘇頌、李大臨封還制書，皆罷去。坐庶母仇氏死，匿不爲服，改崇政殿説書，累官御史中丞。元祐二年（1087）卒，年六十。

此書《宋史・藝文志》不著録，見《通志・藝文略》目録類家藏總目。

按，宋代名李定者有多人。《揮塵前録》卷四云："李定字仲求，洪州人，晏元獻公之甥，文亦奇，欲預賽神會，而蘇子美以其任子距之，致興大獄，梅聖俞謂一客不得食，覆鼎傷衆賓者也，其孫即商老彭，以詩名列江西派中。又李定字資深，元豐御史中丞，其孫方叔、正民兄弟，皆顯名一時，揚州人。又李定，嘉祐、治平以來，以風采聞，嘗遍歷天下諸路計度轉運使，官制未行，老于正卿，乃敦老如岡之祖，蓋濟南人也。同姓名者凡三人，世亦多指而爲一，不可不辯。李粢，陽翟人，東坡先生門下士，亦字方叔。兩方叔俱以文鳴，詩章又多，互傳於世。實則不止三人，又有

---

① 見《藏書記事詩》卷一。

李定，建安人，虛舟次子，爲使頗有能名，官至司農少卿，事迹附見《宋史》卷三〇〇《李虛己傳》。又有李定，齊州金鄉人，景德三年（1006）明經中第，歷陳州司户參軍，沂水尉，考城主簿。仁宗賜進士及第，爲江西路轉運使，遷工部郎中直秘閣。平生嗜好，一寓之墳史，有餘力必論事著書，不以世不知自廢，著有《天聖策要》四十篇、論策章奏若干卷、雜文古風律詩若干卷，《樂静集》卷二九有《李公神道碑》。此李定疑即《揮塵前録》所載濟南之李定，然年代略不相及，故仍志之於此。右諸李定中，惟字資深者，於元豐間官正議大夫户部侍郎，[1]知撰此書目之李定，字資源，元豐間人。

此書已不傳，惟有關李定之事迹，宋度正《性善堂稿》卷一五《跋三舍人帖》，所載頗能補史傳之不足，今迻録於下："宋次道、蘇子容、李才元，相繼繳論李定除命，三人竟以罪去，竊意其當時言論太直，犯人主之怒，必有以自取者。今觀之，不過舖陳典故，謂不宜驟進小官，以開夫天下奔競之門而已。持説雖甚堅，然其所以發於詞氣之間者，又何其和平而温厚也。蓋當是時荆公新得政，大變祖宗法度，元老大臣，皆不以爲然，定新自外來，傅會荆公，以希進用，於是極口贊美稱道，荆公大喜，驟加拔擢，將以風動列位，非神宗之明，有所不察也。當時三舍人雖以罪去，而定命亦格，士大夫爲之增氣，人到于今稱之，嗚呼遠矣，後生小子，未經師友，妄肆胸臆，以是爲非，以非爲是，知有己之好惡，而不恤國家之事體，苟恣所見，惡言詈辭，衝口而出，無後一毫顧忌，其不旋踵至於身敗名滅，宜哉。才元之五世孫佃，與正善，因得徧觀其先世賓墨，感嘆之餘，敬書其後。嘉定六年（1213）正月己巳，山陽度

---

① 《續資治通鑑長編》卷三五六："元豐八年（1085）五月丙辰，正議大夫户部侍郎李定，降一官，坐知貢舉日開寶貢院遭火。"

正書。"

咸平館閣圖籍目録不著卷數　宋朱昂、杜鎬、劉承珪等撰　佚

昂，字舉之，潭州人。少好讀書，時朱遵度好讀書，人稱"朱萬卷"，昂稱"小萬卷"。真宗時累官工部侍郎致仕，景德四年（1007）卒，年八十三。著有《資理論》三卷、文集三〇卷。事迹具《宋史》卷四三九、《宋史新編》卷一六九、《史質》卷四〇等書。

鎬，字文周，常州無錫人，幼好學，博貫經史，舉明經，太宗時累官直秘閣，大中祥符中進秩禮部侍郎，六年（1013）卒，年七十六。著有《鑄錢故事》《龍圖閣書目》《十九代史目》《太清樓書目》《玉宸殿書目》《君臣廎載集》等。事迹具《宋史》卷二九六、《宋史新編》卷八三、《東都事略》卷四六等書。

承珪，字大方，後改名承規，楚州山陽人。建隆中補高班，大中祥符初封泰山禮成，以左驍衛上將軍，安遠軍節度觀察留後致仕，年六十四卒，謚忠肅。事迹具《宋史》卷四六六、《宋史新編》卷一八四、《史質》卷八八等書。

此書《宋史·藝文志》不著録，見《玉海》卷五二。

檢《玉海》卷五二"咸平館閣圖籍目録"條云："《咸平館閣圖籍目録》，圖，一作書。咸平元年（998）十一月，以三館秘閣書籍，歲久不治，詔朱昂、杜鎬與劉承珪整比，著爲目録。二年（999）閏三月甲午，詔三館寫四部書來上，當置禁中，以便觀覽。三年（1000）二月丙午，昂以司封郎中加吏部，鎬以校理爲直秘閣，賜金紫。昂等受詔編《館閣圖籍目録》，至是奉御，故獎之。"

榮王宗綽書目三卷　宋趙宗綽撰　佚

宗綽，允讓子，襲封濮國公，主濮王廟祀。官至河陽三城節度使，檢校司徒。紹聖三年（1096）卒，年六十二。謚孝靖，贈太

師,追封榮王。事迹具《宋史》卷二四五、《宋史新編》卷六一、《東都事略》卷一六等書。

此書《宋史·藝文志》不著録,見《容齋續筆》卷一一。

檢《容齋續筆》卷一一"孫玉汝"條云:"按《唐登科記》會昌四年(844)及第進士有孫玉汝,李景讓爲御史,劾罷侍御史孫玉汝。會稽大慶寺碑,咸通十一年(870)所立,云衢州刺史孫玉汝記。《榮王宗綽書目》有《南北史選練》十八卷,云孫玉汝撰,蓋其人也。"據此知宗綽有書目,且藏有《南北史選練》。又《容齋四筆》卷一三"榮王藏書"條云:"濮安懿王之子宗綽,蓄書七萬卷。始與英宗偕學于邸,每得異書,必轉以相付。宗綽家本有《岳陽記》者,皆所賜也,此國史本傳所載。宣和中,其子淮安郡王仲糜,進《目録》三卷。忠宣公在燕,得其中袟,云:'除監本外,寫本印本書籍計二萬二千八百三十六卷。'觀一袟之目如是,所謂七萬卷者,[①]爲不誣矣,三館秘府所未有也,盛哉!"此云書目三卷,且記藏書之富。高似孫《史略》卷五"東漢以來書考本朝"條亦云:"濮安懿王之子榮王宗綽,聚書七萬卷,宣和中,其子曾進書目。自龍圖閣、太清樓、玉宸殿、宣和殿以及崇文三館所儲,盡歸於燕,幸僅存耳。"明胡應麟則疑洪邁所計有誤,《少室山房筆叢》卷一云:"第宋世三館所藏不過四萬以上,況英宗時尚在宋初,其時板本未盛,即重複通計,亦未能遽至此,《隨筆》所計謬無疑。"

劉氏藏書目録不著卷數　宋劉義仲撰　佚

義仲,字壯輿,號漫浪翁,南康人,恕長子。精於史學,嘗摘歐陽公《五代史》之誤爲《糾繆》,[②]平居厲節操,以蔡京薦,召爲

---

① 《四庫全書》本"萬"誤作"千",今正。

② 《邵掃編》卷中云:"劉義仲,字壯輿,道原之子也。道原以史學自令,義仲世其家學,嘗摘歐陽公《五代史》之誤爲《糾繆》。"

宣教郎編修官。至京師，時宰以下，並不造詣。忤京，不復
仕。宣和初，卒於盧山。著有《太初曆》《通鑑問疑》等書。事
迹具《宋史》卷四四四《劉恕傳》《宋元學案》卷八、《宋元學案
補遺》卷八等書。

此書《宋史・藝文志》不著録，見《景迂生集》卷一六。

檢《景迂生集》卷一六《劉氏藏書記》云："漢承秦焚書滅學之
後，賴故老口所誦數，得聞先王之遺訓。厥後廣開獻書之路，
至武帝時，外有太常、太史、博士之藏，内有延閣、廣内、秘室
之府，雖盛矣，然至武帝時乃大備著録，蓋約法天下，不出一
日之中，而藏書掌固必待百年之後也。隋御府書所以特號稱
最盛者，以其平一南北，而坐兼南北朝之所有也。夫縣官之
勢何如哉！獨於藏書一事，其勤如此，況在學士大夫之家邪。
劉歆自稱三代之書，蘊崇於家，直不計爾。蓋自楚元王而來，
世尚文雅，而護都水使者，又復博極群書，無不充足，而歆因
得以誇邪。昔人謂三代仕宦而衣，五代仕宦而食，不知書又
在衣食之上也。都官劉公凝之，卓行絶識，不得志而歸休盧
山之下，其遺子孫者無他物，蓋唯圖書而已。其子道原，少而
日誦萬言，既長，苦心篤志，無所嗜好，晝夜以讀書爲娛，至于
不慕榮利，忘去寒暑，司馬温公稱其精博，宋次道稱其該贍，
范醇夫稱其密緻，則其所藏，復蘊崇而不計者歟！且嘗憤嫉
南方士人家不藏書矣，則於是蓋特加意焉者也。公子之義仲
（壯輿），人視其邁往不群，而自處恂恂循約，唯恐前修之辱
也。從仕四方，妻子不免飢寒，而敦然唯是之求索，甚於人之
飢渴而赴飲食者，則其所得，不特補其家之未足，而且有以振
發國中之沉鬱也。既已蹴成其父《十國紀年》，而身採周秦以
來遺文，以爲《十二國史》；嘗論著《春秋》，而方且爲《周易》之
學，則其藏書豈特充牣篋笥而誇緗帙，如愚賈潤屋以金珠邪。

於是謹識其所得書之歲月先後，以視子孫，其意爲不淺也，乃俾說之爲之記，以載於《目錄》之上。昔之時，如任昉、沈約輩，號爲藏書之家者，今不復論。而論諸本朝，如王文康，初於周相世宗，多有唐室舊書，今其子孫不知何在，寧論其書之存亡，而所有者書目一編，使好事者對之興嘆也。李文貞所藏既富，而且闢學館以延學士大夫，不待見主人而下馬，直入讀書，供饔牢以給其日力，與衆共利之如此，宜其書永久而不復零落，今其家僅有敗屋數楹，而書不知何在也。凡名公卿大夫儒林之士所有之書，往往隨其人而逝矣，傳諸再世者蓋寡，而況曾玄之守邪。惟是宋宣獻家，四世以名德相繼，而兼有畢丞相、楊文莊二家之書，其富蓋有王府不及者。元符中，一夕災爲灰燼矣。予家則五世於兹也。雖不敢與宋氏爭多，而校讎是正，則未肯自讓，乃去年冬火亦告譴，不謂前日悲愴痛恨乎宋氏者，今自涕泣也。嗚呼！豈不艱哉！壯輿家於廬山之陽，寬閒之野，不復有京師火災之虞上方興禮樂，議封禪，則又永不慮盜賊兵甲之禍，而劉氏之書，與七澤俱富矣。後之人視予言，而祗敬先德，不忘前日畜積之艱，而勉強學行，則爲書之榮也大矣哉。其書凡若干卷云。政和乙未(五年，1115)七月十一日戊寅，嵩山晁說之記。"知劉氏之藏書，自劉渙(字凝之)始聚書，經其子劉恕(字道原)增益之，三傳至劉羲仲(字壯輿)爲最盛，此目即壯輿所編也，高似孫《史略》卷五《東漢以來書考·本朝》條亦記劉氏藏書之事，云："劉壯輿家廬山之陽，自其祖凝之以來，圖書亦多，有藏書記，今亦不存。"[①]

劉氏之藏書，以其無後，不數年即散落殆盡。陸游《老學庵筆

---

① 《藏書記事詩》卷一引《史略》此條，"圖書亦多，有藏書記，今亦不存。"誤作"圖書多有藏印，今不存。"

記》卷九云："劉道原、壯輿，載世藏書甚富，壯輿死無後，書録於南康軍官庫，後數年，胡少汲過南康訪之，已散落無餘矣。"按，《宋史》卷四四四《劉恕傳》，謂道原有二子，長義仲，次和仲，曰："（恕）死後七年，《通鑑》成，追録其勞，官其子義仲爲郊社齋郎。[1] 次子和仲，有超軼材，作詩清奧刻厲，欲自成家，爲文慕石介，有俠氣，亦蚤死。"惟黃庭堅《黃豫章集》卷二三《劉道原墓誌銘》，謂道原有三男：義仲、和叔、稱。和叔以文鳴，而稱篤行，不幸相繼死。山谷之説，必有所據。

江氏書目不著卷數　宋江正撰　佚

正，字元叔，江南人，爲越州刺史。越有吳越時書，正借本謄寫，遂并有之。及破江南，又得其逸書，兼吳越所得，藏書數萬卷。老爲安陸刺史，遂家焉。事迹具鄭獬《江氏書目記》。[2] 周必大《跋江氏舊書》。[3] 魏了翁《眉山孫氏書樓記》等書。[4]

此書《宋史·藝文志》不著録，見鄭獬《江氏書目記》。

鄭獬《江氏書目記》云："舊藏江氏書數百卷，缺落不甚完，予凡三歸安陸，大爲搜訪，殘帙墜編，往往得之閭巷間無遺矣，僅獲五百十卷，通舊藏凡千一百卷，江氏遺書具此矣。江氏名正，字元叔，江南人，太祖時同樊若水獻策取李氏，仕至比部郎中，嘗爲越州刺史，越有錢氏時書，正借本謄寫，遂并其本有之。及破江南，又得其逸書，兼吳越所得，殆數萬卷。老爲安陸刺史，遂家焉。盡輦其書，築室貯之。正既歿，子孫不能守，悉散落於民間，火燔水溺，鼠蟲齧棄，并奴僕盜去，市人裂之以藉物，有張氏者，所購最多。其貧乃用以爲爨，凡一篋

---

① 清乾隆武英殿刊本《宋史》，"義仲"誤作"義仲"，今正。
② 今鄭獬《鄖溪集》三〇卷未載此記，見《揮塵後録》卷五。
③ 見《文忠集》卷四八。
④ 見《鶴山先生大全集》卷四一。

書爲一炊飯,江氏書至此窮矣。然余家之所有,幸而僅存者,蓋自吾祖田曹始畜之,至予三世矣,於余則固能保有之,於其後則非余所知也。然物亦有數,或存或亡,安知異日終不亡哉。故記盛衰之迹,俾子孫知其所自,則庶乎或有能保之者矣。書多用迪拳紙,方册如笏頭,青縑爲標,字體工拙不一,《史記》《晋書》或爲行書,筆墨尤勁,其末用越州觀察使印,亦有江氏所題。余在杭州,令善書者補其缺,未具也。"周必大《文忠集》卷四八《跋江氏舊書》云:"右安陸江氏書一卷,頗有誤字,首印'江元叔書籍記',末用'越州管内觀察使之印',不知元叔守越時録本,或錢氏舊書也。子孫不能守,多入鄉人翰林學士鄭獬(毅夫)家。贛州興國主簿余鏞得此以遺予,乃録毅夫《郎溪集》所載記义於後。慶元戊午歲(四年,1198)戊午月戊午日。"

江氏之書,以子孫不能守,皆已散佚,鄭獬、周必大均已言之,魏了翁《鶴山先生大全集》卷四一《眉山孫氏書樓記》亦載之。按,《宋史·藝文志》目録類有《徐州江氏書目》二卷,近人多誤以爲即江元叔。實則一在江北,一在江南,其不爲一人明矣。

葉石林書目不著卷數　宋葉夢得撰　佚

夢得,字少蘊,號肖翁,又號石林,蘇州吴縣人。紹聖四年(1097)進士,調丹徒尉。大觀三年(1109)遷翰林學士,數上書極論時事,尋落職,提舉洞霄官。自是或廢或起。建炎三年(1129),高宗駐蹕揚州,遷翰林學士兼侍讀,除户部尚書,既而帝駐蹕杭州,遷尚書左丞。紹興初,爲江東安撫大使兼知建康府,後加觀文殿學士,移知福州,兼福建安撫使。時海寇猖獗,與監司異議,上章請老,拜崇信軍節度使致仕。紹興十八年(1148)卒,年七十二,贈檢校少保。夢得嗜學早成,尤工於詞。著有《書傳》《春秋讞》《春秋考》《春秋指要總例》《春秋傳》《論語釋言》《避暑録話》《石林燕語》《過庭録》《石林詩話》《石林詞》《建康集》《石林集》等。事迹具《宋史》卷四四五、《宋史新編》卷一七一、《史質》卷二六、《南宋書》卷二五等書。

此書《宋史·藝文志》不著録，見《遂初堂書目》目録類。

按，石林藏書之富，宋人多所記載。《直齋書録解題》卷三著録葉氏所撰《春秋傳》十二卷、《春秋考》三〇卷、《春秋讞》三〇卷，陳振孫曰："夢得自號石林居士，明敏絶人，藏書至多，博鑑彊記，故其爲書，辨訂考究，無不精詳。"同書卷一八著録《石林總集》一百卷、《年譜》一卷，陳振孫曰："尚書左丞吳郡葉夢得（少藴）撰。紹聖四年進士，崇觀間，驟貴顯，三十一歲，掌外制，次年遂入翰林，中廢，至建炎乃執政，然財數日而罷。平生所歷州鎮，皆有能聲，胡文定安國，嘗以其蔡潁南京之政薦于朝，謂不當以宿累廢。晚兩帥金陵，當烏珠臨江，移三山，平群寇，其功不可没也。秦檜秉政，欲令帥蜀，辭不行，忤檜意，以崇慶節度使致士。其居在卞山，奇石森列，藏書數萬卷，既没，守者不謹，屋與書俱爐于火。石林二字，本出《楚辭·天問》。"王明清《揮麈後録》卷七云："唐著作郎杜寶《大業幸江都記》云：'隋煬帝聚書至三十七萬卷，皆焚於廣陵，其目中蓋無一帙傳於後代。'靖康倐擾，中秘所藏與士大夫家者，悉爲烏有。南度以來，惟葉少藴少年貴盛，平生好收書，逾十萬卷，寘之雪川弁山山居，建書樓以貯之，極爲華焕。丁卯冬，其宅與書俱蕩一燎。李泰發家舊有萬餘卷，亦以是歲火於秦，豈厄會自有時邪？"

葉石林之藏書，多得自其手抄。《避暑録話》卷上云："余家舊藏書三萬餘卷，喪亂以來，所亡幾半，山居狹隘，餘地置書囊無幾，雨漏鼠齧，日復蠹敗，今歲出曝之，閱兩旬纔畢，其間往往多余手自抄，覽之如隔世事，因日取所喜觀者數十卷，令門生等從旁讀之，不覺至日仄。舊得釀法極簡易，盛夏三日輒成，色如渾醴不減玉，友僕夫爲作之。每晚一涼，即相與飲三杯而散，亦復益然。讀書避暑，固是一佳事，況有此釀，忽看歐文忠詩，有'一生勤苦書千卷，萬事消磨酒十分'之句，慨然有當其心。公名德著天下，何感于此乎？鄒湛有言：'如湛輩乃當如公言耳。'此公始退休之時，寄北門韓魏公詩也。"此載其藏書之所自及讀書之樂，亦得知其藏有歐公之詩也。考嘉定《鎮江志》卷二二"文事"條云："蘇丞相頌，家藏書萬卷，秘閣所傳者居多。頌自維揚拜中太一宮使歸鄉里，是時葉夢得爲丹徒尉，頗許其假借傳寫，夢得每對士大夫言親炙之幸。其所傳遂爲葉氏藏書之祖。《譚訓》。"知石林之藏書，多抄自蘇頌所藏也。又《文獻通考》卷一七四《經籍一》引葉氏《過庭錄》曰："古書自唐以後，以甲乙丙丁略分爲經史子集四類，承平時，三館所藏，不滿十萬卷，《崇文總目》所載是也。公卿名藏書家，如宋宣獻、李邯鄲；四方士民，如亳州祁氏、饒州吳氏、荊州田氏等，吾皆見其目，多止四萬許卷，其閒頗有不必觀者，惟宋宣獻家擇之甚精，止二萬許卷，而校讎詳密，皆勝諸家，吾舊所藏，僅與宋氏等，而宋氏好書，人所未見者，吾不能盡得也。自六經諸史與諸子之善者，通有三千餘卷，讀之固不可限以數，以二十年計之，日讀一卷，亦可以再周，其餘一讀足矣，惟六經不可一日去手。"以"吾不能盡得也"句覘之，或宋氏之書，有部分後歸葉石林歟？

葉氏居卞山。地在今浙江吳興縣西北十八里，一曰以卞和在此採玉得名，[1]晋周處《風土記》謂卞當作冠弁之弁，是以《揮

---

[1]　説見樂史《太平寰宇記》卷九四"烏程縣"條。

塵後録》作弁山。葉氏自謂"山居狹隘"，王明清則謂"極爲華
焕"。今考周密《癸辛雜識前集·吴興園圃》"葉氏石林"條
云："左丞葉少藴之故居在卞山之陽，萬石環之，故名，且以自
號。正堂曰兼山，傍曰石林。精舍有承詔、求志、從好等堂及
淨樂菴、愛日軒、躋雲軒、碧琳池，又有巖居、真意、知止等亭，
其隣有朱氏怡雲菴、涵空橋、玉澗，故公復以玉澗名書。大抵
北山一徑産楊梅，盛夏之際，十餘里間，朱實離離，不減閩中
荔枝也。此園在霅最古，今皆没於蔓草，影響不復存矣。"葉
氏《建康集》卷二有《方參議用前韻記嘗過余石林次韻答之》
一詩二首，其一曰："不復襄陽寫孟亭，草齋人道是丹青；那
知客自從文舉，但怪山能養伯齡。世味無多真潦倒，歸心欲
寄每丁寧；遥聞徑竹添新影，更想巖花作遠馨。"其二曰："夜
鶴未應真怨别，江鷗須信久忘形；地偏故逐淵明遠，風好常隨
禦寇冷。癡坐正憐塵滿案，醉眠終倚石爲屏；瀛洲學士煩追
賦，尚記滄波接洞庭。卞山後即太湖，正與洞庭東西兩山相望。"然則，王
明清稱其"極爲華焕"者，蓋謂其亭閣相連，景物宜人也；葉氏
自謂"山居狹隘"者，殆指藏書樓歲久不治也。

葉氏藏書，卒後毁於火，書目亦不傳，無由審知藏書内容，惟
陳《録》數言葉氏藏書事，可藉考一二。《直齋書録解題》卷一
著録《古易》十二卷，陳振孫曰："出翰林學士睢陽王洙（原叔）
家，上下經惟載爻辭外，《卦辭》一，《彖辭》二，《大象》三，《小
象》四，《文言》五，《上繫》六，《下繫》七，《説卦》八，《序卦》九，
《雜卦》十。葉石林以爲此即《藝文志》所謂《古易》十二篇者
也。"同書卷四著録《元經薛氏傳》十五卷，陳振孫曰："稱王通
撰，薛收傳，阮逸補并注。……此書始得於莆田，纔三卷，止
晉成帝，後從石林葉氏得全本，録成之。"又卷一九著録《武元
衡集》一卷，陳氏曰："唐宰相武元衡（伯蒼）撰。初用莆田李

氏本傳録,後以石林葉氏本校,益以六首,及李吉甫唱酬六首,川本作二卷。"知葉氏所藏,頗有善本。

鄭氏書目七卷　宋鄭寅撰　佚

寅,字子敬,一作承敬,號肯亭,蘭田人,[①]僑子。靜重博洽,多識典故,以父任補官,歷知吉州。召對言濟邸冤狀,指斥權臣,坐罷。端平初,調爲左司郎中,兼權樞密院副都承旨,又請爲濟王立廟,且言三邊無備,宿患未除,宜正綱紀,抑僥倖,裁濫賞,汰冗兵,以張國勢。出知漳州,除直寶章閣,致仕,嘉熙元年(1237)卒。著有《包蒙》《中興言論集》等。事迹具《莆陽文獻傳》卷二六、《書史會要》卷六、《閩中理學淵源考》卷三〇、《宋元學案》卷四六等書。

此書《宋史·藝文志》不著録,見《直齋書録解題》卷八目録類。

陳振孫曰:"莆田鄭寅(子敬),以所藏書爲七録,曰《經》,曰《史》,曰《子》,曰《藝》,曰《方技》,曰《文》,曰《類》。寅,知樞密院僑之子,博文彊記,多識典故。端平初,名爲都司,執法守正。出爲漳州,以没。"

按,書目之七部分類法,始於劉宋王儉《七志》,梁阮孝緒《七録》繼之。阮氏雖於《自序》,謂其《七録》,斟酌王、劉,然分類不同於王。王儉之《七志》,曰《經典志》《諸子志》《文翰志》《軍書志》《陰陽志》《術藝志》《圖譜志》。梁氏之《七録》,則曰《經典録》《紀傳録》《子兵録》《文集録》《技術録》《佛録》《道録》。王梁二氏雖均以七類分圖書,然類別不同。今鄭氏所分,復與王梁二家並不同,明胡應麟《少室山房筆叢》卷二云:"《鄭氏書目》七卷,莆田鄭寅(子敬)列所藏書爲七録,曰

---

①　《閩中理學淵源考》引《閩書》作永福人。

《經》，曰《史》，曰《子》，曰《藝》，曰《方技》，曰《文》，曰《類》。
按，唐以後不分四部而仍七録之名，惟鄭氏一家，然技術阮氏
已合，而鄭仍分之。大率李（淑）鄭（寅）二家，但據所藏多寡
爲類，不求合前人也。宋公垂、葉少藴並篤好而無書目，蓋皆聚而弗讀。葉
于經學最精博，此外未聞。知鄭氏之分七類，乃據其藏書之性質，以
實用之觀點爲之，不盡受王儉、阮孝緒之影響也。《直齋書録
解題》卷一四音樂類小序曰：“劉歆、班固，雖以禮樂著之《六
藝略》，要皆非孔氏之舊也。然《三禮》至今行於世，猶是先秦
舊傳，而所謂樂六家者，影響不復存矣。賓公之《大司樂章》，
既已見於《周禮》，河間獻王之《樂記》，亦已録於《小戴》，則古
樂已不復有書，而前志相承，乃取樂府教坊、琵琶、羯鼓之類，
以充樂類，與聖經並列，不亦悖乎！晚得鄭子敬氏《書目》，獨
不然，其爲説曰：‘儀注、編年，各自爲類，不得附於《禮》《春
秋》，則後之樂書，固不得列於六藝。’今從之，而著於《子録·
雜藝》之前。”然則《鄭氏書目》於分別部居處，亦有足取法者。
明祁承㸁《澹生堂藏書約·購書訓》曰：“邯鄲李獻臣所藏圖
籍五十六類一千八百三十六部，兩萬三千三百八十六卷，而
藝術道書及書畫之目不存焉。莆田鄭子敬所藏書仍用七録，
而卷帙不減於李。”知鄭氏藏書不少，惜其目不傳，其藏書内
容，亦不可詳考。惟據他書所載，尚可考見其藏書、刊書情形
之一二。考趙希弁《郡齋讀書志·附志》卷五上著録《東萊吕
紫微雜説》一卷《師友雜志》一卷，《詩話》一卷，趙氏曰：“右吕
本中字居仁之説也，鄭寅刻之廬陵。”《直齋書録解題》卷一著
録《梁谿易傳》九卷《外篇》十卷，陳氏曰：“丞相昭武李綱（伯
紀）撰，案《序》，《内外篇》凡二十三卷。《内篇》訓釋《上》《下
經》《繫辭》《説》《序》《雜卦》，并《總論》，合十卷。《外篇》《釋
象》七，《明變》一，《訓辭》二，《類占》一，《衍數》二，合十有三

卷。今《内篇》闕《總論》,《外篇》闕《訓辭》及《衍數》下卷,存者十卷,蓋罷相遷謫時所作。其書未行於世,館閣亦無之,莆田鄭寅(子敬)從忠定之曾孫,得其家藏本。頃倅莆田日,借鄭本傳録。"同書卷五著録《陰山雜録》十六卷,陳氏曰:"不著名氏,莆田《鄭氏書目》云:'趙志忠撰。'志中者,遼中書舍人。"同卷又著録《晋朝陷蕃記》四卷,陳氏曰:"宰相大名范質(文素)撰。據莆田《鄭氏書目》云爾。本傳不載,故館閣書目云不知作者,未悉鄭氏何所據也。"同書卷一八著録《周益公集》二百卷《年譜》一卷《附録》一卷,陳氏曰:"丞相益文忠公廬陵周必大(子充)撰,一字宏道。其家既刊《六一集》,故此集編次一切。視其凡目,其間有《奉詔録》《觀征録》《龍飛録》《思陵録》,凡十一卷。以其多及時事託言,未刊,人莫之見。鄭子敬守吉,募工人印得之,餘在莆田借録爲全書,然猶漫其數十處。益公自號平園叟。"明楊慎《升庵全集》卷七二"六赤打葉子"條云:"《李洞集》有《贈龍州李郎中》(先夢六赤,後因打葉子,因以詩上。)其詩云:'紅蠟香烟撲畫楹,梅花落盡庚樓清;光輝圓魄銜山冷,彩鏤方牙著腕輕。寶帖輕來獅子鎮,金盆引出鳳皇傾;徵黄喜兆莊周夢,六赤重新擲印成。'六赤者,古之瓊夐,今之骰子也。葉子,如今之紙牌酒令。《鄭氏書目》有南唐李后主妃周氏《偏金葉子格》。此戲今少傳。"按,《宋史·藝文志》卷六子部雜藝術類著録李煜妻周氏《繫蒙小葉子格》一卷、《偏金葉子格》一卷、《小葉子例》一卷等三書。《鄭氏書目》在明嘉靖年間猶有傳本歟。

萬卷樓書目一卷　宋方略撰　佚

略,字作謀,莆田人。大觀中由崇德尉召除删定官。累遷修書局,請外提舉廣東常平。宣和初貶知瓊州,改潮州,建炎中秩滿而歸。居官清廉,民樂其政。性喜貯書,曰萬卷樓。從弟藇，字次雲，讀書過目成誦，略語藇曰：“次雲才性，不出户十年，可移吾書入肝膈矣。”著有；《詩集》一卷。[①] 事迹附見《宋史翼》卷二一《方藇傳》《莆陽文獻傳》卷一四其曾組《方峻傳》及《莆陽比事》卷三、卷六、卷九等書。

此書《宋史·藝文志》不著錄，《通志·藝文略》家藏總目著錄：“方作謀萬卷樓書目一卷。”

考《莆陽比事》卷六“樓名萬卷館闖三餘”條云：“方略宦達後，所至專訪文籍，民間有奇書，必捐金帛求之，家藏書至一千二百筒，作萬卷樓儲之。嘗語從弟正字藇曰：‘次雲才性不出户，十年可移吾書入肝鬲矣’。藇自登第後，不涉仕途，讀之十六年而後畢。”《宋史翼》卷二一《方藇傳》云：“方藇字次雲，福建莆田人，六歲而孤，多所通解，書一過目即貫通，下筆有奇軼語。從兄略造萬卷樓，儲書千二百筒，語藇曰：‘次雲才性，不出户十年，可移吾書入肝膈矣。’藇登紹興八年（1138）進士，調閩清縣尉，到官未一載，歸而闔户盡讀略所藏書，凡三十年，無干進意。”

嘉祐搜訪闕書目一卷　宋不著撰人　佚

此書《宋史·藝文志》不著錄，見《玉海》卷五二。

檢《玉海》卷五二“嘉祐編定書籍、昭文館書”條云：“嘉祐四年（1059）二月，丁丑。置館閣編定書籍官，以秘閣校理蔡抗、陳襄，集賢校理蘇頌，館閣校勘陳繹，分史館、昭文館、集賢院、秘閣而編定之。初，右正言吳及言：‘祖宗更五代之弊，設文館以待四方之士，而公相率由此進，故號令風采，不減漢唐。近年用内臣監館閣書庫，借出書籍，亡失已多，又簡編脱落，書史補寫不精，非國家崇鄉儒學之意，請選館職三兩人分館

---

① 《莆陽比事》卷三“以詩名家有文行世”條著錄《方略詩》一卷，注云：“字作謀，潮州守。”

閣吏人編寫書籍,其私借出與借之者,並法坐之,仍請求訪所
遺之書。'因命抗等令不兼他局,二年一代之。六月己巳,又
益編校官每館二員,給本官食公使十千,及二年者選人,京官
除館閣校勘,朝官除校理。《實錄》各一員,王陶、趙彥若、傅卞、孫洙。六
年(1061)十二月辛丑,三館秘閣上寫黃本書六千四百九十六
卷,補白本書二千一云一千。九百五十四卷。二十二日壬寅,遣
中使詔中書樞密院,率臣韓琦以下。合三館秘閣官屬四十一人賜
宴,以嘉其勤。宴崇文院,刻石記於院之西壁。先是,崇文白本書歲久
多蠹,又多散失,置官校正補寫別本,亦以黃紙,以絕蠹敗,至
是上之,其編校官昭文館職方員外孟詢。一作恂。大學評事趙
彥若、史館集賢校理竇卞、大平司法參軍曾鞏、集賢院國子監
講錢藻、秘閣館閣校勘孫洙、國子監直講孫思恭、校小學太常
博士張次立。七年(1062)三月卒酉,詔參知政事歐陽修提舉
三館秘閣寫校書籍,仍詔兩制,看詳天下所獻遺書。六月丁
亥,秘閣上補寫御覽書籍。先是判閣歐陽修言:'秘閣初爲太
宗藏書之府,並以黃綾裝潢,謂之太清本,後多宣取入內,請
降舊本補寫之。'遂詔龍圖、天章、寶文閣、太清樓管掌內臣,
檢所缺書錄上,於門下省謄寫,至是上之。賜判閣范鎮及管
掌補寫銀絹有差。十二月,詔以所寫黃本一萬六百五十九
卷,黃本印書四千七百三十四卷,總一萬五千三百九十三。,悉送昭
文館。七史板本四百六十四卷,送國子監。以校勘功畢,明
年,遂罷局。先是,五年(1060)八月壬申,詔國家承五代後,
三館聚書纔萬卷,後平列國,先取圖籍,屢下詔令,訪募異本,
至景祐中,校定篇目,然比開元舊錄,遺逸尚衆,中外士庶,許
上館閣闕書,每卷賜帛一匹,五百卷官之。六年(1061)六月,開獻書
之路,詔諸道搜訪。《中興書目》有《嘉祐搜訪闕書目》一卷,首載六年六月求遺書詔
書。或云四館之職,歷差陳洙至王安國十六人,熙寧中罷局,七年置補寫所。國朝三
館書,直館官校對及收諸國圖籍實館閣,或召京官校之,皆題名卷末。據此,可

略知北宋仁宗、神宗二朝校書及搜訪遺書之概略也。

又按，《玉海》不載求遺書詔書。《秘書省續編到四庫闕書目》卷一目録類著録《嘉祐求書詔》一卷，注：“闕。”知此詔書紹興間已不見矣。

秘書省四庫闕書目一卷　宋不著撰人　輯

此書《宋史·藝文志》不著録，見《直齋書録解題》卷八目録類。

陳振孫曰：“亦紹興改定，其闕者注闕字於逐書之下。”

按，此書罕見傳本。清道光間，徐松輯校《永樂大典》中佚書，乃輯爲一卷。徐氏《序》曰：“《四庫闕書》者，宋紹興中訪求圖籍之目也。《書録解題》云：‘《秘書省四庫闕書目》一卷，紹興改定，其闕者注闕字於逐書之下。’《通志略》有《求書目録》一卷，明《文淵閣書目》盈字號第六廚有《四庫闕書録》一部，二册。錢遵王《述古堂書目》有紹興編《四庫闕書記》二卷。或言求書，或言闕書，義則一也。其書散見《永樂大典》，曩時校書，録得副帙，初無義例，雜亂參差，惟核以《宋史·藝文志》，雖多寡懸殊，而先後次序，往往不甚相遠。知此書當時館閣舊目，作史者蓋據以增益之，且有足訂史志之脱誤者。如《周易卦象賦》，《藝文志》直云名亡，此則特標陳在中撰。又唐長孫無忌撰《太宗實録》，許敬宗撰《高宗實録》，《藝文志》乃以《太宗實録》爲許敬宗撰，此則仍題長孫無忌，頗足以資考證。宋時舊籍，固不妨過而存之矣。朱氏竹垞撰《經義考》，每引《紹興書目》，又引《紹興四庫續刊闕書》，所謂闕書，實即此本，而核其所引《紹興書目》，亦多相符，不復有出此本之外者，意人間當尚有傳鈔，而《大典》卷帙繁富，一時蒐集，不無遺漏，今皆據以補入，仍題曰《四庫闕書》，以存《永樂大典》之舊云。道光壬辰（十二年，1832）四月徐松序。”

世界書局輯印《宋史藝文志廣編》,以此書入《附編》。

秘書省續編到四庫闕書目二卷　宋紹興中改定　民國葉德輝考證　存

此書《宋史·藝文志》不著録。

此书罕见著録,今據葉德辉校訂本著録。

檢《玉海》卷五二"淳熙中興館閣書目"條云:"紹興初,再改定《崇文總目》《秘省續編四庫闕書》。"又同卷"紹興求書闕記"條云:"(紹興)十七年(1147),鄭樵按秘省所頒闕書目録集爲《求書闕記》七卷,《外記》十卷。"《玉海》所稱《秘省續編四庫闕書》,或即此書;鄭樵所據秘省所頒闕書目録,或即《秘書省四庫闕書目》一卷。以皆紹興中所定,世人多誤以此二編爲一書也。

此書刊本罕見,《愛日精廬藏書志》卷二〇、《鉄琴銅劍樓藏書目録》卷一二、《善本書室藏書志》卷一四、《皕宋樓藏書志》卷三七所著録者,並係抄本。葉德輝得丁氏遅雲樓鈔本,文多訛誤,然於宋諱缺避及脱爛空白之處,皆無所改移,知其書傳授自古,必有依據,因仿錢氏考證《崇文目》之例,取宋人官私書目,悉録以資校勘。① 葉氏所考定者,清光緒間,葉氏先後以其書收在《觀古堂所著書》第一集及《觀古堂書目叢刊》,民國二十四年(1935),葉啓倬輯刊《郎園先生全書》,亦收録此書。世界書局輯刊《宋史藝文志廣編》,收録此書。廣文書局《書目五編》所收者,則據《觀古堂書目叢刊》本影印。

直齋書録解題二二卷　宋陳振孫撰　辑

振孫,字伯玉,號直齋,安吉人。嘉定四年(1211)爲溧水教授,三載去官歸,後補紹興府教授。寶慶三年(1226),充興化

軍通判，端平中，知台州，除浙東提舉。嘉熙元年（1237），改知嘉興府，升浙西提舉，舉行藥萬户，停廢醋庫，邦人德之。淳祐間以某部侍郎除寶章閣待制致仕，卒贈光禄大夫。著有《書解》《易解》《繫辭録》《史鈔》《吴興人物志》《氏族志》等書。事迹具《宋史翼》卷二九、《宋元學案補遺》卷二二、《宋詩記事》卷六五等書。陳壽祺撰《宋目録學家晁公武陳振孫傳》、陳樂素撰《〈直齋書録解題〉作者陳振孫》、喬衍琯教授《宋代書目考》、何廣棪教授《陳振孫之生平及其著述研究》等著作，於陳氏事迹，均有詳細考述。

此書《宋史・藝文志》不著録，明《文淵閣書目》卷一一類書盈字號第五廚書目》著録。

按，馬端臨《文獻通考》多採晁《志》及陳《録》成編，是陳《録》爲當時所重，然馬《考》及當時文獻，均未見著録。明《文淵閣書目》著録《書録解題》，注云：“一部七册，闕。”知明正統以後，已罕見完本。丁丙謂常熟毛氏藏有半部宋槧本，[①]《四庫簡明目録標注》云有明萬曆武林陳氏刊本，然均不之見。清乾隆間，四庫館臣自《永樂大典》輯得此書；釐爲二十二卷，著録於《四庫全書》，《提要》曰：“……《癸辛雜識》又稱近年惟直齋陳氏書最多，蓋嘗仕於莆，傳録夾漈鄭氏、方氏、林氏、吴氏舊書，至五萬一千一百八十餘卷，且仿《讀書志》作解題，極其精詳云云，則振孫此書在宋末已爲世所重矣。其例以歷代典籍分爲五十三類，各詳其卷帙多少，撰人名氏，而品題其得失，故曰解題，雖不標經、史、子、集之目，而核其所列，經之類凡十、史之類凡十六、子之類凡二十、集之類凡七，實仍不外乎四部之説也。馬端臨《經籍考》惟據此書及《讀書志》成編，

---

①　説見《善本書室藏書志》卷一四“直齋書録解題二十二卷”條。

然《讀書志》今有刻本,而此書久佚,僅《永樂大典》尚載其完帙,惟當時編輯潦草,訛脫宏多,又卷帙割裂,全失其舊,謹詳加校訂,定爲二十二卷。方今聖天子稽古右文,蒐羅遺籍,列於四庫之中者,浩如煙海,此區區一家之書,誠不足以當萬一,然古書不傳於今者,得藉是以求其崖略;其傳於今者,得藉是以辨其真僞,核其異同,亦考證之所必資,不可廢也。原本閒於解題之後,附以隨齋批注。隨齋不知何許人,然補闕拾遺,於本書頗有所裨,今亦仍其舊焉。"

按,《提要》謂隨齋不知何許人。考錢竹汀《十駕齋養新錄》卷一四"直齋書錄解題"條云:"此書有隨齋批注,不著姓名。考元時有楊益,字友直,洛陽人,官至撫州路總管,所著有《隨齋詩集》,或即其人乎。"是錢氏以爲隋齋蓋元人楊益。沈叔埏《頤綵堂文集》卷八《書〈直齋書錄解題〉後》云:"乾隆乙未(四十年,1775),余客京師,寓裘文達公賜第,銅梁王榕軒檢討贈余是書,蓋聚珍版也。錄中附有隨齋批注,一時纂修諸公未詳其人。余按,卷三鄭樵《石鼓文考》批注有'先文簡',宋龍圖閣學士吏部尚書新安程泰之大昌,謚文簡,曾孫榮,字儀甫,號隨齋,元時人。……文簡自歙遷湖,子孫貫安吉,與直齋同時同里,而批注所云:'樵以秦斤、秦權有函殹兩字,遂以石鼓爲秦物,先文簡論而非之。'其說且載《演繁露》,則隨齋之爲榮,確然無疑矣。"邵懿辰云:"《大典》本附隨齋批注,隨齋蓋程大昌後人程榮,錢竹汀以楊益當之,非是。"①

清乾隆間輯刊《武英殿聚珍版書》,所收此書,即據《永樂大典》輯本排印。民國二十四年至二十六年(1935—1937)間,商務印書館輯編《叢書集成初編》所收者,即據《聚珍本》排

---

① 紹氏之説,見《四庫簡明目録標注》卷八史部一四"直齋書録解題"條。

印。1968 年臺北廣文書局輯編《書目續編》所收此書，則據《聚珍本》影印。1987 年，上海古籍出版社印行由徐小蠻、顧美華共同點校之《直齋書錄解題》二十二卷。是書以《聚珍本》爲底本，以國家圖書館所藏元抄殘本、上海圖書館所藏盧文弨《（新訂）直齋書錄解題》稿本、国家圖書館所藏傅增湘錄盧文弨校跋本等善本對校，復以《郡齋讀書志》《文獻通考》及各史《藝文志》參校，其他有關《直齋書錄解題》之校語，間有採錄。卷前附各善本書影五幅，卷末附錄有關《直齋書錄解題》之題記二十一則、有關陳振孫生平及著錄之資料十七則、陳振孫所撰叙跋三則及盧校本新定目錄，並編制書名及作者索引，爲目前排印本中之最善者。

近人研究陳《錄》之著作，有謝素行撰《陳振孫及其直齋書錄解題》，是編爲作者之碩士論文，未正式梓行。喬衍琯教授近年於陳《錄》用力甚多，撰有專書《陳振孫學記》及單篇論文《陳振孫的學術思想》《陳振孫傳略》《〈直齋書錄解題〉板本考》《〈直齋書錄解題〉札記》《陳振孫對圖書分類的見解》《書錄解題之板刻資料》《書錄解題的辨僞資料》《書錄解題佚文》等。何廣棪教授著《陳振孫之生平及其著述研究》，較爲晚出，是以蒐羅諸家資料，最稱繁博，足資參考。

太宗御製御書目一卷　不著撰人　佚

此書《宋史·藝文志》不著錄，見《直齋書錄解題》卷八目錄類。

陳振孫曰："玉宸殿所藏，兼有真宗御製《序》十四篇。又本稍多而無序文。"

龍圖閣瑞物寶目六閣書籍圖畫目一卷　宋不著撰人　佚

此書《宋史·藝文志》不著錄，見《直齋書錄解題》卷八目錄類。注云："玉宸殿書數附。"

陳振孫曰：“已上平江虎邱寺御書閣，有原頒降印本，傳寫得之。”

考《玉海》卷五二《祥府龍圖閣四部書（書目）》“景德六閣圖書”條云：“建隆初，三館書僅萬二千餘卷，及平諸國收圖籍，蜀、江南最多。開寶中，參以舊書，爲八萬卷。凡得蜀書一萬三千卷，江南書二萬餘卷。至祥符凡三萬六千三百八十卷，崇文院、龍圖閣皆有四部書。真宗謂輔臣曰：‘臣庶家聚書者，朕皆借其目録參校，借本抄塡之。’”又引《志》云：“咸平二年（999）閏三月甲午，詔三館寫四部書籍二本，一置龍圖閣，一置太清樓，御製御書皆在，上親贊序，刻石紀其數。四年十一月丁亥觀書。祥符二年（1009）九月丁丑，召寧王元渥等於龍圖閣觀書目。祥符三年（1010）正月二十八日戊寅，召近臣觀龍圖閣太宗御書及四部書籍，又至閣西觀畫，命馬知節評之。《東京記》云：‘祥符初，建龍閣。’據此，則咸平初已建矣。又引《實録》云：“景德二年（1005）四月戊戌，幸龍閣閱太宗御書，觀諸閣書畫，閣藏太宗御製御書并文集，總五千一百十五卷軸册，下列六閣經典，總三千三百四十一卷，《目録》三〇卷，《正經》《經解》《訓詁》《小學》《儀注》《樂書》。史傳總七千二百五十八卷，《目録》四四二卷，《正史》《編年》《雜史》《史抄》《故事》《職官》《傳記》《歲時》《刑法》《譜牒》《地理》《僞史》。子書總八千四百八十九卷，《儒家》《道書》《釋書》《子書》《類書》《小說》《筭術》《醫書》。文集總七千一百八卷，《別集》《總集》。天文總二千五百六十一卷，《兵書》《曆書》《天文》《占書》《六壬》《遁甲》《太一》《氣神》《相書》《卜筮》《地理》《二宅》《三命》《選目》《雜録》。圖畫總七百一軸卷册，古畫上中品，新畫上品，又古賢墨迹總二百六十六卷。上曰：‘退朝之暇，聚圖書以自娛。’總二萬九千七百十四卷。又曰：‘龍圖閣書屢經讐校，最爲精詳，已傳寫一本置太清樓，朕求書備至，故奇書秘籍無隱焉。’祥符六年（1013）正月庚戌，賜王旦已下《龍圖閣書籍圖畫目》《六閣圖書贊》。”知此目成於祥符時也。

乾道秘府群書新録八三卷　宋唐仲友撰　佚

仲友，字與政，金華人，高宗紹興中登進士第，復中宏詞科，出守合州，有政績。後與朱子忤，爲朱子論罷。著有《帝王經世圖譜》《唐史義》《續唐史精義》《諸史精義》《地理詳辨》《説齋文集》等。事迹具《南宋書》卷六三、《宋史翼》卷一三、《南宋館閣録》《宋人軼事彙編》等書。

此書《宋史·藝文志》不著録，見《蘇平仲文集》卷五。

明蘇伯衡《蘇平仲文集》卷五《説齋先生文粹序》曰："宋自濂溪周子、河南程子，倡明性理，號爲道學，遞相傳受，至乾道、淳熙間，紫陽朱子、廣漢張子、東萊呂子，鼎立於一時，而東南學者，翕然宗之。説齋唐公，出乎其時，又與呂子同居於婺，而獨尚經制之學，真可謂特起者矣。……然天性廉直，利不能回，勢不能撓，忤物既多，謗讟攸歸，仕未通顯，而遽自引退，其欲發而措之事業者，僅推而托之論述，此君子之所以追恨而深惜者也。所著書《六經解》百五十卷，《九經發題》《經史難答》《孝經解》《愚書》各一卷，《諸史精義》百卷，《帝王經世圖譜》十卷，《乾道秘府群書新録》八十三卷，《天文》《地理詳辯》各三卷，《故事備要》《詞科雜録》各四卷，《陸宣公奏議詳解》十卷，《説齋文集》四十卷。今去公垂二百年，薦更兵燹，行乎世者，惟《經世圖譜》《諸史精義》耳，其他傳者蓋亦無幾矣。"

胡宗楙《金華經籍志》卷一〇目録類著録此書，胡氏曰："《文獻通考》：'高宗渡江，詔定獻書賞格，置補寫所，令秘書省提舉掌求遺書，部帙漸廣。至淳熙四年（1177），仿《崇文總目》編《中興館閣書目》。'①悦齋於乾道中典校秘書，撰次所校書

---

① 　胡氏所引《文獻通考》，係節引者。文載《文獻通考》卷一七四《經籍考》總叙。

爲此録,蓋即《館閣書目》之藍本也。道光《縣志》列此書於子
部類書類,非是。"

梁啓超《圖書大辭典簿録之部》著録此書,任公云:"仲友以乾
道中典校秘書,撰次所校書以爲此録,蓋即後此《中興館閣書
目》之藍本也。其書有八十三卷之多,想極贍博,乃《宋史》及
《玉海》《通考》等書絶無道及者,豈因仲友與朱子構怨,晚宋
諸儒故抑没其述作耶? 幸而蘇伯衡《悦齋文粹序》記書名及
卷數,後人得考知崖略,恰如唐陳京之《貞元御府群書新録》,
僅賴柳宗元一文以傳其名也。"

按,蘇伯衡,字平仲,金華人,博洽群書,爲古文有聲,元末貢
於鄉。爲處州教授,坐箋表誤下吏死。事迹具《明史》卷二
八五。

泉州同安縣學書目不著卷數　宋朱熹撰　佚

熹,字元晦,一字仲晦,婺源人。中紹興十八年(1148)進士,
主同安簿。孝宗時,官至兵部郎中。光宗時,官秘閣修撰。
寧宗時,焕章閣待制,除宫觀。沈繼祖誣熹十罪,罷祠,卒。
韓侂胄死,賜諡曰文。理宗寶慶三年(1227)追封信國公,改
徽國公。淳祐元年(1241),詔周、張、二程及熹,從祀孔子廟。
著有《周易本義》《詩集傳》《儀禮經傳通解》《大學中庸章句》
《論語孟子集注》《四書或問》《論孟精義》《通鑑綱目》《伊維淵
源録》《名臣言行録》《紹熙州縣釋奠儀圖》《延平問答》《近思
録》《楚辭集注》《韓文考異》《晦庵集》等。事迹具《宋史》卷四
二九、《宋史新編》卷一六二、《南宋書》卷四四等書。

此書《宋史・藝文志》不著録,見《晦庵集》卷七五。

朱熹《晦庵集》卷七五載《泉州同安縣學故書目序》,曰:"同安
學故有官書一匱,無籍記文書,官吏轉以相承,不復訾省,至
熹始發視,則皆故敝殘脱,無復次第,獨視其終篇,皆有識焉

者，曰宣德郎宋秘書丞知縣事，林姓而名亡矣。按縣治壁記及故廟學記，林君名濆，字道源，以治平四年（1067）爲是縣，明年熙寧初元（1068）始新廟學，聚圖書，是歲戊申，距今紹興二十五年（1155）乙亥，纔八十有八年，不幸遭官師之懈弛，更水火盜竊之餘，其磨滅而僅存者止是耳，而使之與埃塵蟲鼠共敝於故箱敗篋之間，以至於泯泯無餘而後已，其亦不仁也哉！因爲之料簡其可讀者，得凡六種，一百九十一卷，又下書募民間得故所藏去者，復二種三十六卷，更爲裝褫爲若干卷，著之籍記而善藏之如故加嚴焉，復具刻著卷目次第，闕其所亡失者揭之，使此縣之人，於林君之德，尚有考也，而熹所聚書，因亦附見其後云。”惜此目已佚，不然，晦庵藏書，可藉以得見也。

道藏書目一卷　宋鄧自和撰　佚

自和，事迹待考。

此書《宋史·藝文志》不著錄，見《郡齋讀書志》卷九書目類。

晁公武曰：“右皇朝鄧自和撰。《大洞真部》八十一秩，《靈寶洞元部》九十秩，《太上洞部》三十秩，《太真部》九十六秩，《太平部》一十六秩，《正一部》三十九秩，凡六部三百一十一秩。”

朱氏藏書目不著卷数　宋朱軒撰　佚

軒，大梁人，官文林郎。

此書《宋史·藝文志》不著錄，見《太倉稊米集》卷五二。

周紫芝《太倉稊米集》卷五二《朱氏藏書目序》曰：“自古學士大夫之家，未有不以家藏圖書爲美，蓋高貲者積貨以遺子孫，酒肉費耳。此蓄書之富，所以獨爲後世之美談也。昔人有畫鳥者，必蓄活鷹，以規其形似，後子孫廢畫而捕鷹、養鷹，必飼以鼠，後之子孫，廢鷹而捕鼠；故蓄蒲博之具者，其後必好博；

而蓄書者，其子孫必讀書，勢不得不然也。文林郎朱君軒，世
居大梁，其祖官東平，因徙居焉。金人南下，東平陷没，君方
以事在江南，遂與其家不相聞，今既十年矣。一日與僕言，爲
之出涕，且曰：‘吾家藏書萬卷，皆在東平，今所存唯書目。’因
出以示僕，皆其祖朝議君所藏，自五經諸子百氏之書，皆手校
善本，其餘異書小説，皆所未嘗知名者。秦漢以來，至於有
唐，文人才士類書家集，猶數千卷，嗚呼！可謂富矣哉。君因
俾余序其目而藏之，余詰其所以序之之意，君曰：‘吾祖以善
人稱於鄉里，子孫決不至於中絶，吾有季弟，離東平時年十
五，今二十有五六歲矣。有幼子未能勝衣，而眉目偉秀，嶷嶷
如成人，使其不死，今亦可年二十餘。萬有一吾書不爲煨燼，
猶可幸其復存，他日可爲吾家舊物，子其爲我記之。’余聞其
言，爲之愴然，而告之曰：‘事有興衰，物有成壞，此理之常所
不可逃者，古之有天下國家者，群玉之山，圖書之府，秘而藏
之，不可勝記，往往至於盜賊兵火，掃滅無餘。隋牛弘之論書
有五厄，非虚語也。國家遭罹兵禍，三閣圖書，猶不免厄，況
其餘哉。今子家雖墮敵，而身猶能抱遺書之總目，念家世之
勤勞，以幸朝尅復境土，再有中原，尚能保其所藏，以不失爲
中朝賢士大夫之家，則其志固亦可嘉矣。昔韓偓著《香奩》，[①]
昭宗之亂，散失不全，而蘇暐得其第一篇，偓猶自述以爲可
喜。[②] 他時使君得其全書，則其爲喜何如哉！子姑俟之
毋躁。’”

石庵藏書目不著卷數　宋蔡瑞撰　佚

瑞，事迹待考。

此書《宋史·藝文志》不著録，見《水心文集》卷十二。

---

① 清文淵閣《四庫全書》本“韓偓”誤作“韓渥”，今正。
② 《四庫》本“偓”誤作“渥”，今正。

葉適《水心文集》卷十二載《石庵藏書目序》，曰："石庵書若干卷，承奉郎蔡君瑞藏之。始蔡君之伯父曰居士，葬母，因其地爲廬居，紹興十九年（1149）大旱，饑，穀石五千二百足錢，居士將以所餘穀散之，而患無名，時庵傍有石冒土而奮如蟠根，叢萌欲發而尚鬱者，遂爲萬夫備使出之，高二丈，廣可三之，石温潤如玉質，故名石庵云。蔡君念族人多貧，不盡能學，始買書實石庵，增其屋爲便房，願讀者處焉，買田百畝助之食，嗚呼！蔡君可謂能教矣，富者知損其贏以益市書與田，而收郵其族人，則無富之過；貧者随聰明之小大，以書自業，而不苟侍衣食，則無貧之患。教成義立，而族多材賢，則玉石之祥，其遂酬乎！君之從孫武學諭鎬，與余同寮，以請而叙之。淳熙十五年（1188）三月日。"

按，蔡鎬，字正之，台州臨海人。以武學登第，授鹽城尉，詔特用爲武學諭，遷爲博士，充接送伴使，時議築瓦梁堰，上奏以爲不可，罷築堰。丁父憂歸。服喪垂畢，而於紹熙二年（1191）卒，年四十九。《水心文集》卷一四有《忠義郎武學博士蔡君墓誌銘》。鎬父待時，字元晦，淳熙十六年（1189）卒，年六十四。《水心文集》卷十四載《忠翊郎致仕蔡君墓誌銘》。司藉考蔡氏家族世系。

《台州經籍志》卷一七著録此書。

藏六堂書目一卷　宋李□撰　佚

此書《宋史·藝文志》不著録，見《直齋書録解題》卷八目録類。

陳振孫曰："莆田李氏，云唐江王之後，有家藏誥命。其藏書自承平時，今浸以散逸矣。"

考《莆陽比事》卷三"唐家遺裔孔聖諸孫"條云："又江王元祥之孫蕖。《游洋志》云子，誤。則天時寓泉之南安。蕖孫隴西公楚珪,嘗爲雲麾將軍,後又自南安徙居興化縣之西平,遂爲西平李。《游洋志》謂其先有封西平王者,誤。按西平、東平皆地名,唐表別有西平王,乃蔡王子。《郡志》又載江王之後,有曰翔者,尉莆田,遂因莆田家焉,今子孫多錯居於郡。"則此李氏者,翔之後也。

按,李氏書目雖已不存,陳振孫多借其書抄錄,今據陳《錄》,尚可略見李氏藏書之內容。《直齋書錄解題》卷六禮注類著錄《獨斷》二卷,陳氏曰:"漢議郎陳留蔡邕(伯喈)撰。……舒、台二郡,皆有刻本,向在莆田,嘗錄李氏本,大略與二本同,而上下卷前後錯互,因並存之。"又卷八地理類著錄《晋陽事迹雜記》十卷,陳氏曰:"唐河東節度使李璋纂序,言四十卷,《唐志》亦同,今删爲十卷,蓋治平中太原府所刻本也。從莆田李氏借錄。"同卷又著錄《番禺雜記》一卷,陳氏曰:"攝南海主簿鄭熊撰,國初人也。莆田借李氏本錄之,蓋承平時舊書,末有'河南少尹家藏'六字,不知何人也。"同書卷一五總集類著錄《集選目錄》二卷,陳氏曰:"丞相元獻公晏殊集。……莆田李氏有此書,凡一百卷,力不暇傳,姑存其目。"同書卷一九詩集類上著錄《武元衡集》一卷,陳氏曰:"唐宰相武元衡(伯蒼)撰。初用莆田李氏本傳錄,後以石林葉氏本校,益以六首及李吉甫唱酬六首。川本作二卷。"

吳氏書目一卷　宋吳與撰　佚

與,字可權,福建漳浦人。元豐五年(1082)進士,歷端州四會縣令,改饒州餘干,徙學於琵琶洲,後登科者接踵。時故人張商英當國,或諷之使見,與曰:"吾與天覺於放逐中諄諄勉以忠義,今可呈身求進耶?"竟不往。事迹具《宋史翼》卷一九、《宋詩紀事》卷二八。

此書《宋史·藝文志》不著錄,見《直齋書錄解題》(卷八)目録類。

陳振孫曰：“奉議郎漳浦吳與（可權）家藏。閩中不經兵火。故家文籍多完具，然地溼苦蠹損。”

按，《通志·藝文略》《家藏總目》著録此書，作《漳浦吳氏藏書目》四卷。《通志·校儲略》《亡書出於民間論》云：“古之書籍，有上代所無，而出於今民間者。《古文尚書音》，唐世與宋朝並無，今出於漳州之吳氏。……按漳州《吳氏書目》，《算數》一家，有數件古書，皆三館四庫所無者，臣已收入求書類矣。又《師春》二卷、《甘氏星經》二卷、《漢官典義》十卷、《京房易鈔》一卷，今世之所傳者，皆出吳氏。應知古書散落人間者，可勝計哉，求之之道未至耳。”此一則可略見吳氏藏書内容，一則復可知《吳氏書目》有《算術》一類。《通志·校讎略》《求書之道有八論》第六云：“禮儀之書，祠祀之書，斷獄之書，官制之書，版圖之書，今官府有不經兵火處，其書必有存者，此謂求之公。書不存於秘府，而出於民間者甚多，如漳州吳氏，其家甚微，其官甚卑，然一生文字間，至老不休，故所得之書，多蓬山所無者。”《宋史翼》卷一九《吳與傳》引《福建通志》云：“生平歷官凡七任，悉以俸餘市書，所藏至三萬餘卷。鄭樵稱海内藏書者四家，以與所藏本爲最善。”知其藏書爲當時所重。

梅屋書目不著卷數　宋許棐撰　佚

棐，字忱夫，號梅屋，海鹽人。嘉熙中，隱居秦溪，於水南種梅數十樹，淳祐九年（1249）卒。著有《梅屋稿》《獻醜集》《樵談》《春融小綴》。事迹具《宋史翼》卷三六、《全宋詞》卷四、《宋詩紀事》卷六五等書。

此書《宋史·藝文志》不著録，見《獻醜集》。

《獻醜集》載《梅屋書目序》，曰：“予貪喜書，舊積千餘卷，今倍之未足也。肆有新刊，知無不市；人有奇編，見無不錄；故環室皆書也。或曰：'嗜書好貨，均爲一貪，貪書而飢，不若貪貨而飽；貪書而勞，不若貪貨而逸。人生不百年，何自苦如此？'答曰：'今人予不知之，自古不義而富貴者，書中略可考也，竟何如哉？予少安於貪，壯樂於貧，老忘於貧，人不鄙夷予之貧，鬼不揶揄予之貧，書之賜也，如彼百年，何樂之有哉？'書目未有序，童子志之。"

許氏號梅屋，蓋效林逋愛梅之意。《獻醜集》有《梅屋記》，曰："予小莊在秦溪極北，屋庫地狹，水南別築數椽，爲讀書所，四簷植梅，因扁'梅屋'。丁亥震凌，屋仆梅壓，移扁故廬，客顧扁而問曰：'昔吟逋愛梅，未嘗一日去梅。爾愛梅無梅，屋扁'梅屋'，猶飢人畫餅，奚益？請去扁。'予曰：'向也以梅爲梅，今也以心爲梅，扁何問焉。扁可以理觀，不可以物視。片木二字而已，理觀四壁天地，萬卷春風，庾嶺香，孤山玉，豈襟袖外物哉。斷斷以爭其無，喋喋以衒其有，皆非物理之平也，請別具隻眼。'客曰：'唯。'"

按，此編雖已亡佚，《梅屋集》有《讀南岳新稿》《趙山臺寄詩集》《陳宗之疊文疊寄書籍小詩爲謝》《跋四靈詩選》《書先祖監丞手澤後》等詩文，可藉見許氏藏書、讀書之概況也。

王文書目不著卷数　宋王文撰　佚

文，事迹待考。

此書《宋史·藝文志》不著錄，見《獻醜集》。

許棐《獻醜集》載《王文書目序》，曰："王文以書謁，而貌有羸色，予問其故，對曰：'文載書自杭而湖，自湖而秀，村縈郭滯，日引月長，舟不減輕，囊不增重，蠹飽而人飢，別圖什一之利而未忍，不獨貌羸，心亦凋矣。'予曰："女書不售，他利可圖，士不讀書，無業可換。況當天子興太平，以《詩》《書》化天下，天下之士，方鮮醒陌目，剗鉥怠心，吾見家韓槧而户鄭架，爾贏然之貌，爲欣然之色矣，姑小待。'"

（二）金石之屬

集古録五卷　宋歐陽修撰　存

修，字永叔，廬陵人，自號醉翁。舉進士甲科，慶曆初召知諫院，改右正言，知制誥。時杜衍、韓琦、范仲淹、富弼相繼罷去，修上疏極諫，出知滁州，徙揚州、潁州，還爲翰林學士。嘉祐間拜參知政事，熙寧初與王安石不合，以太子少師致仕，晚號六一居士。著有《新唐書》《新五代史》《毛詩本義》《太常因革禮》《大常禮院祀儀》《歸田録》《洛陽牡丹記》《文忠集》《六一詩話》《六一詞》等。事迹具《宋史》卷三一九、《宋史新編》卷一〇二、《東都事略》卷七二、《名臣碑傳琬琰集》上集卷二四、《皇宋書録》卷中等書。

此書《宋史·藝文志》目録類著録。

《直齋書録解題》卷八目録類著録《集古録跋尾》十卷，陳氏曰："歐陽修撰。編述之意，《序》文詳之，世所共知，不復著。"按，此書乃歐公集碑千卷，於每卷末所撰跋文也。因此或題《集古録》，或題《集古録跋尾》，《宋志》作五卷，陳《録》及今本多作十卷者，蓋析併不同也。

此書撰述之旨，歐公於《自序》中言之甚詳，略云："物常聚於所好，而常得於有力之彊；有力而不好，好之而無力，雖近且易，有不能致之。……湯盤孔鼎，歧陽之鼓，岱山鄒嶧，會稽之刻石，與夫漢魏以來，聖君賢士，桓碑彝器，銘詩序記，下至古文籀篆分隸諸家之字書，皆三代以來至寶，怪奇偉麗工妙可喜之物，其去人不遠，其取之無禍，然而風霜兵火，湮淪磨滅，散棄於山崖墟莽之間，未嘗收拾者，由世之好者少也。幸

而有好之者，又其力或不足，故僅得其一二，而不能使其聚
也。……予性穎而嗜古，凡世人之所貪者，皆無欲於其間，故
得一其所好於斯。故上自周穆王以來，下更秦、漢、隋、唐五
代，外至四海九州、名山大澤、窮崖絕谷，荒林破冢、神仙鬼
物、詭怪所傳，莫不皆有，以爲《集古錄》。以謂轉寫失真，故
因其石本，軸而藏之，有卷帙次第，而無時世之先後，蓋其取
多而未已，故隨其所得而錄之。又以謂聚多而終必散，乃撮
其大要，別爲錄目，因并載夫可與史傳正其闕謬者，以傳後
學，庶益於多聞。"

按，歐公所撰諸碑跋尾，原載修集中，其跋彙爲專書，則始自
宋方崧卿裒聚真迹刻於廬陵。[1] 曾宏父《石刻鋪叙》稱有二百
四十六跋，陳振孫《直齋書錄解題》於《集古目錄》之《提要》稱
凡三百五十餘跋，修子棐(叔弼)則曰二百九十六跋，皆與今
本不符。其中異同之故，《四庫全書總目》多所考訂。《提要》
云："修始採摭佚遺，積至千卷，撮其大要，各爲之説，至嘉佑
(1056－1063)；治平(1064－1067)間，修在政府，又各書其卷
尾。於是文或小異，蓋隨時有所竄定也。修自書其後，題嘉
佑癸卯(八年，1063)，至熙寧二年己酉(1069)，修季子棐復摭
其略，別爲《目錄》，上距癸卯蓋六年，而棐記稱《錄》既成之八
年，則是錄之成當在嘉佑六年(1061)辛丑。其真迹跋尾，則
多係治平初年所書，亦間有在熙寧初者，知棐之《目錄》，固承
修之命而爲之也。諸碑跋今皆具修集中。其跋自爲書，則自
宋方崧卿裒聚真迹刻於廬陵。曾宏父《石刻鋪叙》稱有二百
九十六跋，陳振孫《書錄解題》稱有三百五十跋，修子棐所記
則曰凡二百九十六跋，修又自云凡四百餘篇有跋。近日刻

---

① 説見明天順間刊《歐陽文忠公集》本卷末所載不著撰人之題識。

《集古録》者，又爲之説曰：'世所傳《集古》跋四百餘篇，而棐乃謂二百九十六，雖是時修尚無恙，然續跋不應多逾百篇，因疑寫本誤以三百爲二百。'以今考之，則通此十卷，乃正符四百餘跋之數。蓋以集本與真迹合編，與專據集本者不同。宋時盧陵之刻，今已不傳，無從核定，不必以棐記爲疑矣。是原本但隨得隨録，不復詮次年月。故修之《自序》曰：'有卷帙而無時世先後，蓋其取多而未已也。'近來刻本乃以時代先後爲序，而於每卷之末附列原本卷帙次第。轉有年月倒置更易補正之處，故錢曾《讀書敏求記》以爲失其初意。然考毛晋跋是書曰：'《自序》謂上自周穆王以來，則當以吉日癸巳石刻爲卷首。毛伯敦三銘是作序目後所得，宜在卷末，即子棐亦未敢妄爲詮次。蓋周益公未能考訂'云云。據此，則周必大時之本已案時世爲次，其由來固已久矣。今刻修文集者，但序時代，不復存每卷末之原次，則益爲疏耳。"

按，此書在北宋時，尚未單行，至南宋孝宗年間始由方崧卿刻於盧陵，是晁氏《讀書志》未著録此書。今則宋代刻本已不傳，今所見者多據明刊修集本重刊單行及清代以後抄本。臺北"國家圖書館"（前"國立中央圖書館"）有明天順間刊本《歐陽文忠公集》一部。卷末載歐公《自序》、歐陽棐《集古録目記》及二則不著撰人之題識。其一云："右《集古録序》成於嘉祐末年，其云有卷帙次第，無時世先後，蓋取多而未已，故隨其所得而録之，此公述千卷不以世代爲序之意也。又云撮其大要，別爲目録，因載夫可與史傳正其闕繆者，以傳後學，此公述録目跋尾之意也。……而自周秦至于五季，皆隨年代爲之序，庶幾時世先後，秩然不紊，間有書撰出於一手，其歲月相邇，則類而次之，又於每卷之末，備存當時卷帙之次第，既以便今，亦不失其初云。"其二云："集古碑千卷，每卷碑在前，跋在後,銜幅用公名印,其外褾以緗紙,束以縹帶,題其幟曰某碑卷第幾,皆公親迹,至今猶有存者。按公嘗有云四百餘篇有跋,今世所傳本是也。其間如《唐鄭權碑》,乃熙寧辛亥歲(四年,1071)跋,又至明年正月方跋《鄧艾碑》《李德裕山居詩》,四月題《前漢鴈足鐙銘》,後數月公薨,殆集録之絶筆也。方崧卿哀聚真迹,刻板廬陵,得二百四十餘篇,以校集本,頗有異同,疑真迹一時所書,集本後或改定。今於逐篇各注何本,若異同不多,則以真迹爲主,而以集本所改注其下,或繁簡邃絶,則兩存之。謂如《後漢樊常侍碑》,真迹作永壽四年(158)四月,而集本改作二月,訪得古碑,二月爲是。至於以始元爲漢宣帝年號,又稱後周大統十六年,唐大足二年之類,乃公一時筆誤,不敢有所更改。《集古跋》既刻成,方得公子叔弼《目録》二十卷,具列碑之歲月,雖朝代僅差一二,而紀年先後頗有倒置,已具注其下。"此二則識語,當是明代刊書者所爲,《四庫全書總目提要》之内容,多本此二則識語爲之説。丁日昌《持靜齋書目》卷二著録舊抄本一部,云:"康熙辛卯(五十年,1711)何焯(義門)手校,甚爲精博。① 今此本不知在何所。今所藏善本,臺北"國家圖書館"除前述明天順刊本外,又有舊抄本一部。臺北"故宫博物院"則有清文淵閣《四庫全書》本一部。國家圖書館有清代抄本兩部:一部經盧文弨校並跋,一部經陳鱣校。②

集古録目二○卷　　宋歐陽棐撰　輯

棐,字叔弼,廬陵人,修三子。廣覽強記,能文辭,用蔭爲秘書省正字,登進士乙科,調陳州判官,以親老不仕。後爲審官主簿,累遷職方員外郎,知襄州,忤曾布婦兄魏泰,徙潞州,後以

---

① 莫友芝《持靜齋藏書紀要》卷下亦著録此本,所載相同。

② 見《北京圖書館古籍善本書目》。

直秘閣知蔡州,減稅賦,有惠於民。政和三年(1113)卒,年六十七。著有《堯曆》《合朔圖》《歷代年表》《三十國年紀》《九朝史略》《食貨策》《襄錄》、文集等。事迹具《宋史》卷三一九、《宋史新編》卷一〇二、《東都事略》卷七二等書。

此書《宋史·藝文志》不著錄,見《直齋書錄解題》卷八目錄類。陳振孫曰:"公子禮部郎官棐(叔弼)撰。公既爲跋尾二百九十六篇,令棐撮其大要,別爲目錄,棐之序云爾。今考集中凡三百五十餘跋。"

今傳《集古錄》卷末,載裴此書《自序》,題曰《集古錄目記》,曰:"《集古錄》既成之八年,家君令棐曰:'吾集錄前世埋没缺落之文,獨取世人無用之物而藏之者,豈徒出於嗜好之僻,而以爲耳目之玩哉? 其爲所得亦已多矣! 故嘗序其説而刻之,又跋於諸卷之尾者二百八十六篇,序所謂可與史傳正其闕繆者,已粗備矣。若撮其大要,別爲目錄,則吾未暇,然不可以闕而不備也。'棐退而悉發千卷之藏而考之曰,嗚呼! 可謂詳矣! 蓋自文、武以來,迄于五代,盛衰得失、賢臣義士、奸雄賊亂之事,可以動人耳目者,至於釋氏、道家之言,莫不皆有,然分散零落,數千百年而後聚於此,則亦可請難矣。其聚之既難,則其久也,又將遂散而無傳,宜公之惜乎此也。於是各取其書撰之人、事迹之始終、所立之時世,而著之爲一十卷,以附於跋尾之後,未嘗不爲無窮之計也。然必待集錄而後著者,豈非以其繁而難於盡傳哉? 故著其大略,而不道其詳者,公之志也。熙寧二年(1069)二月記。"

按,此書書名及卷數,所載多有不同,《直齋書錄解題》作《集古目錄》,二十卷,棐所撰《序》題《集古錄目記》;清黄本驥及繆荃孫所輯,並作《集古錄目》,十卷。據棐所撰《記》,"各取其書撰之人、事迹之始終、所立之時世,而著之爲一十卷",則此書本非目錄之屬,當題爲錄目。其書本十卷,陳《錄》作二十卷者,蓋析併不同故也。

又按,此書明《內閣藏書目錄》及《文淵閣書目》均未著錄,蓋元、明以來即已罕見。清黃本驥自《寶刻叢編》輯得五卷,收在《三長物齋叢書》。清光緒間,繆荃孫以黃氏所輯不完,乃重加搜輯,得六百一十二首,合文忠有跋者一百二十七首,共得七百三十九首,輯爲十卷,《原目》一卷,收在其所纂《雲自在龕叢書》第一集中。繆氏並撰《跋》云:"宋歐陽文忠公藏金石千卷,爲《集古錄》,有跋尾者二百九十六篇,其子棐撮其大要,別爲目錄十卷,《自序》云取其書撰之人、事迹之始終、所立之時世,而著之爲一十卷,以附以跋尾之後。陳振孫《書錄解題》作二十卷,孫謙益、丁朝佐等重編《集古錄》,《叙》亦言今《錄目》自爲一書乃二十卷。又《後叙》言《集古錄》既刻成,方得公子叔弼《目錄》二十卷,則南宋改編,非棐之舊。《宋(史)·藝文志》未著於錄,似元時已佚矣。湖南黃本驥輯出六卷,刻入叢書,余取而讀之,蓋僅取材《寶刻叢編》,即《隸釋》《輿地紀勝》,均未甄錄。爰重加搜輯,得六百十二首,合文忠有跋者一百二十七首,共得七百三十首,千卷之藏,已得三分之二,惜碑石留於今者十不存一矣。嚴鐵橋《四錄堂類集》有此目,書未見。光緒甲申(十年,1884)十月,江陰繆荃孫識於宣武城南繩匠衚衕寓廬之雲自在龕。"至於《說郛·説畧》之三十三所收《集古目錄》,則僅載六條,昌瑞卿(彼得)先生《說郛考》云:"《類說》嘗節錄二十四則,此本則《類說》摘出六則。重編《說郛》卷八十九所載此書,錄十七跋,乃自《集古錄跋尾》錄出,實非目錄也。"

京兆尹金石錄六卷　宋田概撰　佚

概,生平待考。

此書《宋史·藝文志》不著録,見《直齋書録解題》卷八目録類。

陳振孫曰:"北平田概纂。元豐五年(1082)王欽臣爲《序》,自爲《後序》,皆記京兆府縣古碑所在,覽之使人慨然。"

京兆金石録一〇卷　宋崔君授撰　佚

君授,生平待考。

此書《宋史·藝文志》目録類著録。

按,《直齋書録解題》卷八目録類載田概《京兆金石録》六卷,皆記京兆府縣古碑所在。此書卷數視田書爲多,疑廣田氏書者也。

金石略一卷　宋鄭樵撰　存

樵,字漁仲,莆田人。好著書,不爲文章,自負不下劉向、揚雄。居夾漈山,謝絶人事,學者皆稱夾漈先生。著有《詩傳》《詩辨妄》《鄉飲禮》《鄉飲禮圖》《系聲樂譜》《石鼓文考》《通志》等數十種。事迹具《宋史》卷四三六、《宋史新編》卷一六六及《南宋書》卷三七等書。

此書乃《通志》中之一卷,《宋志》未裁出著録,今據《"國立中央圖書館"善本書目》著録。

按,此編在《通志》二〇〇卷中卷七三。鄭氏輯編《金石略》之旨趣,在《通志總序》中云:"今藝文有志,而金石無紀,臣於是采三皇五帝之泉幣,三王之鼎彝,秦人石鼓,漢魏豐碑,上自蒼頡石室之文,下逮唐人之書,各列其人而名其地,故作《金石略》。"《金石略序》云:"方册者,古人之言語,款識者,古人之面貌。以後學政慕古人之心,使得親見其面而聞其言,何患不與之俱化乎,所以仲尼之徒三千,皆爲賢哲,而後世曠世不聞若人之一二者何哉?良由不得親見聞於仲尼耳。蓋閑習禮度,不若式瞻容儀;諷誦遺言,不若親承音旨。今之方册所傳者，已經數千萬傳之後，其去親承之道遠矣。惟有金石所以垂不朽，今列而爲略，庶幾式瞻之道猶存焉。見觀晋人字畫，可見晋人之風猷；觀唐人書踪，可見唐人之典則；此道後學安得而舍諸？三代而上，惟勒鼎彝，秦人始大其制而用石鼓，始皇欲詳其文而用豐碑，自秦迄今，惟用石刻，散佚無紀，可爲太息，故作《金石略》。"此篇《自序》，先説明金石之功用，次論金石之發展，言簡而要。

兹編著録之方式，金器則著録其銘文字數，石刻則著其立石年代、地點及書碑者姓名。南北朝以前，大抵依時先後著録，隋唐以後，則分皇室、名家、篆書、八分書等項目著録，近人朱劍心《金石學》云："鄭樵著《通志·金石略》，則但録目而無跋。且所録鐘鼎碑碣，核以《考古》《博古》二圖，《集古》《金石》二録，脱略十之七八，蓋未爲精博也。"雖然，鄭氏於《通志》中專設《金石》一略，開啓後世目録學者以金石爲類目之先河，在目録學史上，有其開創之功。

此書明以前罕見單行。清雍正年間，吴玉搢自《通志》抄出單行，此本今藏臺北"國家圖書館"。書中有吴玉搢手跋二則，其一云："鄭浹漈《通志·金石略》，羅列古今金石刻殆盡，六朝以後尤爲詳備。歐陽諸公所録，皆有跋尾，鄭氏無之，但或注地名及年代而已，宜其名略也。夫昔人之好此者，或以證史傳之錯誤，或以考古人之佚事，非徒論其文章，美其字畫也。然而翰墨之樂，亦無逾此。余考古金石書數種，皆手録而藏之，此編燈下所抄，小字密行，可知余之癖嗜矣。雍正乙巳（三年，1725）四月抄畢書，滁江吴玉搢識。"其二云："編中所載，今已十無二三，凡鐘鼎諸文，則《博古》《考古》及薛氏《款識録》尚有可考，漢碑惟散見於《隸釋》《隸續》《漢隸字源》及榻本之僅存者，晋宋而後，惟見墨刻，於收藏家無輯爲成書者，苟非前人羅而列之，晚學何所考證乎？裒輯之功，前人固不可没哉。滁江又書。"吴玉搢，字山夫，一字滁江，山陽人。康熙中由廪貢官鳳陽府訓導，通小學與金石，著有《説文引經考》二卷、《補遺》一卷、《别雅》五卷、《金石存》一〇卷、《山陽志遺》四卷、《十憶詩》一卷等。所著《金石存》一書，著録當時見存之篆隸，著明其官閥、世次、歲月、輿地、文字之異同、篆隸行楷訛俗之遞變，皆能博覈詳言，正前人之訛謬。[1] 清光緒中，崇川葛元煦輯刊《學古齋金石叢書》，第二輯收録《金石略》，析爲三卷。

古今碑帖考一卷　宋朱長文撰　存

長文，字伯原，號樂圃，其先越州剡人，後家蘇州吴縣。未冠，舉嘉祐四年（1059）進士，授秘書省校書郎，改許州司户參軍，充蘇州教授。築室郡西，表曰樂圃坊，吴士夫過其門者，必往造詣。紹聖間除秘書省正字，兼樞密院編修，元符元年（1098）卒，年六十。著有《春秋通志》《吴郡圖經續記》《墨池編》《琴臺志》《樂圃文集》等。事迹具《宋史》卷四四四、《宋史新編》卷一七一、《宋史質》卷四一、《宋詩紀事》卷二二等書。

此書乃《墨池編》中之一門，《宋史·藝文志》未單行著録，今據《"國立中央圖書館"善本書目》著録。

按，朱氏所撰《墨池編》六卷，共分八門：一曰字學，二曰筆法，三曰雜議，四曰品藻，五曰贊述，六曰寶藏，七曰碑刻，八曰器用。此編即其《碑刻》一門也。《碑刻》一著録周碑四、秦碑九、漢碑九十四、魏碑十一、吴碑五、晋碑十二、宋齊梁陳碑共十六，後魏齊周碑二十五、隋碑三十、唐碑一百九十七、唐頌五十七、唐碣六、唐銘七、唐誌十九、唐記十三、唐佛家碑一

---

[1]　説詳《續修四庫全書提要》。

百、唐佛銘三十二、唐佛記二十七、唐道家碑三十二、道家銘
頌記二十三、祠廟八十七。《碑刻》二著録宮宇三十八、山水
五十六、題名三十七、藝文一百一十一、傳模五十一。

此書明以前未單行。明萬曆年間,胡文焕輯刊《格致叢書》,
始將此書單行著録,析爲二卷。將原載卷末之朱氏(跋),改
列卷首,改題爲《古今碑帖考序》,云:"名者,聖人之所以勵中
人也,朝著之臣,以忠義相高;丘壑之士,以志操自任。至於
建一事,創一物,皆欲冀以傳後,及夫釋老之流,亦欲思著其
言教,知名可貴也。人生天地間,如晨飆石火之速,年躋七旬
者幾希,而名垂無窮,是亦可尚也已,是故,古之君子,思物之
久而可托者莫過乎金石,書之勒石,垂以不朽,視今視昔,諒
同此心,然而風日之所銷爍,樵牧之所□,陵谷之所遷易,丘
墓之所湮昧,不可勝數,或磨滅無聞,或刓缺莫辯,重可嘆也!
考之石刻,始於周而行於唐,而周秦之迹,僅存一二;漢隸時
見於郡國;唐碑不可勝數,又不知千百世後,所遺者復幾何
耶?余乃據所見聞載録於左,俾好奇者或可以求之也,其不
在録者更多矣,余不能悉知爾。"末載胡文焕《古今碑帖考
述》,云:"宋《古今碑帖考》,朱長文所輯,載之《墨池編》中,予
纂出而名之此也,仍檢諸書中以三圖冠諸首,庶爲全書,而覽
者或無遺憾矣。至若其間輯之備與否,當與不當,則俟博覽
者正焉,非予所能知也,予惟梓之便考用云耳。錢唐胡文焕
德父識。"

按,今本《墨池編》及《古今碑帖考》,均係明人所刊,内容已爲
明人所竄亂。以碑刻部分而言,末載宋碑九十二、元碑四十
四、明碑一百一十九,皆明代朱晨所增入。卷末朱晨注云:
"宋以前碑刻考,朱伯原採録,間多脱誤,晨爲之訂次。宋以
後碑刻考并法帖,晨竊增入,僅補闕簡,敢呈管見,援筆評人

也耶？乃據衡山、南禺二公平日所傳品格不差，實與天下公論大合，更冀同志高賢入室右軍者，一考詳之。"

又按，今臺北"國家圖書館"有明錢塘胡文换刊《格致叢書》本一部。又：《中國叢書綜録》此書作者誤題朱晨，今正。

金石録三〇卷　宋趙明誠撰　存

明誠，字德甫，密州諸城人，歷官直龍圖閣知建康。建炎三年（1129）移知湖州軍州事，是年卒於官，年四十九。事迹略具《南宋制撫年表》。今人黃盛璋撰有《趙明誠李清照夫婦年譜》。

此書《宋史·藝文志》目録類著録。《直齋書録解題》卷八目録類著録此書，陳振孫曰："東武趙明誠（德甫）撰。其所藏二千卷，蓋倣歐陽《集古》，而數則倍之。本朝諸家蓄古器物款式，其考訂詳洽，如劉原父、吳與叔、黃長睿多矣，大抵好附會古人名字，如丁字即以爲祖丁，舉字即以爲伍舉，方鼎即以爲子産，仲吉匜即以爲偪姑之類。邃古以來，人之生世夥矣，而僅見於簡册者幾何？器物之用於人亦夥矣而僅存於今世者幾何？乃以其姓字名物之偶同而實焉，余嘗竊笑之。惟其附會之過，併與其詳洽者，皆不足取信矣。惟此書跋尾獨不然，好古之通人也。明誠，宰相挺之之子，其妻易安居士李氏爲作《後序》，頗可觀。"

《四庫全書總目》目録類著録此書。《提要》云："是書以所藏三代彝器及漢唐以來石刻，仿歐陽修《集古録》例，編排成帙，紹興中其妻李清照表上於朝。張端義《貴耳集》謂清照亦筆削其間，理或然也。有明誠《自序》，並清照《後序》。前十卷皆以時代爲次，自第一至二百，咸著於目。每題下注年月、撰書人名；後二十卷爲辯證，凡跋尾五百篇，中邢義、李證、義興茶舍、般舟和尚四碑，目録中不列其名，或編次偶有疏舛，或所續得之本,未及捕入卷中歟?"

按,此書初刻於龍舒,開禧元年(1205)浚儀趙不譾又重刊之,其本今已罕見。[①] 今所見之本,均係明以來抄本及清代刊本,《四庫全書總目》於明以來抄本之失言之甚詳,曰:"自明以來,轉相鈔録,各以意爲更移,或删除其目内之次第,又或竄亂其目之年月。第十一卷以下,或併削每卷之細目,或竟佚卷末之《後序》,沿訛踵謬,彌失其真,顧炎武《日知録》載章邱刻本,至以《後序》'壯月朔'爲'牡丹朔',其書之舛謬可以概見。近日所傳,惟焦竑從秘府抄出本、文嘉從宋刻影抄本、崑山葉氏本、閩中徐氏本、濟南謝氏重刻本,又有長洲何焯、錢塘丁敬諸校本,差爲完善。今揚州刻本,皆爲採録,又於注中以《隸釋》《隸續》諸書增附案語,較爲詳核,别有范氏天一閣、惠氏紅豆山房諸校本,皆稍不及,故今從揚州所刊著於録焉。"

又按,《四庫提要》謂龍舒刻本今已罕見,實則今猶有傳本。此本舊藏金陵甘國棟津逮樓,後爲趙敦甫購得,請張元濟鑑定,張氏爲之《跋》。《跋》云:"趙明誠金石録三十卷,宋槧久亡。世傳鈔本,以菉竹堂葉氏鈔宋本爲最善。錢罄室自言借文休承宋雕本鈔完,識於第十卷後,獨吴文定本,人未之見,莫知其所從出。後人重刻,清初有謝世箕本,訛舛甚多,殊不足觀;繆小山得汲古毛氏本,行款均據宋刻,爲仁和朱氏刊行。余家藏有吕无黨鈔本,曾印入《四部叢刊》。嘗借翟氏所藏顧澗薲校本對校之,二本大抵不離乎葉、錢所傳録者。近是盧雅雨本最爲通行,然亦僅據何義門校鈔宋本,並未親見宋刊。《讀書敏求記》稱馮硯祥有不全宋槧十卷,余頗疑即文

---

① 説見《四庫全書總目提要》。

休承所曾藏者。馮書散出，迭經名家鑑藏，先後入於朱文石、鮑以文、江玉屏、趙晋齋、阮文達、韓小亭家，卒乃歸於潘文勤。其十卷，即原書跋尾之一至十，實即全書之卷第十一至二十也。當世詫爲奇書，得之者咸鐫一‘金石録十卷人家’小印，以自矜異。一時名下如翁覃溪、姚伯昂、汪孟慈、洪筠軒、沈匏盧諸人，均有題記。《滂喜齋藏書記》備載無遺，各以盧本互校，是正良多。雖宋本亦有訛誤，然迥非其他諸本所能幾及。文勤自言異書到處，真如景星慶雲，先睹爲快。獲睹之人，亦以爲此十卷者，殆爲人間孤本矣。而孰知二十卷本尚存天壤，忽於千百年沈薶之下，燦然呈現，夫豈非希世之珍乎！是本舊藏金陵甘氏津逮樓，世無知者。《目録》十卷，《跋尾》二十卷，完好無缺。宋時刊本凡二，初鋟版於龍舒郡齋，開禧改元，趙不譾重刻於浚儀，且惜易安之《跋》未附，因以爲殿；劉跂之序成於政和七年，必早經剞劂在前，今皆不存，想已遺佚。然窺見全豹，衹欠一斑，固無傷也。滋可異者，潘本諸人題記，所引宋本文字，余取以對勘是本，多有不符。如：卷第十四，《漢陽朔塼字跋》，洪校引‘尉府靈壁陽朔四年始造設已所有’十四字，甘本‘四年’字下‘始造’字上多‘正朔’二字。又巴官鐵量銘跋，翁校題下‘韓暉仲’，此作‘韓注仲’，甘本卻作‘韓暉仲’，不作‘韓注仲’。又《漢從事武梁碑跋》，洪校引‘故從事武掾掾字綏宗掾體德忠孝’十四字，謂《隸釋》本上‘掾’字不重，‘綏宗’下無‘掾’字，此本與碑合。甘本上‘掾’字卻重，‘掾”字下更有‘諱梁’二字，‘綏宗’下亦有‘掾’字。卷第十五，《漢州輔墓石獸膊字跋》，姚校謂‘天禄近歲爲村民所毀，“天”作“天”’。甘本卻作‘夫’，不作‘天’。卷第十六，《漢車騎將軍馮緄碑跋》，翁校謂‘謡’，此作‘誣’。甘本卻作‘謡’不作‘誣’。又《漢帝堯碑跋》，沈校引‘龍龜負銜校

鈐’六字,謂盧本作‘校鈐’,案《隸釋》碑文正作‘鈐’。甘本固
作‘鈐’,但作‘投鈐’不作“校鈐’。卷第十八,《漢司空宗俱碑
跋》,汪校引‘官秩姓名’四字,謂‘官’誤作‘呈’。甘本固作
‘官’,但‘官秩’字下,‘名’字上,卻無‘姓’字。姚伯昂又言,
本中‘傅’字俱作‘傳’,亦係刊刻之未精。案甘本卷第十六,
《漢淳于長夏承碑跋》,‘太傅胡公歆其德美’。又《漢廷尉仲
定碑跋》,‘太傅下邳趙公,舉君高行’,下文‘傅’字又一見。
卷第十九,《漢逢府君墓石柱篆文跋》,‘漢故博士趙傅,逢府
君神道’,下文‘傅’字又四見。此八‘傅’字,右旁俱作‘専’,
但上半‘甫’字,有點者二,無點者六,從無作專者,安有傅俱
作傳之誤乎?依此言之,甘本與潘氏十卷必非同出一版。沈
匏盧又謂潘本恾草漫漶,乃當時坊刻,讐校未精,翁覃溪定爲
南宋末書賈所重刻。江鄭堂又疑爲浚儀重刊本,語當可信。
且是本字體勁秀、筆畫謹嚴,鐫工亦極整飾,絕無恾草之迹。
是非浚儀重刊,必爲龍舒初版矣。洪邁《容齋四筆》云:‘趙德
甫《金石録》,其妻易安李居士作《後序》,今龍舒郡庫刻其書,
而此序不見取。’是本無易安《後序》,是亦一證也。原書中
縫,屢記書寫人龍彥姓名,刻工亦記有數人。惟書曾受水,墨
痕污漬,摺紋破裂,裝工不善補綴,致其他字迹多難辨認,未
能據以考訂刊印時代,爲可惜耳。趙敦甫世講得之南京肆
中,以此罕見珍本,不願私爲己有,屬代鑑定,並附題詞,將以
獻諸中央人民政府。崇古奉公,至堪嘉尚! 爰抒所見,質諸
敦甫,兼就正於世之讀者。”[1]
此本今藏國家圖書館。[2]

---

① 張氏此篇跋,見《涉園序跋集録》。

② 《北京圖書館古籍善本書目》著録:“《金石録》三〇卷,宋趙明誠撰,宋淳熙龍
舒郡齋刻本,張元濟跋,五册,十行,二十一字,白口,左右雙邊。”

在諸鈔本中，張元濟謂以菉竹堂葉氏鈔宋本爲最善。[①] 葉氏本曾經何義門校藏，後歸丁丙。丁氏《善本書室藏書志》卷一四著録葉氏鈔本，丁氏云："宋趙明誠撰。……次政和七年（1117）劉跂《序》，次明誠室李易安《後序》，次開禧改元（1205）趙不謓跋，次成化九年（1473）吳郡葉仲盛甫《志》。卷末有葉國華手《跋》，云：'《金石録》近無刻本，是本爲先文莊公鈔藏，後經先大父手輯一過，不知何時散逸，頃從吳興書賈高價售之，還我舊物。先公云："遇此善本，如獲寶玉，今小子得之，則不啻傳家之天球河圖矣。後之人其寶藏之。"崇禎癸未（十六年，1643）仲秋晦日，六世元孫國華百拜識。'又何義門《跋》云：'《金石録》三十卷，崑山葉文莊公故物，首尾二紙，則公手所自書。余收得吳文定公寫本書亦皆然，乃知前賢事事必有體源，貴乎多見而識之也。康熙乙丑（二十四年，1685）五月何焯記。'甲午（光緒二十年，1894）余在京師，心友書來，則又收得吳文定叢書堂本矣，並以識之。有'何焯之印''屺瞻貞志堂孫氏煦初收藏金右圖籍之章''張謹夫圖書印''子子孫孫永寶用''坐葉山房'諸印。此葉氏鈔宋本今不知在何所。丁氏又有舊鈔本一部，云：'前有東武趙明誠《自序》，後有李易安《跋》，并開禧趙師厚、成化葉仲盛兩《跋》。有"寶研主人珍藏""函雅堂藏書印""敦寬堂印"，并"何義門太史校本"一條。中亦有硃筆記，云："錢罄室自記云：前十卷借文休承宋本。"'可知渡校之精矣。"

又有汪氏振綺堂舊藏趙氏小山堂鈔本一部，丁氏云："此爲趙谷林、意林兄弟鈔録館本，謂長洲何焯、錢塘丁敬校者差爲完善,敬身屢客趙氏,必經討論,當不至如壯月之誤爲牡丹者。
又有'汪魚亭藏閲書'一印。"黄丕烈亦嘗校一鈔本,並借得元
和顧之逵小讀書堆所藏葉氏抄本對勘,以他事中輟,由廣圻
補校,今《蕘圃藏書題識》卷三載黄丕烈、顧廣圻《題識》。黄
氏云:"東城騎龍巷顧肇聲家,藏書甚富,及余知蓄書,其家書
散逸久矣。惟此《金石録》及葉石君手鈔《大金國志》尚存,相
傳程瘦樵曾欲收之,因索直昂未之得也。余由其族人取閲
之,仍以議價不妥還之,遲之久而知《金石録》已歸吾友抱沖,
所存《大金國志》余即歸之,儲諸讀未見書齋矣。既抱沖弟澗
薲爲余言,《金石録》之妙無過此本者,有手校本示余,余病其
行款尚未細傳,復向小讀書堆借得原本,自爲對勘,中以他事
作輟,澗薲爲余補校,悉照原本傳録。至葉本妙處,俟後之讀
者自領之。嘉慶己未(四年,1799)中春月雨窗鐙下,棘人黄
丕烈。"

黄氏《跋》後則載顧氏《跋》,云:"右本爲蕘圃所校,而予續完
之者,葉本妙處亦略擇極精者,標著下方,餘散在行間,皆可
領得矣。雅雨堂書,堂非惡刻,乃其舛如此,即一易安《後
序》,已不勝指摘,而金書何論乎。義門雖知用《隸釋》互勘,
然所取僅載此跋尾之三卷耳,他如原碑全文散在《隸續》中
者,且未遑細較,又曷怪其多誤改也。重讀益嘆葉本之妙。
顧廣圻校畢記。"

顧氏復嘗以葉文莊、錢叔寶二抄本校盧見曾雅雨堂刊本,此
校宋本後歸瞿鏞,《鐵琴銅劍樓藏書目録》卷一二著録。瞿氏
云:"宋趙明誠撰并序,又劉跂、李清照《序》,趙不謥《跋》。是
書以篆竹堂鈔宋本爲最善,盧刻雖云依之,實未見葉氏真本,
故有舛訛。又有錢罄室鈔本,前十卷從文氏所藏宋本録得
者。此未爲顧澗薲氏校定,有《跋》云:'《金石録》,葉文莊手

鈔首尾兩頁，本康熙己丑（二十四年，1685）何義門收得，中後有跋者最善。至錢罄室鈔本，便稍有失真處。雅雨堂據何別本刊行，雖何有‘真從葉書鈔錄，脫訛至少’語，實不能然也。又其所稱錢本，非何親見，乃從陸敕先傳得，故並多訛，今悉用錢、葉真本細勘一過，以葉本爲主，而附錢本異同。葉本所有何校，亦頗與此出入，因并錄焉。乾隆甲寅（五十九年，1794）六月十日。’”①

案是本校讐精善，勝盧本遠甚，惟“唐醉吟先生傳并墓碑”一條曰：“《舊唐史》云：‘居易卒年七十五，五乃七字之訛。新史云年六十五，六乃七字之訛。”此葉、錢兩本疏處，何氏、顧氏俱未訂正。”

近人張元濟家藏石門呂無黨手抄本，民國二十三年（1934），張氏輯刊《四部叢刊續編》收之。無黨爲清初藏書家呂留良後裔。留良字莊生，一字用晦，號晚村，曾購得祁氏澹生堂藏書三千餘册，家中藏書之所曰二妙亭。此本各卷之末多載無黨題記：卷二末云：“壬午八月，諸弟及兒子入場，余于寓所抄得《金石錄》二卷，因思闈中萬三千手，使皆爲余抄未見之書，豈非快事？無黨記。”卷九末云：“壬午十月望日錄，連日苦雨。”卷一〇末云：“壬午十月借抄《金石錄》，時方有北行，止抄此十卷，南還當續筆。既望雨中記。”卷一二末云：“臘月二十日。”卷一三末云：“臘月二十一日，霰，涸池捕魚，而雨水復滿，無功”卷一五末云：“癸未十二月二十二日抄。”卷一六末云：“臘月二十三日黃昏。”卷一七末云：“二十五日抄，是

---

　　①　黃丕烈曾過錄顧氏校此書之跋一則，載於《蕘圃藏書題識》卷三，日期相去一日，所言當是一事，惟内容詳略不同，今録之以供參考，云：“《金石錄》唯此最善，錢叔寶手鈔者，不能及也。近盧運使曾經刊行，然實無此兩真本，故大要甚舛。今家兄抱沖既皆收得，因借以細校，特多是正，惟惜未并得吳文定家本相證。乾隆甲寅（五十九年，1694）六月十一日廣圻記。”

日捕魚,獲頗多。"卷一八末云:"癸未十二月二十七日燈下録
畢,是日雨。"卷一九末云:"癸未十二月二十七日燈下録畢,
是日雨。"卷一九末云:"癸未十一月二十七日,抄。"卷二十末
云:"癸未臘月四日往清谿,六日從清谿還,録畢此卷,小舟虺
迤,字畫傾欹。"卷二一末云:"十二月十日。"卷二二末云:
"癸未十二月十三日,令工吕建侯造日離海研成,試筆書此,
甚樂。"卷二三末云:"癸未冬甚煖,十二月十九日乍作風,霰
頗栗烈,抄畢是卷"卷二四末云:"以上二十四卷皆係氷遠翁
手抄,辛丑,觀稼樓翻閲謹識。"按觀稼樓爲湘潭黄中理藏書
樓,知此本後歸黄氏,末六卷爲他人補抄。張氏録書中吕氏
原校及迻録何、顧二人所校爲《校勘記》一卷,載諸書末,張氏
並撰一《跋》,曰:"是書宋刻,世間僅存十卷,即跋尾之卷十一
至二十,今藏滂喜齋潘氏,迄未寓目。其傳鈔之善者,推葉文
莊本、吴文定本、錢罄室本。葉、吴二本,何義門均獲見之;唯
錢本,則僅見陸敕先所過校者。何氏復自有校定之本,盧見
曾得之,又得景鈔濟南謝世箕刊本,因刻入《雅雨堂叢書》。
顧千里嘗以葉、錢二氏鈔本覆校盧刻,糾正其訛奪甚多,是爲
石門吕無黨手抄,舊藏余家。卷中遇'留'字均缺筆,遇'啓'
字'學'字同;後六卷別出一手,於'留'字外兼避'公'字,蓋
亦晚村後裔也。無黨抄筆精整,全書讐校極審慎,然鈔校均
不言所據何本。余從鐵琴銅劍樓借顧氏校本讐對,是固遠勝
盧刻;與葉、錢二本,互有異同,較近錢本,而亦不盡合;意
者,所據爲吴文定本耶?《滂喜齋藏書記》諸家跋文,所舉宋
本佳處,是本多同;其宋本誤者,此亦誤。惟第十四卷《漢從
事武梁碑跋》'字綏宗體德忠孝',此'綏宗'下,衍'掾'字;第
十七卷《漢費君碑陰跋》'甘陵石勛',此作'石勘'。即顧氏亦
未校正,此則稍有瑕疵耳。顧氏兼録義門校筆,既正盧刻之

訛，其足爲是本借鏡者，亦自不尠。今以呂氏原校，及顧氏所校，與是本互異之處，彙録《校記》附刊於後，庶幾成一善本乎"。①張氏輯刊《四部叢刊編》時，尚未得睹宋龍舒郡齋刊三十卷本，因此有"是書宋刻，世間僅存十卷"之語。

今所藏善本，臺北"國家圖書館"有舊抄本，書經清吳以淳手校，吳氏并跋云："是書爲同郡顧云美先生藏本，先生勝朝遺隱，著有《塔影園稿》，生平精究六書，題簽三篆文，尚其遺翰，宜所藏之本善也。乙未夏日假雅雨堂刻本對校，兼李易安《後序》亦補寫之，視盧刻有過無不及矣。予之嗜好，竊略同於德父，而貧更勝之，藏此聊博撫卷之一笑云爾。丙申夏日，永安居士識。"下鈐"吳印以淳"白文方印。又有近人鄧邦述手書題記，云："吳雲甫好書，其篤嗜不減於吳伊仲、張艮思諸君。此册用盧本校勘甚勤，浚復手鈔易安《後序》，雅整可喜。讀其自跋，蓋亦貧而樂之者。《金石録》，余藏鈔本凡三部，皆經名人藏弃，歸來堂上，賭茗風流，固深入於讀者胸際，趙李誠不朽哉。甲子二月，群碧。"鈐有"群碧校讀"朱文方印。"中央研究院"歷史語言研究所有鈔本一部。臺北"故宮博物院"有清文淵閣《四庫全書》本一部。另外，北京圖書館除前述宋淳熙龍舒郡齋刊本外，又有：明崇禎五年(1633)謝恒抄本一部，十行二十字，白口，左右雙欄，有葉奕、沈顥、周叔弢《跋》，馮彪、葉萬題款；明范氏臥雲山房抄本一部，十行，二十一字，白口，左右雙欄，存卷二三至卷三〇，共八卷；清初抄本，半葉十行，行二十一字，有王士禎《跋》，並經陳奕禧批校並跋；又一部清初抄本，半葉九行，行二十字，藍格，白口，四周單欄，存卷一至卷一〇、卷一九至卷三〇，共二十二卷；清

---

① 　此跋亦載諸《涉園序跋集録》。

順治七年(1650)謝世箕刊本一部,半葉九行,行二十一字,白口,四周單欄;清乾隆二十七年(1762)盧見曾刊《雅雨堂叢書》本兩部,每半葉十行,行二十一字,小字雙行,白口,四周單欄,其中一部黃丕烈校並跋,顧廣圻校跋並影抄葉國華、何焯題識,一部顧廣祈校並跋,又錄何焯題識;清光緒十三年(1887)朱記榮刊《槐廬叢書》本,每半葉十一行,行二十一字,黑口,左右雙欄,經章鈺、章壽康校並跋;又有清抄本四部,一部半葉十一行,行二十二字,藍格,白口,四周雙闌,顧霖校跋並錄錢穀、陸貽典題識;一部半葉十行,行二十一字,翁方綱批校並跋;一部半葉十行,行二十一字,錢大昭、錢東垣校並跋,唐翰題吳重熹跋;一部半葉十行,行二十一字,佚名臨錢儀吉校跋。後三部並無界格。①

輿地碑記目四卷　宋王象之撰　存

象之,字尚父,一作儀父,婺州金華縣人。父師亶,紹興末爲宜春主簿。象之登慶元元年(1195)進士,嘗官長寧軍文學,知分寧縣。博學多識,於掌故夙所留心,生平勤於咨訪,尤好表揚前哲,著有《輿地紀勝》二百卷。事迹具《金華賢達傳》卷九。劉毓崧《通義堂文集》卷七載《輿地紀勝跋》,於其事迹,考之最詳。

此書《宋史·藝文志》不著錄,今據《四庫全書總目》目錄類著錄。

按,此書爲《輿地紀勝》二〇〇卷中之四卷,陳振孫《直齋書錄解題》卷八地理類著錄《輿地紀勝》,而未著錄此書,知宋時此書初未析出單行也。此書之單行,蓋在明代。錢竹汀《養新錄》云:"今世所傳《輿地碑記目》者,蓋其一門,不知何人鈔

出，想是明時金石家爲之也。"陸心源則疑明儒楊慎所爲，[1]不知何所據。

《四庫全書總目提要》於此書之内容及得失述之甚詳，曰："宋王象之撰。象之，金華人，嘗知江寧縣，所著有《輿地紀勝》二百卷，今未見傳本，此即其中之四卷也。以天下碑刻地志之目，分郡編次，而各注其年月、姓氏大略於下。起臨安，訖龍州，皆南渡後疆域。其中頗有考訂精確者，如鎮江府丹徒《梁太祖文皇神道碑》，辨其爲梁武帝父；成都府《殿柱記》作於漢興平初年，知其非鍾會書；嘉定府《移水記》有'嘉州'二字，知其非郭璞書；台州臨海慶恩院、定光院、明智院、明恩院，婺州義烏真如院諸碑，福州烏石《宣威感應王廟碑》，並書會同，則知吳越實曾用契丹年號。皆確有證據。至如上霄峰夏禹石刻，南康軍已載之，又載於江州；孔子《延陵十字碑》，鎮江府既兩載，又載於江陰軍，又載於昌州；又如徽州則載歙州折絹本末一事，澧州則載柿木成文太平字。皆於碑志無涉，頗屬不倫。又思州下獨載《夏總幹墓誌略》一篇，大書附入，體例更爲龐雜。然所採金石文字，與他書互有出入，可以訂正異同。而圖經輿記，亦較史志著録爲詳。雖殘闕之本，要未嘗無裨於考證也。"

按，提要謂象之所著《輿地紀勝》二百卷，今未見傳本，實則今有傳本；又《提要》於象之之字號及登第年代均未言之，余嘉錫《四庫提要辨證》有所詳考。余氏云："張鑑《冬青館甲集》卷五，《宋版輿地紀勝跋》云：'宋版《輿地紀勝》二百卷，内有缺卷缺葉，宋東陽王象之撰，蓋此書近出，故《四庫》所貯，亦祇有明金石家所取《碑記》一門，而全書未及編録。今案《浙

---

① 説見《儀顧堂題跋》卷五《輿地碑目跋》。

江通志》，象之字儀父，金華人，慶元元年（1195）中鄒應龍榜
進士。志行高潔，隱居不仕，而陳振孫《書録解題》，又稱其曾
知江寧縣，且別有《輿地圖》十六卷，其西蜀諸郡，爲其兄觀之
漕夔門時所得。或疑《自叙》所云，仲兄行父，西至錦城；叔兄
中甫，北趨武興，南渡渝瀘者觀之，即在仲叔之内。因檢本書
江南西路江州下載濂溪書院注云："象之季兄觀之爲德化
宰。"則不在此數矣。案此説非是。觀之即中甫，季兄即叔兄也。説詳見後。
直齋以象之嘗知江寧，而《通志》又僅載於隱逸，不能無疑。
本書江南西路隆興府《官吏》下，載陳敏，詳誌其宰分寧時禦
敵一事，而末云象之出宰分寧，相望百年，而陳公之英風遺
烈，今猶未泯，揭爲廟貌，祠於邑庠，由是觀之，則直齋所云嘗
知江寧縣者，當爲江南西路之分寧縣，後人不知，而妄改爲江
南東路建康府之江寧縣，則謬妄矣。'劉毓崧《通義堂文集》卷
七亦有是書《跋》云：'《輿地紀勝》，爲南宋王象之所作。象
之，《宋史》無傳。今以本書及他書參互考之。象之字儀父，
婺州金華縣人。婺州即東陽郡，故《自序》及各卷標題，皆稱
東陽。其父名師亶，紹興末爲宜春主簿。其後曾知江州。仲
兄名益之，字行甫，官大理司直，著有《職源》岌《漢官總録》
《西漢紀年》。叔兄名觀之，字中甫，曾知德化縣，後爲婺州路
漕使。象之曾官長寧軍文學，知分寧縣，知江寧縣，其終於何
官，則不可考矣。'繆筱珊年丈《藝風堂文續存》卷三，亦有此
書《跋》云：'其父名師亶，紹興二十四年（1154）進士，終廣東
提點刑獄。'今考吳師道《敬鄉録》，師亶子七人，爲謙之、恭
之、益之、觀之、有之、渙之、節之，而無象之。今據吕恭公（祖
儉）《唐卿墓志》（師亶字唐卿），有之後改爲象之，與《紀勝》所
云仲兄行父，則益之也。叔兄中父，則觀之也。行數亦無不
合，並作《世系表》附於後。謙之字吉父，淳熙十一年（1184）

進士，亦見《敬鄉錄》。又按《夷堅丁志》卷三云：'王行中與兄克中，自撫州金谿往廣州，省其父云云。克中仕至肇慶通判，克中爲廣西幹官而卒。'行中疑即行父，其爲肇慶通判，則他書所未言。往廣州省父，蓋唐卿爲廣東提刑時事。克中或是恭之字，但其兄弟字皆連父字，茲以中易父，似有兩字。惟是觀之本字中父，不可一字中中，又疑非也。姑誌於此，以示存疑。《紀勝》甘泉岑建功假阮元影宋鈔本付刻，附有逸文及《校勘記》，勝於伍崇曜刊本。"

又按，此書傳本，多係抄本。《皕宋樓藏書志》（卷三七）著錄舊抄本一部，《儀顧堂題跋》卷五載此書《跋》，陸氏云："《輿地碑目》四卷，宋王象之撰。舊抄本。案象之字儀父，一作肖父，東陽人。慶元丙辰（二年，1196）進士，博學多識，著《輿地紀勝》二百卷，見吳師道《敬鄉錄》。是書從《輿地紀勝》每州碑記門摘出，疑明儒楊用修所爲。惟所見《輿地紀勝》，似亦不全，故舛奪亦往往而有。如安吉州碑，所據宋本《輿地紀》卷四第二十六頁與二十七頁倒訂，致《吳大帝廟碑》下誤以《湖州刺史題名記》注晁公武《合州廳記》云屚入接連。紹興府碑，從《嚴寺碑》起，考紹興有香嚴寺，無嚴寺，蓋所見宋本《紀勝》缺卷十之第三十一頁，其三十二頁從嚴字起故也。其前尚有《禹陵窆石遺字》《秦李斯秦望山碑》《曹娥碑》《蕭將軍廟碑》《桐柏山金庭館碑》《齊永明中石佛銘》《南明山梁碑》《隋禹廟碑》《江淹碑》《虞世南碑》《賀知章二誥》《龍瑞宮記》、高行先生《徐師道碑》及注約四百字。卷二'茶陵軍碑記'後有'江陵府上碑記缺'七字。考《紀勝》江陵府分上下二卷，上卷爲《沿革》《風俗》《形勝景物》三門，本無碑記，殆抄胥不知文義者所妄加也。"《鐵琴銅劍樓藏書目錄》卷一二亦著錄舊抄本一部，瞿氏曰："宋王象之撰，此即從《輿地紀勝》中錄出別行,相傳已久。每府州碑末列入志書名,原書如是,既題曰碑目,宜削去之。<small>卷末有'海昌吳里葵收藏'朱記。</small>咸豐年間,南海伍氏從譚瑩假得益都李氏抄本,復得潢川吳氏所抄本,相互校改,復據他本更正,收在《粤雅堂叢書三編》。伍氏《跋》云:"右《輿地碑記目》四卷,蓋金石家從王象之《輿地紀勝》碑記一門録出單行者也。王氏《紀勝》一書,百餘年來海内已尠藏本,故《四庫》亦未著録,著録者獨是書耳。歲甲寅(咸豐四年,1854),余從番禺陳氏假得《紀勝》鈔本刊行之,頃復購得海寧楊氏所藏影抄宋本及是書,爰與潘緒卿茂才撰《考異》若干卷,刻於《紀勝》各卷末焉。夫《紀勝》久爲金石家録出《碑記目》單行,而全書復無精槧原本,則是書實足資考證。初從譚玉生廣文假得益都李氏抄本,復得潢川吳氏所改抄本,爰與緒卿茂才悉心讐校,吳本有誤,則據李本及陳、楊兩抄本更正,計二百餘字;至卷一紹興府脱《禹廟空石》遺字至《香嚴寺碑》香字,大小共三百六十六字;卷四廣安軍碑記脱《鶴柟山古碑》至《敕賜孚惠靈應廟碑》廟字,大小共二百十六字,則據《紀勝》陳、楊兩抄本補入。刻成,復得上元車氏據元和顧氏所訂刻本,復更正數條,改正二百餘字,仍將車氏異同增入《紀勝·考異》,以備鈎覈云。至《紀勝》所闕之各府州軍,如成都、崇慶二府,温、婺、處、衢、濠、光、眉、夔、開、施、達、忠、沔、成、西、和、鳳、文、龍一十八州,無爲、安豐二軍,仍據是書補刻《碑記》一門。又若楚州、永康軍、興元府之第闕《碑記》一門者,均據是書補入,殆益宜寶貴矣。至如沅、封、藤、横、廉、宜六州,茶陵、吉陽、石泉三軍,其原書本無《碑記》一門,是書亦闕而不載,謹仍之。又如潭、彭、綿、漢、邛、黎、珍、階八州,天水一軍,其原書早經殘闕,其有無《碑記》一門,是書一例亦仍之。咸豐庚申(十年,1860)閏上巳南海伍崇曜謹跋。"

今所藏此書之善本：臺北"國家圖書館"有舊鈔本一部，臺北"故宮博物院"有清文淵閣《四庫全書本》一部。

成都府古石刻總目一卷　宋劉涇撰　佚

涇，字巨濟，簡州陽安人，熙寧進士，爲經義所檢討，歷太學博士，元符末，官至職方郎中。事迹具《宋史》卷四四三、《宋史新編》卷一七〇及《東都事略》卷一一六等書。

此書《宋史·藝文志》目録類著録。

《郡齋讀書志》卷九書目類著録《成都刻石總目》三峽，晁氏曰："右皇朝劉涇撰。元祐中蔡京帥成都，以意授涇纂府縣碑板幢柱，自東漢初平迄僞蜀廣政，凡二百六十八。"

按，此書晁《志》不著卷數，疑公武所見，已非全本。

諸道石刻目録一〇卷　宋不著撰人　佚

此書《宋史·藝文志》目録類著録。

按，此書諸家書目罕見。

隸釋二七卷　宋洪适撰　存

适，字景伯，號盤洲。初名造，字溫伯，一字景溫，鄱陽人，晧子。幼敏悟，與弟遵、邁，先後中詞科，由是三洪文名滿天下。累官尚書右僕射、同中書門下平章事，兼樞密使，爲時名臣。淳熙十一年（1184）卒，年六十八。著有《宋登科記》《隸續》《盤洲集》等。事迹具《宋史》卷三七三、《宋史新編》卷一四一、《南宋書》卷三七等書。

此書《宋志》小學類著録，《直齋書録解題》及《四庫全書總目》則入目録類，今據以著録。

《直齋書録解題》卷八目録類著録《隸釋》二七卷《隸續》二一卷，陈氏曰："丞相鄱陽洪适（景伯）撰。凡漢刻之存於世者，以今文寫之，而爲之釋。又爲之《世代譜》及《物象圖》，碑形式悉具之。魏初近古者亦附焉。年來北方舊刻不可復得,覽此猶可概想。"

《四庫全書總目》目錄類一著錄此書,《提要》於此書所著錄碑版數目及内容之得失,多有考證。曰:"是書成於乾道二年丙戌(1166),适以觀文殿學士知紹興府安撫浙東時也,明年正月序而刻之。周必大誌其墓道云'耽嗜隸古,爲纂釋二十七卷'者,即指此書。其弟邁序婁機《漢隸字原》云:'吾兄文惠公區别漢隸爲五種書,曰《釋》,曰《續》,曰《韻》,曰《圖》,曰《續》,四者備矣,惟《韻》書不成。'又适自跋《隸續》云:'《隸釋》有續,凡漢隸碑碣二百八十五。'又跋《淳熙隸釋》後云:'《淳熙隸釋目錄》五十卷,乾道中,書始萌芽,十餘年間,拾遺補闕,一再添刻,凡碑版二百五十八。'然乾道三年(1167)洪邁《跋》云:'所藏碑一百八十九,譯其文,又述其所以然爲二十七卷。'又淳熙六年(1179)喻良能《跋》云:'公頃帥越,嘗薈萃漢隸一百八十九爲二十七卷。'是二《跋》皆與是書符合,則其自題曰《淳熙隸釋》者,乃兼後所續得合爲一編,今其本不傳。傳者仍《隸釋》《隸續》,各自爲書。此本爲萬曆戊子(十六年,1588)王鷺所刻,凡《漢魏碑》十九卷,《水經注碑目》一卷,歐陽修《集古錄》二卷,歐陽棐《集古目錄》一卷、趙明誠《金石錄》三卷,無名氏《天下碑錄》一卷,與二十七卷之數合。每碑標目之下,具載酈、歐、趙三書之有無。歐、趙之書,第撮其目,不錄其文,而是書爲考隸而作,故每篇皆依其文字寫之,其以某字爲某字,則具疏其下,兼核著其關切史事者爲之論證,自有碑刻以來,推是書爲最精博。其中偶有遺編者,如《衛尉卿衡方碑》,以寬懷爲寬慄,以聲香爲馨香,以邵虎爲召虎,以疣爲疵,訕爲諡,以剋長剋君爲克長克君,以謇謇爲蹇蹇,以樂旨爲樂只。《白石神君碑》,以幽讚爲幽贊,以無疆爲無疆。《潛研堂金石文跋尾》均舉其疏。又其小有紕繆者,如《鄭固碑》逡遁退讓,适引《秦紀》逡巡遁逃釋之。按《管子》'桓子蹴然逡遁',《漢書·平當傳贊》'逡遁有恥',蓋巡與循同,而循轉爲遁。《集古錄》云'遁當爲循',其説最協,适訓爲遁逃,殊誤。《武梁祠堂畫像》,武氏不著名字,适因《武梁碑》有'後建祠堂雕文刻畫'之語,遂定爲武梁祠堂。案,梁卒於桓帝元嘉元年(151),而畫像文中有魯莊公字,不諱改嚴,則當是明帝以前所作,《金石錄》作《武氏石室畫像》,較爲詳審,适未免牽合其詞。至《唐伏頌》分邠之治語,案《公羊傳》,自陝而東者周公主之,陸德明《釋文》曰:'陝,一云當作邠,古洽反。'王城邠鄌,則古有以分陝爲邠者,适以爲用字之異,非也。《李翊夫人碑》三五耒兮衰左姬,據《山海經》剛山多枼木;《水經注》漆水下有枼縣、枼水、枼渠,字皆作枼,隸從枼省去水爲耒,适以爲即末字者,亦非也。然百醇一駁,究不害其宏旨。他如《楊君石門頌》,楊慎譏其不識遻字,考之碑文,正作鑿石,別無遻字,是則慎杜撰之文,又不足以爲适病矣。"

按,《提要》謂此書所載碑碣二百八十,碑版二百五十有八,又謂洪邁、喻良能二《跋》所記藏碑一百八十九之數,皆與是書符合云云,余嘉錫嘗辨其誤。《四庫提要辨證》卷九云:"《隸續》卷二十後載适《自跋》云:'《隸釋》有續,前後二十一卷,此卷數單指《隸續》。凡漢隸見於書者,爲碑碣二百五十八,甎文器物款識二十二,魏、晉碑十七,款識二。此碑碣款識數目,乃通《隸釋》《隸續》計之也。'适所著《盤洲集》卷六十三,載此《跋》亦同。今《提要》引其文乃訛二百五十八爲二百八十五。且《隸續》所載漢隸,不僅限於碑碣,故有甎文器物款識二十二,《隸釋》皆碑碣,無甎器。又兩書所載隸字,亦不僅限於有漢一代,故有魏、晉碑十七、款識二,皆在二百五十八碑之外者,《提要》止引其碑碣一句，文義不完，不將滋後人誤會乎？又考《盤洲集》卷六十三《淳熙隸釋跋》云：‘凡碑版二百八十五，此合漢、魏、晋三朝碑計之，故得此數。甎器二十七，甎器之數，較《隸續跋》溢出其三。’《提要》乃作碑版二百五十有八，蓋與前所引《隸續跋》數目互誤也。至洪邁、喻良能所作《隸續跋》，皆謂《隸釋》二十七卷，凡碑百八十有九，《提要》謂與今書符合。余嘗取《隸釋》細數之，實止百八十有三，各本皆同。顯與洪、喻、兩《跋》不符。乃知《提要》所謂符合者，僅計其卷數，而未核其碑數也。考洪邁《漢隸字原序》，謂其書悉循《隸釋》之次第，翁方綱《兩漢金石記》卷二《隸釋隸續目次考》亦云：‘洪氏之書，婁氏一依之，自第一《孟郁修堯廟碑》起，至第一百八十三《張平子碑》，皆《隸釋》。’余因取《字原》碑目，與《隸釋》目録逐條校讀，自第一百八十三以上，名稱次第，果無一不合。惟《字原》碑目，往往省去官名。其一百八十四《郎中王政碑》以下，則見於《隸續》。詳見《隸續》條下。是婁機當時所見之《隸釋》，已與今本同。《字原》於一百八十三“張平子”條下引《隸釋》云：‘晋南陽相夏侯湛作，字畫僅可觀，故附於《隸釋》之末。此隱括原文，故與《隸釋》字句不盡同。’然則《隸釋》即終於百八十三，具有明文可考，不應溢而爲百八十九也。洪适《隸釋序》末題乾道三年（1167），而洪邁《字原序》末題慶元三年（1197），計《字原》之成，後於《隸釋》者三十年，且其書成，即求《序》於适之弟邁，使《隸釋》更有最足之本，較初刻多六碑，婁機不容不見，竊疑邁及喻良能二《跋》，所謂百八十九者，乃傳寫之訛耳。大抵書册中，凡數目字最易訛誤，不可據。今得《漢隸字原》，爲之實證。知今本《隸釋》尚不失洪氏之舊，未嘗有所闕佚矣。《盤洲集》後附許及之所撰《行狀》云：‘治越之暇，訓釋考證，博極古書，爲《隸釋》一書，二十七卷，嗣有附益，爲《隸續》二十一卷。其後時有删潤，合《釋》

《續》爲一而是正之，以屬越帥刊行，而書史失去，不復存副本，公每以爲恨。'然則所謂《淳熙隸釋》，在當時並未鏤木，即已亡失，固宜其本之不傳也。"

又按，《提要》又謂"此本爲萬曆戊子王鷺所刻"。王鷺當是王雲鷺之訛，胡玉縉及余嘉錫均辨證之。胡氏《四庫全書總目提要補正》卷二五云："黄丕烈有汪本《隸釋刊誤》，無卷數，取婁機《漢隸字原》爲證，摘記凡千有餘條，在《士禮居叢書》中。其《序》云'萬曆戊子有王雲鷺刻本，實汪本所自出，點畫之訛，每昉於此，而汪本轉有正其舛補其脱者，故置不復論'云云，然則王本之誤可藉是以考也。"余氏《四庫提要辨證》云："案《天禄琳琅續編》卷十三明版經部'隸釋'條下云：'前有萬曆(曆)十六年王雲路《序》。雲鷺，夏邑人，嘉靖辛未進士。'①今考明本及各家書目，亦皆作王雲鷺，則《提要》作王鷺者誤也"

又按，關於此書之得失，《提要》謂"自有碑刻來，推是書爲最精博"，然"小有紕繆"，並列舉疏誤數則。其中《武梁祠堂畫像》一則，武氏不著名字，适以武梁碑有後建祠堂雕文刻畫之語，遂定爲武梁祠堂，《提要》譏其牽合。於此，余嘉錫亦有所辨證。《四庫提要辨證》云："案《隸釋》卷十六《武梁祠堂畫像跋》云：'趙德夫題其所藏碑云《武氏石室畫像》。其説云，武氏有數墓，在濟之任城，墓前有石室，四壁刻古聖賢像。趙君東人，當知其實，而不能辨此畫爲武氏誰人冢。予案，任城有《從事掾武梁碑》，以威宗元嘉元年立，其辭云："孝子仲章季章季立，孝孫子僑、躬修子道，竭家所有，選擇名石，南山之陽，擢取妙好，色無斑黄，前設壇墠，後建祠堂，良匠衛改，彫

---

① 嘉靖有辛卯、辛丑、辛亥、辛酉，然無辛未。

文刻畫,羅列成行,攄聘伎巧,委蛇有章。"似是謂此畫也。故
予以《武梁祠堂畫像》名之,後之人身履其壤,會能因斯言以
求是。'其證據明白如此,故後之金石家皆從之。而《提要》顧
以爲紕繆,以魯莊公字不避諱改嚴,而斷爲明帝以前所作,其
説與諸家獨異。余考顧藹吉《隸辨》卷二莊字下云:'武梁祠
堂魯莊公。按後漢明帝諱莊,故若莊周、莊助,皆改爲嚴。諸
碑莊字,亦從變體,或爲痙,或爲㽼、㽼,惟此作莊,不著年月,
其在明帝前乎。《金石録》名此爲《武氏石室畫象》,未定武氏
何人,《隸釋》以《武梁碑》有後建祠堂,良匠衛改,雕文刻畫,
羅列成行之句,遂定爲《武梁祠堂畫像》。武梁卒於桓帝元嘉
元年(151)恐未必是也。'《提要》之説,蓋全出於此。其實顧
氏此論,膠固鮮通。古人避諱,本不甚嚴,如因後漢曾改姓莊
者爲嚴,便謂明帝後人,應避莊字,則光武諱秀,亦嘗改秀才
爲茂才矣,而秀字在《字源》,凡五見,《隸釋》凡四見。均去聲四
九宥。《隸辨》僅較《字源》少一《樊毅修華嶽碑》之秀字,餘所出皆同。皆直作
秀,未嘗改爲茂也。明帝諱應避,光武爲明帝之父,開創之君
也,獨不應避乎?高祖諱邦字,在《字源》凡十見,未嘗改爲國字,其餘前後漢帝
諱,見漢碑者甚多,不勝舉。蓋姓名官號見之公牘稱引,功令所關,不
得不避。(如嚴助爲莊助,蒯徹爲蒯通,徹侯爲通侯,秀才爲
茂才之類。)至於臨文涉筆,初不盡拘也。此在後世忌諱綦
嚴,亦止能行於官文書及場屋文字耳。若私人作字,偶然疏
忽,豈能一一檢校之乎?宋人刻書,於廟諱亦有避有不避,不能一律。顧
氏所謂諸碑莊字亦從變體,或爲痙或爲㽼、㽼者,謂《孫叔敖
碑》莊王置酒以爲樂作痙,《郭究碑》嚴莊可畏作㽼,《嚴訴碑》
兆自楚莊作㽼也。故於㽼字下注云:'按碑云兆自楚莊,則
訴本莊氏,亦避明帝諱,改爲嚴也。訴卒於桓帝和平元年
(150),距元嘉改元,僅一年耳。改莊爲嚴,書莊爲㽼,未嘗有

犯廟諱，益信武氏畫象之非武梁也。'其意以小篆莊字，從草從壯，故以爲隸書作莊者爲正體，其餘皆爲變體避諱，此又不通世變之説也。漢人避諱，止有代字，如邦之字曰國，盈之字曰滿是也。《漢書》帝紀注引荀悦説。師古曰：“臣下所避以相代也。”《容齋三筆》卷十五云：“之字之義訓變。”不聞有變體之法。夫所謂變體者，增減其筆畫之謂也，漢人隸書，隨意增省，變態極多，往往一字至數十體，此習俗使然，非關避諱。如謂作字必依小篆，則《隸辨》之書，可以不作矣。《孫叔敖碑》作㽘，《嚴訢碑》作㽺，皆於草字頭省其一點耳。”

又按，此書初刻於宋乾道年間，今宋本已罕見。清錢曾《讀書敏求記》謂相傳徐髯仙有宋槧本，甚精妙，後歸毛青城，載還蜀中。今不知在何所。元泰定乙丑（二年，1325）曾據宋本重刊，今元刊本雖亦罕見，瞿鏞嘗得影寫元本一部，猶可得見其梗概。《鐵琴銅劍樓藏書目録》卷一二著録此本，瞿氏曰：“此從元刊本影寫，卷六、卷七末葉並有‘泰定乙丑寧國路儒學重刊’一行。又有‘丁亥年重校’一行，較萬曆間王鷺刻本爲勝。舊爲孫石芝藏書，有無名氏《跋》，曰：‘此書予以萬曆四年（1576）丙子春，從錢君叔寶借録，嘗一再校，其上題字錢君筆也。’又孫從沾手跋曰：‘予藏此書，從汲古毛氏所得，戊子（康熙四十七年，1708）年歸鼎臣兄借鈔，未還。今乾隆戊寅（二十三年，1758）三月，復購得，子孫保之。石芝記。卷首末有‘孫石芝珍藏’‘曾經幔亭手校’二朱記。’”明萬曆年間，王雲鷺得元抄宋本，於萬曆十六年（1588）命工刊行。《郋園讀書志》卷二著録此本，葉氏云：“宋洪适《隸釋》二十七卷，《四庫》著録爲兩淮鹽政採進本。《提要》云爲王鷺刻，蓋即此本，王下脱雲字耳。世行汪氏樓松書屋刻本，亦甚希見，何況此明刻。末卷尾葉有木牌記，云：‘余爲廣陵守，偶得《隸識》一集于真州僧舍，乃

寫册也。或曰此元人手鈔，亡其姓氏。余素未睹此集，詢之
博雅者，皆云坊肆間並未刊本，余因命工依宋版字梓之，以與
同好者共覽焉。'此即雲鷺識語也。文中誤《隸釋》爲《隸識》，
已自可笑，其他校讐未審，不按可知。惟世無宋本傳録，則此
明刻即爲此書之先河。大男启倬得之市間，持以問余。余考
《盤州文集》六十三載有《隸釋》《隸續》三《跋》。其一爲《丙申
修改隸釋跋》，略云：'成書十年，增改千有餘字，除去數版。'
其一爲《池州隸續跋》，略云：'《隸釋》有《續》，前後二十一卷，
乾道戊子（四年，1168）始刻十卷于越，淳熙丁酉（四年，
1177），姑蘇范至純增刻四卷於蜀，後二年，雪川李秀叔又增
刻五卷于越，明年，錫山尤延之刻二卷于江東倉臺，而辇其版
于越。今老矣，平生之癖，將絶筆于斯焉。庚子（淳熙七年，
1180）十一月。'其一爲《淳熙隸釋跋》，略云：'右《淳熙隸釋目
録》五十卷，乾道中書始萌芽，十餘年間拾遺補闕，續卷寖多，
鄞江史直翁、苕溪李秀叔一再添刻，蘭陵尤延之自秋浦鎪版
裨助，蘇臺范至純以越本刊于蜀，前後增加，令掾史輯舊版，
去留移易，首末整整一新。辛丑（淳熙八年，1181）六月，盤洲
老人洪景伯書。'是今所傳《隸釋》二十七卷、《隸續》二十一
卷，與《跋》所言同。惟五十卷本不知何時亡失，甚可惜也。
洪氏之書，與歐公《集古録》、趙明誠《金石録》鼎足而三，然皆
出於傳寫，絶無宋本可繙。獨此尚得明刻流傳，未始非買王
得羊之比。至以釋識通用，前《序》亦然，則其書之可據與否，
余仍未敢取信也。按，王雲鷺刊本，今尚多傳本。清乾隆年
間，錢塘汪日秀借得傳是樓鈔本，悉心校勘以付梓，汪氏《跋》
云：'余從金閶借得傳是樓抄本，悉心讎勘，較之明季鏤版，大
相逕庭。於《馮緄碑》補三十字，《孫叔敖碑》補三十八字，《武
梁祠堂記》補十二字，《四老神坐神祚機》增入綺里季一行，至

《武梁碑》明刻脱去碑文，止存其末數語及銘文，而誤以《武斑碑》釋文闌文，又缺其後一段。《魏公卿上尊號奏》及《受禪表》二碑，前後互相錯簡，並一一爲之釐定增補，復以《隸韻字原》《石墨鐫萃》《金薤琳琅》諸書，參考得失，偏旁點畫，尤多所訂正，其無可據依者，悉仍其故，以示傳疑之意。雖不能無毫髮遺恨，然於盤洲老人盱衡擊節，輟食罷寢之苦心，或庶幾表章萬一云。’”

近人張元濟嘗得經清儒傅青主點校之王雲鷺刊本，其所闕佚，則據泰定本寫補，並撰爲《校勘記》一卷，收在其所編《四部叢刊三編》中。張氏並撰一跋，於王、汪二本均有所評論，曰：“右明王雲鷺刊本，卷中玄、朗、弘、匡、胤、貞、勗、讓、桓、完、慎字，偶闕末筆，慎字並注‘犯御名’，此必自宋刊洪氏原刊傳録。乾隆時汪日秀據傳是樓抄本覆刻，其《序》言‘較之明季鏤版，大相逕庭’。所謂明季鏤版，當即是本。黄蕘圃得崑山葉氏舊抄本，借袁氏、錢氏兩抄本補完勘正，後以婁彦發《漢隸字源》訂其異同，撰爲《刊誤》，謂‘文惠原書字體纖悉依碑，汪本則失之遠。汪氏《序》稱《馮緄碑》補三十字《孫叔敖碑》補三十八字，惟黄氏則謂洪書板本損壞，他本有字者，後來掇拾補苴，依之羼入，實誤。’黄氏此語，蓋爲王本張目。然余嘗見常熟瞿氏所藏明人抄本，卷第六、七末均有‘泰定乙丑（二年，1325）寧國路儒學重刊’一行，半葉十行，行二十字，其避宋諱與王氏刊本正同，而二碑闕文具存。黄氏謂洪本損壞，語似未確。按，王本半葉九行，行二十字，卷六《從事武梁碑》所闕，適當泰定本第三十二葉，卷十九《魏公卿上尊號》及《魏受禪表》之錯簡，亦適爲泰定本之第七、八、九葉。王本卷末自識，謂得元人手抄，蓋必與泰定本同出一源，故前後如此相合，特不知抄者何以改半葉十行爲九行，致王氏暗蹈其覆轍耳。元本不可得，即明刻本在今日亦至罕覯，余嘗取此《濟陰太守孟郁修堯廟碑》《帝堯碑》與汪本互校，則《刊誤》所指之字，兩本具誤者凡二十四字，汪誤而此不誤者，亦二十四字，知是本猶去古未遠也。全書經傅青主點校。傅爲清初大儒，閻潛邱稱其長於金石遺文之學，全謝山撰傅氏《事略》，亦稱其工書，自大小篆隸以下無不精。王本雖有疵類，得傅氏手校，而轉增其價值，卷六脫文，卷十九錯簡，傅氏均已校出。其他闕佚，余亦各據泰定本寫補，有不宜寫注音，或與泰定本異同者，別撰《校記》附後。余輩生古人後，得見傅、黃二氏未見之書，能不與讀者共相慶幸乎？"

今國內所藏此書之善本：臺北"國家圖書館"有明萬曆十六年王雲鷺揚州本一部，日本精抄本一部。臺北"故宮博物院"有明萬曆十六年王雲鷺刊本兩部，其中一部國立北平圖書館舊藏，又有影宋抄本一部。"中央研究院"歷史語言研究所有影宋抄本一部。北京圖書館有：明萬曆四年(1567)抄本一部，十行，行二十字，無格，有孫從沾《跋》，周榘校並《跋》。又有明王雲鷺刊本兩部。明吳氏叢書堂抄本一部，存卷一至卷四，四卷，十行，行二十字，白口，左右雙欄。明抄本一部，有吳焯、吳城、翁同龢《跋》，翁同書校並《跋》，半葉十行，行二十字。清乾隆間汪日秀刊本一部。清同治十年(1871)洪氏晦木齋刊本一部，章鈺校並《跋》。

隸續二一卷　宋洪适撰　殘

适有《隸釋》二七卷已著録。

此書《宋志》小學類著録，《直齋書録解題》及《四庫全書總目》則置諸目録類，今據以著録。

此書乃适既爲《隸釋》二七卷，又輯録續得諸碑，依前例釋之成編者也。《四庫全書總目提要》叙此書輯編之經過甚詳，

曰："乾道戊子（四年，1168）始刻十卷於越，其弟邁跋之。淳
熙丁酉（四年，1177）范成大又爲刻四卷於蜀，其後二年己亥
（淳熙六年，1179），德清李彦穎又爲增刻五卷於越，喻良能跋
之。其明年庚子（淳熙七年，1180），尤袤又爲刻二卷於江東
倉臺，輦其版歸之越，前後合爲二十一卷，适自跋之。明年辛
丑（淳熙八年，1181），适復合前《隸釋》爲一書，屬越帥刊行，
适又自跋之，所謂前後增加，律吕乖次，命掾史輯舊版，去留
移易，首末整整一新者是也。"
今宋代歷次刊本均已罕見，《愛日精廬藏書志》卷二十著録校
影鈔宋本一部，張金吾曰："顧君澗薲據毛氏影寫宋刊本校。
卷十三《鄧君闕畫像》下，校補跋尾一段，計八十八字，又《補
無名人墓闕畫像》一行。王稚子闕、沛相范皮闕後，俱補繪畫
象。"又云："顧廣圻爲薆圃校自第八卷至末，皆據汲古閣毛氏
影鈔宋本。時嘉丁巳（二年，1799）八月。共一百十九葉，又《跋》三
頁，又元空三五頁。"元泰定乙丑（二年，1325）曾據宋本重刊，《愛日
精廬藏書志》卷二十著録元泰定刊本一部，殘存七卷，張氏
曰："三、四卷末有'泰定乙丑寧國路儒學重刊'一條。"此殘元
本，今不知在何所。明代曾據元本覆刻，然改竄甚多。[①] 清康
熙年間，朱彝尊先後得徐氏傳是樓所藏七卷殘本及琴川毛氏
舊抄殘本，參校成編，由曹棟亭於康熙四十五年（1706）刊於
揚州使院，即《四庫》著録之本。[②] 清乾隆年間錢塘樓松書屋
汪氏，既刊《隸釋》二十七卷，又以元本參以曹氏本及金風亭

---

① 説見《四庫簡明目録標注》。

② 《四庫全書總目提要》云："蓋自彝尊始合兩家之殘帙，參校成編，後刊版於揚
州，即此本也。"據此，則似爲朱彝尊所刻。考錢泰吉《甘泉鄉人藁》所載《跋曹槽亭刻隸
續》云："棟亭所刻《隸續》，每卷尾有'棟亭藏本，丙戌九月重到於揚州使院'篆書圖記，
蓋與《集韻》《類編》同時開雕，《四庫》著録揚州本即此也。"詳見胡玉縉《四庫全書總目提
要補正》卷二五。

長抄本付梓，惟僅八卷而已。莫伯驥《五十萬卷樓藏書目録》卷八著録此本，並兼論各本之優劣。莫氏云："此書原二十一卷，據《盤州文集》，洪氏自跋此書，謂乾道戊子始刻十卷於越，淳熙丁酉，姑蘇范至能增到四卷於蜀，後二年靈川李秀叔又增刻五卷於越，明年，錫山尤延之刻二卷於江東，其版始備，洪《跋》尚曰：'未能合數板爲一書，以歸嚴整。'故明末崑山葉九來奕苞家藏此書僅七卷，長洲趙凡夫有此書，亦失第九、第十卷。毛氏汲古閣本雖尚完好，而第十二、十五、二十一，三卷尚多闕葉。後曹棟亭揚州使院刻本，係二十一卷之全書，其中尚多闕佚參錯，而第九、第十卷仍缺。瞿木夫有照元鈔本，祇得四卷，是此書完本，已不可得。汪氏刻本亦缺九、十兩卷，伯驥兒時曾藏江刻，今得堯圃校本，祇前八卷，其下則付闕如，余重其爲名校，一並藏之。卷第七《武梁殿碑圖》下有'無監醜女'四字堯國以朱筆乙之，有案語云：'元刻《隸續》無此四字。'余友顧建屏云：'約略記得《列女傳》上無鹽醜女與鍾離春是一人。'後檢宋刊《列女傳》有云：'鍾離春者，齊無鹽邑之女也。'則言無鹽醜女，不必言鍾離春；言鍾離春，不必言無鹽醜女矣。觀此書十八載荆州刺史李剛石室殘畫象，有云無鹽醜女齊宣王，益可信顧説之確，此處之誤也。其餘所校，亦甚信確。堯圃校此書，係據影宋本及元本，故點勘至精，清《四庫》著録者，則爲明萬曆間王雲鷺刻本。而王之所據，則爲元人手鈔本，可知此書在宋、元間，傳本甚稀，得此校筆，直可作宋、元本讀，而惜乎其僅有此數卷也。長沙葉氏《郋園讀書志》，有《隸續》跋文，謂得明刻王本，未始非買王得羊之比，以無宋本可繙之故也。若見此黃校，其忻慰又不知何如矣。蓋《隸釋》二十七卷，黃氏嘗有《刊誤》之刻，其《序》據《讀書敏求記》，謂遵王尚未見此書宋槧本，故據崑山葉九來、貞節居袁氏、周香岩藏隆慶間錢氏各舊鈔，以刊錢塘汪氏新刻之誤，偕顧千里訂諸本之異同，並資婁彥發《字源》爲證，摘記千有餘條，今所傳刻本是也。惟《隸續》則述古堂有元版七卷本，《宋版書目》又列一目，卷數亦同，今巍圖此本，當是依此宋、元本而下筆焉。蓋《隸釋刻誤》，僅據舊鈔而手校，《隸續》則有宋、元本以爲資糧，更足貴矣。又朱文藻有《校定存疑》十八卷，藏江蘇省立國學圖書館，校書凡七種，其第七種則爲宋洪氏《隸續》。朱氏謂從汪氏欣託山房新刊本校閱一過，而録其可疑者。按汪氏所據以刊者，曰金風亭長鈔本，曰棟亭曹氏刊本，而自卷一至卷六，則又據泰定乙丑寧國路儒學重刊本。鈔本之誤，多於棟亭，然頗足補棟亭之闕。泰定本最爲精善，而亦不免有數處難從云：‘當以此本勘之。’”按，莫氏此《跋》，謂《四庫》著録者爲明萬曆間王雲鷺刊本，此蓋誤將《隸釋》《隸續》混爲一也，《四庫》所著録之《隸續》，乃曹寅揚州使院刊本。莫氏又云葉德輝有《隸續》跋文，謂得明刻土本，未始非買王得羊之比，此又誤將《隸釋》跋文以爲《隸續》跋文也，在此辨證之。清同治年間，洪汝奎輯刊《晦木齋叢書》，收録此書，則據汪氏刊本覆刻。

國内所藏此書之善本：“中央研究院”歷史語言研究所有影宋抄本一部。臺北“故宮博物院”有清文淵閣《四庫全書》本一部。北京圖書館有：清影元抄本一部，明刻本一部，明抄本一部，曹棟亭揚州使院刊本四部，清乾隆四十三年汪氏樓松書屋刊本一部，清同治十年洪氏《晦木齋叢書》本一部。

石刻鋪叙二卷　宋曾宏父撰　存

宏父，《宋史》無傳。據其《後序》，字季卿（或作幼卿），自稱鳳墅野客，廬陵人。

此書《宋史·藝文志》不著録，《四庫全書總目》目録類著録。

按，兹編皆考述宋一字法帖源流，上卷六則：《紹興御書石經》《益都石經》《鐘鼎彝器款識帖》《秘閣及諸郡帖譜》《秘閣前帖》《絳帖》。下卷十六則：《長沙帖》《廬陵帖》《清江帖》《武岡帖》《元祐秘閣續帖》《汝帖》《武陵帖》《淳熙秘閣前帖》《淳熙秘閣續帖》《群玉堂帖》《鳳墅前帖》《畫帖》《續帖》《蘭亭叙》《定武蘭亭刻》《六一先生集古録》。朱彝尊稱其叙孟蜀九經及思陵御書石經本末特詳，又南渡以後秘閣帖，亦詮訂有序。[①]《四庫提要》稱其"凡所徵摭，皆有典則"。周中孚則稱其鑑別不苟。[②]

按，朱彝尊跋此書云："按宏父本名惇，紹興十三年(1143)以右朝散郎知台州府事，其以字稱者，避光宗諱也"此誤以曾布之孫曾惇爲本書之作者。錢大昕《石刻鋪叙書後》辨之，錢氏云："南宋有兩曾宏父，朱所引紹興十三年知台州事者，乃空青之子避光廟諱以字稱者，與幼卿本非一人。頃杭人刻《南宋雜事詩》，徑題此書爲曾惇撰，則又承朱之誤而甚焉者矣。"所謂杭人刻《南宋雜事詩》者，即厲鶚等所刻者也。《四庫全書總目提要》所説，則大致與錢説同，云："考宋有兩曾宏父，其一名惇，字宏父，爲曾布之孫，曾紆之子，後人避寧宗諱，多以字行，遂與此宏父混而爲一，實則與作此書者各一人也。"

又按，此書刊本罕見。清初朱彝尊從射瀆就堂上人抄得一部，自爲之《跋》，有"不啻象犀珠玉之外，網得珊瑚木難然"之語。《皕宋樓藏書志》卷三七著録何焯舊藏舊抄本一部，有何氏手跋，云："康熙辛卯(五十年，1711)得顧可求家舊抄本，稍

---

① 説見朱氏《石刻鋪叙跋》。

② 説見《鄭堂讀書記》卷三三"石刻鋪叙"條。

正數字。顧名德育，廉吏榮甫之子也。焯記。"①《鐵琴銅劍樓藏書目録》卷一二著録舊抄本一部，瞿氏曰："此鈔自義門藏本得諸塔影園顧氏者。有校正顧本數字者，如《益都石經》條内《儀禮》八册十七卷，顧訛作十六卷；《孟子》十四卷，顧訛作十二卷；《鳳墅帖》後《畫帖》《續帖》不當另行；《畫帖》條中《時賢鳳山題咏》二卷，當自爲一行。義門《跋》曰：'辛卯得顧可求家舊鈔本，稍正數字。顧名德育，廉吏榮甫之子也。'又按竹垞《跋》謂宏父名惇，以高宗紹興十三年知合州府事。今考其《自序》爲理宗淳祐二年壬寅（1242），相去凡九十九年。又《鳳墅帖》跋有戊申字，則淳祐八年（1248），相去一百又五年矣，其非一人可知，竹垞語殊訛。"清乾隆年間，長塘鮑氏輯刊《知不足齋叢書》，第十集收録此書，末附朱竹垞、何義門、錢竹汀三《跋》，丙有鮑氏所校定誤字三十一條。

今國内所藏善本：臺北"故宮博物院"有清文淵閣《四庫全書》本一部。

寶刻叢編二○卷　宋陳思撰　殘

思，臨安人，所著《小字録》，前有結銜稱"成忠郎緝熙殿國史實録院秘書省搜訪"。又有《海棠譜自序》，題開慶元年（1259），則理宗時人也。② 性嗜古，喜蒐訪古籍。陳振孫序此書云："都人陳思，價書於都市，士之好古博雅，蒐遺獵忘，以足其所藏。與夫故家之淪墜不振，出其所以求售者，往往交於其肆，且售且價，久之，所閲滋多，望之輒能别其真贋。"《藏書紀事詩》卷七，頗録其事迹有關資料，可爲參考。

此書《宋史·藝文志》不著録，見《直齋書録解題》卷七目録類

---

① 廣文書局據十萬卷樓所刊《皕宋樓藏書志》影印者，何焯跋文頗多闕字，兹據《鐵琴銅劍樓藏書目録》所引何氏《跋》補正。

② 見《四庫全書總目提要》。

及《四庫全書總目》目録類。

陳振孫曰：“臨安書肆陳思者，以諸家集古書録，用《九域志》京、府、州、縣繫其名物，而昔人辨證審定之語，具著其下，其不詳所在附末卷。”

《四庫全書總目提要》於此書之體例、價值及得失，均有所評論，曰：“是書蒐録古碑，以《元豐九域志》京府州縣爲綱，其石刻地理之可考者，案各路編纂。未詳所在者，附於卷末。兼采諸家辨證審定之語，具著於下。今以《元豐九域志》及《宋史·地理志》互相參核，其中改併地名，往往未能畫一。即卷内所載與目録所題，亦不盡相合。如目稱鎮江，而卷内稱潤州；目稱建康，而卷内稱昇州之類，不一而足。蓋諸家著録，多據古碑之舊額，思所編次，又皆仍諸家之舊文，故有是訛異。至於所引諸説，不稱某書某集，但稱其字，如蔡君謨、王厚之之類。又有但稱其別號，如碧岫野人、養浩書室之類。茫不知爲何人者，尤宋、元坊肆之陋習。然當南北隔絶之日，不得如歐、趙諸家多見拓本，而能紬繹前聞，博稽方志，于徵文考獻之中，寓補葺圖經之意，其用力良勤。且宋時因志地而兼志碑刻者，莫詳于王象之《輿地碑目》。而河、淮以北，概屬闕如。惟是書于諸道郡邑，綱分目析，沿革釐然，較象之特爲賅備。朱彝尊嘗欲取所引《隸續》諸條，以補原書二十一卷之闕，今考所引如曾南豐《集古録》，施氏《大觀帖總釋序》《集古後録》《諸道石刻録》《復齋碑録》《京兆金石録》《訪碑録》《元豐碑目》《資古紹志録》諸種，今皆散佚不傳，猶藉是以見崖略。又《汝帖》十二卷，《慈恩鴈塔唐人題名》十卷，以及《越州石氏帖目》，則他書所不載，而亦藉是書以覘其大凡，亦可云有資考證者矣。”

按，《提要》謂是書於改併地名，往往未能畫一，即卷内所載與目録所題,亦不盡相合;又謂所引諸説,不稱某書某集,但稱其字,或但稱其別號,如碧岫野人、養浩書肆之類,茫不知爲何人者,尤宋、元坊肆之陋習。余嘉錫氏於此有所辨證,云:"思本書賈,不諳著述體例,《提要》譏之誠是也。但考《寶刻叢編》卷六《蘭亭序》條下所引碧岫野人、養浩書室兩《跋》,均見於桑世昌《蘭亭考》卷三,陳思蓋即自此轉録,碧岫野人署名趙桱(《叢編》作桱)仲古。兩書並同。名字炳然,安得如《提要》所謂茫不知爲何人耶?《養浩書室》雖不署姓名,然世昌題其《跋》後云:'右何蓮子楚所著《春渚紀聞》,其真稿見存汪氏家。'考之《紀聞》卷五,果有此節,與《蘭亭考》所載詳略小異,然則養浩書室,亦非無可考也。《提要》自不察耳。"

又按,此書明以前刊本已少流傳,《皕宋樓藏書志》《愛日精廬藏書志》著録者,并係舊抄本,且鈎殘缺不完。《四庫全書總目提要》於鈔本之殘缺錯簡情形論之甚詳,曰:"鈔本流傳,第四卷京東北路,第九卷京兆府下,十一卷秦鳳路、河東路,十二卷淮南東路、西路,十六卷荆湖南路、北路,十七卷成都路,並已闕佚。十五卷江南東路饒州以下至江南西路亦佚其半,十八卷梓州利川路,惟有渠、巴、文三州,而錯入京東西路、京西北路、淮南路諸碑,其餘亦多錯簡,如'魏三體石經遺字'條下,文義未竟,忽接'石藏高紳家,紳死,其子弟以石質錢'云云,乃是王羲之書《樂毅論》跋語,傳寫者竄置於是。朱彝尊《經義考》於'刊石門内魏石經'條下,引歐陽棐、趙明誠石藏高紳家云云,蓋未詳究原書,故沿其誤,今一一釐正。其闕卷則無從考補,姑仍其舊焉。《文禄堂訪書記》卷二著録宋鈔本一部,存《目録》卷一,半葉十行,行二十字,黑格,白口,宋諱避至慎字。《鐵琴銅劍樓藏書目録》卷一二著録顧廣圻舊藏出自元鈔本之鈔本,瞿氏云:"有魏了翁、孔山居士、陳振孫等

《序》闕,第四卷、九卷、十一、十二卷、十六、十七卷,凡六卷,此出自元人鈔本。卷五末葉有題記云'至正庚寅(十年,1350)冬,得於武林河下之書鋪,歸寘於竹江舊隱之凝清齋。俞子中父誌。'又有一行云:'至順改元(元年,1330)夏五月五日收此本。保居敬記。'鈔本脫錯甚多,顧澗蘋氏據《金石録》《隸續》《輿地紀勝》校過。卷首有"顧千里印""一雲散人"二朱記。"清光緒十四年(1888年),陸心源輯刊《十萬卷樓叢書三編》所收此書,即據此鈔本開雕。

國內所藏此書之善本:臺北"國家圖書館"有清康熙丁卯(二十六年,1687)百鵑山人抄本一部,此本卷前除載魏了翁、喬行簡(孔山居士)、陳振孫三《序》外,又有不著撰人之《序》一篇,惟殘缺不完,書中有朱筆校改。該館又有清康熙間抄本,清康雍間抄本各一部。臺北"故宮博物院"除有清文淵閣《四庫全書》本一部外,又有宋代寫本、明鈔本、舊抄本各一部,此三部並係前國立北平圖書館之舊藏。其中宋代寫本僅卷五及卷十五之一部分,全書僅二十三葉,所存者僅鄭州、蔡州、陳州、穎州、袁州、撫州、筠州之一部分而已,版寬 16.6 公分,高 24.6 公分,烏絲欄,左右雙欄,每半葉十行,行二十字,小字雙行。花魚尾,版心著"叢編卷幾",無藏章,經火修補。"中央研究院"歷史語言研究所有清真有益齋抄本一部,乃鄧邦述舊藏,《群碧樓善本書目》卷五著録。國家圖書館藏有:宋抄本一部,僅存零葉十五;清初抄本一部;清道光八年(1828)顧廣圻家抄本一部;清陸心源刊《十萬卷樓叢書》本一部;清抄本四部。[①]

---

① 詳見《北京圖書館古籍善本書目》。

《寶刻類編》八卷　宋不著撰人　輯

此書《宋史·藝文志》不著錄，見《四庫全書總目》目錄類。

《四庫全書總目提要》曰："不著撰人名氏。《宋史·藝文志》不載其名，諸家書目亦未著錄，惟《文淵閣書目》有之。然世無傳本，僅見於《永樂大典》中。核其編卷次第，斷自周秦，迄於五季，並記及宣和、靖康年號，知爲南宋人所撰。又宋理宗寶慶初，始改筠州爲瑞州，而是編多以瑞州標目，則理宗以後人矣。其書爲類者八：曰帝王，曰太子諸王，曰國主，曰名臣，曰釋氏，曰道士，曰婦人，曰姓名殘闕。每類以人名爲綱，而載所書碑目。其下各係以年月、地名。且於《名臣類》取歷官先後之見於石刻者，臚載姓氏下方，以備參考，詮次具有條理。其間如書碑篆額之出自二手者，即兩系其人，近於重複。又如歐陽詢終於唐，而系之隋。郭忠恕終於宋，而系之五季。衹就所書最初一碑爲定，時代歲月前後，未免混淆，於體例皆爲未密。然金石目錄自歐陽修、趙明誠、洪適三家以外，惟陳思《寶刻叢編》頗爲該洽，而又多殘佚不完。獨此書蒐採贍博，叙述詳明，視鄭樵《金石略》、王象之《輿地碑目》，增廣至數倍。前代金石著錄之富，未有過於此者。深足爲考據審定之資，固嗜古者之所取證也。原本屢經傳寫，訛脫頗多。謹詳加訂證釐次如左。其《名臣類》十三之三，《永樂大典》原闕，故自唐天寶迄肅、代兩朝，碑目未全，今亦仍其舊焉。"

翁方綱《復初齋集》跋是書云："《寶刻類編》，以書人編次爲卷，不著撰人名氏。曩僅以其稱瑞州，知是宋理宗後所撰。今案其書，實小變陳思之例，以便檢閱。既以名臣編卷，又每及於書家筆法評語，是蓋南宋末書賈之所爲也。考證之學，至南宋益加審細，故其坊客亦多勤求博採，取資學人之用，如經籍則有纂圖互注、重言重意諸刻,金石則有《隸韻》之編。陳思《寶刻叢編》既多傳寫之訛,此書實考訂金石家所賴以取證爾。"

《儀顧堂題跋》卷五亦載此書《跋》,陸氏曰:"《寶刻類編》八卷,不著編輯者姓氏,《永樂大典》傳抄本。是書藍本于陳思《寶刻叢編》,改頭換面,而以鄭夾漈《通志·金石略》、朱長文《墨池編》附益之,殊少心得。凡碑之無書人姓名者,皆不録,體例尤未盡善。碑目僅二千有餘,亦不及《叢編》之富。所載書人以《范式碑》爲蔡邕書,時代不合;以《華山碑》爲《郭香察》書,未知察字之義。他如《禮器碑》爲金鄉師曜奴等書,《衡方碑》爲郭登書,《武班碑》嚴祺書,《張遷碑》爲孫興祖書,皆具本碑而反遺之,亦疏陋之甚者。惟當時所據《寶刻叢編》不若今之殘缺羼亂,既可補叢編缺卷之目,亦可校叢編羼亂之訛,宜爲金石家所取資也。"①

按,此書久佚,近世諸藏目所著録者,並係傳抄《四庫》本。《皕宋樓藏書志》卷三十、《愛日精廬藏書志》卷一六所著録者,並爲文瀾閣傳鈔本。清道光年間,東武劉喜海假得顧千里手校本,經録副並細勘一過,寫就巾箱本付梓。陳氏《序》云:"《寶刻類編》,宋無名氏著,與陳思《寶刻叢編》俱經《四庫》著録,而《類編》輯自《永樂大典》,流傳獨少,亥豕較多。壬辰夏,遇金陵陳雪峰(宗彝)於都門,假得是本,係顧千里(廣圻)手校。秋,出守臨汀,舟中録副,藏諸篋中四、五年,屢欲細勘一過,因吏牘紛如,未遑從事。昨夏還自闕下,三伏之暇,檢點是書,寫就巾箱本,出付棗梨,俾得廣爲傳播,竊附闕疑之義,未敢考訂,僅就今所見者碑下注一'存'字,非妄也,

---

①　胡玉縉《四庫全書總目提要補正》卷二五"寶刻類編"條引此,云:"郭登當作朱登,孫興祖衍祖字。"

亦實事求是意耳。其中不免闕略，惟願同志君子，匡所不逮。時道光戊戌（十八年，1838）五月，東武劉喜海識於臨汀郡齋。"

咸豐年間，南海伍崇曜輯刊《粵雅堂叢書》，以劉氏所刊收在第二十二集中，伍氏撰一《跋》，詳載原本之誤，伍氏曰："右《寶刻類編》八卷，不著撰人名氏，《四全書提要》定爲南宋理宗以後人。此即《四庫》著録之本，卷四仍缺名臣十三之三。編内案語數條，蓋述當時考訂之意。又劉氏喜海《序》謂碑下'存'字，是其所知，非原文也。今悉仍之。但《萬年宮碑》，據碑永徽五年立，此作六年；《徐州都督房彦謙碑》，據碑三月二日立，此作二月；《贈太保郭敬之廟碑》，據碑十一月立，此作五月；《右丞相宋璟碑》，據碑九月建，此作四月；《岳麓山寺碑》，據碑開元十八年九月立，此作十九年七月；《鄭司農碑》，據碑閏十二月立，此作正月，《諸葛武侯新廟碑》，據碑正月立，此作二月，《圭峰定慧禪師傳法碑》，據碑十月立，此作正月。天寶衹十五載，而《贈上黨故吏敕書》，注云'天寶二十一載'，是其年月不無誤書。又孫希範《孔宣尼碑》，據碑是孫師範；《左武衛大將軍乙速孤行儼碑》，據碑是右武衛將軍；李琚《左輔頓僚西岳廟中刻石記》，據碑是杜繹。董簡撰《昭義節度李抱真德政碑》，是董晉。又史有董晉，而無董簡，疑俱爲原書之訛。《中州金石記》《大唐紀功之頌》，引此編云顯慶四年八月立，此本缺注年月，則傳寫之謬也。若卷三韓擇木書《瑶臺寺新降大德碑》，又書《瑶臺寺大德碑》；卷五《左拾遺竇叔向碑》，竇公直書之，竇易直又書之，疑非二碑。按，史有易直，而無公直，而《金石録》以爲公直，此編兩存，猶見古人闕如之義。至於《則天母孝明皇后楊氏碑》，《金石文字記》云正月立，此作六月；王遂《石門銘》，《關中金石記》《金石萃編》

俱作王遠；《奉先觀老君像碑》，《中州金石記》作奉仙；陶德
甄《宣州刺史碑》，《寰宇訪碑録》作陶德凱；張杭《大忍寺門樓
碑》，《金石録》作裴抗，《訪碑録》作張抗；《贈司空李楷洛碑》，
大曆四年五，《關中金石記》作三年；崔璵撰《相國魏薈先廟
碑》，《訪碑録》作崔珣；羅洧《修浯溪記》，《金石萃編》作羅涓；
楊岐山《甄寂大禪師碑》，《金石萃編》作甄叔；未敢定爲誰是，
姑記於簡末，以俟彈見洽聞者。咸豐辛酉(十一年，1861)小
寒令節，南海伍崇曜謹跋。"

國内所藏善本：臺北"故宫博物院"有清文淵閣《四庫全書》本
一部。臺北"國家圖書館"有抄本兩部。北京圖書館有清道
光十八年東武劉氏嘉蔭簃刻本一部，鮑氏知不足齋抄本一
部，抄本兩部。諸鈔本並傳鈔自《四庫》本。

真宗御製碑頌石本目録一卷　宋不著編者　佚

此書《宋史·藝文志》不著録，見《直齋書録解題》卷八目
録類。

陳振孫曰："凡九十名件，乾興(僅有元年，1022)所刊板。"

按，此書雖佚，《玉海·藝文》多載宋真宗所撰碑頌篇名。《玉
海》卷三一"會真宫碑"條云："(祥符二年)十二月辛卯，出聖
製《會真宫碑》示王旦等。三年(1010)正月戊寅，召近臣觀龍
圖閣書，又至資政殿，出聖製《會真宫碑》。"又"明道宫碑"條
云："(祥符)七年(1014)七月，御製《朝偈太清宫頌》《享頌》
《明道宫碑》《賢聖殿》等銘贊示近臣。八月丁丑，於景靈殿示
輔臣。十月己未，詔奉祀陪位五使導駕扈從官勒名碑陰。"又
引《書目》云："《真宗御集銘》六卷，《碑銘》六卷，《贊》八卷，
《頌》六卷。""大中祥符頌"條云："祥符四年(1011)八月乙
丑，學士李宗諤請《聖製左承天祥符門碑》，從之。先是，天
書降，即詔增葺，宗諤以錫符之地，當有聖作，上謙遜久之，

於是作《大中祥符頌》，以宗諤所撰文刻于碑陰。九年（1016）四月丙戌，《御製景靈宮贊頌》刻石。"據此大致可知本編之内容。

金石友一〇〇〇卷　宋謝堂撰　佚

堂，號恕齋，臨海人，景定二年（1261）七月，代鄭雄飛知紹興，官至樞密使。畫蘭竹松石，清雅可愛。事迹具《畫史會要》卷三、《繪事備考》卷六、寶慶《會稽續志》卷二等書。

此書《宋史·藝文志》不著録，見《台州經籍志》卷一七目録類。

元戚輔之《佩楚軒客談》云："謝堂節使有石刻千卷，號《金石友》。"

按，周密《雲烟過眼録》卷三載天台謝奕修養浩齋所藏，載書、畫、跋、帖、贊、印等共三十五卷，周氏云："並賈師憲故物，後以此送謝堂，堂不能保，歸之起翁，翁今亦不自枯也。"此三十五卷，雖非金石之屬，然可藉知謝氏之嗜古及蒐藏之富也。

十一、譜牒類

姓系氏族一卷　姓略六卷　宋孔平撰　佚

平,生平待考。

此書《宋史・藝文志》譜牒類著錄。

此書諸家書目罕見著錄。

名字族一○卷　宋魏子野撰　佚

子野,生平待考,著有《古今通系圖》一卷。

此書《宋史・藝文志》譜牒類著錄。

同姓名譜六卷　尚書血脈一卷　春秋氏族譜一卷　春秋宗族
謚譜一卷　帝王歷記譜二卷　帝系圖一卷　宋不著撰
人　佚

右諸書《宋史・藝文志》譜牒類著錄。

按,《崇文總目》春秋類著錄《演左傳謚族圖》五卷,《春秋世
譜》七卷,《帝王歷紀譜》二卷,《春秋宗族名謚譜》五卷。《文
獻通考》卷一八二著錄《春秋宗族名謚譜》,云:"《崇文總目》
不著撰人名氏,略採春秋三傳諸國公卿大夫姓名謚號。"其中
《春秋世譜》疑即《春秋氏族譜》,《春秋宗族名謚譜》疑即《春
秋宗族謚譜》,卷數不同者,《宋志》所著錄者或非完本。

唐宗系譜一卷　宋李茂嵩撰　佚

茂嵩,生平待考。

此書《宋史・藝文志》譜牒類著錄。

此書諸家書目罕見著錄。

唐書總紀帝系三卷　宋不著撰人　佚

此書《宋史・藝文志》譜牒類著錄。

按，此書《崇文總目》《通志·藝文略》並載，不著撰人。

宋玉牒三三卷　宋不著撰人　佚

此書《宋史·藝文志》譜牒類著録。

按，玉牒見於唐，所以奠世繫，分宗譜也。[①]《玉海》卷五一"祥符皇宋玉牒"條云："皇朝修玉牒，昉於至道，其官掌帝籍玉牒及皇族昭穆之序。唐本宗正之職，開成始置官。……祥符六年(1013)正月辛酉，判宗寺趙世長請於皇屬籍之上，別崇懿號，詔名《皇宋玉牒》。"此編或即當時所修也。

仁宗玉牒四卷　英宗玉牒四卷　宋不著撰人　佚

此書《宋史·藝文志》譜牒類著録。

按，《玉海》卷五一"仁宗英宗玉牒"條云："寶元二年(1039)十月甲子(六日)，李淑上《新修皇帝玉牒》二卷，《皇子籍》一卷。熙寧元年(1068)十一月癸酉(四日)，玉牒所上仁英二帝玉牒各四卷，淳熙四年(1177)三月己酉重進仁宗。"知仁宗玉牒經多次修進也。

韻類次宗室譜五〇卷　宋宋敏求撰　佚

敏求有《唐武宗實録》二〇卷已著録。

此書《宋史·藝文志》譜牒類著録。

此書諸家書目罕見著録。

宗室世表三卷　宋司馬光等撰　佚

光有《資治通鑑舉要曆》八〇卷已著録。

此書《宋史·藝文志》譜牒類著録。

按，《玉海》卷五一"元豐宗室世表"條云："元豐四年(1082)八月二十七日，趙彦若、司馬光同修百官公卿表十卷，彦若又修成《宗室世表》三卷上之，賜銀幣。"是此書實

---

① 説見《史略》卷三《玉牒》條。

彦若所修,《宋志》題光者,蓋光同修也。彦若,著有《十八
隆圖》一卷,《圖副》二〇卷,《宋史·藝文志》地理類著錄,
生平詳該條。

臣寮家譜一卷　宋不著撰人　佚

此書《宋史·藝文志》譜牒類著錄。

按,《玉海》卷五〇著錄《聖朝臣寮家譜》云:"《國史志》一卷。"

文宣王四十二代家狀一卷　宋不著撰人　佚

此書《宋史·藝文志》譜牒類著錄。

按,《通志·藝文略》著錄《孔子家譜》一卷,不著撰人,未審是
否即此書。

闕里譜系一卷　宋不著撰人　佚

此書《宋史·藝文志》譜牒類著錄。

《玉海》卷五〇引《中興書目》云:"《闕里譜系》一卷,元豐中孔
子四十六代孫宗翰刻而傳之,紹興五年(1135),洪興祖正其
缺誤,又作《先聖年表》,列之卷首。"

按,此書編者已不可考。宗翰,字周翰,道輔子,第進士,歷陝
揚洪兗諸州,皆以治聞,哲宗時累遷刑部侍郎,以寶文閣待制
知徐州,未拜卒。事迹具《宋史》卷二九七本傳。

趙氏大宗血脈譜一卷　趙氏龜鑑血脈圖錄記一卷　宋趙異世撰　佚

異世,生平待考。

此書《宋史·藝文志》譜牒類著錄。

《通志·藝文略》著錄:"《趙異世家譜》一卷。"

陸氏宗系碣一卷　宋令狐峘撰　佚

峘,生平待考。

此書《宋史·藝文志》譜牒類著錄。

按,此書諸家書目罕見。

家譜一卷　宋唐汭撰　佚

汭,生平待考。

此書《宋史·藝文志》譜牒類著錄。

此書諸家書目罕見。

劉氏大宗血脈譜一卷　宋劉復禮撰　佚

復禮,生平待考。

此書《宋史·藝文志》譜牒類著錄。

按,《崇文總目》《通志·藝文略》著錄此書,惟並無"譜"字。

費氏家譜一卷　宋不著撰人　佚

此書《宋史·藝文志》譜牒類著錄。

按,《通志·藝文略》載《費兼家譜》一卷,未審是否即此書。

錢氏集錄三卷　宋不著撰人　佚

此書《宋史·藝文志》譜牒類著錄。

按,《通志·藝文略》著錄《錢氏慶系圖》二十五卷,《錢氏慶系譜》一卷,並不著撰人。

毛氏世譜不著卷數　宋毛漸撰　佚

漸,字正仲,江山人,治平進士,元祐初歷江東兩浙轉運副使,入爲吏部郎,進直龍圖閣,知渭州,未任卒。著有《地理五龍秘法》、表奏、詩集等。事迹具《宋史》卷三四八、《宋史新編》卷一二〇及《北宋經撫年表》等書。

此書《宋史·藝文志》譜牒類著錄。

按,茲編諸家書目罕見著錄。

曾氏譜圖一卷　宋曾肇撰　佚

肇有《曾鞏行述》一卷已著錄。

此書《宋史·藝文志》譜牒類著錄。

汝南周氏家譜一卷　宋周文撰　佚

文,生平待考。

此書《宋史·藝文志》譜牒類著錄。

歐陽家譜一卷　宋崔班撰　佚

班,生平待考。

此書《宋史·藝文志》譜牒類著錄。

陶氏家譜一卷　宋陶苪麟撰　佚

苪麟,生平待考。

此書《宋史·藝文志》譜牒類著錄。

此書諸家書目罕見著錄。

帝王血脈小史記五卷　帝王血脈圖小史後記五卷　宋邢曉撰　佚

曉,生平待考。

此書《宋史·藝文志》譜牒類著錄。

右二編諸家書目罕見著錄。

百氏譜五卷　宋裴揚休撰　佚

揚休,官國子助教,史無傳。

此書《宋史·藝文志》譜牒類著錄。

按,《玉海》卷五〇“唐百氏譜”條引《書目》云:“五卷,國子助教裴揚休撰,凡三百五十八姓,漢姓三百七,蕃姓一百二十五。”

劉氏家譜一卷　宋劉沆撰　佚

沆有《書目》二卷已著錄。

此書《宋史·藝文志》譜牒類著錄。

按,此編諸家書目罕見。

唐氏譜略一卷　宋唐邰撰　佚

邰,生平待考。

此書《宋史·藝文志》譜牒類著錄。

按,《崇文總目》及《通志》並著錄《唐氏譜略》一卷,不著撰人。

宋仙源積慶圖一卷　宋不著撰人　佚

此書《宋史·藝文志》譜牒類著録。

《宋志》注云："起僖宗，迄哲宗。"

按，《玉海》卷五一引《書目》云："《積慶圖》一卷，紀帝系，起僖祖，迄哲宗，凡諸王公主謚號陵廟配侑樂舞等事皆載之。"

宗室齒序圖一卷　宋不著撰人　佚

此書《宋史·藝文志》譜牒類著録。

按，《通志·藝文略·譜系皇族》著録《宗室齒序圖》一卷，不著撰人。

天源類譜一卷　宋不著撰人　佚

此書《宋史·藝文志》譜牒類著録。

按，《玉海》卷五一引《書目》云："《天源類譜》一卷，起僖祖，迄英宗，以熙寧廟系圖附其後。"

祖宗屬籍譜一卷　宋不著撰人　佚

此書《宋史·藝文志》譜牒類著録。

按，《玉海》卷五一"祥符仙源類譜"條引《書目》云："《祖宗屬籍譜》一卷，紀帝系，太祖太宗秦王以下子孫凡六百六人，公主附之。"

向敏中家譜一卷　宋向緘撰　佚

緘，生平待考。

此書《宋史·藝文志》譜牒類著録。

按，敏中，字常之，開封人，太平興國進士，累官右僕射，事迹具《宋史》卷二八二本傳。

錢氏慶系譜二卷　宋錢惟演撰　佚

惟演有《咸平聖政録》三卷已著録。

此書《宋史·藝文志》譜牒類著録。

按，《通志·藝文略·家譜》著録《錢氏慶系譜》一卷，不著撰
人。疑即此書。

清河崔氏譜一卷　宋王回撰　佚

回，字深父，侯官人，舉進士第，爲衛真簿，治平中爲忠武軍節
度推官。有《書种放事》《書襄城公主事》及文集等。事迹具
《宋史》卷四三二、《宋史新編》卷一六四、《東都事略》卷一一
四及《隆平集》卷一五等書。

此書《宋史·藝文志》譜牒類著録。

按，此書諸家書目罕見。

尊祖論世録一卷　宋孫祕撰　佚

祕，生平待考。

此書《宋史·藝文志》譜牒類著録。

熙寧姓纂六卷　宋錢明逸撰　佚

明逸，字子飛，由殿中丞策制科，擢右正言，累官翰林學士，知
永興軍，熙寧四年（1071）卒，年五十七，諡修懿。著有《衣冠
盛事》《西國七曜曆》《刻漏規矩》等。事迹具《宋史》卷三一
七、《宋史新編》卷一〇一、《東都事略》卷四八、《隆平集》卷一
四、《學士年表》及《北宋經撫年表》等書。

此書《宋史·藝文志》譜牒類著録。

按《玉海》卷五〇云："《熙寧姓纂》六卷，熙寧中錢明逸撰，用
聲韻類次，以國姓爲首。"

古今通系圖一卷　宋魏子野撰　佚

子野有《名字族》一〇卷已著録。

此書《宋史·藝文志》譜牒類著録。

按，考宋廖剛《高峰文集》卷一一載《古今通系圖》後序，謂建
安邱與權出己意爲《古今通系圖》。魏邱二書今並不傳，是否
一書，已不可考矣。

南陽李英公家譜一卷　宋李復撰　佚

復，字履中，元豐進士，紹聖間爲西邊使者，喜言兵，於書無所不讀，尤工詩，學者稱潏水先生。有《潏水集》。事迹具《宋史翼》卷八。

此書《宋史·藝文志》譜牒類著録。

按，《潏水集》本四十卷，今但存十六卷。[①] 疑此編當時或附集而行，今則不可得見矣。

文宣王家譜一卷　宋成鐸撰　佚

鐸，生平待考。

此書《宋史·藝文志》譜牒類著録。

按，唐開元二十七年（739）追謚孔子爲文宣王。《玉海》卷五〇引《中興書目》云："成鐸重定《文宣王家譜》一卷。"

帝王系家譜一卷　宋吳逵撰　佚

逵，字公路，武夷人，紹興二十年（1150）由左朝奉大夫知廬州，見《南宋制撫年表》。

此書《宋史·藝文志》譜牒類著録。

《直齋書録解題》卷八譜牒類著録《帝王系譜》一卷，陳氏曰："武夷吳逵（公路）撰，政和壬辰（二年，1112）也，自漢迄周顯德，每代略具數語，其論曹操迫脅君后，無復臣禮，逆節已顯，會其病死，故篡竊之惡漏在身後，昔人謂其不敢危漢者，亦不覈其情耳。此論與愚意吻合。"

《玉海》卷四七云："政和間，吳逵撰《帝王系譜》一卷，自兩漢迄顯德一千一百六十五載。"

群史姓纂韻六卷　宋黄邦先撰　佚

邦先，字宋顯，福州永福人。

---

① 見《潏水集》卷末錢端禮撰《書〈潏水集〉後》。

此書《宋史·藝文志》譜牒類著錄。

《直齋書録解題》卷八譜牒類著録《群史姓纂韻譜》六卷,陳氏曰:"永福黄邦先(宋顯)撰,凡史傳所有姓氏,皆有韻類聚,而著其所出,建炎元年(1127),其兄邦俊,爲之序。"

按,此書《宋志》誤題黄邦俊撰,今據陳《録》,改署邦先。邦俊,政和進士,累遷大理寺丞,後知英州,著有《强記集》《真陽共理集》及文集等,今並亡佚。事迹具《淳熙三山志》卷二七、《萬姓統譜》卷四七。

兗國公正枝譜一卷　宋顏嶼撰　佚

嶼,生平待考。

此書《宋史·藝文志》譜牒類著録。

此編諸家書目罕見著録。

千姓編一卷　宋採真子撰　佚

採真子,姓名不可考。

此書《宋史·藝文志》譜牒類著録。

《郡齋讀書志》卷九傳記類著録《千姓編》三卷,晁氏曰:"右不著撰人。"

《直齋書録解題》卷八譜牒類著録《千姓編》一卷。陳氏曰:"不著名氏,末云嘉祐八年(1063)采真子記,以《姓苑》《姓源》等書,撮取千姓,以四字爲句,每字爲一姓,題曰《千姓編》,三字亦三姓也,逐句文義,亦頗相屬,殆千字文之比云。"

按,此書晁《志》作三卷,陳《録》《宋志》則僅一卷,蓋分合不同也。又此書撰人姓氏無考,《通志·藝文略》著録《千姓編》一卷,云吳可幾撰。可幾,安吉人,景祐元年(1034)進士,仕至太常少卿。與弟知幾均好古博學,所著《千姓編》,凡姓氏所出,悉有源委。父死,兄弟廬墓三年,忽平地泉出,因號孝子泉。事迹具《宋詩紀事補遺》卷九、嘉泰《吳興志》卷一七等書。未審是否一書。

符彦卿家譜一卷　宋符承宗撰　佚

承宗，生平待考。

此書《宋史·藝文志》譜牒類著録。

按，彦卿，字冠侯，唐天成中以吉州刺史討王都於定州，歷漢周，累官天雄軍節度使。入宋，加守太師，開寶初，移鳳翔節度，被劾罷免。事迹具《宋史》卷二五一本傳。

建陽陳氏家譜一卷　宋不著撰人　佚

此書《宋史·藝文志》譜牒類著録。

按，《通志·藝文略·譜系·家譜》著録《建陽陳氏家譜》一卷，不著撰人。

長樂林氏家譜一卷　宋不著撰人　佚

此書《宋史·藝文志》譜牒類著録。

按，此編諸家書目罕見著録。長樂，在今福建省。

百族譜三卷　宋丁維皋撰　佚

維皋，長沙人，事迹待考。

此書《宋史·藝文志》譜牒類著録。

《直齋書録解題》卷八譜牒類著録《皇朝百族譜》四卷，陳氏曰："長沙丁維皋撰，周益公爲之序，時紹興末也，僅得百二十有三家，其闕遺尚多，未有能續裒集者。

《玉海》卷五〇"百族譜"條云："紹興中，丁維皋撰《百族譜》三卷，自皇朝司馬氏以下百官族姓，皆推源流，疏派別，志名字爵位，録世譜家傳，及行狀神道碑之類，周必大爲序。"

考周必大《周文忠公全集》載《百族譜序》云："君子之著書也，有心於勸戒，而無意於好惡，然後可以施當今，而傳來裔。昔者世系之學，蓋嘗盛矣，姓有苑，官有譜，氏族有志，朝廷以是定流品，士大夫以是通昏姻，然行之一時，其弊有不勝言者。

何也？好惡害之也！是故進新門則退舊望，右膏粱則左寒
畯，進而右者以爲榮，榮則夸，夸則必侈；退而左者以爲辱，辱
則怒，怒則必怨。以侈臨怨，則生乎其時者，悉力以逞憾；出
乎其後者，貪名以自欺……長沙丁公維皋，宿學耆儒，慨然以
譜牒爲任，未有聞而不求，求而不得，得而不録也，日裒月聚，
殆且百家，而又推其源流，修其派別，自微以至著，由遠以及
近，疏戚窮達，可指諸掌，如嘗從其父兄而友其子弟也，如與
之同鄉黨而接姻婣也，不亦博而知要也哉。維皋不鄙，謂予
使序其首，予曰：'書不待序也。'然維皋之意不可以不明，
蓋世臣巨室則必書，讀者可以知先烈之有貽，而思保其閥閲
也；方興未艾則必書，讀者可以知將相之無種，而思大其門
閭也；至於四姓小侯，重茵疊袞，則知無兩漢敗亡之禍，勳
臣勞舊，傳龜襲紫，則知無三世道家之忌。上以彰國朝人物
之盛，下以爲子孫昭穆之辯，向所謂有心於勸戒而無意於好
惡者，不在兹乎！他日其得益多，其編益詳，上之太史，傳之
薦紳，予亦乞其副而寓目焉，對千客而不犯一人之諱，或可
勉也。"

晋司馬氏本支一卷　宋李燾撰　佚

齊梁本支一卷　宋李燾撰　佚

燾有《宋四朝國史》三五〇卷已著録。

右二書《宋史·藝文志》譜牒類著録。

按，右二編周必大撰《李燾神道碑》未載，諸家書目亦罕見
著録。

姓氏源流考七八卷　宋徐筠撰　佚

筠有《漢官考》四卷已著録。

此書《宋史·藝文志》譜牒類著録。

此書諸家書目罕見。

歷代諸史總括姓氏録一卷　宋李□撰　佚

此書《宋史·藝文志》譜牒類著録。

按,此書撰人《宋志》但云李氏,亡其名。

古今姓氏書辨證四〇卷　宋鄧名世撰　佚

名世,字元亞,臨川人。李心傳《繫年要録》稱紹興三年
(1133)十月詔撫州進士鄧名世赴行在,以御史劉大中薦也。
四年(1134)三月乙亥上此書,時吏部尚書胡松年以其貫穿群
書,用心刻苦,遂引對,命爲右迪功郎。王應麟《玉海》所載亦
同,惟言名世初以草澤得召上書,後始詔,賜出身,充史館校
勘。朱子語類又謂其以趙汝愚薦,以白衣起爲著作郎,後忤
秦檜勒停,均與心傳所記不同,則未詳孰是。

此書《宋史·藝文志》譜牒類著録。

按,此書大抵以《左傳》《國語》爲主,自《風俗通》以下,各採其
是者從之,而於《元和姓纂》抉摘獨詳,又以《熙寧姓纂》《宋百
官公卿家譜》二書互爲參校。後其子椿又續之至紹興之中
年,其書大備。其書元已後不見傳本,永樂大典散附於千家
姓下,已非舊第。清四庫館臣採《大典》所引,據王應麟所引
原序之體例,按,原序見《玉海》卷五十"紹興姓氏書辨證"條。仍釐爲四十
卷,目録二卷,其複姓則以字爲主,附見於各韻之後,間有徵
引訛謬者,併附著案語,各爲糾正焉。[①] 清道光癸卯(二三年,
1843)季秋,錢熙祚得不全之宋槧本,缺卷五至卷十八,又缺
卷二十一至卷三十,以之校四庫輯本,不特先後次序判然不
同,而字句之脱漏差舛,至不可枚舉,乃爲校勘記三卷,今《守
山閣叢書》《叢書集成初編》本並載錢氏校勘記。

---

① 説詳《四庫全書總目提要》。

太祖玉牒不著卷數　宋沈該等撰　佚

該,字約文,歸安人,紹興十八年(1148)三月以權禮部侍郎兼
直院,八月除敷文閣待制,知潼川府,召還,除參知政事。著
有《易小傳》《神宗寶訓》《翰林學士年表》《江行圖志》《陰符經
注》等。事迹具《宋大臣年表》《宋中興學士院題名録》《南宋
館閣録》《南宋制撫年表》等書。

此書《宋史·藝文志》譜牒類不著録,見《玉海》卷五十一。
《玉海》卷五一"紹興玉牒所屬籍堂"條云:"南輯,有司失職,
盡奔江湝。紹興二年(1132)七月丁亥,宗正少卿李易請編次
玉牒。二十年(1150)二月九日,始作玉牒所。二十六年
(1156)閏十月二十七日,御書玉牒殿及殿門祖宗屬籍堂牓。"
又同卷"太祖玉牒"條云:"紹興二十七年(1157)四月己未,沈
該等上太祖,今上玉牒,登進于垂拱殿,藏玉牒殿。副本藏龍
圖閣。"

按,宋代修玉牒,始於太宗至道(995－997)年間,真宗大中祥
符六年(1013)正月辛酉,判宗寺趙世長等請於皇屬籍之上,
別崇懿號,詔名《皇宋玉牒》。[1]《宋史·藝文志》譜牒類著録
《(皇)宋玉牒》三十三卷。此三十三卷中,或包括《太祖玉
牒》,惟南渡後不存,沈該等爲之重修也。

太宗玉牒不著卷數　宋不著撰人　佚

真宗玉牒四十卷　宋不著撰人　佚

右二編《宋史·藝文志》譜牒類不著録,見《玉海》卷五十一。
《玉海》卷五一"太宗真宗玉牒"條云:"乾道三年(1167),林劢
言:'太宗朝已成,真宗至欽宗七世,未加一筆。'五月戊戌,上
太宗真宗《玉牒》。真宗四十卷。淳熙元年(1174)十二月乙巳,復進真宗。"

---

① 見《玉海》卷五一"祥符皇宋玉牒"條。

神宗玉牒八十卷　宋不著撰人　佚

哲宗玉牒不著卷數　宋汪藻、鮑延祖撰　胡南逢重修　佚

藻，字彦章，饒州德興人，徽宗崇寧二年（1103）進士，欽宗授起居舍人，高宗擢中書舍人，官至顯謨閣學士。著有《淳溪集》《青唐録》《裔夷謀夏録》《世説叙録》等。事迹具《宋史》卷四四五、《宋史新編》卷一七一、《南宋書》卷二五、《四朝名臣言行録》下集卷七、《皇宋書録》卷下等書。

延祖，紹興間官宣府郎，與修《紹興重修敕令格式》。《宋史》無傳，事迹略具《宋會要輯稿》刑法一。

南逢，淳熙間官宗正寺主簿，國子録。《宋史》無傳，事迹略具《宋會要輯稿》選舉二二。

右二編《宋史·藝文志》譜牒類不著録，見《玉海》卷五十一。

考《玉海》卷五一"神宗哲宗玉牒"條云："崇寧三年（1104）十月重修。紹興七年（1137），汪藻、鮑延祖編《哲宗玉牒》上之。淳熙五年（1178）八月十九日，宗正簿胡南逢言：'藻失紀事之體。'紹重修。七年（1180）四月丙戌，上《哲宗玉牒》。慶元三年（1197）三年二月五日，進神宗（玉牒）八十卷。"

徽宗玉牒一二〇卷　宋不著撰人　佚

欽宗玉牒二十册　宋不著撰人　佚

右二編《宋史·藝文志》譜牒類不著録，見《玉海》卷五十一。

檢《玉海》卷五一"徽宗欽宗玉牒"條云："淳熙四年（1177）三月己酉，進《徽宗（玉牒）》；嘉泰三年（1203）四月十七日，又上一百二十卷，開禧元年（1205）閏八月二十四日，上《欽宗（玉牒）》二十册 。并《憲聖慈烈後聖德事迹》十卷。"

高宗玉牒不著卷數　宋著撰人　佚

此書《宋史·藝文志》譜牒類不著録，見《玉海》卷五十一。

《玉海》卷五一"高宗玉牒"條云："紹興二十七年（1157）四月

己未,始進;乾道六年(1170)五月己未,八日。進。庚申恭進于德
壽宫。九年(1173)九月六日,又進。一本云八月丙申。"

孝宗玉牒不著卷數　宋不著撰人　佚

此書《宋史·藝文志》譜牒類不著録,見《玉海》卷五十一。

《玉海》卷五一"孝宗玉牒"條云:"始進于乾道九年(1173)八
月丙申;淳熙四年(1177)三月己酉又進;于紹熙元年(1190)
八月戊戌、己亥恭進。三年(1192)十二月壬寅。并《聖政》《會要》癸卯
恭進。"

光宗玉牒四十卷　宋不著撰人　佚

此書《宋史·藝文志》譜牒類不著録,見《玉海》卷五十一。

《玉海》卷五一"光宗玉牒"條云:"四十卷。進于慶元六年
(1200)二月二十二日。又進于嘉定十三年(1220)五月。"

寧宗玉牒五十卷　宋不著撰人　佚

此書《宋史·藝文志》譜牒類不著録,見《玉海》卷五十一。

《玉海》卷五一"寧宗玉牒"條云:"嘉泰四年(1204)八月九日
進五十卷。嘉定六年(1213)二月二十五日刊正辨誣之書上
之。嘉泰至開禧。淳祐二年(1242)上《寧宗玉牒》。"

按,此書初進時爲五十卷,淳祐再進時之卷數則不可考。

又按,北宋、南宋各九朝,計十八朝,《宋史·藝文志》譜牒類
僅著録《仁宗玉牒》四卷及《英宗玉牒》四卷二種,兹又考得十
一種,合計得十三種,所缺者爲南宋理宗、度宗、恭宗、端宗、
帝昺王朝。

又按,宋代歷朝玉牒今並不存,其内容固不可詳考,惟《玉
海》卷五十一猶載其凡例與體制,可藉以想見宋代玉牒之内
容也。《玉海》卷五一"玉牒凡例"條云:"敕令、御札、聖旨、
親筆處分、郊祀行幸、大臣拜罷、試賢良、大議論更革廢置、
大祥瑞災異、户口增減、官維卑因事賞罰關治體者。"又云:

"紹興十二年(1142)奏請九事：一、親祠天地宗廟；一、皇子出閣，公主下降；一、宰臣除罷；一、巡狩行幸；一、大慶；一、臨軒册后妃封皇子；一、蕃國入貢；一、大賞罰；一、官維小事係大體。"又云："嘉定四年(1211)十月一日，己卯朔。修玉牒章穎等言：'玉牒體制未定，凡例乖牾，蓋玉牒書一代大事，視遷，固帝紀，而元降格目，内分十條，若盡用帝紀之體，則爲太簡，然金牋寶匣，藏於秘殿，若沿襲案牘之詞，登之簡策，似不雅正。至於事有當書而不書，有細事而累書。今欲定體制，開列某事當書，某事不當書，編成一册，定爲玉牒之凡例，官吏遵爲成式，先後編集，不至異同。至非常之事，則自立言辭，鋪叙本末，隨事删潤，以爲成書。'從之。"知宋代玉牒之内容體制，較史漢之帝紀爲詳，所載皆一朝大事也。

帝王系譜一卷　宋吳逵撰　佚

逵，字公路，武夷人。紹興二十年(1150)由左朝奉大夫知廬州。二十六年(1156)爲福建提刑，是年十二月除直秘閣知鼎州。《宋史》無傳，事迹具《南宋制撫年表》淳熙《三山志》卷二五。

此書《宋史·藝文志》譜牒類不著録，見《直齋書録解題》卷八譜牒類。

陳振孫曰："武夷吳逵(公路)撰，政和壬辰(二年，1112)也。自漢迄周顯德，每代略具數語，其論曹操迫脅君后，無復臣禮，逆節已顯。會其病死，故篡竊之惡，漏在身後，昔人謂其不敢危漢者，亦不覈其情耳。此論與愚意吻合。"[①]

---

① 《文獻通考》卷二〇七《經籍考》史部譜牒亦據陳《録》載此書，惟撰人作"吳達"，今正。

《玉海》卷四七云：“政和間吳逴撰《帝王系譜》一卷，自兩漢迄顯得一千一百六十五載。”

仙源慶系屬籍總要不著卷數 宋范沖等撰張絢等續修 佚

沖，祖禹子，字元長，紹聖進士。高宗即位，召爲虞部員外郎，俄出爲兩淮轉運使。紹興中，詔沖重修神宗、哲宗兩朝實録，召爲宗正少卿，兼直史館。帝雅好《左氏春秋》，沖爲講官，敷衍經旨，因以規諷，帝未嘗不稱善。累官翰林侍讀學士。性好義樂善，司馬光家屬，皆依沖所，沖撫育之。事迹具《宋史》卷四三五、《宋史新編》卷一六六、《史質》卷三七、《南宋書》卷二二等書。

絢，字彦素，丹陽人，登宣和六年（1124）進士。紹興三年（1133）除正字，遷宗正少卿，擢監察御史。《宋史》無傳，事迹具《京口耆舊傳》卷五，《南宋館閣録》卷八、至順《鎮江志》卷一八等書。

此書《宋史·藝文志》譜牒類不著録，見《玉海》卷五十一。

《玉海》卷五一“紹興仙源慶系屬籍總要”條云：“紹興五年（1135）四月二十六日，少卿范沖等修纂《仙源慶系屬籍總要》。一、太祖太宗；一、秦王；一、母氏；一、始生；一、宗婦；一、宗女；一、宮院；一、官爵；、壽考；一、賜諡。十一月辛未上之。”又云：“（紹興）八年（1138）十二月十七日，少卿張絢請續修，從之。十二年（1142）十月戊寅，十三日。宗丞邵大受言：‘《周官》小宗伯掌三族，辨親疏，小史奠繫世，辨昭穆，漢唐以來，建寺設官，循古制也。國朝宗寺舊掌之書有四：曰《皇宋玉牒》，曰《仙源積慶圖》，曰《宗藩慶系録》，曰《宗支屬籍》。建炎南渡，四書逸於江滸，比命蒐訪闕遺，重加修纂，賜名《總要》，合《圖》《録》《屬籍》三者而一之，而《玉牒》獨闕，詔裒次以備中興盛典。’從之。”知此書之纂修，有所本也。

(范氏)續家譜不著卷數　宋范仲淹撰　佚

仲淹，字希文，吳縣人。二歲而孤，母更適朱氏，從其姓，名説。既長，知家世，感泣辭母去，依戚同文學，晝夜不息，冬夜憊甚，以水沃面。舉大中祥符八年（1015）進士，始還姓，更其名。晏殊薦爲秘閣校理，仁宗朝遷吏部員外郎，權開封府，忤吕夷簡，罷知饒州。夷簡罷，召還，倚以爲治，拜樞密副使，進參知政事。皇祐四年（1052）五月二十日卒，年六十四。贈兵部尚書，謚文正，追封楚國公，靖康元年（1126）二月特追封魏國公。著有《政府論事》、奏議、文集等。事迹具《宋史》卷三一四、《宋史新編》卷九九、《東都事略》卷五九上、《隆平集》卷八等書。

此書《宋史·藝文志》不著録，見《范文正集補編》卷一。

《范文正集補編》卷一載〈續家譜序〉，曰："吾祖唐相履冰之後。舊有《家譜》。咸通十一年（870）庚寅，一枝渡江，爲處州麗水縣丞，諱隋。中原亂離不克歸，子孫爲中吳人。皇宋太平興國三年（978），曾孫堅、垌、墉、塤、埴、昌言六人，從錢氏歸朝，仕宦四方，終於他邦，子孫流離，遺失前譜。至仲淹蒙竊國恩，皇祐中來守錢塘，遂過姑蘇，與親族會，追思祖宗。既失前譜未獲，復懼後來昭穆不明，乃於族中索所藏誥書，家集考之，自麗水府君而下，四代祖考，及今子孫，支派盡在，乃創義田，計族人口數而月給之。又理祖第，使復其居，以永依庇，故作《續家譜》而次序之。皇祐二年（1050）正月八日，資政殿學士、金紫光禄大夫、行尚書户部侍郎、知青州軍事、兼管内勸農事、充青州淄濰登萊沂密徐州淮陽軍安撫使護軍仲淹述。"

歐陽氏譜圖不分卷　宋歐陽修撰　存

修，字永叔，廬陵人，自號醉翁。舉進士甲科，慶曆初召知諫院,改右正言,知制誥。時杜衍、韓琦、范仲淹、富弼相繼罷去,修上疏極諫,出知滁州,徙揚州、潁州,還爲翰林學士。嘉祐間拜參知政事,熙寧初與王安石不合,以太子少師致仕,晚號六一居士。著有《新唐書》《新五代史》《毛詩本義》《集古錄》《歸田錄》《洛陽牡丹記》《文忠集》《六一詩話》《六一詞》等。事迹具《宋史》卷三一九、《宋史新編》卷一○二、《東都事略》卷七二、《皇宋書錄》卷中等書。

此書《宋史·藝文志》不著錄,見《文忠集》卷七十一。

檢《文忠集》卷七一載《歐陽氏譜圖序》,曰:"歐陽氏之先,出夏禹之苗裔,自帝少康封庶子於會稽,使守禹祀,傳二十餘世,至允常子曰勾踐,是爲越王。越王勾踐卒,子王鼫與立,傳五世,至王無疆,爲楚威王所滅,其諸族子孫,分立於江南海上,受封於楚,爲歐陽亭侯。亭侯在今湖州烏程歐餘山之陽,子孫遂以爲氏。漢高滅秦,得無疆七世孫搖復,封爲越王,使奉越後,而歐陽亭侯之後,因有仕漢爲涿郡太守者,子孫遂居於北。一居冀州之渤海,一居青州之千乘。居千乘者曰和伯,仕於漢最顯,世爲博士,以經名家,所謂歐陽《尚書》是也。其居渤海者,仕於晋最顯,曰建,字堅石,所謂渤海赫赫歐陽堅石是也。建過趙王倫之亂見殺,兄子質以其族奔長沙,由是子孫復居於南,仕於陳者曰頠,威名著於南海。頠之孫曰詢,詢之子通,仕於唐尤顯,皆爲名臣,其世居長沙,猶以渤海爲封望。自通三世生琮,爲吉州刺史,子孫因家焉。琮八世生萬,萬爲安福縣令。生和,和生雅,雅生效、楚。效生漢、託、詥。託生皇高祖府君,府君生子八人,於世次爲曾祖。今圖所列子孫,皆八祖之後,蓋自安福府君以來,遭唐末五代之亂,江南陷於僭僞,歐陽氏遂不顯,然世爲廬陵大族,而皇祖府君以儒學知名當世,至今名其所居鄉曰儒林云。及宋興，天下一統，八祖之子孫稍復出而仕宦，然自宋三十年，吾先君伯父叔父始以進士登於科者四人，後又三十年，某與麗兄之子乾曜，又登於科，今又殆將三十年矣，以進士仕者又纔二人，蓋自八祖以來，傳今百人，或絕或微，分散扶疏，而其達於仕進者，何遲而又少也。今某獲承祖考餘休，列官於朝，叨竊榮寵，遇其涯分，而才卑能薄，泯然遂將老死於無聞。夫無德而祿，辱也，適足爲身之愧，尚敢以爲親之顯哉？嗚呼！自通而上，其行事見於史。自安福府君而下，遭世故無所施焉。某不幸幼孤，不得備聞祖考之遺德，然傳於家者，以忠事君，以孝事親，以廉爲吏，以學立身，吾先君諸父之所以行於其躬、教於其子弟者，獲承其一二矣。某又嘗聞長老言，當黃巢攻破江西州縣時，吉州尤被其毒，歐陽氏率鄉人扞賊，賴保全者千餘家，子孫宜有被其陰德者。顧某不肖，何足以當之。《傳》曰：積善之家，必有餘慶。今八祖歐陽氏之子孫等衆，苟吾先君諸父之行於其躬、教於其子孫者，守而不失，其必有當之者矣。嘉祐四年(1059)己亥四月庚午，嗣孫修謹序。"

按，今《譜圖》載《文忠集》卷七十一。《譜圖》分三部分，第一部分自景達至琮；琮以下七世譜亡，八世孫曰彪，彪弟曰萬，故第二部自萬至修之世；第三部分則略述吉州府君琮以下生平事迹。《譜圖》末有《譜例》，叙其修《譜圖》之原則方法，曰："姓氏之出，其來也遠，故其上世多亡不見。譜圖之法，斷自可見之世，即爲高祖，下至五世，玄孫而別自爲世，如此世久，子孫多，則官爵功行載於譜者不勝其繁，宜以遠近親疏爲別。凡遠者疏者略之，近者親者詳之，此人情之常也。玄孫既別自爲世，則各詳其親，各繫其所出，是詳者不繁，而略者不遺也。凡諸房子孫，各紀其當紀者，使譜牒互見，親疏有倫，宜視此例而審求之。"

又按,此編由於篇帙少,未見單行本,均載一百五十三卷之《文忠集》中。

蘇氏族譜不分卷　宋蘇洵撰　存

洵,字明允,眉山人,序子,年二十七,始發憤爲學,舉進士及茂才異等,皆不中,悉焚常所爲文,閉户讀書,通六經百家之説,至和、嘉祐間,與二子軾、轍來京師,翰林學士歐陽修上其所著二十二篇,士大夫爭傳之。宰相韓綺奏於朝,除秘書省校書郎。會太常修纂建隆以來禮書,與姚闢同修,爲《太常因革禮》一百卷,治平三年(1066)書成,方奏未報,卒,年五十八。著有《謚法》《嘉祐集》等。洵家有老人泉,梅堯臣爲之作詩,故自號老泉。事迹具《宋史》卷四四三、《宋史新編》卷一七〇、《史質》卷三七、《東都事略》卷一一四等書。

此書《宋史·藝文志》不著録,見《嘉祐集》卷十四。

《嘉祐集》卷一四載《蘇氏族譜》,譜前有蘇氏序,曰:"蘇氏之譜,譜蘇氏之族也。蘇氏出自高陽,而蔓延於天下。唐神龍初,長史味道刺眉州,卒於官,一子留於眉,眉之有蘇氏,自是始。而譜不及焉者,親盡也。親盡則曷爲不及?譜爲親作也。凡子得書,而孫不得書,何也?以著代也。自吾之父,以至吾之高祖,仕不仕,娶某氏,享年幾,某日卒,皆書,而他不書,何也?詳吾之所自出也。自吾之父,以至吾之高祖,皆曰諱某,而他則遂名之,何也?尊吾之所自出也。譜爲蘇氏作,而獨吾之所自出得詳與尊,何也?譜,吾作也。嗚呼!觀吾之譜者,孝弟之心,可以油然而生矣。情見乎親,親見於服,服始於衰,而至於緦麻,而至於無服。無服則親盡,親盡則情盡,情盡則喜不慶,憂不弔。喜不慶,憂不弔,則塗人也。吾之所以相視如塗人者,其初兄弟也。兄弟,其初一人之身也。

悲夫！一人之身，分而至於塗人，此吾譜之所以作也。其意曰分而至於塗人者，勢也。勢，吾無如之何也。已幸其未至於塗人也。使之無至於忽忌焉可也。嗚呼！觀吾之譜者，孝弟之心，可以油然而生矣。系之以詩曰：吾父之子，今爲吾兄，吾疾在身，兄呻不寧，數世之後，不知何人。彼死而生，不爲戚欣，兄弟之親，如足如手，其能幾何，彼不相能，彼獨何心。"譜所載自五世祖至洵。譜後又有族譜後録上下兩篇，則述其先人事迹也。

按，此篇未見單行本。宛委山堂本《說郛》卷七一收録。

陳郡袁氏譜一卷　宋袁陟撰　佚

陟，字世弼，號遯翁，南昌人。登慶曆六年（1046）進士，知當塗縣，官止太常博士。讀書勤奮，形貌癯瘠，歿時僅三十四歲，自作墓誌。著有《遯翁集》。事迹具《宋史》卷三〇一、《宋詩紀事》卷十六等書。

此書《宋史·藝文志》不著録，見《直齋書録解題》卷八譜牒類。

陳振孫曰："袁陟（世弼）録。"①

楊氏世譜不著卷數　宋楊傑撰　佚

傑，字次公，自號無爲子，無爲人。嘉祐四年（1059）進士。元豐中官太常，一時禮樂之事，皆預討論。曾言大樂七失，與范鎮異議。哲宗即位，議樂，又用范鎮説，傑復攻之，鎮之樂律，卒不用。元祐中出知潤州，除兩浙提點刑獄，卒年七十。著有《樂記》《五代紀元》《無爲集》等。事迹具《宋史》卷四四三、《宋史新編》卷一七〇、《史質》卷四〇、《東都事略》卷一一五等書。

---

① 《文獻通考》卷二〇七《經籍考》史部譜牒亦據陳《録》著録。

此書《宋史·藝文志》不著録，見《無爲集》卷八。

《無爲集》卷八載《楊氏世譜序》，曰："楊氏，姬姓也。其先曰尚父伯僑，蓋周武王第三子，唐叔虞之後，始封爲楊侯。楊侯生文，文生突，晋之公族，食邑於羊舌。突生職，惠公上卿。職生肸，字叔向，亦曰叔譽，晋太傅，食采楊氏邑。肸生伯石，字食我，以邑爲氏號，曰楊石。伯石生章，征東將軍華山侯，始居華陰。章生欵，字太初，秦上卿，後除弘農，始作家譜，以示子孫。欵生碩，字弘遠，隱居華山仙谷，見五星聚東井，知漢必興，後爲太史。碩生喜，字幼羅，從漢擊項羽，封赤泉侯，謚曰嚴。喜生敷，字伯宗，襲封赤泉侯，謚曰定。其後爲新昌院。敷生胤，字無害，襲封赤泉侯。胤生敞，字君平，任大司農、御史大夫，封安平侯，預謀立宣帝，拜大丞相。敞生忠，封安平侯，謚曰頃。忠生譚，字君公，大鴻臚卿，屬國安平侯。譚生寶，字稚淵，漢明帝三詔不出，謚曰靜節先生，嘗有靈雀銜環之瑞。寶生震，字伯起，漢太尉，稱關西孔子畏四知，惟忠孝清白以傳子孫。震生奉，字季節，後改名衆，字君師，任諫議大夫、河東太守，遷中書侍郎。奉生勇，漢黄門侍郎，其後爲東垣宜陽房。勇生纂，字叔緒，獻帝時太中大夫，封常山王。纂生品，字文璨，魏文帝時太中大夫。品生國，字彦高，晋武帝時弘農令。國生準，晋太常。準生林，其後爲滎陽房，又蜀中院，譜林乃準之後。林生鉉，鉉生結，仕慕容氏中山相。結生繼，繼生暉，洛州刺史，謚曰簡。暉生恩，河間太守。恩生鈞，魏朝越國公，謚曰恭。鈞生儉，一名倫，字景則，西魏時封夏陽靖侯。倫生文异，字文殊，隋刑部尚書。文异生安仁。安仁生德。德生立。立之孫曰隱朝，爲郿陽令。隱朝生燕客，臨汝令。燕客生寧，國子祭酒。寧生漢公，字用乂，爲天平軍節度使、檢校户部尚書，其後爲淮南院、蜀院、閩院。

漢公生範,字憲之,楚州刺史。範生紛,字表文,吏部尚書、監察御史,其後爲揚州丹陽房。玢之孫徽,字隱父,初自靖康里挈族來淮南,是爲淮南府君。徽生南賓府君昺、橐皋府君杲。杲生濡須府君德明。德明生富,字文翁;次大夫復,字庶幾;次試秘書省校書郎寓,字晏之。富生僖、价、佸、僎、佃。復生傑、傳、伋、作、佺。寓生佹、仲、依。傑生洙、滋、泳、浩。傳生潃。伋生濛、汶。作生枹、樸、榛。佺生涇、洞。洙生堯叟。滋生襲吉、襲圭,是爲淮南院子孫。熙寧元年(1068),同南海監郡尚書郎沆,及其子上卿、客卿、列卿,會於豫章兩院,各出世牒,若合符契。至元豐四年(1081)秋,傑以禮官准詔祀萃岳,乃拜太尉祠冢,訪講堂藏書,穴酌阿對泉於龍岡,道過好陽省五公墳,畫圖隱碑以歸,參考宗支,得《閿卿華陰譜》,本末尤詳。元祐五年(1090),歲次庚午,三月吉日,重書於會稽妙峰亭。第四十七世大宋左朝清郎尚書禮部員外郎傑序。"

羅提刑宗譜不著卷數　宋羅適撰　佚

適,字正之,別號赤城,台州寧海人。治平三年(1066)進士,歷知五縣,官至京西北路提點刑獄,慷慨建白,務恤民隱,亦稱羅提刑。建中靖國元年(1101)卒,年七十三。著有《易説》《傷寒救俗方》《赤城集》等。事迹具《宋元學案》卷一、《宋元學案補遺》卷一、《宋詩紀事》卷二三、《嘉定赤城志》卷三三等書。

此書《宋史·藝文志》不著録,見雍正《浙江通志》卷二五四。

雍正《浙江通志》卷二五四著録此書云:"石簡《羅提刑宗譜序》:'適字正之,台寧海人,世居溪南,派出巾峰公。'"

闕里世系一卷　宋孔宗翰撰　佚

宗翰,字周翰,曲阜人。第進士,知汕源縣,歷判陝、揚、洪、兗諸州,皆以治聞。哲宗時召爲司農少卿,遷鴻臚卿、刑部侍郎,以寶文閣待制知徐州,未拜卒。事迹具《宋史》卷二九七、《宋史新編》卷九二、《東都事略》卷六〇、《宋詩紀事》卷二六等書。

此書《宋史·藝文志》不著録,見《郡齋讀書志》卷九譜牒類。

晁公武曰:"右皇朝孔宗翰重修孔子家譜也。《唐(書)·藝文志》有《孔子系葉傳》,今亡。其家所藏譜,雖曰古本,止叙承襲者一人,故多疏略。宗翰元豐末知洪州,刊於牘,紹興中,端朝者續之,止於四十九代。洪興祖又以《史記》并孔光、孔僖傳及太子賢《注》,與唐宰相世系諸家校正,且作《年譜》,列於卷首。"[1]

《玉海》卷五十"唐孔子系葉傳"條引《中興書目》云:"《闕里譜系》一作世系。一卷,元豐中孔子四十六代孫宗翰刻而傳之。紹興五年(1135),洪興祖正其缺誤,又作《先聖年表》列之卷首。"

按此書一本作《闕里譜系》,知當時傳本所題不同也。

劉氏家傳不著卷數　宋不著撰人　佚

此書《宋史·藝文志》不著録,見《清江三孔集》卷十七。

宋孔武仲《清江三孔集》(卷十七)載《劉氏家傳跋尾》,曰:"元豐八年(1085)冬,某以職事見河南劉公子長沙,得與讀《家傳》,自北齊至于本朝,十更國姓,而劉氏衣冠不絶,忠臣義士、文學之老、世有其人。公兄伯壽,年逾七十,精明如少壯時。爵列三品,而身游方外。公以行學政事,見器人主,將方面,期年政成,且乘驛歸奏。兄弟進退雖不同,皆爲士大夫所推,抑又一時之盛也。嘗觀春秋之世,區區晉楚,分國一隅,

---

　　① 此所據晁《志》,係衢本。袁本晁《志》此書見卷二下譜牒類,叙録文字略有不同:"與唐宰相世系諸家校正,且作《年譜》,列於卷首"句,袁本"諸家"作"諸書","且作"作"直作","列於卷首"作"例于卷首云"。

下至宋、魯、鄭，地不過百里，其卿大夫之貴且富，往往與其國盛衰相上下。今劉氏積德如此，子孫賢才，衣冠世襲之盛，其將與宋無窮乎。十二月十三日孔某題。"

（游氏）家譜不著卷數　宋游酢撰　佚

酢，字定夫，建州建陽人，師程頤兄弟，與兄醇並以文行名。酢與楊時初見頤，頤瞑目而坐，二子侍立不去，既覺，謂二子曰："賢輩尚在此乎？今既晚，且休。"及出門，門外雪深三尺。元豐六年（1083）登進士第。有治劇才，歷知漢陽軍、和、舒、濠等州，處之裕如，民不勞而事集。宣和五年（1123）卒，年七十一，謚文肅，學者稱廌山先生，亦稱廣平先生。著有《易説》《詩二南義》《中庸義》《論語孟子雜解》、文集等。事迹具《宋史》卷四二八、《宋史新編》卷一六一、《史質》卷九八、《東都事略》卷一一四等書。

此書《宋史・藝文志》不著録，見《游廌山集》卷四。

游酢《游廌山集》卷四載《家譜後序》，曰："往酢從事於伊川程夫子之門，謂儒者之道，首在敦倫睦族，謹書諸紳，以誌不諼。富哉言乎！昔姬公陳詩以告孺子，王必丕揚其祖德，非獨紹聞衣德言，亦以啓佑我後人也。然而難言之矣。宗族之壞，每在數傳而後，其間保無一二式微，世世雷同附合者，或高曾皆不可問，舉一勳名爛然，絶無干涉之人，奉以爲吾祖吾祖也，恥孰甚焉。獨吾族不然。吾族於春秋時最顯，粤我先人博物洽聞，顯名於諸侯，澤潤生民，與東里子産，並傳不朽，如傳稱子太叔者是也。迨伯度公佐魏，卓卓著功業，伯始公繼起，風裁高峻，節烈矯然，世奉爲日里河岳，蓋亦後先濟美者矣。再傳簡之公，爲唐南豐令，多所膏澤及於民，至今廟祀不衰，自時厥後，本朝太平興國間，簪纓朱芾，蟬聯至今，巨族之稱，由來尚矣。酢膺祖父之休，承令俎豆，而顧使先人之澤散

佚無傳焉,是誰之咎哉。獨不敢少有侵假,令支系混淆,世次
紊亂,蹈雷同附和之譏。是編之葺,兄醇倡其事,酢用成之,
則惟以別其流者澄其源,庶無負乎敦倫睦族之訓也已。若謂
光前人之烈,以垂裕後昆也,則吾豈敢。"

安定先生世系述一卷　宋沈大臨撰　佚

大臨,淳熙(1174－1189)中人,事迹待考。

此書《宋史·藝文志》不著録,見《郡齋讀書志》趙希弁《附
志》。

《郡齋讀書志》卷五上附志譜牒類著録此書,趙希弁曰:"右胡
瑗世系源委也。瑗字翼之,泰州如皋人也。瑗爲人師,言行
而身化之,使誠明者達,昏愚者屬,而頑傲者革,故其爲法嚴
而信,爲道久而尊,自景祐、明道以來,學者有師,惟瑗與孫
復、石介三人。瑗以布衣召見論學,拜校書郎,嘗爲湖州學
官。慶曆四年(1044),建太學於京師,有司請下湖州,取瑗教
學之法以爲則,召爲諸王宫教授,以疾免,已而以太子中允致
仕。皇祐中召至京師議樂,歲餘,爲光禄寺丞國子監直講,遷
大理寺丞,嘉祐中遷太子中允,充天章閣侍講,已而又以病不
能朝,復以太常博士致仕。東歸之日,太學之諸生與賢士大
夫送之東門,執弟子禮,路人嗟嘆以爲榮。卒年六十七。《世
系》乃淳熙中沈大臨述。"①

陶氏家譜一卷　宋陶直夫撰　佚

直夫,字次仅,②潯陽人,淵明十六世孫。第進士,爲建昌軍司
户參軍,有殊政,遷雄州防禦推官,歷教授懷州、徐州,提舉梓

---

① 此所據《晁志·附志》,係衢本。"瑗以布衣召見論學"句,袁本作"瑗以布衣召
見論樂"。

② 直夫之字,清文淵閣《四庫全書》本《丹陽集》作"字次仅,仍居潯陽……",清光
緒常州先哲遺書本《丹陽集》作"字次仍"。

州路學事，所至談經授業，切磋懇至，嘉惠士子。遷監察御史，入秘書省爲著作佐郎。大觀三年（1109）疾卒，年僅四十七。葛勝仲《丹陽集》卷十四有《著作佐郎陶公墓誌銘》。

此書《宋史·藝文志》不著録，見《直齋書録解題》卷八譜牒類。

陳振孫曰：“懷州教授陶直夫録，侃之後也。”

按，《宋史·藝文志》譜牒類著録陶芰麟所撰《陶氏家譜》一卷，今亦亡佚。

（李氏）家譜不著卷數　宋李石撰　佚

石，字知幾，資陽人。本名知幾，後感夢兆，改今名，而以知幾爲字。舉進士高第，高宗紹興末，以趙逵薦，任太學博士，終成都轉運判官，石爲成都學官，就學者如雲，古今蜀學推最盛。居官尚品節，文章淵源蘇氏。若有《方舟易學》《世系手記》《續博物志》《方舟集》等。事迹具《宋史翼》卷二八、《南宋文範》等書。

此書《宋史·藝文志》不著録，見《方舟集》卷十。

李石《方舟集》卷十載《家譜後序》，曰：“祖父望子孫者甚厚，吾爲子孫而自薄其身，是薄祖父也，其可乎？吾宗譜系，先御史府君始修之，一行之善，一藝之長，必爲之傳，而登官籍致饒給者，則載其志銘焉，所以從善勸後，其意厚矣。迄今二百年，子孫益衆。富若貴者志銘多夸詞，處約者家傳亦成缺焉。故稽志銘之所載，求故老之所傳，斂華就實，自御史立傳之後，皆續傳焉，而志銘之實，亦在是矣。有不及載者，則其後凋落無所考訂，故不敢强爲之辭。大抵續傳之作，皆本先御史崇善勸後之美意，而其要則以行義爲先，而宦達次之，致富饒者又次之，欲使族人皆自力於知行並進之學，而汲汲務外之習或稍息。聿修厥德，毋忝爾所生，吾族之人，尚其勉之。”

(家氏)重修家譜不著卷數　宋家德麟撰　佚

德麟,紹興間人,事迹待考。

此書《宋史·藝文志》不著録,見《方舟集》卷十。

李石《方舟集》卷十載《代家德麟作重修家譜序》,曰:"家有譜,所以别生分類,以著不忘,非欲相誇以門地也。吾宗得姓受氏,自洛而歙而睦,蔓衍四出,至於源同派别,有不可考者,故先御史府君實自玄英以下,定其可知者爲譜,而先監場府君又續修之。今踰百年,生齒日繁,昭穆失紀,耆年宿德,問之茫然,後生晚出,將爲途人,譜其可不修乎? 德麟不揣,輒因舊譜,訪問諸族,補其未備者,而續書之,尊卑之序,瞭然在目。天理未泯,或可以起其敦睦之良心焉。嗟乎! 今吾爲兄弟子姪者多至數百人,遠或千里外,原其所自,皆出於一人之身也。且以吾一身,而子若孫或數人。數人之愛,吾未嘗有異也。以吾愛子孫之心,推之父祖,則父祖之愛吾兄弟子姪者,詎有異乎? 父祖之心未嘗異,而吾蔽有已而越秦,其視甚者戕之以自厚,則於父祖之心何如也。吾族之人,亦嘗有思於此乎? 故又併著其説於譜後云。"

烏州李氏世譜不著卷數　宋李吕重修　佚

吕,字濱老,一字東老,號澹軒,邵武軍光澤人。蚤孤,事母至孝,育弟妹有成。聚族千指,昕夕序揖致禮,自少至老,不以寒暑少變。幼從學於從父郁,郁學於楊龜山,家傳遠有端緒。淳熙六年(1179),見朱文公於廬阜,遂爲講學之友。慶元四年(1198)卒,年七十七。吕學甚富,尤深於《易》,著有《周易義説》《澹軒集》等。事迹具《閩中理學淵源考》卷六、《南宋文範作者考》卷下、《宋元學案》卷二五等書。

此書《宋史·藝文志》不著録,見《澹軒集》卷五。

李吕《澹軒集》卷五載《烏洲李氏世譜序》,曰:"初祖自唐末卜居光澤之烏洲，卒葬本村，世號員外墳。墳園占地，從廣所抵，伯祖長官嘗慮從官轉徙，爲鄰畔侵併，具言於邑大夫，給據似照，屬朝廷舉行經界里正，行量步畝，又狹於當時所載，姑附見於删定之砧基。歲在己丑，某嘗率宗族，環以版築。辛卯之春，北溪泛溢，墻悉浸仆，基石僅存。其兆域之内，凡有二冢，居其中者特大，數十年來墳土消落，冢面之塼畢露，塼側有文曰‘咸通五年二月葬’；其左者差小，文曰‘通二年某月藏’，或有‘李家冢’三字，然世系悠悠，傳録不一。考於高曾以來誌墓之文，或云有穎者出於青州之千乘，或云唐大中間，都官員外郎頻爲建州刺史，有惠愛，卒官下，時邵武光澤未升郡縣，隸建州境，子弟有不果歸者，留居於此，自大中改元咸通，適其時也。質之本傳，時有不合，豈登載之闕歟？爲之後者，疑以傳疑，迄未有以取正也。迨紹興戊寅（二十八年，1158），送婦翁之官御史府，道出雲際，邂逅族人季英者，備言少時及見其家舊譜，則云初祖公達，偕弟公遠，實南劍望姓，以事往來吾里。有高公者豪據烏洲，館二公於别室，奇公達，妻以女。高無子，罄其貲以奉焉。三者之説，未知孰是。要之，雲際所聞頗詳首末，差若可信，今譜目之曰員外，從長官公文舊稱也。自昔相傳初祖之後，分派爲四，是則同考四子名皆從走，咸有隱君子之操。當唐末喪亂，避難散處，以蕃以殖：曰超，北徙雲際，得建安劉侍郎熿所撰仲權墓表，則曰起生朱，朱生德榮，德榮生巽，巽登第，太宗朝仕至度支郎中，際山以南李其姓者，悉超之裔也。其東徙邵武，之將渠，之久里，曰赴，曰越，皆爲茂族，大丞相綱父子兄弟，聯芳接武，蓋居將渠焉。曰起，世其先廬主産業不樂徙，吾族其後也。呂㞧角，侍諸父聞講道舊事，奉常公與仲權之孫演友善，同處太學，相謂兄弟，又於外村上官必發家得奉常公與其祖

判官名晉卿內簡,目其妻李爲大姐者,亦視仲權爲祖父,以此
推之,仲權正與司空同行。又聞之從叔父字興祖,嘗言於鎭
嶺族祖恩州故笥得片紙,若祝文文稿者,稱戶曹之父大公祖,
則十公二妣皆危氏,以仲權墓表考證世次,十公當名爲起,昔
洲之艮維有墟墓,環以石居,人皆曰公墓,又北直戶曹故址,
變爲灘磧久矣,惟公墓在。近歲溪東民李與兄弟創田於故溪
中,纍石以障水,水勢益西灌,嚙公墓且盡,時登仕删定二父
猶無恙,遷之上蘭口,其存者內棺底蓋而已。朱墨間錯,漆色
儼然,太公葬浮際原。長官嘗侍奉常公一拜其下,後無識其
處者。戶曹有鄉行三長列上得王氏版,令凡三鎭之曲直取決
焉,五季間人家質賣券契,經印押乃可施用,辛亥劫火之前,
尚及見之。司空在太宗時,部民兵督餉,轉海溺水死,少已志
十學,五經皆手抄。延評公少孤,刻苦自立,學益富,作詩得
少陵句法,自是烏洲之李,遂與聞家代不乏賢焉。若夫得姓
者必出于隴西,至于命氏之由,蟠根奕葉,則備見于典膳丞延
壽之序傳,玆不復列云。時大宋淳熙四年(1177),歲次丁酉,
五月二十六日甲午,裔孫呂謹序。”

婺源茶院朱氏世譜不著卷數　宋朱熹撰　佚

熹,字元晦,一字仲晦,婺源人。中紹興十八年(1148)進士,
主同安簿。孝宗時,官至兵部郎中。光宗時,官秘閣修撰。
寧宗時,煥章閣待制,除宮觀。沈繼祖誣熹十罪,罷祠,卒。
韓侂胄死,賜謚曰文。理宗寶慶三年(1227)追封信國公,改
徽國公。淳祐元年(1241),詔周、張、二程及熹,從祀孔子廟。
朱子品望理學,即文章,亦能奄有韓、曾所長,爲南宋大宗。
著有《周易本義》《詩集傳》《儀禮經傳通解》《大學中庸章句》
《論語孟子集注》《四書或問》《論孟精義》《通鑑綱目》《通鑑綱
目提要》《伊雒淵源録》《名臣言行録》《紹熙州縣釋奠儀圖》

《延平問答》《近思録》《楚辭集注》《韓文考異》《晦菴集》等。
事迹具《宋史》卷四二九、《宋史新編》卷一六二、《南宋書》卷
四四、《皇朝道學名臣言行外録》卷一二等書。

此書《宋史·藝文志》不著録，見《新安文獻志》卷十八。

明程敏政所編《新安文獻志》卷一八載朱熹《婺源茶院朱氏世
譜後序》，曰："熹聞之先君子太史吏部府君曰：'吾家先世居
歙州歙縣之黃墩，舊譜云：長春鄉呈坎人。相傳望出吳郡，秋祭率
用魚鱉。舊譜云：有諱介者，世數不可考矣。又按奉使公《聘游集目》云：系出金
陵，蓋唐孝友先生之後。考之《唐書》孝友先生諱仁軌，自爲丹陽朱氏，而居亳州永
城，以孝義世被旌賞，一門闉闠相望，而非吳郡之族。奉使公作《先吏部詩》又云：迢
迢建業水，高臺下鳳凰，鼻祖有故廬，于今草樹荒。不知何所指也。唐天祐中，
陶雅爲歙州刺史，初克婺源，乃命吾祖領兵三千戍之，是爲制
置茶院。府君卒葬，連同子孫因家焉。生三子，仕南唐，補常
侍丞之號。今族譜亦不見。其後亦有散居他郡者。已上並見吏部所録
蘆村府君作《歙溪府君詩序》。熹按，今連同別有朱氏，舊不通譜，近
年乃有自言爲茶院昆弟之後者，猶有南唐補牒，亦當時鎮戍
將校也，蓋其是非不可考矣。先吏部於茶院爲八世孫，宣和
中始官建之政和，而葬承事府君於其邑，遂爲建人，於今六十
年，而熹抱孫焉，則居閩五世矣。淳熙丙申（三年，1176），熹
還故里，將展連同之基，則與方夫人、十王公馮夫人之墓，皆
已失之，因亟詢訪，得連同兆域所在，乃率族人言於有司，而
後得之。其文據藏於家，副在族弟，然而三墓者，則遂不可復
見。（淳熙）癸卯（十年，1183）五月辛卯，因閱舊譜，感世次之
易遠，骨肉之易疏，而墳墓之不易保也，乃更爲序次，定爲《婺
源茶院朱氏世譜》，而并書其後如此。仍録一通以示族人。
十一世以下，來者未艾，徽建二族，自今每歲當以新收名數，
更相告語而附益之，庶千里之外，兩書如一，傳之永遠，有以
不忘宗族之誼。至於蘆村府君，其墓益遠，居故里者，尤當以

時相率展省,更力求訪三墓所在而表識之,以塞子孫之責。而熹之曾大父王橋府君,無他子,其墓在故里者,恃有薄田於其下,得以奉守不廢,當質諸有司,以爲祭田,使後之子孫,雖貧無得鬻云。九世孫宣教郎直徽閣主管台州崇道觀熹序。"

(曾氏)重修族譜不著卷數　宋曾丰撰　佚

丰,字幼度,撫州樂安人。乾道五年(1169)進士,以文章鳴,官至朝散大夫知德慶府。恬于仕進,築室曰"搏齋",因以自號。著有《緣督集》。事迹具《宋史翼》卷二八、《南宋文範作者考》卷下、《宋元學案補遺》卷五五、《宋詩紀事》卷五三等書。

此書《宋史·藝文志》不著録,見《緣督集》卷十七。

曾丰《緣督集》卷一七載《重修族譜序》,曰:"曾氏始出於鄫姒氏封也。其國微,在春秋僖、宣時,不克自立。襄公六年,以晉不輔爲莒滅,晉以鄫故討魯,魯訕則鄫蓋不幸也。國既滅,子孫散亡,其在魯者,則自列爲曾氏,卓然著見於後世者,點、參、元、申也。沿秦歷漢,迄於唐,皆微不顯。五代時,其族寖微,與於溫陵臨川。臨川之派二:一南豐始遷之祖,略;一崇仁之醵溪始遷之祖,舊惟我八世祖諱財,醵溪族也。尋徙於吉水松江,厥後吉水析爲永豐。大宋興,南豐溫陵之族,蓋有以文章事業顯者,而我祖後曾未大有聞於世,嗚呼!鄫遠出於禹,既其國滅於不幸,而點、參、元、申又如此賢而不見用於世,則固當在其子孫,其子孫之榮且顯,宜其不一族而止,而南豐溫陵之派獨盛,惟天無私,豈於彼厚而我薄耶?其遲速先後之各有時也!惟我祖實生七子,俱隱德不仕,其子孫滋蕃,迨今十世,世業儒,三歲大比,領秋薦者五十而贏,偕計於春官者二十而縮,中童子科者一,中神童科者二,皆仕不甚顯,而小子丰則未可知也。在《易》,《否》極則《泰》,《剝》極則

《復》,蓋消長盈虛之理然也,其效可立而待。惟我曾氏,根豐源深,其流慶固不偏於南豐温陵,天運回環,必有當之者,顧小子丰雖其質駑下,豈敢自棄,以墜我先,更爲同派者勉之,無使南豐温陵顓其美,是之謂曾誌。吾慮夫吾諸子孫之不學,莫知吾曾氏所由來也,世遠而不自奮發,以迎天之報,故次其世加詳焉,既觀之,乾道二年(1166)六月二十有五日,九世孫丰序。"

後杜應氏宗譜不著卷數　宋應士珪撰　佚

士珪,字德璋,咸平中舉人,官至廣東廉訪司副。史無傳,事迹略具陳亮撰《後杜應氏宗譜序》。

此書《宋史·藝文志》不著録,見《龍川集》卷十五。

陳亮《龍川集》卷一五載《後杜應氏宗譜序》,曰:"應自周武王之子封於應,以國爲氏,其子孫散處殷函纏洛,世業有光。漢有曰曜,隱淮南山,時稱'商山四皓,不如淮陽一老。'曰邵,篤學博覽,著《漢官儀》,删定律令,獻帝朝拜太尉。魏有曰瑒、璩昆季,並以文學貴顯,三入承明。宋有曰文臣,任中散大夫、右文殿修撰,隨高宗南渡,占籍永康,遂爲永康人。子子和,登孝宗淳熙進士第,題詩有三紅之句,時號'三紅秀才',刺郡至觀察使,掌中軍都府事。其子贅居東陽葛府,傳二世,至大六諱莊,同兄大五講書,始自葛府復永康。大五居縣西三里頭,大六贅居後杜。杜氏生二子:文中、文正。行曾,曾傳端,端傳昌,訴自中散東遷,凡七世,士珪則端行,字德璋,登宋咸平中解榜,官至廣東廉訪司副,以才名著稱。嘗慟其先世汴譜無聞,且懼來裔迷厥所出,乃肇自中散至大六凡五世,又斷自大六爲後杜始祖,至昌一凡若干世,定爲一帙。本末源流,鑿鑿不紊,可謂尊祖烈矣。間徵余序其首簡。余惟世系之不明久矣,昔唐貞觀中,詔温彦博等撰氏族,首皇族,次外戚,而黄門侍郎崔氏幹爲第三,凡二百九十三姓,千六百九十一家。降及五季,舊本殘缺,雖有譜始無也。世之愚不肖,昧其先世,往往妄引貴族名賢以爲之宗,生悖其親,死誣其祖,良可悲夫。今應氏之《譜》,尊卑奠,昭穆明,簪紱光聯,克稱厥後,所載者皆耳目親擊,豈以杜正倫、郭崇韜前車之覆當戒耶! 有裨益於名教尚矣! 夫表功德,厚親族,制婚姻,明人倫,皆譜乎寓,其可輕而忽之哉! 余故序之,匪徒爲士珪告,且以爲應氏後人式云。"

陳氏族譜不著卷數　宋陳中撰　佚

中,字絢叔,莆田人,紹興二年(1132)進士,事迹略具《宋詩紀事補遺》卷十四。

此書《宋史·藝文志》不著録,見《默齋遺稿》卷下。

游九言《默齋遺稿》卷下載《陳氏族譜序》,曰:"余家長平西山之下,山之脅,曰竹田,竹田之陳,猶長平之游,皆里中著姓,而絢叔,陳之良也。暇日常爲余言:'中之族兮自邑西曰(闕)亭,來居北樂,親既亡,而兄弟五人,指衆無以容,故兄居於東,以東兄名之,今語訛爲東坑;弟居於源,以叔源名之,今訛爲水源。竹田者,叔源之分也。世數既遠,先兄淳嘗欲爲譜,以繫宗緒,未竟而殁。中今述之,稍有倫矣。'某聞而嘆曰:'嗚呼! 上世風俗,其篤厚孝愛,於此可見乎! 人之生也,兄弟實同一氣,久而支分派別,其流益遐,而情遂至於相忘,前輩懼其情之疏而至於相忘也,是以立名以記之,使後之子孫,自西而望者,則不忘兄之所居;自流而企者,則不忘叔之所舍,因所居之名以識之,見上世之意,則孝弟之心,成有時而可作,前輩用心如此,後人其可忘之乎? 而世道衰微,同室而處,猶不和協,競攘訟鬥紛如也,況敢求其企望而記之者哉! 絢叔孝弟惻怛,不忘先志而爲此書,使陳之後進,誦詩讀書者，又念絢叔之志勿忘，則孝弟之風雖傳之百世可也。吾聞兄弟睦者，家必昌，親黨睦者，宗必盛，絢叔之志如此，宗族必有聞而興起者，是可重也。'絢叔曰：'爲中書之，將持以示東兄、叔源諸族，庶幾盡區區之心，又不忘吾子之言。'余謝曰：'某固欲行之，長平德薄人細，病未能也。'絢叔求言，敢不敬諾。"

東萊呂氏家譜一卷　宋不著撰人　佚

此書《宋史·藝文志》不著錄，見《通志·藝文略》。

《通志》卷六十六《藝文略》四家譜著錄此書，不著撰人。

雍正《浙江通志》卷二五四家譜類亦載此書，云："按《通志·藝文略》，不著撰人。"

於潛洪氏譜系圖不著卷數　宋洪咨夔撰　佚

咨夔，字舜俞，號平齋，於潛人。嘉泰二年(1202)進士，復應博學宏詞科，以薦歷成都府通判。尋知龍州，毁鄧艾祠，更祠諸葛亮，告其民曰："毋事仇讐，而忘父母。"還朝爲秘書郎，遷金部員外郎，會詔求直言，父見其疏，曰："吾能喫茄子飯，汝無憂。"歷官監察御使，劾罷樞密使薛極，朝綱大振。久之，言不能悉用，遂乞祠，不許，官至刑部尚書、翰林學士，知制誥。端平三年(1236)卒，年六十一，諡忠文。著有《春秋説》《内外制奏議》《兩漢詔令》《平齋文集》等。事迹具《宋史》卷四〇六、《宋史新編》卷一五四、《史質》卷三六、《南宋書》卷四六等書。

此書《宋史·藝文志》不著錄，見《平齋集》卷二十九。

洪咨夔《平齋集》卷二九載《於潛洪氏譜系圖序》，曰："洪姓有兩出，一避唐孝敬帝及今本朝宣祖諱，易弘爲洪；一伏羲、神農間，共工以水德伯九州，其子勾龍爲后土，後裔封於共爲共氏，漢末避仇，益水爲洪，吾宗共伯之胄也。聚族天目下，以

東洪名其村，無慮六七十家。耆舊相傳，始相自四明挈家奉
母來，今西莊下擔墓猶亡恙，每歲除家祀，所謂渡江祖，席地
用古禮，而所徙歲月，漫不可考。然自始祖至於今，不翅十
五、六世，一世三十年，當是唐中葉徙居於潛谷口矣。洪望燉
煌郡，其散見於纂記，多占籍東南；吳廬江太守矩，宣城人；
唐集賢學士孝昌，舒城人；翰林學士侃，仕南漢參知政事；昌
皋，仕南唐；昇元《宗譜》一侍御三尚書，則鄱陽三洪之遠祖
也。得姓以來，鄱陽為鼎盛，而在潛之洪，四五百年間，種德
蓺善，源深流長，曾未有顯者，豈聞崖仙之風，以肥遯為高歟。
抑名山大川，英淑之氣，有待而發；蓄雲閉霆，然後大沛厥施
歟？紹興己酉，[①]裔孫玨首考世系派別，為圖藏於家，其後，
斌又采之，為《祖宗諱第圖》，訖于己卯（二十九年，1159），去
今六十八年。枝葉益蕃，不可無紀。余自郎曹罷歸，地偏日
永，因彙粹而續之。凡力田以肥家，從戎以世宦，讀書為文
以名場屋，皆倉監公長子仁朗之傳，吾所祖也，故詳。仁蘊
之後，數傳而遂微，故老不存，舊聞放失，未免間闕文，以俟
質訪。夫能言其祖，郯子見師，不識其先，藉談取消肖貌於
兩間者，不可不知世繫之所自出。知所自出，則知根幹華
葉，同此一氣，自葉流根，不容間斷。春秋烝嘗，以序昭穆，
而謹終追遠之意存；歲時會聚，以親族黨，而乖爭陵犯之風
息。朝夕講摩修飭，求為善士君子之歸，而無忝於爾祖，此
圖蓋亦風教之助云。寶慶丙戌（二年，1226）六月庚寅，十五
世孫等序。”

臨海呂氏譜不著卷數　宋呂氏撰　佚

呂氏，名不可考，頤浩之後。

---

①　按，紹興無己酉一年，疑是建炎己酉（三年，1129），後年，即紹興元年（1131）也。

此書《宋史·藝文志》不著録，見《台州經籍志》卷十一。

《台州經籍志》卷一一史部八譜牒類著録此書，云："宋吕氏撰，因頤浩所録舊譜增輯之。淳祐戊申（八年，1248）吴子良爲序，今佚。"

按，吴子良，字明輔，號荆溪；台州臨海人，寶慶二年（1227）進士，官至湖南運使，太府少卿。幼從陳耆卿學，年二十四，登葉適之門，水心稱其文意特新，語特工，韻趣特高遠，雖昔之妙齡秀質，終以文名也者，不過若是，何止超越流輩而已哉。著有《荆溪林下偶談》《荆溪集》《吴氏詩話》等。今惟《荆溪林下偶談》存世，《荆溪集》則已亡佚，是其序亦不得見矣。

（游氏）慶元黨人家乘不著卷數　宋游氏撰　佚

游氏，名待考，官大理寺丞。

此書《宋史·藝文志》不著録，見《西山文集》卷三十五。

真德秀《西山文集》卷三五載《蜀人游監簿慶元黨人家乘後跋》，曰："慶元黨人者，韓侂胄所立名也。夫君子群而不黨，黨之爲言，豈美名也哉。侂胄以此誣當世之賢，余意當世之賢，將隱避之不暇，而後溪劉先生顧以是名游公之墓，大理寺丞君復以是名其家乘焉，何哉？蓋是是非非之理，天實爲之，非人力可以倒置也。漢之三君八俊，非黨也，而中常侍以黨名之，方其加以是名也，斥辱之，摧殘之，固將使天下之人同心疾之也。然天下不惟不疾，而益鄉慕之，西州豪傑恥於不興，而凡隸名文德之石者，至今望之若神人然，然則，人心所同然者，果可以力倒置之邪？當慶元初，衆賢盈庭，人稱爲小元祐，而侂胄以區區鶢弁，乃欲祖章、蔡故智，一岡而空之，於是奸黨之名以立，彼其心固謂被是名者不勝其辱矣，亦孰知夫適以榮之邪。游公在當時，名居餘官之首，不問可知其人，寺丞君立志操行，凜凜有父風，隱德之報，將於是乎在。予讀其所輯家乘，不勝起敬而書之，且嘆侂冑之愚，欲以一手撐天下之目也。建安真某。"

按，後漢劉先生，劉光祖也。光祖，字德修，號後漢，一號山堂，陽安人，乾道五年（1169）進士，淳熙中爲秘書省正字，光宗時爲侍御史，官終顯謨閣直學士，嘉定十五年（1222）卒，年八十一。著有《後溪集》十卷，已佚。

方氏族譜不著卷數　方大琮撰　佚

大琮，字德潤，號鐵庵，又號壺山，莆田人。以詞賦爲開禧元年（1205）省試第三人，授南劍州學教授，爲江西轉運司參議官，決獄平允。淳祐四年（1244）加寶章閣待制，進直學士，改知隆興府。七年（1247）五月卒，年六十五，謚忠惠。著有《鐵庵集》。事迹具《宋史翼》卷一五、《莆陽文獻傳》卷三三、《閩中理學淵源考》卷九等書。

此書《宋史·藝文志》不著錄，見《鐵庵集》卷三十一。

方大琮《鐵庵集》卷三一載《方氏族譜序》，曰："方氏之先，出于神農，始得姓者曰雷，神農八代孫岡帝榆之子也。相黄帝，伐蚩尤，以功封方山，食其邑，因氏焉。子孫以世相傳，明與風力並驅，回從雷澤之游，贊乂洪水，在夏曰相，勤績中興；佐周者叔夐，見于秦賞；與望、與陽見于漢世。居河南有曰紘者，遭新莽亂，過江寶吳，自是江左之方，悉祖于紘。紘生雄，爲司馬府公。雄生儲、儕、儵。和帝時，儵負文武材，辟三公，不就，高蹈茅山。儕仕至南郡太守。儲位曆太常卿、黟縣侯，有張文臣爲之碑。自得姓以來，其見于文字者如此。儕、儵之後無聞。儲生讚之、觀之、弘之，皆當世知名士。讚（之）、弘（之）之後，里居江浙。本祖琡，乃觀之之後，中間世次莫詳，則譜不修之故也。琡仕唐爲都督府長史，一子殷符爲威王府諮議，統兵征剿，任銀青光禄大夫，兼御史中丞，則儕宗

中和四年(884)也。中丞之子七,其三早世,有曰某,爲户部
侍郎,其子官于滁,因家焉;有曰某,守潭州、湘陰薄者;有曰
廷滔者,歷官尚書左丞僕射,子孫家于江州。吾祖廷範爲温
州平固尉,歷宰長溪、古田、長樂邑,遂卜居于泉之莆田,爲巨
族,始祖則中丞第三子也,累贈金紫,而所率三邑皆閩地,父
老相傳,至今猶號曰長官。蓋唐李俶擾,長史中丞子孫各家
於其官,長官既定爲閩人,愴念故地,藁葬祖父,以寓松楸之
思,今烏齊與豐田二穴是也。長官葬靈隱山,雖仕閩,猶爲唐
臣,至六子則王氏之間矣。仁逸,水部員外郎;仁岳,大中秘
監;仁瑞,秘書省著作郎;仁遜,大理司直;仁載,禮部郎中;
仁遠,秘書省正字;今繪像于廣化寺之薦福,所謂靈隱長官六
房是也。方五季亂,所存分裂,豪傑無以爲歸,各仕于其國,
長官六子,適值其會,迨宋龍興,向之仕于其國者,相與歸仕
于天子,而長官之子孫,彬彬輩出,聯翩高第,參錯要路,遂與
中州名臣抗衡,而長官之後始大,今其來者,各求以功名自見
于世,方興而未艾也。故合天下之諸方,不如莆田之盛;合莆
之諸方,不如長官之盛。枝葉繁衍,冠冕輝映,所在充牣,幾
半于莆,詰其從來,俱出六房,六房之出,則本于長官也。噫!
由一人之身,而至于以百計,以千計,蓋將以萬計而未止,亦
可謂盛矣。然人之情,少則易親,多則易疏,吾宗最以多稱,
固有一族之支,五服之派,慶弔往來,未盡廢卒,然邂逅熟視
而揖,則其疎且遠者,相值于塗,憧憧踵接,不相熟識。噫!
由一人之身分而至于如塗之人,曰塗人者,利害不相及之謂
也。不相及猶可也,推其薄將有不得爲塗之人者,吾用是懼,
此族譜所爲作也。得吾譜而觀之,猶歸水焉,大川三百,支川
三千,或流漫而愈長,或瀦匯而滋浩,或委蛇而曲折,已微而
復大,或不安其所潰,溢而四出,沿流究竟,則同出于崑崙之

區,黃河之原,有本者如是夫。凡今之所以相視如塗人者,貫穿聯絡,同自一脈中。來觀吾譜者,尊祖睦族之心,可以油來而生矣。遠則難合,多則必散,勢也,勢則吾末如之何,然人不可有此心也。以孝弟之心相學通,則宗盟篤矣,風俗淳厚矣。吾祖心,即吾心也,將舉宗人之心皆然。有不然者,彼獨何心。大琮竊慕古之賢人君子,皆能自序其先世,肇史者亦爲標之于其傳。前輩有自作譜例,載之家乘,流行于世,譜亦隨之,其先世豈能皆賢,蓋其無所聞知,隨世湮没者多矣。以無所聞知之人,而得以輝煌於史册、著見於文集,有所附以爲不朽之傳,則賢子孫之力也。顧其同時之人,豈無自序自譜者,而史之不載,集之不行,終焉泯没,爲人後者其勉之哉。前輩曰立法以爲譜,學者事也,蓋以責子孫之好學者,吾知勉而已,知盡學者之事而已,安可逆料其不傳不行而遂已哉。需次之際,搜尋舊譜,纂輯昭穆,推而上下之,則知源流之脈絡,從而列之,則知子孫之多寡。後來者能相續修補之,則可以衍於無窮而不絕,長官子孫必將大有興者,安知其不傳且行也。凡我族類,相與勉之哉。"

方氏仕譜誌不著卷數　宋方大琮撰　佚

大琮有《方氏族譜》(不著卷數)已著録。

此書《宋史·藝文志》不著録,見《鐵菴集》卷三十二。

方大琮《鐵菴集》卷三二載《方氏仕譜誌》,曰:"閩第進士,自歐陽詹始,昌黎語也。唐史因之,然前一年有林藻矣。林、歐俱莆人,是時,莆特唐清源一屬邑耳,而擢第爲七閩的,後百年間,聯翩不絕。唐季,吾方氏始來,值五季世,士墮在偏方,不得策名上國者餘四十年,故方未由是選者。宋興二十年矣,遐陬僻壤,爭相貢士,以興中州之士並驅而先,而莆以未克入職方,獨不得貢,士氣鬱甚。太平興國三年(978),陳氏

奉版籍以歸,莆升爲郡,士氣百倍,預選者有人,天下之視莆,
隱然若一大都會。吾長官子孫,亦可以備淬礪振作,出爲世
用矣。獨以廟學未立,無師承,爲郡缺典。秘監之子儀,以布
衣間關萬里,俯伏闕下,慷慨上書,名震京師。咸平改元(元
年,998),有詔立學,儀傾家貲以助,族人從之者翕然。河南
士之氣始吐。二年(999),儀與弟能、從子謹言,始克舉茂才
京師,復拜疏于朝,請廓其址,京人曰:'此向之伏闕請立學
者,而今復興其弟姪俱來矣。'三年學成,河南士之氣始張。
儀遂以是年與謹言連名擢太常第。豪傑之士,雖無學校猶
興,夫豈不能自奮收一第,而切切于立學,如營私計,其愛邦
人子弟深矣,則莆之有學,自吾方氏始。太平興國後,郡擢第
者間一二見,然未有登甲科者。謹言一舉中的,越再詔謹從
躡之,昆仲俱以甲選爲莆唱,邦人榮之,莆之視方,隱然若一
藩屏。儀止于著作,而學宮之祠,與郡相終始。謹言尚羊諫
垣,風裁凜凜。謹從標表學館,徧儀清貫,聲名翕翕。明道、
景祐間,遂與中州名臣抗衡,而天下知,長官子孫矣。方之入
莆,始鬱于五季,後隔于陳氏,懷才抱藝而弗克逞,以至學成
之後,是惟無出,出則聯翔而高擢,焜耀海内之聽聞,嗣是橫
飛捷出,合力鏖戰,策勛上都,他邦斂袂。亞殿魁者有人,奏
賦爲南宮高選者有人,或通榜而兩三人者,難更僕數。參錯
鵷行,盤旋要路,不特以科第自見,或以政聲聞,或以德望著,
或以文章傳,或以名節顯,人人奮勵,各求以勒名青史,自垂
于不朽,蓋不徒以進士一途也。猗歟休哉!吾大父和劑公,
以'一經'名堂,實藏書萬卷。謂姓名漫漶,弗紀將軼,立仕版
于堂楣,以進士標其首,特奏次之,世賞又次之,封贈又次之,
高伯祖岳陽使君擴爲之記,深以磨淬望後來,蓋紹興二十八
年(1158)戊寅也。版成之二年,而大父策名其間,版載登仕

籍者百二十一人,距今五十年來,彬彬輩出,版溢久矣,來者
無以容,欲更而大之,爰取而列之譜系之後,既首擢吾祖所以
擢第之由,復推廣伯祖所以責望之意,吾祖積善植德,以詒子
孫,餘三百年。詩書有種,公侯有種,本厚根深,其發暢也易,
然不學不足以承之,則與稊稗何以異,暴棄枯燥爲不肖子,而
失其所以種,後來戒乎哉! 雖然,學者何記誦多而已乎? 詞
藝精而已乎? 科第華其身而已乎? 要必基以忠孝,充以器
識,自其師友講習,無非居民事業,則其出也光明俊偉,爲國
家聞人,而後不負所以學,後來勉乎哉! 必如是而後足爲長
官子孫。"

按,此編當時附載《方氏族譜》,今爲方便考訂,析出別立
一目。

米氏譜一卷　宋米憲撰　佚

憲,事迹待考。

此書《宋史・藝文志》不著録,見《直齋書録解題》卷八譜
牒類。

陳振孫曰:"奉直大夫米憲録。蓋國初勳臣米信之後。信五
世爲芾(元章),又三世爲憲。

張氏宗譜不著卷數　宋張壼撰　佚

壼,青州壽光人,公良之曾孫。其性孝友,長於學問,著有《畏
齋稿》,黃諶爲撰狀。事迹具萬曆《新昌縣志》卷十一人物
孝友。

此書《宋史・藝文志》不著録,見成化《新昌縣志》卷十五
藝文。

成化《新昌縣志》卷十五藝文著録此書,不著卷數。雍正《浙
江通志》卷二五四譜牒類亦載此書,云:"成化《新昌縣志》,宋
張壼撰。"

錢氏族譜不著卷數　宋錢象祖撰　佚

象祖,字伯同,臨海人,師事李龜明。以恩補官,歷大理寺簿,遷刑部郎官。淳熙中知撫州,修郡學,置祭器,出帑賑貧民,郡人德之。慶元元年(1195),遷工部侍郎,知臨安府,由吏部尚書除同知樞密院,拜參知政事。嘉定元年(1208)拜左丞相,在位一年而罷,除觀文殿大學士判福州,卒贈少師。事迹具《史質》卷二七、《宋元學案》卷九七、《宋元學案補遺》卷三一、咸淳《臨安志》卷四八、嘉定《赤城志》卷三三等書。

此書《宋史·藝文志》不著録,見《台州經籍志》卷十一譜牒類。

《台州經籍志》卷一一著録此書云:"宋臨海錢象祖撰,今佚。"又引《宋理宗敕題》云:"致仕太師左丞相錢象祖上疏,略曰:'先臣駙馬錢景臻,叨承仁廟眷遇,嘗爲《御製錢民譜序》。建炎南遷,倉卒失去,悼惜無已。伏冀殊恩,重新宸翰,庶幾枯骨復榮,免使微臣齎志以没。'朕用嘉之,爲序其首,曰:'錢氏自黃帝凡九世而至孚,此受姓之源也。自孚凡七十世,而至吳越國王鏐,此建國之始也。自王鏐翼二世而至俶,此傳國之統也。自王俶七世而至象祖,此傳世之緒也。夫鏐立國保民,實繁生齒,至俶順天獻土,作我保障,今乃建極宇内,有赫廟功,忠於我也。賞延於世,祀承先王,不亦孝乎! 左丞相奉使致忠述先致孝,修世德也。故凡敬祖睦族,作譜之常,至若忠君孝親,則當求之於斯譜。錢氏子孫,尚其欽哉! 永保厥家,與國同休焉。"

按,《宋史·藝文志》譜牒類有錢惟演撰《錢氏慶系譜》二卷,今佚。惟演,字希聖,俶次子,從俶歸宋,錢象祖所譜,蓋同一支派也。

錢氏慶系圖二十五卷　宋不著撰人　佚

此書《宋史·藝文志》不著録,見《通志》卷六六《藝文略·譜系·家譜》。

雍正《浙江通志》卷二五四譜牒類亦載此書,云:"《通志·藝文略》,不著撰人。"

按,《通志》將此編與《錢氏慶系譜》相次,蓋亦吳越王錢鏐同一支派也。

章氏世系圖不著卷數　宋章太蒙撰　佚

太蒙,字天乙,臨海人,以《易經》入郡庠,由特科仕承務郎,事迹具《台州經籍志》。

此書《宋史·藝文志》不著録,見《台州經籍志》卷十一譜牒類。

《台州經籍志》載章得象所撰此編《序》,曰:"余自髫年,嘗聞先大父傳言叔祖第十一仁皦公仕閩秘書郎,奉使吳越,遂寓於台,但閩越遼邈,各天一方,山川修阻,聲聞罕通,其傳緒之若何,莫可得而知也。幸今皇宋膺命於天,蕩清廟宇,偃武修文,鴻業隆盛。余以菲才,叨登科甲,由屯田員外郎承乏台州,訪詢其後,僉謂其有子孫居郡之東北陬。時有庠生太蒙者來謁,當時備詢其詳,與余皆太傅公仔鈞練氏夫人之元孫也。既而太蒙夙夜圖,惟歷世久遠,時有盛衰脱,今支系無存後,依憑無據,乃由今而上,得始遠祖仁皦公,由仁皦公而上,得唐康州刺史公諱及,敘其世次,持而進曰:'幸公作郡,不遺同宗,餘光所及多矣。然名山古刹,公皆題咏,今有支圖,敢丐片言,以弁諸首,永爲家寶,以垂久遠。'予謂唐人之作譜,必求其自,受姓以來,皆有可考,太蒙以其涉於茫昧,斷自唐康州刺史公爲始,確有定見,所傳信闕疑,太蒙其得之矣。緬懷懿淑之先踪,詳觀出處之實事,雖逝川寂其浸遠,而盛德久

而彌新者,其惟太傅公仔鈞練氏夫人乎。生十五子,咸享爵
禄,繼踵芳塵,故雖轉徙不常,桑梓□□,俱安義分,無忝先
風。今太蒙演其支圖,詳所自出,使子孫知源委之所從來,唯
親厚之所當繼,篤近而舉遠,不致相視如途人,倫紀不因之而
重,風俗不因之而厚乎? 然太蒙質性温良,志學勤敏,以有若
無,不變所守,非公事未嘗至余之寶,時譽歸之,登庸可俟,他
日或在官守,思所以愛民;或在言責,思所以忠君。上以紹前
人之貽謀,下以開後嗣之慕效,其慕效者若多,而顯榮者必
衆,如是必爲台之士族矣。是知詩書之澤,必與冠蓋之族相
輝映,事俾台人稱之曰:'章氏後嗣,其與若斯,雖欲無傳,不
可得矣。苟或不然,雖欲其傳,寧可得乎?'余於太蒙,不能無
所憾也,不能無所望也,乃叙而歸之,後世子孫,尚其勉諸。
歲宋大中祥符五年(1012),歲次壬子,季春之吉,太傅公裔孫
台州郡守得象識。"

戴氏宗譜不著卷數　宋戴良齊撰　佚

良齊,字彦肅,號泉溪,黄巖人。嘉熙二年(1238)進士,累官
秘書少監。以古文鳴,尤精性理之學。著有《曾子遺書》《中
説辨妄》《論語外書》《七十子説》《通鑑前紀》《孔子世譜》《孔
子年譜》等。事迹具《宋元學案》卷六六、《宋詩紀事補遺》卷
七二等書。

此書《宋史·藝文志》不著録,見《台州經籍志》卷十一譜
牒類。

《台州經籍志》載其《自序》云:"我戴氏子姓,出於宋戴公之
後,降及宋世,支派分散,類居東南爲多,廣陵、剡溪、蓋嘗號
爲江左之望族矣。亂離遷徙,譜系罔問,然而於台之南著籍
者,亦數四焉,所在相望,乃至於不相往來,每念到此,欲考其
所自出而無從,然遂置之不可也。竊惟我先祖,分派自平陽

金洲鄉,遷居泉溪,今三百有餘歲,繼緒蕭條,竟未有能有大
此族者,而世次亦幾於無傳,是以譜而列之。嗚呼!本根之
遠可不念與?枝幹之弱可不畏與?傳曰:夫氏姓之不振,豈
緊無寵?皆炎黄之後也。又曰:積善之家,必有餘慶。嗚呼!
尚監兹哉!咸淳元年(1265)七月望後。"

閬風家録三卷　宋舒岱祥撰　佚

岱祥,事迹待考。

此書《宋史·藝文志》不著録,見《台州經籍志》卷十一譜
牒類。

《台州經籍志》卷十一譜牒類著録此書,云:"宋寧海舒岱祥
撰,今佚。"注云:"案,《浙江通志》及萬曆、光緒《寧海縣志》合
《補史》爲一,誤也。"

按,考《千頃堂書目》卷二十九集部補宋人部分,著録舒岳祥
《閬風集》二十卷,又閣本《閬風集》五册,又《三史纂言》六卷,
又《篆畦集》九卷,又《蝶軒稿》九卷,又《避地稿》十卷,又《遜
野稿》三卷,又《閬風家録》三卷。"作者一作舒岱祥,一作舒岳
祥,未知孰是。

吳氏宗譜不著卷數　宋不著撰人　佚

此書《宋史·藝文志》不著録,見《履齋遺稿》卷三。

吳潛《履齋遺稿》卷三載《吾吳氏宗譜跋》,曰:"維吳氏系昉於
周泰伯,故潛之祖府君佐爲姑蘇人,漢番君吳文王芮之裔胄
也。當後唐之中世,覩國政不綱,念蘇爲湖海之衝,且多盜,
乃徙其族自蘇之宣,卜築於郡東南,距城六十里許,母夫人皇
甫氏墓所之白馬山,人號其鄉曰來蘇,言自蘇而來也。於時
有曰少微者,徙歙之新安;曰毗陵者,徙廬江鎮之姥山佐,之
後又有曰好問者,徙洪之瑞陽,姑蘇之族始散蔓於天下矣。
但世系遼遠,難以詮次,傳曰:豈無他人,不如我同姓。況同

所自出乎？敬跋之而歸諸譜。"

陽氏譜繫圖不著卷數　宋陽枋撰　佚

枋，字正父，小字宗驥，原名昌朝，四川巴縣人。居字溪小龍潭之上，因號字溪。淳祐辛丑（四年，1244）進士，調昌州酒正，累官大寧理曹，紹慶學官，封散朝大夫。咸淳三年（1267）卒，年八十一。著有《易説》《字溪集》。事迹具《南宋文範作者考》卷下、《宋元學案》卷七〇、《宋元學案補遺》七〇、《宋詩紀事補遺》卷七〇等書。

此書《宋史·藝文志》不著録，見《字溪集》卷十二。

陽枋《字溪集》卷一二載《跋譜繫圖》，曰："某年十二三時，見先君子述陽氏族譜，作圖分送諸叔及大井諸兄，蓋慶元間事，自丙申丁酉，蜀難頻作，親戚死亡略盡，譜繫焚毁散失，無有存者，心甚悼念。淳祐辛亥（十一年，1251），解慶學掾，不復筮仕，因閲家藏，僅存先君手澤，日録一篇，開續涕泗，記陽氏本原甚詳，自甲辰以後，無復可考，幸平日聞先妣言前世事頗諄，輒以所聞見續日録所記，復成《譜繫圖》而書之，以存先君子之志，而紹後人云。寶祐元年（1253）癸丑仲秋四日子某拜首敬述。"

按，此枋續其父之作者也。

陶氏家譜一卷　宋陶直夫撰　佚

直夫（1063—1109），字次仍，潯陽人，淵明十六世孫。第進士，爲建昌軍司户參軍，遷雄州防禦推官，歷教授懷州、徐州，提舉梓州路學事，所至嘉惠士子。遷監察御史，入秘書省爲著作佐郎。直夫天資秀穎，綜練經學，大觀三年（1109）疾逝，年四十七。《丹陽集》卷十四、《南宋文範》卷六十五載《著作佐郎陶公墓誌銘》。

此書《宋史·藝文志》不著録，見《直齋書録解題》卷八譜牒類。

陳氏曰："懷州教授陶直夫録，侃之後也。"

蘇氏族譜一卷　宋蘇洵撰　存

洵有《諡法》四卷已著録。

此書《宋史·藝文志》著録。

按，此書有《説郛》本。

米氏譜一卷　宋米憲撰　佚

憲，米芾孫，官奉直大夫。

此書《宋史·藝文志》不著録，見《直齋書録解題》卷八譜
牒類。

陳氏曰："奉直大夫米憲録。蓋國初勳臣米信之後。信五世
爲芾(元章)，又三世爲憲。

按，信，舊名海進，本溪族。少勇悍，以善射聞。太宗時敗契
丹於新城。契丹復來戰，師稍卻，信獨率麾下三百禦之，被圍
數重，矢下入雨，信持大刀率從騎大呼殺數十人，以百餘騎突
圍得免，坐失律當死，詔原之，官終彰武軍節度使，卒年六十
七，贈橫海軍節度。事迹具《宋史》卷二六〇、《宋史新編》卷
七十一、《東都事略》卷二十八、《古今紀要》卷十七等書。

又按，芾(一作黻)(1051—1107)，字元章，自號無礙居士，又
號海嶽外史、家居道士。襄陽人，安居吳中，世稱米襄陽。以
母侍宣仁后舊邸恩補洺光尉，歷知雍丘縣、漣水軍，以太常博
士出知無爲軍。踰年復召爲書畫學博士，擢禮部員外郎，以
言事罷知淮陽軍。芾爲文奇險，特妙于翰墨，沈著飛翥，得王
獻之筆意。善畫山水人物，自名一家。精於鑑裁，遇古器物
書畫，竭力求取，必得乃已。多蓄奇石，有潔癖，性不能與世
俯仰。大觀元年(1107)卒，年五十七。或云大觀三年(1109)
卒，年五十九，一云大觀四年(1110)卒，年六十。著有《寶晋

英光集》《硯史》《米元章書史》《米海嶽畫史》等。事迹具《宋史》卷四四四、《宋史新編》卷一七一、《東都事略》卷一一六、《史質》卷四十一、《書史會要》卷六、《畫史會要》卷二等書。

張氏宗譜不著卷數　宋張甕撰　佚

甕，青州壽光人，公良之曾孫。其性孝友，長於問學，著有《畏齋稿》。事迹具萬曆《新昌縣志》卷十一。

此書《宋史·藝文志》未著録，見《宋史藝文志補》譜牒類。

古賢小字録一卷　宋陳思撰　存

思有《寶刻叢編》二〇卷已著録。

此書《宋史·藝文志》未著録，見《宋史藝文志補》譜牒類。

《四庫全書總目》子部類書類著録《小字録》一卷，《提要》云："宋陳思撰。思有《寶刻叢編》已著録。是書因陸龜蒙《侍兒小名録》稍加推廣，集史傳所載小字，以爲一編。明沈宏正爲刊行之。思病龜蒙之書，叢雜無緒，故條分縷析，先列歷代帝王，而自漢以後諸臣，則案代臚載，較龜蒙書爲有條理。然如北周晋公宇文護小字薩保，見于本傳，而此顧遺之，則亦不免于漏略，特以其蒐羅舊籍，十得七八，亦足以備檢尋。故録存之，爲識小之一助焉。

此書傳本：臺北"國家圖書館"有明嘉靖甲子（四十三年，1564）崑山吳大有刊本一部，二卷一册；又有明萬曆己未（四十七年，1619）吳淞沈氏刊本兩部，一部一卷一側，一部附《小字録補》六卷，一册。前國立北平圖書館有明藍格鈔本一部，一卷一册；又有舊鈔本一部，一卷一册，今並存藏臺北"故宮博物院"。收入叢刻者，有清《四庫全書》本、《四部叢刊三編》本。

姓解三卷　宋邵思撰　存

思，景祐間雁門人，著有《野説》一卷，事迹待考。

此書《宋史·藝文志》著録。

《直齋書録解題》卷八譜牒類著録此書,陳氏曰:"雁門邵思撰。以偏旁字類爲一百七十門,二千五百六十八氏。景祐二年(1035)序。"

按,此書有《古逸叢書》本,《叢書集成初編》本。

陳郡袁氏譜一卷　宋袁陟撰　佚

陟,字世弼,號遁翁,南昌人,抗子。慶曆六年(1046)進士,知當塗縣,歷太常博士至殿中丞卒。著有《遁翁集》。事迹具《宋史》卷三〇一《袁抗傳》、《宋詩紀事》卷十六。

此書《宋史·藝文志》不著録,見《直齋書録解題》卷八譜牒類。

陳氏曰:"袁陟(世弼)録。"